D1666408

Schriftenreihe zum deutschen, europäischen und
internationalen Wirtschaftsstrafrecht

Herausgegeben von

Prof. Dr. Uwe Hellmann,
Universität Potsdam

Prof. Dr. Elisa Hoven,
Universität Leipzig

Prof. Dr. Dr. h.c. Michael Kubiciel,
Universität Augsburg

Prof. Dr. Christian Schröder,
Martin-Luther-Universität Halle-Wittenberg

Band 39

Cornelia Spörl

Das Verbot der Auslandsbestechung

Ursache, Grund und Zweck

Nomos

Die Deutsche Nationalbibliothek verzeichnet diese Publikation in der Deutschen Nationalbibliografie; detaillierte bibliografische Daten sind im Internet über http://dnb.d-nb.de abrufbar.

Zugl.: Köln, Univ., Diss., 2019

u.d.T.: „Das Verbot der Auslandsbestechung im deutschen Kernstrafrecht. Ursachen, Gründe und Zweck"

ISBN 978-3-8487-6066-4 (Print)
ISBN 978-3-7489-0195-2 (ePDF)

1. Auflage 2019

Ein Wort des Dankes

Die vorliegende Arbeit lag der Rechtswissenschaftlichen Fakultät der Universität zu Köln im Wintersemester 2017/8 als Dissertation vor, sodass sie im Wesentlichen auf dem Stand von Ende 2018 ist.

Allerherzlichster Dank gilt meinem Doktorvater Prof. Dr. Dr. h.c. Michael Kubiciel, der mir Wegweiser und Wegbegleiter war und dabei gleichzeitig viel Freiheit zur Entwicklung eigener Ziele und Ideen gelassen hat. Seine Freude und Passion an der Strafrechtswissenschaft haben mich immer wieder inspiriert und motiviert.

Dass mich das Strafrecht so sehr in seinen Bann ziehen konnte, ist auch Prof. Dr. Dr. h.c. Dr. h.c. Claus Kreß, LL.M., und seiner fulminanten Vorlesung, die ich in meinem ersten Semester hören durfte, zu verdanken. Meine Freude an wissenschaftlicher Arbeit wurde von Prof. Dr. Hans-Peter Haferkamp entfacht und bestärkt. Er hat mir gezeigt, welch schöne Heimat die Universität sein kann.

Bester Dank geht an Prof. Dr. Dr. h.c. Martin Waßmer, der mich schon im Schwerpunktstudium angeleitet und nun besonders zügig das Zweitgutachten erstellt hat. Für ihre große Unterstützung möchte ich Prof. Dr. Elisa Hoven danken; sie war meine Mentorin im Rahmen eines Projekts der Exzellenzinitiative an der Universität zu Köln.

Meine Forschungsaufenthalte in Berkeley und Oxford waren phantastische wissenschaftliche Erfahrungen. Eine besondere persönliche Inspiration war dabei Prof. Dr. Dr. h.c. Richard Buxbaum. Für die anregenden Gespräche zu aktuellen Regelungsansätzen zur Steigerung von Unternehmensethik bin ich Prof. Dr. Christopher Hodges zum Dank verpflichtet. Vom Centre for Socio-Legal Studies danke ich außerdem Dr. Christopher Decker, Dr. Jessie Blackbourn sowie Dr. Kevin Grecksch. Die Forschungsaufenthalte wurden dankenswerterweise von dem DAAD, der Kanzlei GIBSON DUNN, und der Graduiertenschule der Kölner Rechtswissenschaftlichen Fakultät gefördert. Besonders herzlich danke ich Prof. Dr. Heinz-Peter Mansel, der mir wesentlich mit Rat und Tat zur Seite stand.

Für die Abschlussförderung möchte ich der Schmittmann-Wahlen-Stiftung größten Dank aussprechen. Für ihren Druckkostenzuschuss danke ich der Johanna und Fritz Buch Gedächtnis-Stiftung. Ebenso großzügig wurde der Druck dieser Arbeit durch die Strafrechtskanzlei GAZEAS NEPOMUCK unterstützt. Dr. Nikolaos Gazeas, LL.M., sei zusätzlich für die weitreichenden Einblicke in seine kluge Praxis des Wirtschaftsstrafrechts gedankt.

All den wunderbaren Menschen, die mich bei der Erstellung der Arbeit begleitet und unterstützt haben, möchte ich Dank sagen. Dies sind vor allem meine lieben Freunde und ehemaligen Kollegen am Institut für Strafrecht und Strafprozessrecht der Universität zu Köln, für die stellvertretend Ioanna Ginou, Dr. Fabian Stam und Dr. Navid Aliabasi genannt seien. Mein besonderer Dank gilt Dr. Felix-Anselm van Lier, LL.M., bei dem ich in Oxford (zwischenzeitlich wortwörtlich) ein Zuhause fand.

Von ganzem Herzen danke ich: Meinen großartigen Eltern, die mich in allem mit Liebe unterstützen, meiner Großmutter, für die ich einen Traum mit dieser Arbeit erfülle, und meinem Bruder, der immer an meiner Seite ist. Jörg Schöpper, einem Mann so voller Herz und Verstand, bin ich auch im Dank für seine Hilfe und Geduld verbunden. Die Arbeit gedenkt meinem besten Freund Alexander D. P. de Vivie, nach dessen viel zu frühem Tod nichts mehr ist wie vorher.

Köln, im Oktober 2019 *Nelly Spörl*

Inhaltsverzeichnis

Einführung

A. Anlass und Ziel der Arbeit

Welchem Zweck dient die Kriminalisierung der Auslandsbestechung? Dies konnte bislang weder durch die Rechtsprechung noch durch die rechtswissenschaftliche Literatur abschließend geklärt werden – und das, obwohl die Antwort eine hohe praktische Relevanz hat. Das Telos ist notwendig für die verfassungsmäßige Legitimationsprüfung und für eine verfassungsmäßige und rationale Rechtsanwendung.[1] Ohne ein methodisch begründetes Verständnis des Tatbestandszwecks muss die Auslegung daher misslingen. Klarheit über die argumentativen Grundlagen der Auslandsbestechung ist für den Richter, der über Fälle der Auslandsbestechung entscheiden muss, genauso wichtig wie für den Verwaltungsbeamten, der Compliance-Richtlinien auf Grundlage des Gesetzes schafft, und den Anwalt, der über Strafbarkeitsrisiken aufklären möchte. Zur Steigerung der Rechtssicherheit für alle Betroffene, insbesondere auch für international agierende Wirtschaftsunternehmen, ist es dringend erforderlich zu klären, weshalb beispielsweise ein deutscher Unternehmensvertreter Strafe erdulden soll, wenn er zur Erlangung eines Auftrags einen Amtsträger in Russland bestochen hat. Das neue Gesetz zur Bekämpfung der Korruption von November 2015 (KorrBekG 2015) weitet die Strafbarkeit der Auslandsbestechung aus – und lässt dabei in seiner Begründung zu dem neu geschaffenen § 335a StGB die Frage nach dem sog. Rechtsgut ausdrücklich offen, obgleich zuvor auf den Klärungsbedarf hingewiesen wurde.[2] Die rechtspraktisch brisante Frage, welche Fälle genau unter den neu geschaffenen Paragraphen

---

1 Vgl. BVerfGE 133, 168, 205; BVerfG v. 27.6.2014, 2 BvR 429/12, Rn. 20 ff. Die Zweckbestimmung ist „entscheidende Anwendungsvoraussetzung" von Gesetzen, *Kubiciel*, Wissenschaft, S. 49; s. auch *Liszt*, Rechtsgut, ZStW 6 (1886), 663, insb. 673; *ders*, Zweckgedanke, ZStW 3 (1883), 1; *Binding*, Normen I, S. 88; *Hassemer*, Straftaten, S. 57, 64; *Hörnle*, Verhalten, S. 65 ff.; *Reimer*, Methodenlehre, Rn. 357 ff.; *Rudolphi*, Zweck, S. 69; *Schünemann*, Rechtsgüterschutzprinzip, S. 13; zuletzt: *Kaspar*, Tatbestände, ZStW 129 (2017), 401, 402; *Weigend*, Strafrecht, StV 2016, 1; die teleologischen Auslegung gehört zudem zum gesicherten Bestand der Rechtswissenschaftstheorie: *Zabel*, Art. Philosophie, S. 167, 176; vgl. auch *Wischmeyer*, Zwecke, S. 354: „[g]anz selbstverständlich".

2 *Kubiciel/Spörl*, Gesetz, KPKp 4/2014.

subsumiert werden können, bleibt damit Wissenschaft und Rechtsprechung überlassen. In den bisher veröffentlichten Monographien ist das Telos nicht zum zentralen Thema erhoben worden. So gibt etwa die sehr früh erschienene Dissertation von *Haak* einen Überblick über die Genese der Norm und ihre Tatbestandsmerkmale,[3] *Hoven* stellt in ihrer Habilitationsschrift die Auslandsbestechung ganz umfassend und insbesondere auch in ihren kriminologischen Bezügen dar,[4] *Zimmermann* beschäftigt sich in seiner Habilitationsschrift grundsätzlicher mit dem „Unrecht der Korruption"[5] und *Letzien* promovierte über die „internationale Korruption" mit Blick auf die vorhandenen Jurisdiktionskonflikte.[6] Wenngleich *Kubiciel* und *Böse* sich schon in Aufsatzform mit der konkreten Frage nach dem Tatbestandszweck der Auslandsbestechung auseinandergesetzt haben,[7] fehlt doch eine eingehende Auseinandersetzung mit dem Thema. Hierzu bedarf es insbesondere einer methodisch geordneten Herangehensweise, um die zahlreichen und in ihrer Natur sehr unterschiedlichen Argumente für die Kriminalisierung voneinander abschichten zu können.

B. Problemaufriss

Die Auslandsbestechung hat als relativ neuer Deliktstypus in den vergangenen Jahren große mediale, rechtspolitische sowie legislative Aufmerksamkeit auf sich gezogen. Die rechtliche Genese, die sich hier in weniger als zwei Jahrzehnten vollzogen hat, ist nahezu beispiellos: Die Entwicklung von einer völligen Ignoranz bis hin zu einer weitgehenden Kriminalisierung hat es im ähnlichen Ausmaß, wenn überhaupt, nur im Umweltstrafrecht gegeben. „Geradezu legendär" ist die steuerliche Absetzbarkeit von Bestechungsgeldern, durch die die Auslandsbestechung in Deutschland sogar staatlich privilegiert wurde.[8] Bedeutung erlangte sie hierzulande erst, nachdem sich die internationale Staatengemeinschaft zu einem gemeinsamen Vorgehen gegen transnationale Bestechungstaten entschieden hatte. Vor diesem Hintergrund befürchtet *Dann*, dass

---

3 *Haak*, Bestechung.
4 *Hoven*, Auslandsbestechung.
5 *Zimmermann*, Unrecht, S. 690 ff.
6 *Letzien*, Korruption.
7 *Böse*, Rechtsgut, ZIS 4/2018, 119; *Kubiciel*, Auslandsbestechung, S. 45.
8 *Pieth/Zerbes*, Sportverbände, ZIS 2016, 619. Zum Steuerentlastungsgesetz 1999/2000/2002 *Rübenstahl*, Aspekte, S. 77; vgl. auch *Dannecker*, Verschärfung, S. 111, 129 ff.

„Motor der Reformen weniger die Überzeugung des Gesetzgebers von der Notwendigkeit materieller Neuregelungen [war] als vielmehr das außenpolitische Interesse an einer Umsetzung internationaler Rechtstexte"[9].

Auch *Hoven* kommt am Ende ihrer Habilitationsschrift zu der folgenden Einschätzung:

„Strafgesetzgebung erscheint hier als blinder Automatismus und der deutsche Gesetzgeber als gehorsames Vollzugsorgan internationaler Normsetzer."[10]

Gehorsam kann der deutsche Strafgesetzgeber indes gar nicht gegenüber jedem einzelnen internationalen Normsetzer sein – dafür sind die internationalen Rechtsinstrumente viel zu heterogen. Die verschiedenen vom KorrBekG 2015 in Bezug genommenen Regelungsmodelle boten ganz unterschiedliche Regelungsalternativen. Das OECD-Übereinkommen beschränkt sich auf Fälle mit Wirtschaftsbezug und kriminalisiert nur die aktive Seite.[11] Das Übereinkommen der Vereinten Nationen gegen Korruption (UNCAC) fordert verpflichtend eine Kriminalisierung der aktiven Seite der Auslandsbestechung und beschränkt sich dabei auch auf Fälle mit Wirtschaftsbezug. Für die passive Seite ist dieser Bezug nicht notwendig; dafür ist die Umsetzung der Konvention diesbezüglich aber auch nur *semi-mandatory*.[12] Nur das Europaratsübereinkommen sieht eine vollständige Angleichung der Bestechungstatbestände hinsichtlich inländischer und ausländischer Amtsträger vor – und zwar verpflichtend für die aktive und passive Seite.[13] Mit dem Verzicht auf den Wirtschaftsbezug der Bestechungstat, wie ihn die Vorgängervorschrift Art. 2 § 1 des Gesetzes zur Bekämpfung internationaler Bestechung (IntBestG) noch vorausgesetzt hatte, folgt das deutsche Strafrecht nunmehr weitgehend der „großen Lösung"

---

9 *Dann*, Reform, NJW 2016, 203, 203.

10 *Hoven*, Auslandsbestechung, S. 508. Ähnlich zu §§ 108e, 299 StGB: *dies.*, Entwicklungen, NStZ 2015, 553, 560.

11 Art. 1 Nr. 1 des OECD-Übereinkommen über die Bekämpfung der Bestechung ausländischer Amtsträger im internationalen Geschäftsverkehr (verabschiedet am 17. 12.1997, in Kraft getreten am 15.2.1999).

12 Art. 16 Abs. 1 und Abs. 2 des Übereinkommens der Vereinten Nationen gegen Korruption (verabschiedet am 31.10.2003, in Kraft getreten am 14.12.2005). Zum Begriff der "semi-mandatory provisions": UNCAC-*Rose/ Kubiciel/Landwehr*, Introduction, C.1, E.

13 Strafrechtsübereinkommen des Europarats über Korruption (verabschiedet am 27.1.1999, in Kraft getreten am 1.7.2002), ETS Nr. 173.

des Europarates und schafft damit gleichzeitig die größten Legitimationsprobleme. Es wird sich zeigen, dass für die Auslandsbestechung im Strafgesetzbuch nicht allein auf das Telos der Europaratskonvention abgestellt werden kann: Erstens hat der Gesetzgeber diesen falsch verstanden[14] und zweitens werden unterschiedlichste Rechtsinstrumente mit verschiedenen Zweckbestimmungen durch das KorrBekG 2015 in Bezug genommen.[15] Möglicherweise kann jedoch der Tatbestandszweck der nationalen Bestechungsdelikte in § 331 ff. StGB, in deren System die Tatbestände der Auslandsbestechung nun im Wesentlichen verortet sind, übertragen werden. Zu klären ist diesbezüglich, ob der nationale Institutionenschutz dem transnationalen Charakter der Auslandsbestechung gerecht werden kann. Zudem ist vor allem die Gleichstellungsvorschrift für ausländische und internationale Bedienstete in § 335a StGB, aber auch die Begriffsbestimmung des Europäischen Amtsträgers in § 11 Abs. 1 Nr. 2a StGB, durch die internationale Ausrichtung ein Fremdkörper im sonst immer noch sehr national geprägten Strafrecht. Dies gilt zumal aufgrund der systematischen Verortung im Abschnitt der „Straftaten im Amt". Es zeigt sich schon jetzt, dass sich das Verbot der Auslandsbestechung im deutschen Kernstrafrecht in einem komplexen Spannungsfeld befindet. Hier finden sich konzentriert ganz grundsätzliche Herausforderungen eines immer stärker globalisierten Strafrechts. Das macht das Thema so besonders reizvoll für wissenschaftliche Betrachtungen.

C. Gang der Untersuchung

Die Untersuchung erfolgt in vier Schritten. Das *Erste Kapitel* umreißt unter der Frage „Was ist Auslandsbestechung?" die aktuelle Gesetzeslage nach dem KorrBekG 2015. Der Untersuchungsgegenstand wird dabei als Korruption (A.), Amtsträgerbestechungsdelikt (B.) und transnationales Delikt (C.) charakterisiert. Die Einordnung in verschiedene strafrechtliche Systembegriffe erlaubt eine Annäherung an die Auslandsbestechung, die häufig schwer greifbar scheint. Diese nach Kategorien geordnete Betrachtung erhellt nicht nur den dogmatischen Kontext, zentrale Begrifflichkeiten und typische Erscheinungsformen der Auslandsbestechung, sondern zeigt auch, welche Schwierigkeiten sich durch die Einordnung in das Kernstrafrecht ergeben und welche konkreten Auslegungsfragen der (teleologi-

---

14 Vgl. 4. Kap. C.III.3.
15 BT-Drs. 18/4350, 11 f.

schen) Beantwortung harren. Es wird notwendig sein, zwischen der EU-Bestechung gem. §§ 331 ff. StGB unter Beteiligung eines Europäischen Amtsträgers iSd. § 11 Abs. 1 Nr. 2a StGB und der „echten" Auslandsbestechung gem. § 335a iVm. §§ 331 ff. StGB zu unterscheiden.

Im *Zweiten Kapitel* folgt eine Darlegung der strafrechtstheoretischen Prämissen für die Untersuchung der Auslandsbestechung. Die Arbeit will hiermit auch einen grundsätzlichen Beitrag dazu leisten, die teleologische Auslegung vernünftig anzuleiten. Die Differenzierung zwischen Ursache, Grund und Zweck der Kriminalisierung ebnet den Weg, der Vielschichtigkeit des Untersuchungsgegenstands Rechnung zu tragen. Denn mit ihrer Hilfe lassen sich die verschiedenen Argumente, die für die Kriminalisierung der Auslandsbestechung vorgebracht worden sind, rational verarbeiten.

Die konkrete Untersuchung von Ursachen, Gründen und Zweck der Auslandsbestechung findet in den sich anschließenden beiden Kapiteln statt. Das *Dritte Kapitel* widmet sich Ursache, Grund und Zweck der EU-Bestechung. Mit Blick auf die Besonderheiten der EU wird hier der Tatbestandszweck formuliert, sodass Auslegungsfragen beantwortet werden können.

Das *Vierte Kapitel* untersucht Ursache, Grund und Zweck von § 335a iVm. §§ 331 ff. StGB. Als Kriminalisierungsursache werden die Auslöser für das KorrBekG 2015 beschrieben. Hier sind insbesondere der gesellschaftliche Diskurs als Anlass der Strafgesetzgebung sowie die historisch gewachsene Wahrnehmung von Korruption als gesellschaftliches Grundübel von Interesse. Grund für die Tatbestandsschaffung sind die verschiedenen für den Gesetzgeber ausschlaggebenden Kriminalisierungsinteressen. Die vorangegangenen Überlegungen ermöglichen dann eine Erörterung des Tatbestandszwecks. Als Telos kommen namentlich in Betracht:

- Korruptionsfreiheit
- Entwicklungshilfe
- Förderung von Demokratie, Rechtsstaatlichkeit und Menschenrechte
- Wettbewerbsschutz
- Internationaler Institutionenschutz
- Ausländischer Institutionenschutz
- Inländischer Institutionenschutz
- Vertrauensschutz.

Diese denkbaren Zielrichtungen werden einer rechtspolitischen sowie -dogmatischen Analyse unterzogen, um den Tatbestandszweck der Auslandsbestechung benennen zu können. Es folgt eine Darstellung der praktischen Konsequenzen der hier vorgenommenen Zweckbestimmung. So werden zum einen Auslegungsergebnisse aufgezeigt und anhand einiger Beispiele illustriert und zum anderen Vorschläge für die Lage de lege ferenda unterbreitet.

Erstes Kapitel: Was ist Auslandsbestechung?

> "'I don't know. But that's what they do. I've seen it in books;
> and so of course that's what we've got to do.'
> – 'But how can we do it if we don't know what it is?'
> – 'Why, blame it all, we've got to do it.
> Don't I tell you it's in the books?'" (Twain)[16]

Warum, weshalb und wozu etwas ist, kann nur beantwortet werden, wenn eine Vorstellung über das Etwas besteht. Dieses Kapitel beschreibt deshalb den Untersuchungsgegenstand. Auslegung ist nämlich Verstehen, und Verstehen setzt Verständnis voraus.[17] *Tom Sawyer* durchbricht die scheinbare Zirkularität des hermeneutischen Zirkels[18] und setzt seine Handlung an die Stelle des Verständnisses. Dieses Vorgehen kann allerdings nicht von Erfolg gekrönt sein, weil Tom im negativen Sinne vorurteilslos ist. Ihm fehlt ein Vor-Urteil[19], das er überprüfen und ggf. widerlegen kann, um sich so dem Erkenntnisgegenstand zu nähern. „Schlichtes Tun" ist deshalb im epistemischen Kontext meist sinnentfremdend. Dagegen ist sinngebundenes[20] „auslegendes Tun"[21] durch ein vernünftiges Vorverständnis

---

16 *Mark Twain*, The Adventures of Huckleberry Finn, Oxford World's Classic, Oxford 2009, S. 9.

17 So auch in Bezug auf das Recht: *Larenz*, Methodenlehre, S. 206 ff. (zu diesem: *Frommel*, Rezeption, S. 74 ff.); *Jestaedt*, Perspektiven, S. 185, 199 f.: „Da das Recht nur als Erkanntes verstanden, bedacht und kommuniziert werden kann, ist die Rede vom ‚Recht' unentrinnbar mit den Problemen seiner Erkennbarkeit und Erkenntnis belastet. Der hermeneutische Zirkel ist auch hier unabwendbar."

18 Zu diesem grundlegend: *Ast*, Grundlinien, S. 186 f. Vgl. auch: *Heidegger*, Sein, S. 148 ff.; *Gadamer*, Wahrheit, S. 270 ff.; *Betti*, Auslegungslehre, S. 216 ff., 613 ff. Zur Historiographie des hermeneutischen Zirkels, insb. auch zu den Leistungen Diltheys und Schleiermachers, *Gadamer*, Wahrheit. Auch für das Recht benennt die Hermeneutik „Bedingungen der Möglichkeit von Sinnverstehen", so selbst *Kaufmann*, Rez. Larenz, JZ 47 (1992), 191, 192.

19 Gegen die Dichotomie von Autorität und Vernunft, in der die negative Konnotation von Vorurteilen seit der Aufklärung begründet liegt, wendet sich *Gadamer*, Wahrheit, S. 256 ff., entschieden,.

20 *Gadamer*, Wahrheit, S. 251 ff.

21 Vgl. *Gadamer*, Wahrheit, S. 315.

gekennzeichnet[22]. Denn: „Als Suchen bedarf das Fragen einer vorgängigen Leitung vom Gesuchten her."[23]

Dieses Vorverständnis ist substantiell, weil es „im Zu-tun-haben mit der gleichen Sache entspringt"[24]. Gerade im Strafrecht formen Normtext (und Normbereich) die materielle Substanz der Strafrechtsnorm. Hier wird deshalb anhand einer nach Kategorien geordneten, rechtsphänomenologischen[25] Darstellung von Normtext und Normbereich ein erstes Bild der Auslandsbestechung gezeichnet. Dabei werden noch keine abschließenden Auslegungsergebnisse formuliert, sondern lediglich anhand der einschlägigen strafrechtlichen Vorschriften und mit Blick auf schon entschiedene Fälle Vorwegnahmen und Thesen gebildet.

Mit Blick auf die strafgesetzlichen Regelungen beinhaltet die Auslandsbestechung rechtsphänomenologisch folgende Aspekte: Zunächst wird die Auslandsbestechung als Bestechungsdelikt – also *als Korruptionsdelikt* im engeren Sinne – charakterisiert, und damit in das System der Bestechungsdelikte des deutschen Strafrechts eingeordnet (A.). In den Fokus gerät sodann die Lozierung im 15. Abschnitt „Straftaten im Amt", was Anlass ist, sie im Kontext der anderen Bestechungsdelikte (neben §§ 331 ff. StGB, auch §§ 299 ff. StGB und § 108e StGB, Art. 2 § 2 IntBestG) darzustellen, um Unterschiede und Gemeinsamkeiten aufzuzeigen und ihr Spezifikum *als Amtsträgerbestechungsdelikt* zu beleuchten (B.). Schließlich wird das deutsche Internationale Strafrecht relevant, weil es sich bei der Auslandsbestechung um ein *transnationales Delikt* handelt. So findet sich in § 5 Nr. 15 StGB eine strafanwendungsrechtliche Spezialregelung, die mit dem KorrBekG 2015 geändert wurde und nunmehr die deutsche Gerichtsbarkeit für bestimmte Fälle der Auslandsbestechung ausweitet (C.).

---

22 „Sprachliche wie inhaltliche Vorverständnisse müssen in ihrer produktiven Funktion als Bedingung und Voraussetzung von Verstehen allgemein wie vor allem auch in der Rechtsarbeit gesehen werden", *Müller/Christensen*, Methodik I, Rn. 271.

23 *Heidegger*, Sein, S. 5.

24 *Heidegger*, Sein, S. 279.

25 Im Sinne einer Beschreibung des bloßen Erscheinungsbildes.

A. Auslandsbestechung als Korruption

„Korruption" wird vom deutschen Strafgesetzbuch weder definiert noch überhaupt verwendet,[26] dennoch ist die Auslandsbestechung eng mit dem Begriff verknüpft (unter I. und II.).[27] Sie gehört dabei den Korruptionsdelikten im engeren Sinne an, denen gewisse Charakteristika gemein sind (unter III.).

I. Korruptionsbegriff in Rechtswissenschaft und Völkerrecht

Das Schlagwort „Korruption" ist im Zusammenhang mit der Auslandsbestechung allgegenwärtig. Internationale Konventionen, zu deren zentralen Regelungsgegenständen die Auslandsbestechung gehört, sind etwa das Übereinkommen der Vereinten Nationen gegen *Korruption*[28] oder das Strafrechtsübereinkommen über *Korruption* des Europarates[29]. Sogar der deutsche Gesetzgeber veränderte die strafrechtlichen Bestechungsbestimmungen sowohl 1997 als auch 2015 unter der Überschrift „Gesetz zur Bekämpfung der *Korruption*".[30] Auslandsbestechung scheint also vor allem eines zu sein: Korruption.

Aus rechtswissenschaftlicher Perspektive wird dementsprechend viel über „Das Korruptionsstrafrecht" geschrieben[31] – was Korruption tatsächlich ist, bleibt dabei jedoch mitunter im Unklaren.[32] Auch die zahlreichen anderen Disziplinen, die die Korruption zu ihrem Gegenstand erhoben ha-

---

26 HbWS-*Bannenberg*, 12. Kap., I. Korruption, Rn. 5; *Bannenberg/Schaupensteiner*, Korruption, S. 25.

27 Die primär sozialwissenschaftliche Konnotation des Begriffs soll nicht geleugnet werden.

28 United Nations Convention against Corruption (Hervorhebung CS).

29 Criminal Law Convention on Corruption, ETS Nr. 173 (Hervorhebung CS).

30 Gesetz zur Bekämpfung der Korruption v. 19.08.1997, BGBl. 1997 I Nr. 58 S. 2038; Gesetz zur Bekämpfung der Korruption v. 20.11.2015, BGBl. 2015 I Nr. 46 S. 2025. S. auch Gesetz zur Bekämpfung internationaler Bestehung (Int-BestG) v. 10.09.1998, BGBl. 1998 II Nr. 37 S. 2327 (Hervorhebung CS).

31 Bspw.: *Schuster/Rübenstahl*, Probleme, wistra 2008, 201; *Sommer/Schmitz*, Korruptionsstrafrecht; *Geisler*, Korruptionsstrafrecht; genauso das BKA in seinem seit 2000 jährlich erscheinenden „Bundeslagebild Korruption", online abrufbar unter https://www.bka.de/DE/AktuelleInformationen/StatistikenLagebilder/Lagebilder/Korruption/korruption_node.html (zuletzt abgerufen am 8.10.2019).

32 *Niehaus*, Annäherungen, S. 55, 56; *Bannenberg/Schaupensteiner*, Korruption, S. 26; *Hettinger*, Strafrecht, NJW 1996, 2263, 2265.

ben, scheinen bei der Begriffsbestimmung auf ein Grundsatzproblem zu stoßen und verwenden viel Mühe auf die Definition.[33] Der Umgang mit Korruption bereitet also schon auf deskriptiver Ebene, beim (Sprach-) Verständnis, Schwierigkeiten.

II. Korruptionsbegriff der Strafgesetze

In Bezug auf die Rechtswissenschaft überrascht die Omnipräsenz des Korruptionsbegriffs. Denn Korruption ist zum einen ein besonders schwer zu fassendes Konzept und zum anderen kein Tatbestandsmerkmal der Auslandsbestechung. Eine angestrengte Definitionsfindung der Korruption aus dem Blickwinkel der Rechtswissenschaft ist deshalb artifiziell oder zumindest unfunktional.[34] Oder, in den Worten *Puppes*:

> „Definitionen im Recht dienen weniger dazu, die Begriffe exakter zu machen, als vielmehr, sie in einzelne Elemente zu zerlegen und die Beziehungen darzustellen, in denen sie zueinander stehen. Gelingt das nicht oder nicht vollständig, so hilft uns auch die Definition bei der Anwendung des Begriffes nicht weiter [...]."[35]

Die Diskussion um gesetzesfremde Begriffe kann den Blick dafür verstellen, dass sie eigentlich verwendet werden, um mit den existierenden Normen in einem handhabbaren System zu arbeiten.[36] Ziel muss es also sein, den gesetzgeberischen Plan weiterzudenken, ohne über ihn hinwegzuden-

---

33 *Überhofen*, Korruption, S. 30 ff. Die "vielschichtigen Facetten des komplexen Realphänomens" versucht etwa der Sammelband Was ist Korruption?, hrsgg. v. *Peter Graeff/Jürgen Grieger* im Jahr 2012, aus dem Umfeld des Wissenschaftlichen Arbeitskreises Korruptionsforschung von Transparency International zu erhellen – allerdings wird auch hier der Mangel eines gemeinsamen begrifflichen Fonds konstatiert, *Grieger*, Einleitung, S. 3, 4.

34 Es fehlt der Kontext, in dem der Begriff entfaltet werden könnte; zum sog. „Sprachspiel" *Haft*, Rhetorik, S. 70.

35 *Puppe*, Schule, S. 78.

36 So birgt die ausführliche Darstellung des Korruptionsbegriffs in einer rechtswissenschaftlichen Monographie die Gefahr, für den Untersuchungsgegenstand wenig hilfreich zu sein, s. etwa *Geisler*, Korruptionsstrafrecht, S. 57 („Dabei ist die Vielfältigkeit des Phänomens deutlich geworden, die die Entwicklung eines echten, klar umrissenen juristischen Korruptionsbegriffs unmöglich macht"), vgl. aber auch *Überhofen*, Korruption, S. 51, der zwischen Korruption und Korruptionstatbeständen unterscheidet.

ken.[37] Notwendige Bedingung hierfür ist, dass ein Wort erst dann zum dogmatischen Begriff wird, wenn die Fülle eines gesetzlichen Zusammenhangs, in dem – und für den – ein Wort gebraucht wird, insgesamt in das eine Wort eingeht.[38] Dazu muss die Rückbindung an das Gesetz stets gewährleistet sein.[39] Im Folgenden soll „Korruption" deshalb schlicht synonym mit den vom deutschen Strafrecht erfassten Bestechungsdelikten verwendet werden. Zum Grundverständnis sei auf *Saligers* Begriffsverwendung hingewiesen:[40] Dieser unterscheidet zwischen Korruptionsstrafrecht im engeren und weiteren Sinne. Zur ersten Kategorie zählt er die Tatbestände, die ausdrücklich und unmittelbar die Korruptionsbekämpfung bezwecken. Unter den weiten Begriff fasst er dagegen alle Strafvorschriften, die „entweder selbst Korruptionselemente enthalten oder typische Begleitdelikte der Korruptionsdelikte im engeren Sinne sind", namentlich: § 266 StGB, § 263 StGB, § 261 StGB, §§ 267 ff. StGB, § 331 HGB, § 370 AO und § 31d Parteiengesetz.[41] Das Korruptionsstrafrecht im engeren Sinne sind die Bestechungstaten: neben solchen im öffentlichen Sektor (§§ 331 ff. StGB) auch die im geschäftlichen Verkehr und im Gesundheitswesen (§§ 299 ff. StGB) und die im politischen Kontext (§ 108b StGB, § 108e StGB).[42] Die Auslandsbestechung gehört als Teil der Bestechungstaten nach §§ 331 ff. StGB zu diesem „Herz der Korruptionstaten".

Der (deutsche) Gesetzgeber[43] nimmt das amorphe Gebilde der Korruption ohne Tatbestandsbezug und damit ohne Notwendigkeit immer wieder in Bezug, etwa im Titel des Änderungsgesetzes oder in der Gesetzesbegrün-

---

37 Hierzu vertieft unten unter 2. Kap. C.2.b. Dies ist schwierig, wenn man die einschlägigen Gesetzestexte nicht (im Detail) studiert, anders etwa: *Nichols*, Myth, Cornell Int'l L.J. 33 (2000), 627, 629: „Because statutory definitions of bribery differ, the global understanding of bribery is more easily understood when bribery is discussed in general rather than legal terms."

38 Anlehnung an: *Koselleck*, Einleitung, S. XXII: „Ein Wort wird (...) zum Begriff, wenn die Fülle eines politisch-sozialen Bedeutungszusammenhangs, in dem – und für den – ein Wort gebraucht wird, insgesamt in das eine Wort eingeht."

39 Eine interessante Studie zur Vermeidbarkeit dogmatisch-rechtkonstruktiver Rechtsfiguren durch schlichte Gesetzesanwendung findet sich für das Anwartschaftsrecht bei *Mülbert*, Anwartschaftsrecht, AcP 202 (2002), 912, 949: „Ganz im Gegenteil findet diese [gesetzliche] Rechtsfigur klar den Vorzug, wenn sich juristische Theoriebildung auch gegenüber Kriterien wie Einfachheit, Systemverträglichkeit und Tauglichkeit zur Systembildung bewähren soll."

40 *Saliger*, FS Kargl, S. 493, 494.

41 *Saliger*, FS Kargl, S. 493, 494.

42 So auch HbWS-*Bannenberg*, 12. Kap., I. Korr., Rn. 5.

43 Zum „Gesetzgeber" als Metapher, s.u., 2. Kap.C.IV.

dung.[44] Im ersten Zugriff wirkt das rein symbolisch und verdient deshalb an späterer Stelle Beachtung und Analyse.[45] Die zu untersuchende These ist, dass der Gesetzgeber die Steigerung einer (sprachlichen) Unklarheit in Kauf nimmt, um sich rechtspolitisch den „Kampf gegen die Korruption" auf die Fahnen schreiben zu können.[46]

III. Gemeinsamkeiten der Korruptionsdelikte ieS.

1. Im Fokus von Gesetzgeber und Gesellschaft

Gemeinsam ist den Bestechungsdelikten, dass sie in den letzten Jahren besonders großes gesellschaftliches und legislatives Interesse geweckt haben. Ehedem waren nicht nur Auslandsbestechungsdelikte nicht strafbar,[47] auch Zahlungen im Nachgang einer Amtshandlung (sog. Dankeschön-Zahlungen) waren strafrechtlich nicht erfasst, Bestechungshandlungen im Gesundheitswesen konnten nur ausschnittsweise sanktioniert werden[48] und die Mandatsträgerbestechung war nur eingeschränkt geregelt.[49] All dies ist jetzt anders. In dieser Strafrechtsexpansion wird ein Wertewandel hin zur Wichtigkeit von Korruptionsschutz gesehen.[50]

---

44 So auch zuvor schon die Vereinten Nationen: Wenngleich namensgebend für die „United Nations Convention Against Corruption", wird der Begriff „Korruption" in der Konvention nicht definiert und findet sich auch nicht als Tatbestandüberschrift (anders als etwa in dem Europaratsübereinkommen), hierzu vertieft: UN-CAC-*Spörl*, Art. 2.

45 Unten unter 4. Kap. A.III.

46 Hinzu kommt freilich, dass sich unter einen solchen *Umbrella Term* auch Tatbestände fassen lassen, die eine andere Struktur (§§ 265a, 265d StGB) oder Zielsetzung (§ 299 StGB) haben.

47 Hierzu detaillierter unter B.I.1.

48 Die §§ 299, 331 ff. StGB waren tlw. anwendbar. Umfassend erst seit dem Gesetz v. 30.05.2016 – BGbl. I 2016 Nr. 25 v. 03.06.2016, S. 1254.

49 Hierzu unten unter B.II.2.

50 Vgl. etwa BR-Drs., 298/95-Beschluss, Anl., 3f. und 19 mit BT-Drs. 7/550, 274. Etwas anders aber der bayerische Vorschlag, BR-Drs. 571/95, Anl., 3 und 17 f. sowie der Vorschlag des Landes Berlin, BR-Drs. 198/95, Anl., 2 und 11 f. Siehe auch den Regierungsentwurf v. 19.6.1996 (BR-Drs. 553/96 und inhaltsgleich als Koalitionsentwurf in BT-Drs 13/5584) und das KorrBekG.

2. Die Unrechtsvereinbarung

Vor allem haben die Bestechungsdelikte der drei Sphären, öffentliche Verwaltung (§§ 331 ff. StGB), Privatwirtschaft (§§ 299 ff. StGB) und Politik (§ 108e StGB), ein gemeinsames Charakteristikum. Dieses „Kernstück"[51] aller Bestechungsdelikte ist die *Unrechtsvereinbarung*,[52] auf die sich die Tathandlungen beziehen: In einer Dreieckssituation vereinbaren zwei Personen ein Gegenseitigkeitsverhältnis.[53] Hier werden die Vorteilsgewährung des einen und das Tätigwerden des anderen gekoppelt, sodass die den anderen verpflichtenden Interessen von „Dritten", einer Personengesamtheit oder der Allgemeinheit ausgekoppelt werden. Dieser substanzielle Gehalt der Normen findet seinen Ausdruck in dem jeweiligen Wortlaut („für", „als Gegenleistung dafür") und ist deshalb ein gesetzlich rückgebundener, dogmatischer Begriff, kein ungeschriebenes Tatbestandsmerkmal.[54] Entscheidender Anknüpfungspunkt für die Bestimmung der Unrechtsvereinbarung ist die besondere Stellung des Vorteilsgebers oder -nehmers bei der Ausübung eines öffentlichen Amtes[55] oder Mandats,[56] eines Heilberufs[57] oder eine Tätigkeit als Angestellter oder Beauftragter eines Unternehmens.[58] Die konkreten Anforderungen unterscheiden sich dabei nicht nur

---

51 BGHSt 53, 6, 14 „Kernstück".
52 Richtungsweisend: BGHSt 15, 88, 97 mit Hinweis auf Binding; vgl. zur Unrechtsvereinbarung auch: BGHSt 15, 239, 241 f., 249; 15, 352, 355; BGHSt 39, 45, 46, 56; BGH NStZ 1994, 488, 489; BGH NStZ 1999, 561 mwN. („in ständiger Rechtsprechung"); BGH NStZ 2000, 319 f.; BGH NStZ 1984, 24; BGH NStZ 2001, 425, 426; BGH NStZ 2005, 692, 693 (jeweils zu § 331 aF); BGHSt 33, 336, 339 (zu § 108b Abs. 1); BGH NJW 1991, 367, 370 f. (zu § 12 UWG aF); BGHSt 53, 6; BGH NJW 2006, 3290 (3298). BT-Drs. 18/6446, 18; LK-*Sowada*, § 331 Rn 64 ff.; NK-*Kuhlen*, § 331 Rn. 19; NK-*Dannecker/Schröder*, § 299a Rn. 31; *Dann/Scholz*, Teufel, NJW 2016, 2077, 2078; *Rengier*, BT II, S. 565; *Schünemann*, FS Otto 2007, S. 777, 784. Stattdessen für die Verwendung des Terminus „korruptive Konnexität", die im Wesentlichen dasselbe umschreibt: AnwK-*Sommer* § 331 Rn . 32.
53 „Die Annahme einer Unrechtsvereinbarung scheidet aus, wenn auf der einen oder anderen Seite - der des Vorteilsgebers oder des Amtsträgers - der Wille fehlt, daß der Vorteil dem Beamten als Gegenleistung für eine Diensthandlung zufließen soll" (BGH NJW 1993, 1085, 1086), s. auch: BGHSt 10, 237, 241; RGSt 65, 52, 53; RG HRR 1940, Nr. 195; a.A. SchSch-*Cramer*, § 331 Rn. 6, 29.
54 *Kuhlen*, Tathandlungen, NStZ 1988, 433, 433; *Rengier*, BT II, S. 565; a.A.: *Letzgus*, Begriff, NStZ 1987, 309, 311.
55 §§ 331 ff. StGB.
56 § 108e StGB.
57 §§ 299a, 299b StGB.
58 § 299 StGB.

nach den verschiedenen Sphären, sondern bei den Amtsträgerbestechungs-delikten auch innerhalb derer. § 335a StGB verweist auf die §§ 332-334 (ggf. mit § 335) StGB. Für die §§ 331 Abs. 1, 333 Abs. 1 StGB sind die Vor-aussetzungen an die Unrechtsvereinbarung gelockert, sodass es lediglich einer inhaltlichen Verknüpfung von Vorteilsgewährung und Dienstaus-übung bedarf,[59] dagegen ist für §§ 331 Abs. 2, 332, 333 Abs. 2 und 334 StGB weiterhin der Konnex zu einer konkreten, hinreichend bestimmten, Amts- bzw. Richterhandlung notwendig.[60] Genauso verhält es sich bei den §§ 299 ff. StGB.[61] Demgegenüber bedarf es für § 108e StGB einer „enge[n] Kausalbeziehung",[62] einer „inneren Verknüpfung"[63] zwischen Einfluss-nahme auf den Mandatsträger und dessen Handlung, sodass höhere Anfor-derungen an den Erklärungswert des Mandatsträgers zu stellen sind.[64]

Der folgende Fall soll das Vorliegen einer Unrechtsvereinbarung (in der Exekutiven) exemplifizieren:

Fall: *Bäuerin A möchte einen Schweinemaststall für 100 Schweine in 20 Metern Entfernung zu einer Bäckerei in einem Dorfgebiet errichten. B ist die zuständige Beamtin des örtlichen Bauamts und kündigt in einem Gespräch mit A an, die Baugenehmigung nur unter Immissionsschutzauflagen erteilen zu können, um dem Rücksichtnahmegebot gem. § 15 BauNVO Rechnung zu tragen.*[65] *A scheut die Kosten zur Umsetzung der Auflagen (z.B. Unterdruck-lüftung mit hohem Kamin) und zieht einen Umschlag mit Geldscheinen im*

---

59 Seit dem KorrBekG 1997, hierzu BT-Drs. 13/8079, 15: „Mit dieser Formulierung wird klargestellt, daß weiterhin eine Beziehung zwischen der Vorteilsannahme und den Diensthandlungen des Amtsträgers bestehen muß. Lediglich eine hinrei-chend bestimmte Diensthandlung als ‚Gegenleistung' muß nicht mehr nachge-wiesen werden." Judikatur: BGHSt 49, 275, 280 f.; BGHSt 53, 6, 13 ff.; BGHSt 49, 275, 294: „erforderliche Gegenseitigkeitsverhältnis zwischen Vorteil und Dienstausübung".

60 K/N/P-*Kuhlen*, § 331 Rn. 19; *Schlösser/Nagel*, Werbung, wistra 2007, 211, 212.

61 DDKR-*Bannenberg*, § 299 Rn. 12; NK-*Dannecker*, § 299 Rn. 64 ff.; *Pfaffendorf*, Er-fordernis, NZWiSt 2016, 8; *Heuking/Coelln*, Neuregelung, BB 6/2016, 323, 328 f. Für §§ 299a, 299b StGB ausdrücklich: BT-Drs. 18/6446, 18. S. auch Leitner/ Rosenau-*Gaede*, § 299a Rn. 54 f.; *K. Schröder*, Bestechung, FD-StrafR 2010, 301355 (beck-online); zur a.F. ausführlich: MüKo-*Krick*, § 299 Rn. 24 ff.

62 BT-Drs.18/476, 7.

63 NK-*Kargl* § 108e Rn. 23.

64 Beschlussempfehlung des Rechtsausschusses: BT-Drs. 18/607, 8. Kritisch zu dieser Ausgestaltung der Unrechtsvereinbarung: *Hoven*, Entwicklungen, NStZ 2015, 553, 554. *Kubiciel/Hoven*, Bestechung, NK 2014, 339, 348 ff.

65 Nach OVG NRW, BauR 2003, 1850, indem es freilich nur um die Rechtmäßig-keit der Baugenehmigung unter dem Gesichtspunkt von § 15 BauNVO ging.

Wert von 3000 € aus ihrer Aktentasche sowie die Augenbrauen hoch und überreicht den Umschlag B. B nickt wissend und nimmt den Umschlag entgegen. In der Folge erlässt sie eine auflagenlose Baugenehmigung für den Schweinestall, der, einmal errichtet, olfaktorisch stark belastend ist und so die Lebensqualität im Dorf einschränkt.

Die „Gesamtschau der äußeren Indizien"[66] ergibt hier, dass es einen, wenngleich konkludenten,[67] Konsens zwischen A und B gab, nach dem die Zahlung der 3000 € in einem Gegenseitigkeitsverhältnis zur konkreten Entscheidung der B im Baugenehmigungsverfahren der A steht. B ist als Beamtin der Baubehörde dazu verpflichtet, über den Antrag der A ermessensfehlerfrei zu entscheiden und die divergierenden Interessen der Schweinebäuerin mit denen ihrer Nachbarn, insbesondere dem Bäcker, in Ausgleich zu bringen. Indem sie die Interessen der A priorisiert verletzt sie ihre Dienstpflicht und wird zur „Dienerin zweier Herren".[68] Sie schadet so ganz konkret den übrigen Dorfbewohnern und darüber hinaus abstrakt auch ihrem Amt (worauf später noch einzugehen sein wird).

3. Heimlichkeit und Intransparenz

Wie im Schweinestall-Fall so agieren bei allen Bestechungsdelikten mindestens zwei kollusiv handelnde Akteure im Geheimen, um ihre Interessen mithilfe einer Unrechtsvereinbarung gegen die anderer durchzusetzen.[69] Heimlichkeit ist darum der Nährboden korrupter Strukturen. Präventionsmaßnahmen zielen deshalb häufig auf Transparenzsteigerung, etwa durch klare Teilung von Verantwortungsbereichen, Dokumentationspflichten, das Vier-Augen-Prinzip sowie reglementierte und nachvollziehbare Ent-

---

66 BGH NStZ-RR 2007, 309, 310; vgl. auch: BGH NStZ 2014, 323, 324 f.
67 BGHSt 39, 45, 46; 15, 239, 249;. *Gaede* weist diesbzgl. auf die Schwierigkeit des Nachweises hin: Leitner/Rosenau-*Gaede* § 299 Rn. 59.
68 Dazu *Kindhäuser*, Voraussetzungen, ZIS 2011, 461, 463 ff.; *Saliger*, FS Kargl, S. 493, 496 ff.; Leitner/Rosenau-*Gaede* § 299 Rn. 8; dagegen auf einen regelwidrigen Tausch von Vorteilen abstellend: *Volk*, GS Zipf, S. 419, 421 ff., allerdings selbstkritisch: S. 424 ff.); HbW-*Rönnau*, III. Teil, 2. Kap., Rn. 5 (S. 280) mwN; *Pragal*, § 299, ZIS 2006, 63 (71 ff.); *Walther*, Korruptionsstrafrecht, Jura 2010, 511, 512.
69 Von einem Fremdschädigungsdelikt ist etwa auch beim bloßen Anbieten eines Vorteils auszugehen, weil es auch hier einer (zumindest angestrebten) Übereinkunft zwischen Amtsträger und Vorteilszuwender bedarf, s. *Fischer*, § 333 Rn. 7, § 331 Rn. 21.

scheidungsmechanismen. So soll eine Unrechtsvereinbarung zwischen zwei Personen von vornherein verhindert werden.

4. Kein gemeinsamer Tatbestandszweck

Regelmäßig wird die Unrechtsvereinbarung als „Wesen der Bestechungsdelikte"[70] bzw. als „Kern des Bestechungsunrechts"[71] beschrieben. Das kann irreführend sein, weil die Unrechtsvereinbarung als solche keine Aussage über das Rechtsgut des jeweiligen Tatbestandes zulässt.[72] Sie kennzeichnet einen Teil des modus operandi, charakterisiert aber nicht vollständig das Unrecht der Tat. Zwar ist die Unrechtsvereinbarung allen Korruptionsdelikten ieS. gemein, aber nicht jede regelwidrige Verknüpfung von Vorteil und Gegenleistung in einem Äquivalenzverhältnis, also jeder Loyalitätsbruch, erscheint strafwürdig; dies gilt insbesondere für den Bereich der Privatwirtschaft.[73]

Die Unrechtsvereinbarung prägt also korruptes Verhalten (in ihr wird das den Bestechungsdelikten eigene „Korruptionsunrecht" verwirklicht). Mit einem entsprechenden Rechtsgut „Korruptionsfreiheit" ließen sich aber die beschriebenen Unterschiede zwischen den einzelnen Bestechungstatbeständen, insbesondere die verschiedenen Anforderungen an die Unrechtsvereinbarungen, sowie die unterschiedlichen Strafrahmen kaum erklären.[74] Die Korruptionsdelikte ieS. müssen eine weitergehenden Schutz bezwecken,[75] den die in der Unrechtsvereinbarung aufeinander bezogenen Tathandlungen beeinträchtigen. Die Strafbedürftigkeit und -würdigkeit muss sich folglich aus dem (gesondert zu ermittelnden)[76] *Zweck*[77] des jeweiligen Bestechungstatbestandes ergeben. Dieses Kapitel hat also die Auslandsbestechung als Korruptionsdelikt skizziert – die Suche nach dem Tatbestandszweck der Auslandsbestechung steht aber noch bevor.

---

70 *Rengier*, BT II, S. 565.
71 *Schünemann*, FS Otto 2007, S. 777, 784 mit Hinweis auf BGHSt 49, 294.
72 So auch Leitner/Rosenau-*Gaede*, § 299 Rn. 8 f., der deshalb von einem „[r]echtsgutsabhängige[n] Schutz vor Korruptionsunrecht" spricht.
73 Hierzu unten unter B.II.2.
74 Hierzu vertieft unten: 4. Kap. C.I.; vgl. auch Leitner/Rosenau-*Gaede*, § 299 Rn. 8 f.
75 Auch Leitner/Rosenau-*Gaede*, § 299 Rn. 8 f.
76 Hierzu unten im 3. und 4. Kap., jeweils unter C.
77 Zum Begriff: 2. Kap. C.II. und V.

B. Auslandsbestechung als Amtsträgerbestechungsdelikt

Der Fokus auf die Auslandsbestechung wird nun verengt: vom Korruptionsdelikt hin zum Verwaltungsbestechungstatbestand.

Die von § 335a StGB erfassten Bestechungstaten setzen das Handeln eines „ausländischen oder internationalen Bediensteten" voraus. Diese Bediensteten zeichnen sich durch ihre besondere Nähe zu staatlichem Handeln aus und sind deshalb der öffentlichen Sphäre zuzuordnen.[78] Die Auslandsbestechung gehört zu den §§ 331 ff. StGB; diese Kategorie der Amtsträgerbestechungsdelikte gründet in der Grundunterscheidung zwischen staatlicher und privater Sphäre bzw. staatlichem und privatwirtschaftlichem Handeln. Dies ist deshalb interessant, weil die Auslandsbestechung gleichzeitig häufig im Zusammenhang mit der Vergabe öffentlich ausgeschriebener Projekte anzutreffen ist, also auf der Schnittstelle zwischen öffentlichem Bereich (als Auftraggeber für Güter oder Dienstleistungen) und privatem Bereich (als Anbieter derselben) liegt.[79] Die Unterscheidung zwischen den beiden Sphären ist dennoch nicht nur für das StGB zentral. Auch jenseits dessen ist diese, für das Verhältnis von Staat und Gesellschaft grundlegende, Differenzierung verbreitet und führt zu einer Akzentuierung von Bestechungshandlungen im staatlichen Bereich. Die Weltbank etwa[80] definiert Korruption sogar als

„the abuse of public office for private gain"[81]

---

78 Im Detail B.II.-III.

79 *Lewis/Das Nair*, Fighting Corruption, OECD DAF/COMP/GF(2014)1, S. 3, online verfügbar unter https://one.oecd.org/document/DAF/COMP/GF(2014)1/en/pdf (zuletzt abgerufen am 8.10.2019). Das öffentliche Vergabewesen produziert einen Großteil der *Grand Corruption*.

80 Er ist auch den folgenden Definitionen gemein, die Korruption beschreiben als "the sale by government officials of government property for personal gain" (*Shleifer/Vishny*, Corruption, Quarterly Journal of Economics 108 (1993), 599) bzw. „an illegal payment to a public agent to obtain a benefit that may or may not be deserved in the absence of payoffs" (*Rose-Ackerman*, Harmful, S. 353, 353). Wenngleich es scheint, als hätten *Rose-Ackerman/Palifka*, Corruption, S. 7 ff. diese Definition aufgegeben, so konzentrieren sie weiterhin ausschließlich auf den öffentlichen Bereich (s. S. 11).

81 *The World Bank*, Helping Countries Combat Corruption, 1997, S. 8, online verfügbar unter: http://www1.worldbank.org/publicsector/anticorrupt/corruptn/corrptn.pdf (zuletzt abgerufen am 8.10.2019).

und rückt so die Korruption im öffentlichen Bereich in den Fokus.[82] Damit steht sie in Tradition zu der 1967 von dem US-amerikanischen Politologen *Joseph Nye* formulierten Begriffsbestimmung:

> "behavior which deviates from the formal duties of a public role because of private-regarding (personal, close family, private clique) pecuniary or status gains; or violates rules against the exercise of certain types of private-regarding influence".[83]

Diesem *„public office*-Zentrismus" entspricht, dass Bestechungsdelikte im nationalen Bereich, also unter Beteiligung eigener Amtsträger, weltweit unter Strafe stehen,[84] wohingegen sich im privaten Sektor ein deutlich heterogeneres Bild ergibt – und zwar nicht nur in Bezug auf die Fassung der einzelnen Straftatbestände, sondern auch hinsichtlich ihrer Existenz.[85] Bezüglich der Delikte mit Auslandsbezug kann man in den maßgeblichen internationalen Korruptionskonventionen auch einen Schwerpunkt hin zu den Amtsträgerbestechungstatbeständen ausmachen.[86]

Um diese Unterschiede zu erklären, wird im Folgenden die Auslandsbestechung als Amtsträgerbestechungsdelikt untersucht. Dazu erfolgt als erstes eine Einordnung in das System der §§ 331 ff. StGB (I.). Hierbei werden auch die Änderungen durch das KorrBekG 2015 erklärt und ein Überblick über die EU-Bestechung und die Auslandsbestechung ieS. gegeben. Sodann werden (unter II.) die §§ 331 ff. StGB von den gesetzlichen Bestimmungen der Bestechungsdelikte im privatwirtschaftlichen Bereich, §§ 299 ff. StGB, abgegrenzt (1.) sowie Amtsträger von Mandatsträgern unterschieden (2.). Hieraus folgt, dass privatwirtschaftliches und staatliches Handeln konzeptuell verschiedenartig ist (III.). Aus diesen Betrachtungen des materiellen Kerns der Auslandsbestechung als Amtsträgerbestechungsdelikt ergeben sich wesentliche Fragen für die weiteren Untersuchungen (IV.).

---

82 *The World Bank*, Helping Countries, S. 8: „The definition adopted by the Bank is not original. It was chosen because it is concise and broad enough to include most forms. Like most other definitions, it places the public sector at the center of the phenomenon." Sie lehnt sich insb. an die TI-Definition an.

83 *Nye*, Corruption, American Political Science Review 1967, 412, 419; hierzu auch: *Gardinier*, Corruption, S. 21, 22: „All probably would agree with Nye's emphasis on public roles." *Bacio Terracino*, Framework, S. 81: „all corrupt acts inherently involve a public official".

84 *Androulakis*, Globalisierung, S. 65.

85 *Boles*, Faces, Mich. J. Int'l L. 35 (2014), 673, 674 f.; *Eser*, Preface, S. 7.

86 Hierzu unten unter III.2.a.

I. Auslandsbestechung im System der §§ 331 ff. StGB

Die §§ 331-334 StGB setzen als Geber oder Nehmer voraus:

- einen Amtsträger, einen Europäischen Amtsträger oder einen für den öffentlichen Dienst besonders Verpflichteten (§§ 331-334, jeweils Abs. 1, StGB) bzw.
- einen Soldaten der Bundeswehr (§§ 333 Abs. 1, 334 Abs. 1 StGB)[87] oder
- einen Richter, Mitglied eines Gerichts der Europäischen Union oder Schiedsrichter (§§ 331-334, jeweils Abs. 2, StGB).

Die §§ 331-334 StGB sind dabei wie folgt geordnet: §§ 331, 332 StGB enthalten die Tatbestände der passiven Delikte, Vorteilsannahme und Bestechlichkeit; §§ 333, 334 StGB die aktiven Taten, Vorteilsgewährung und Bestechung. Bestechung und Bestechlichkeit setzen gegenüber der Vorteilsgewährung und -annahme die Pflichtwidrigkeit der dienstlichen oder richterlichen Handlung voraus. § 335a StGB verweist auf die §§ 331 ff. StGB und erweitert den personellen Anwendungsbereich um „ausländische und internationale Bedienstete". Damit sind die Amtsträgerbestechungsdelikte mit Auslandsbezug seit dem Gesetz zur Bekämpfung der Korruption 2015 (KorrBekG 2015)[88] im Wesentlichen[89] in das System der §§ 331 ff. StGB eingebettet (hierzu unter 1.).

In dieser Arbeit wird „Auslandsbestechung" im Bemühen um eine leichte sprachliche Fassung als Sammelbegriff für die aktiven und passiven Bestechungsdelikte unter Beteiligung sowohl von europäischen Amtsträgern (hier sog. EU-Bestechung, hierzu unter 2.) als auch von ausländischen und internationalen Bediensteten (auch Auslandsbestechung ieS., hierzu unter 3.) verwendet, sofern sich nicht ein Spezielleres aus dem jeweiligen Kontext ergibt.

---

87 Für Soldaten gilt im Übrigen § 48 WStG als lex specialis, eingehend: *Möhrenschlager*, Erweiterung, NZWehrR 1980, 81.
88 Gesetz zur Bekämpfung der Korruption v. 20.11.2015, in Kraft seit 26.11.2015, BGBl. 2015 I, S. 2025.
89 Als materielle Norm verbleibt lediglich § 2 im Gesetz zu dem Übereinkommen vom 17. Dezember 1997 über die Bekämpfung der Bestechung ausländischer Amtsträger im internationalen Geschäftsverkehr (IntBestG), die Bestechung ausländischer Abgeordneter im Zusammenhang mit dem internationalen geschäftlichen Verkehr. Diese Norm wäre vorzugswürdig in den Kontext des § 108e StGB oder des § 299 StGB einzuordnen; so auch *Gaede*, Gutachten, S. 21 f.

1. Kernstrafrecht seit dem KorrBekG 2015

Die Verortung der Auslandsbestechung im System der §§ 331 ff. StGB ist jungen Datums. Während Bestechungshandlungen nationaler Amtsträger seit jeher im deutschen Strafrecht unter Strafe gestellt sind,[90] fand eine Kriminalisierung der Auslandsbestechung erst mit dem „Gesetz zu dem Protokoll v. 27.9.1996 zum Übereinkommen über den Schutz der finanziellen Interessen der EU" (EUBestG)[91] und mit der Ratifizierung des OECD-Bestechungsübereinkommen v. 17.12.1997 durch das „Gesetz zur Bekämpfung internationaler Bestechung" (IntBestG)[92] statt.[93] Ein erster Schritt war gemacht. Allerdings wurden die europäischen und internationalen Vorgaben schlicht in nationale Gesetze transformiert. Folglich waren die Bestechungsdelikte mit Auslandsbezug durch eine stark fallgruppenorientierte Regelung in den Nebengesetzen charakterisiert.[94] Diese Rechtslage beseitigte das KorrBekG 2015 zugunsten einer stärkeren Systematisierung, indem es Vorschriften aus den Nebengesetzen des IntBestG und EUBestG, aber auch des NATO-Truppen-Schutzgesetzes und des IStGH-Gleichstellungsgesetz in das „organische" Kernstrafrecht[95] transferierte.[96]

---

90 Das Allgemeine Preußische Landrecht (ALR), der Vorläufer des StGB, regelte die Amtsträgerbestechungsdelikte im 8. Abschnitt „Von den Verbrechen der Diener des Staates", des II. Theils, Zwanzigster Titel, §§ 360, 361. Vertieft, s.u. unter III.1.a.; *Hattenhauer*, Landrecht, S. 685, 687; *Temme*, Critik II, S. 400; hierzu: *Adamski*, Konzeption, S. 27 ff.

91 BGBl. 1998 II Nr. 37, S. 2340, vgl. Regierungsentwurf in BT-Drs. 13/10424.

92 BGBl. 1998 II Nr. 37, S. 2327, vgl. Regierungsentwurf in BT-Drs. 13/10428. Diese Ratifizierung erfolgte im Eilverfahren gem. Art. 76 Abs. 2 S. 4 GG, sodass Deutschland die Konvention besonders schnell umsetzte (als Dritter von 34 Unterzeichnerstaaten), *Androulakis*, Globalisierung, S. 373.

93 *Dölling*, Neuregelung, ZStW 112 (2002), 334, 351.

94 MüKo-*Korte*, § 331 Rn. 28; *ders.*, Einsatz, wistra 1999, 81, 88; *Walther*, Korruptionsstrafrecht, Jura 2010, 511, 519; *Wolf*, Internationalisierung, ZRP 2007, 44, 45.

95 *Tiedemann*, Reform, ZRP 1970, 254, 260 beschreibt die Strafnormen im Nebenstrafrecht als unorganisch. Hierzu auch unten unter 3. Kap. B.I.

96 BT-Drs. 18/4350, 13. Stellungnahmen hierzu (statt aller): BRAK, Stellungnahme, online verfügbar unter https://mieterschutz.bund.de/SharedDocs/Gesetzgebungsv erfahren/Stellungnahmen/2014/Downloads/09012014_Stellungnahme_BRAK_Re fE_Bekaempfung_Korruption.pdf;jsessionid=08A3A679FC8399969D4A32EC67F FB68F.1_cid289?__blob=publicationFile&v=1 (zuletzt abgerufen am 8.10.2019), *Brockhaus/Haak*, Änderungen, HRRS 2015, 218; *Gaede*, Gutachten; *Kubiciel/Spörl*, Gesetz, KPKp 4/2014; *Schünemann*, Niedergang, ZRP 2015, 68: vgl. zum inhaltsgleichen Gesetzesentwurf 2007 (BT-Drs. 16/6558): *Wolf*, Internationalisierung, ZRP 2007, 44; vgl. auch *Schuster/Rübenstahl*, Probleme, wistra 2008, 201; *Walther*, Korruptionsstrafrecht, Jura 2010, 511.

§ 335a StGB[97] wurde dafür neu geschaffen. Er überführt die Regelungen aus dem EUBestG und IntBestG bezüglich ausländischer und internationaler Bediensteter in das StGB. § 335a StGB nimmt als Gleichstellungs- bzw. Verweisungsnorm für bestimmte Personengruppen Regelungen der §§ 331-334 StGB in Bezug. Diese Regelungstechnik unterscheidet sich von der für die Europäischen Amtsträger iSd. neugeschaffenen § 11 Abs. 1 Nr. 2a StGB, die direkt dem personellen Anwendungsbereich der §§ 331 ff. StGB unterfallen.

Seit dem KorrBekG 2015 sind die Europäischen Amtsträger sowie die ausländischen und internationalen Bediensteten Teil des Systems der §§ 331 ff. StGB. Durch die nunmehr exponierte Stellung der Auslandsbestechung im StGB wird die Tatbestandsbekanntheit erhöht[98] und ihre Bedeutsamkeit unterstrichen. Vor allem aber haben vereinheitlichte und systematisierte Regelungen im Kernstrafrecht grundsätzlich das Potenzial, die Rechtsklarheit zu steigern.[99] Dieses können sie indes nur entfalten, wenn sie sich auch materiell in das System einordnen lassen, in das sie verortet wurden.

2. EU-Bestechung, §§ 331 ff. StGB iVm. § 11 Abs. 1 Nr. 2a StGB

Europäische Amtsträger bilden in den §§ 331 ff., jeweils Abs. 1, StGB eine Trias mit den deutschen Amtsträgern und den für den öffentlichen Dienst besonders Verpflichteten. Die Bezugnahme auf diese drei Personengruppen als Vorteilsgeber bzw. -nehmer geschieht durchweg einheitlich und unterschiedslos. Damit sind die Europäischen Amtsträger „in gleichem Umfang" erfasst wie die (deutschen) Amtsträger.[100]

Seit dem KorrBekG 2015 sind sie sogar ebenfalls im Allgemeinen Teil definiert. Die Legaldefinition in § 11 Abs. 1 Nr. 2a StGB entlehnt Definitionselemente aus dem ehemaligen Art. 2 § 1 EUBestG, insbesondere Art. 2 § 1 Abs. 1 Nr. 1 lit. b, Nr. 2 lit. b und c, Abs. 2 EUBestG.[101] Dies bewirkt

---

97 *Wolf*, Internationalisierung, ZRP 2007, 44, 45, der hervorhebt, dass es wichtig sei, die Auslandsbestechung nicht mehr mit „Minimallösungen" im Nebenstrafrecht zu regeln.

98 *Tiedemann*, Reform, ZRP 1970, 254, 260.

99 Der Normenkontrollrat „begrüßt die mit der Eingliederung von Nebenstrafrecht ins StGB verbundene Rechtsvereinfachung und Verbesserung der Rechtsklarheit", BT-Drs. 18/4350, 28, 29.

100 BT-Drs. 18/4350, 17.

101 BT-Drs. 18/4350, 18.

nicht nur eine auch formale Gleichstellung mit den deutschen Amtsträgern, sondern zudem eine konstruktiv-rationelle Ordnung der Strafgesetze, weil eine Inbezugnahme des Europäischen Amtsträger auch von den § 263 Abs. 3 S. 2 Nr. 4, § 264 Abs. 2 S. 2 Nr. 2 und 3; § 267 Abs. 3 S. 2 Nr. 4 und § 370 Abs. 3 S. 2 Nr. 2 und 3 AO vorgenommen wird.[102]

Zwischen den erfassten Personen gem. §§ 11 Abs. 1 Nr. 2 und Nr. 2a StGB besteht allerdings eine deutliche Verschiedenartigkeit: Die deutschen Amtsträger sind nationale Amtsträger, wohingegen die Europäischen Amtsträger supranationale Amtsträger der Europäischen Union sind[103] und nicht mehr zusätzlich nationale Amtsträger der EU-Mitgliedstaaten erfasst (wie noch im § 1 Abs. 1 Nr. 1 lit. a, Nr. 2 lit. a EUBestG).[104] Letztere unterfallen nunmehr als ausländische Bedienstete § 335a Abs. 1 Nr. 1, Nr. 2 lit. a StGB. Darüber hinaus unterscheiden sich auch die erfassten Personengruppen, wie nun überblicksweise gezeigt wird.[105]

a. § 11 Abs. 1 Nr. 2a lit. a StGB: Mitglied eines EU-Organs

Europäischer Amtsträger ist nach § 11 Abs. 1 Nr. 2a lit. a StGB, wer Mitglied der folgenden EU-Organe[106] ist: der Europäischen Kommission, der Europäischen Zentralbank (EZB), des Rechnungshofs oder eines Gerichts der Europäischen Union (vgl. Art. 17, 19 EUV, Art. 244 ff. AEUV). Die Vorgängervorschriften Art. 2 § 1 Abs. 1 Nr. 1 lit. b, Nr. 2 lit. c EUBestG

---

102 Vgl. BT-Drs. 18/4350, 18 (es fehlt die Bezugnahme auf § 267 StGB). Dies geschieht auch umfassender als zuvor im § 1 Abs. 2 EUBestG, der lediglich eine Gleichstellung für Gemeinschaftsbeamte und Mitglieder der Kommission für § 263 Abs. 3 S. 2 Nr. 4, § 264 Abs. 2 S. 2 Nr. 2 und 3 StGB, § 370 Abs. 3 S. 2 Nr. 2 und 3 AO beinhaltete. MüKo-*Radtke*, § 11 Rn. 104, sieht die Lozierung in AT und BT als Ergebnis der unterschiedlichen Reichweite der Regelungen von § 11 Abs. 1 Nr. 2a StGB und § 335a StGB.

103 Der Begriff „EU-Amtsträger" wäre deshalb weniger missverständlich gewesen.

104 *Heinrich*, Anmerkung, JZ 2016, 265, 266; *Haak*, Bestechung, S. 199; *Walther*, Neues, WiJ 2015, 152, 153.

105 Für eine tiefergehende Untersuchung fraglicher Tatbestandsmerkmale unter Einbeziehung der historischen und teleologischen Erkenntnisse, die im Rahmen des Vierten Kapitels „Ursache, Grund und Zweck der EU-Bestechung" gewonnen werden, sei auf die Betrachtung unter D. verwiesen.

106 Art. 13 EUV.

wurden also in das StGB überführt und ausdrücklich[107] um die Mitglieder der EZB ergänzt.[108]

Mitglieder der EU-Gerichte gehören auch zu den Europäischen Amtsträgern.[109] Wie die Entwurfsbegründung spezifiziert, sind diese Gerichte der Gerichtshof der Europäischen Union und das Gericht der Europäischen Union.[110] Unter Aussparung einer teleologischen Betrachtung muss dabei an dieser Stelle offen bleiben, ob unter die Gerichtsmitglieder auch Generalanwälte zu fassen sind. Außerdem bleibt zu klären, ob die Norm wegen der Aussparung dreier Organe der Union – namentlich sind dies das Europäische Parlament, der Europäische Rat und der Rat – zu eng gefasst ist und insofern Änderungsbedarf besteht.[111]

Zusammenfassend kann hier schon festgestellt werden, dass § 11 Abs. 1 Nr. 2a lit. a StGB die Europäische Amtsträgereigenschaft an die Mitgliedschaft zu konkret benannten Institutionen knüpft; dies findet keine Entsprechung in der Legaldefinition der deutschen Amtsträger. Von jenen ist allerdings die Amtsträgerbestimmung mithilfe einer institutionellen Anknüpfung vertraut – wie etwa beim Beamten gem. § 11 Abs. 1 Nr. 2 lit. a StGB grundsätzlich durch die Ernennungsurkunde.[112]

b. § 11 Abs. 1 Nr. 2a lit. b StGB: EU-Beamter oder -Bediensteter

Europäischer Amtsträger ist zudem ein „Beamter oder sonstiger Bediensteter der Europäischen Union oder einer auf der Grundlage des Rechts der Europäischen Union geschaffenen Einrichtung". Vorgängerbegriff in § 1

---

107 EZB-Mitglieder sind auch als „Beauftragte" in der „Auffangbestimmung" des § 11 Abs. 1 Nr. 2a lit. c StGB erfasst, die Gleichstellung mit den Mitgliedern anderer EU-Organe dient der Klarstellung.

108 Dies sind Mitglieder des EZB-Direktoriums, vgl. Art. 283 Abs. 2 AEUV.

109 BT-Drs. 18/4350, 18. Dies ist spiegelbildlich zu § 11 Abs. 1 Nr. 2 lit. a Alt. 2 StGB, der Richter iSv. § 11 Abs. 1 Nr. 3 StGB – obgleich sie Teil der Judikative sind – zu den Amtsträgern zählt.

110 BT-Drs 18/4350, 18: „Zukünftig können weitere dem Gericht beigeordnete Fachgerichte der Union für Sonderbereiche hierunter fallen." Allerdings wurde das erste und bislang einzige Sondergericht (das Gericht für den öffentlichen Dienst der Europäischen Union) 2016 aufgelöst.

111 Zu beidem unten unter 3. Kap. D.V.

112 Vgl. BT-Drs. 7/550, 209. *Leimbrock*, Amtsträger, S. 20 ff. Zu den Grenzen: BGH NJW 2004, 3129, 3130. Hierzu auch noch unten unter B.III.1.a.

Abs. 1 Nr. 2 lit. b EUBestG[113] war der Gemeinschaftsbeamte iSv. Art. 1 des Protokolls vom 27. September 1996 zum Übereinkommen über den Schutz der finanziellen Interessen der Europäischen Gemeinschaften.[114] Die Parallelvorschrift hierfür ist die über den nationalen Beamten in § 11 Abs. 1 Nr. 2 lit. b StGB. Seinen Konterpart findet der EU-Bedienstete unter den nationalen Amtsträgern in demjenigen, der gem. § 11 Abs. 1 Nr. 2 lit. c StGB in einem sonstigen öffentlich-rechtlichen Amtsverhältnis steht. Zu den EU-Einrichtungen gem. § 11 Abs. 1 Nr. 2a lit. b StGB zählen u.a. der Europäische Auswärtige Dienst, der Europäische Wirtschafts- und Sozialausschuss und der Europäische Bürgerbeauftragte.[115] Ob auch zwischenstaatliche Einrichtungen in der EU erfasst sind, lässt sich dem Wortlaut nicht entnehmen. Weil auch diese Auslegungsfrage eine teleologische Betrachtungsweise bedarf, ist insofern ebenfalls eine spätere Klärung unter Einbeziehung des Tatbestandszwecks notwendig.

c. § 11 Abs. 1 Nr. 2a lit. c StGB: EU-Beauftragter

Zuletzt ist auch Europäischer Amtsträger, wer „mit der Wahrnehmung von Aufgaben der Europäischen Union oder von Aufgaben einer auf der Grundlage des Rechts der Europäischen Union geschaffenen Einrichtung beauftragt ist". Damit wird die Eigenschaft des Europäischen Amtsträgers nicht an eine formale Stellung wie die Mitgliedschaft in einem der EU-Organe oder die Position als EU-Beamter oder -Bediensteter geknüpft, sondern an eine bloße Beauftragung in Abhängigkeit von der Art der übernommenen Aufgabe. Und dies erfolgt ungeachtet der genauen Voraussetzungen der jeweiligen Vertragsbeziehungen:[116] In der Anknüpfung an eine

---

113 BT-Drs. 18/4350, 18 bezieht sich hierbei fälschlicherweise auf Art. 2 § 1 Abs. 1 Nr. 1 lit. b EUBestG, nicht auf Art. 2 § 1 Abs. 1 Nr. 2 lit. b EUBestG.

114 ABl. C 313 vom 23.12.1996, S. 1.

115 Die EU-Einrichtungen finden sich aufgelistet unter https://europa.eu/european-union/about-eu/institutions-bodies_de (zuletzt abgerufen am 8.10.2019); eine Liste findet sich auch im Erläuternde[n] Bericht zum Übereinkommen über die Bekämpfung der Bestechung, an der Beamte der Europäischen Gemeinschaften oder der Mitgliedstaaten der Europäischen Union beteiligt sind, BT-Drs. 14/8999, 17, 18.

116 Auffällig ist in diesem Zusammenhang, dass die sprachliche Fassung mit dem Begriff der Beauftragung von der Parallelvorschrift abweicht, die eine Bestellung fordert. Auf die sich daraus ergebenden Unterschiede wird unten, 3. Kap. D.II., eingegangen.

öffentliche Aufgabe findet lit. c als Residuumsvorschrift[117] ihren nationalen Bruder in § 11 Abs. 1 Nr. 2 lit. c StGB.[118] Öffentliche Aufgaben sind solche, die „typischerweise dem Staat vorbehalten sind".[119] Vereinfacht lässt sich sagen: Indem man solche Aufgaben ausübt, gelangt man in eine öffentliche Macht- und Pflichtenstellung, funktional äquivalent zu der von Beamten, sonstigen Bediensteten oder Mitgliedern von supranationalen Organen. Damit erscheint das Amtieren öffentlicher Gewalt[120] als gemeinsames Merkmal der (Europäischen) Amtsträger.

3. Auslandsbestechung ieS., §§ 335a iVm. §§ 331 ff. StGB

Die §§ 331 ff. StGB wurden durch das KorrBekG 2015 außerdem um die Gleichstellungsnorm des § 335a StGB erweitert, der Äquivalente zu den Personengruppen der Richter, sonstigen Amtsträger und für den öffentlichen Dienst besonders Verpflichteten formuliert. Eine Verurteilung nach § 335a iVm. §§ 331-334 (ggf. iVm. § 335) StGB setzt dabei, so indiziert schon die Überschrift, das Handeln eines *ausländischen oder internationalen Bediensteten* voraus. Konkret heißt das:

– Für alle Bestechungsdelikte (§§ 331 Abs. 2, 333 Abs. 2, 332, 334, ggf. iVm. § 335 StGB)
– gilt „ein Mitglied eines ausländischen und eines internationalen Gerichts" (§ 335a Abs. 1 Nr. 1 StGB) als „Richter". [121]

Im Hinblick auf Bestechung und Bestechlichkeit (§§ 332, 334, ggf. iVm. § 335 StGB) stellt § 335a Abs. 1 StGB

– einem „sonstigen Amtsträger" „ein[en] Bedienstete[n] eines ausländischen Staates und eine Person, die beauftragt ist, öffentliche Ausgaben

---

117 Vgl. BT-Drs. 18/4350, 19.
118 In § 11 Abs. 1 Nr. 2a lit. c StGB sind dies Aufgaben der EU und ihrer Einrichtungen, in § 11 Abs. 1 Nr. 2 lit. c StGB sind es Aufgaben der öffentlichen Verwaltung.
119 BGHSt 46, 310, 312 f.
120 Zum Begriff der Gewalt eingehend: *Menke*, Recht, S. 34 ff., passim.
121 Die Verweisung des § 335a Abs. 1 Nr. 1 auf die §§ 331 und 332 (jeweils Abs. 2) StGB wurde durch das Gesetz zur Umsetzung der Richtlinie (EU) 2017/1371 des Europäischen Parlaments und des Rates vom 5. Juli 2017 über die strafrechtliche Bekämpfung von gegen die finanziellen Interessen der Union gerichtetem Betrug v. 19.6.2019 eingeführt, BGBl. 2019 I Nr. 23, S. 844; zur Begründung: BT-Drs. 19/7886, 31.

für einen ausländischen Staat wahrzunehmen" (§ 335a Abs. 1 Nr. 2 lit. a StGB), „ein[en] Bedienstete[n] einer internationalen Organisation und eine Person, die beauftragt ist, Aufgaben einer internationalen Organisation wahrzunehmen" (§ 335a Abs. 1 Nr. 2 lit. b StGB) sowie „ein[en] Soldat[en] eines ausländischen Staates und ein Soldat, der beauftragt ist, Aufgaben einer internationalen Organisation wahrzunehmen" (§ 335a Abs. 1 Nr. 2 lit. c StGB) gleich.

In Bezug auf Vorteilsannahme und -gewährung (§§ 331 Abs. 1 und 3, 333 Abs. 1 und 3 StGB) gilt

- „ein Mitglied des Internationalen Strafgerichtshofes" als „Richter" (§ 335a Abs. 2 Nr. 1 StGB) und
- „ein Bediensteter des Internationalen Strafgerichtshofes" als „sonstige[r] Amtsträger" (§ 335a Abs. 2 Nr. 2 StGB).

Allein für die Vorteilsgewährung (§ 333 Abs. 1 und 3 StGB) an NATO-Truppen

- regelt § 335a Abs. 3 Nr. 1 StGB, dass „einem Soldaten der Bundeswehr" „ein Soldat der in der Bundesrepublik Deutschland stationierten Truppen der nichtdeutschen Vertragsstaaten des Nordatlantikpaktes, die sich zur Zeit der Tat im Inland aufhalten", gleichsteht.
- § 335a Abs. 3 Nr. 2 StGB stellt „einem sonstigen Amtsträger" „ein[en] Bedienstete[n] dieser Truppen" gleich und
- § 335a Abs. 3 Nr. 3 StGB „einem für den öffentlichen Dienst besonders Verpflichteten" „eine Person, die bei den Truppen beschäftigt oder für sie tätig und auf Grund einer allgemeinen oder besonderen Anweisung einer höheren Dienststelle der Truppen zur gewissenhaften Erfüllung ihrer Obliegenheiten förmlich verpflichtet worden ist".

Die übertragene öffentliche Gewalt ist in dieser Gleichstellungsvorschrift also die eines anderen Staates oder die einer internationalen Organisation. Dass die Handlungen dabei „im Ausland genau wie im Inland verboten und mit Sanktionen belegt"[122] sind, stimmt zwar mit Blick auf den Ausschluss von Dankeschön-Zahlungen (die Gleichstellung durch § 335a StGB setzt jeweils den Bezug auf eine künftige richterliche Handlung bzw. eine künftige Diensthandlung voraus), auf das Pflichtwidrigkeitserfordernis in § 335a Abs. 1 Nr. 2 StGB sowie das den Anwendungsbereich der Norm deutlich einschränkende Strafanwendungsrecht nicht ganz, aller-

---

122 *Grützner/Jakob*, Compliance, Art. Auslandsbestechung.

dings haben die Rechtsänderungen durch das KorrBekG 2015 tatsächlich zumindest zu einer Annäherung der Bestimmungen geführt.

Wenn im Folgenden von „Amtsträger" die Rede ist, so sind sämtliche von den §§ 331 ff. StGB erfassten Personen auf Staatsseite gemeint, sofern sich nicht aus dem Kontext ein Spezielleres ergibt. Die Auslandsbestechung wird als Überbegriff für alle aktiven und passiven Bestechungsdelikte von oder gegenüber Europäischen Amtsträgern (EU-Bestechung) sowie ausländischen oder internationalen Bediensteten (Auslandsbestechung ieS.) verwendet.

II. Die Charakteristika: Amtsträger und öffentliche Sphäre

Die Auslandsbestechung ist im Abschnitt über die Straftaten im Amt verortet. Damit unterscheidet sie sich von den Bestechungsdelikten in der Politik (§ 108e StGB, Art. 2 § 2 IntBestG) und der Privatwirtschaft (§§ 299 ff. StGB). Die gesetzlichen Unterschiede zwischen den Bereichen offenbaren zwei Charakteristika der Auslandsbestechung: Es handeln Amtsträger und keine Mandatsträger (unter 1.), zudem sind die Taten auch der öffentlichen Sphäre im Gegensatz zur privatwirtschaftlichen zuzuordnen (unter 2.).

1. Amtsträger und Mandatsträger

Bei den Bestechungsdelikten im öffentlichen Bereich differenziert das deutsche Strafrecht, anders als internationale Übereinkommen oder viele andere nationale Strafgesetzbücher, zwischen Mandats- und Amtsträgern.[123] Der Amtsträger übt öffentliche Gewalt der Exekutive, insbesondere der Administrative, oder der Judikative aus und ist daher der staatlichen Sphäre zuzuordnen. Ähnlich verhält es sich mit einem Mandatsträger, der als Mitglied einer Volksvertretung des Bundes oder der Länder bzw. einer in § 108e Abs. 3 StGB gleichgestellten Institution oder Einrichtung wie

---

123 So etwa der mit der Reformierung des § 108e StGB umgesetzte Art. 2 lit. a UN-CAC, hierzu: UNCAC-*Spörl*, Art. 2. Für eine rechtsvergleichende Betrachtung mwN., s. *Hoven*, Strafbarkeit, ZIS 2013, 33, 34 f. sowie *Aaken*, Recht, ZaöRV 65 (2005), 407. Sogar das DDR-Strafrecht sah, zumindest in den wenigen Monaten vor der Wende, eine Gleichstellung von Abgeordneten eines demokratisch legitimierten staatlichen Parlaments und Amtsträgern vor, *Überhofen*, Korruption, S. 369.

neuerdings etwa kommunale Mandatsträger,[124] demokratisch legitimierten Legislativvorgängen angehört.[125] Die Legislative und die Exekutive haben Überschneidungen in ihren Tätigkeiten:[126] So kann die Verwaltung gem. Art. 80 GG durch Rechtsverordnungen rechtssetzend tätig werden, vor allem aber sind Landesregierungen im Bundesratsystem an der Legislative beteiligt und auch die Bundesminister erfüllen im Rat der EU Aufgaben der Legislative (beides Fälle des Exekutivföderalismus). Die beiden letztgenannten Gruppen sind nicht Mandatsträger iSd. § 108e StGB, sondern stehen in öffentlich-rechtlichen Amtsverhältnissen iSd. § 11 Abs. 1 Nr. 2 lit. b StGB,[127] sind also als Amtsträger zu klassifizieren.

Trotz der sich überschneidenden Tätigkeitsfelder existiert ein eindeutiges Distinktionsmerkmal: das öffentliche Mandat. Die damit verknüpfte Freiheit des Mandats bedeutet für die Volksvertreter eine Unabhängigkeit von Fremdbestimmung und ist damit Ausdruck der für die parlamentarische Demokratie charakteristischen Repräsentation.[128] Die Volksvertretung verwirklicht die Volkssouveränität, indem sie gewährleistet, dass die Staatsgewalt vom Volk anerkannt und gebilligt ist.[129] Sowohl Mandats- als auch Amtsträger sind Träger eines öffentlichen Amtes, d.h. sie erfüllen öffentliche Aufgaben und üben öffentliche Gewalt aus, sind also dem Dienst

---

124 Eingefügt als Reaktion auf die Kritik des BGH, siehe etwa BGHSt 51, 44. Hierzu *Busch*, Beeinflussung, S. 14 ff.; *Feinendegen*, Vorteilsnahme, NJW 2006, 2014. Vorab schon: *Dahs/Müssig*, Strafbarkeit, NStZ 2006, 191. Anstoß für § 108e StGB: BGHSt 51, 44 und BGH NStZ 2007, 36 f., s. BT-Drs. 18/476, 1.

125 *Deiters*, Strafbarkeit, NStZ 2003, 453, 458: Tätigkeit besteht „in der Ausübung eines Mandats zum Zwecke der demokratischen Willensbildung innerhalb eines Organs".

126 Bei Personen, die wegen eines Doppelamtes sowohl Amts- als auch Mandatsträger sind, entscheidet sich die Zuordnung zu den §§ 331 ff. StGB bzw. § 108e StGB danach, ob sie die Tat ausschließlich iRd verwaltungsbezogenen Tätigkeit oder auch bei Wahrnehmung des Mandates begangen haben, BGH Urt. v. 17.3.2015, 2StR 281/14, hierzu: *Becker*, Anmerkung, NStZ 2015, 454. A.A.: Rübenstahl, nach dem (allerdings noch 2006) kommunale Mandatsträger auch bei Wahlen und Abstimmungen stets Amtsträger (gem. § 11 Abs. 1 Nr. 2 lit. b StGB) sind, *Rübenstahl*, Angehörigen, HRRS 7 (2006), 23. Ein weiteres Distinktionsmerkmal könnte das der personengebundenen Tätigkeit sein: Während Amtsausübung grds. vertretbar ist, lässt sich bei Abstimmungen und Wahlen der Legislative die Stimme idR. nicht übertragen.

127 NK-*Saliger*, § 11 Rn. 24.

128 Im Gegensatz dazu kennt die Rätedemokratie das (weisungsgebundene) imperative Mandat, *Badura*, Staatsrecht, E Rn. 28; *Kloepfer*, Verfassungsrecht I, § 7 Rn. 85 ff.

129 *Badura*, Staatsrecht, D Rn. 10.

an der Allgemeinheit verpflichtet.[130] Zudem sind beide dem Gemeinwohl verpflichtet – wobei dieses, insbesondere in einer pluralistischen Gesellschaft, nicht immer eindeutig benannt werden kann[131] und insofern eine Einschätzungsprärogative verbleibt. Allerdings sind die Mandatsträger aufgrund der kürzeren demokratischen Legitimationskette sowie der Eingebundenheit in das parlamentarische Verfahren, in dem die Abgeordneten nur gemeinsam handeln können, frei und grundsätzlich nicht in ihrer konkreten Tätigkeit gebunden.[132] Als Interessenvertreter üben sie politische Entscheidungsgewalt aus und sind deshalb nicht gleichermaßen zur Neutralität verpflichtet wie Amtsträger.[133] Im Widerspruch zum verfassungsrechtlich garantierten freien Mandat der Bundestagsabgeordneten (Art. 38 Abs. 1 S. 2 GG)[134] stünde es indes, wenn die „Vertreter des ganzen Volkes" aufgrund von Vorteilszuwendungen nicht mehr lediglich ihrem Gewissen, also ihrer politischen Überzeugung,[135] unterworfen wären.[136] Es würde die Möglichkeit einer Kollektivrepräsentation[137] bei der Formierung des Staatswillens unterminieren,[138] wenn Mandatsträger nach Auftrag oder auf Weisung handelten. Deshalb ist die mandatierte Arbeit sogar verfassungsrechtlich vor Einflussnahmen des Staates oder Dritter geschützt[139] – eine besondere Protektion, die in Bezug auf die Amtsträger keine Entsprechung im GG kennt.

Übernommen in den § 108e StGB, formuliert die „Handlung im Auftrag oder auf Weisung" eine zusätzliche Strafbarkeitsvoraussetzung im Vergleich zu den Amtsträgerbestechungsdelikten, zu der die Auslandsbestechung gehört. Der mit der Wendung verfassungsrechtlich intendierte Schutz wird auf diese Weise in sein Gegenteil verkehrt, weil die zusätzliche

---

130 Sachs-*Magiera*, Art. 38 Rn. 52 ff.
131 *Kubiciel/Hoven*, Bestechung, NK 2014, 339, 342.
132 Zu den Schranken der Mandatsfreiheit: Sachs-*Magiera*, Art. 38 Rn. 47 ff.; *Kloepfer*, Verfassungsrecht I, Art. 38 Rn. 115.
133 *Hoven*, Entwicklungen, NStZ 2015, 553, 555; vgl. auch *Aaken*, Recht, ZaöRV 65 (2005), 407, 424.
134 Entsprechende einfachgesetzliche Vorschriften existieren auch für die anderen Mandatsträger, z.B. für die Gemeinderatsmitglieder in § 43 Abs. 1 GO NRW. Anm.: Diese Norm beschränkt sich auf „Aufträge" und berücksichtigt damit die hM. im Staatsrecht, nach der dem Begriff der „Weisungen" keine eigenständige Bedeutung zukommt.
135 Sachs-*Magiera*, Art. 38 Rn. 47.
136 So auch *Aaken*, Recht, ZaöRV 65 (2005), 407, 430 ff.
137 Hierzu Sachs-*Magiera*, Art. 38 Rn. 45 mwN.
138 MKS-*Achterberg/Schulte*, Art. 38 Abs. 1, Rn. 39 f.
139 *Kloepfer*, Verfassungsrecht I, Art. 38 Rn. 109 ff.

Strafbarkeitsvoraussetzung die mandatierte Arbeit unter geringeren straf-rechtlichen Schutz stellt. So sehr die Wendung „im Auftrag oder auf Wei-sung" im staatsrechtlichen Kontext zum Schutz des offenen politischen Prozess beiträgt,[140] so sehr schadet sie deshalb im Strafrecht.[141] Die Integra-tion der Wendung in den Tatbestand des § 108e StGB wirft erhebliche Auslegungsprobleme auf.[142] Sie fordert eine „enge Kausalbeziehung"[143] zwischen Einflussnahme und Handlung, während bei der Amtsträgerbe-stechung eine Gegenleistungsbeziehung ausreicht. Diese im Vergleich zum §§ 331 ff. StGB erhöhte Strafbarkeitsvoraussetzung, die auch kein Vorbild in den internationalen Vorgaben findet,[144] ist unverständlich. Irritierend ist darüber hinaus der Ausschluss von nachträglichen Zuwendungen aus dem Anwendungsbereich der Mandatsträgerbestechung[145] sowie die Be-schränkung auf „ungerechtfertigte Vorteile".[146] Zusammenfassend heißt das: Der Regelungsumfang bleibt beschränkt und steht im Widerspruch zu verfassungsrechtlichen Wertungen. Zwar wurde die Mandatsträgerbeste-chung, § 108e StGB, im Herbst 2014 erweitert, sie fällt „als rechtspolitische Minimallösung" jedoch deutlich hinter den Regelungen der §§ 331 ff. StGB zurück.[147]

Auch die Auslandsbestechung im Speziellen ist viel harmonischer durchstrukturiert als ihr Pendant der *political corruption*. Während die ma-teriellen Vorschriften der Amtsträgerbestechung aus dem IntBestG und dem EUBestG mit dem KorrBekG 2015 sämtlich in das StGB überführt worden sind, ist mit Art. 2 § 2 IntBestG die Vorschrift über ausländische

---

140 *Stern*, Staatsrecht I, S. 843. Durch die Wendung soll politische Korruption gera-de verhindert werden, *Hoven*, Strafbarkeit, ZIS 2013, 33, 37.

141 Insofern ist es unverständlich, dass die Entwurfsbegründung, BT-Drs. 18/476, 5, den Grundsatz des freien Mandats als „Schwierigkeit in der Formulierung eines Straftatbestandes" ansieht.

142 *Jäckle*, Sturzgeburt, ZRP 2014, 121, 122; *Kubiciel/Hoven*, Bestechung, NK 2014, 339, 351, *Hoven*, Entwicklungen, NStZ 2015, 553, 554 f., die je nach Interpretati-on von Völkerrechts- oder Verfassungswidrigkeit ausgehen.

143 BT-Drs. 18/476, 7.

144 Weder Art. 15 iVm. Art. 2 lit. a UNCAC noch Art. 4 iVm. Art. 2 Strafrechtsüber-einkommen des Europarats sehen einen Kausalzusammenhang vor.

145 Hierzu im Detail *Hoven*, Entwicklungen, NStZ 2015, 553, 554. §§ 331, 333 er-fasst auch Dankeschön-Zahlungen.

146 Hierzu *Kubiciel/Hoven*, Bestechung, NK 2014, 339, 351.

147 *Hoven*, Entwicklungen, NStZ 2015, 553, 555, die ihre Untersuchung des § 108e StGB mit einem vernichtenden Urteil endet: „Was bleibt, ist ein mit erhebli-chen Auslegungswidersprüchen belasteter Tatbestand, der im systematischen wie kriminalpolitischen Widerspruch zu den §§ 331 ff. StGB steht und das Phä-nomen der Mandatsträgerbestechung nur unzureichend erfasst."

Mandatsträger in einem Nebengesetz bestehen geblieben. Dieser unterschiedliche Umgang mit Amts- und Mandatsträgerbestechungsdelikten erstaunt. Dies umso mehr, weil § 108e Abs. 3 Nr. 6 StGB Mitglieder von Gesetzgebungsorganen ausländischer Staaten sowie parlamentarischer Versammlungen von internationalen Organisationen erfasst. Insofern ist das Verhältnis zur engeren Vorschrift im IntBestG, der lediglich die aktive Seite unter Strafe stellt und zusätzlich einen Zusammenhang zum internationalen geschäftlichen Verkehr fordert, unklar.[148] In Betracht kommen Realkonkurrenz,[149] lex specialis des Art. 2 § 2 IntBestG[150] sowie ein Vorrang des § 108e StGB als lex posterior.[151] Jedenfalls erscheint eine Sperrwirkung des IntBestG für § 108e StGB abwegig, weil das Fortbestehen des IntBestG den Anwendungsbereich des § 108e StGB auf ausländische Mandatsträger nicht noch weiter hinter den der Auslandsbestechung in den §§ 331 ff. StGB zurückfallen lassen kann.

Auch sonst ist die Mandatsträgerbestechung, etwa in der Forderung eines *ungerechtfertigten* Vorteils,[152] strafrechtlich weitgehend restriktiver erfasst als die Amtsträgerbestechung. Angesichts der dargestellten Gemeinsamkeiten zwischen Amts- und Mandatsträgern sowie der Erkenntnis, dass die demokratische Legitimation der Legislativen allein nicht garantieren

---

148 Angesichts der gesteigerten Unübersichtlichkeit durch dieses Nebeneinander der kern- und nebengesetzlichen Normen sowie der teleologischen Unverständlichkeit ist dem Gesetzgeber eine Aufhebung des gesamten IntBestG dringend anzuraten.

149 MüKo-*Müller*, § 108e StGB Rn. 11, scheint etwa von einer Realkonkurrenz auszugehen. In diese Richtung geht auch am ehesten die Entwurfsbegründung zu § 108e StGB: BT-Drs. 18/476, 6.

150 So *Francuski*, Neuregelung, HRRS 2014, 220, 229 f. Hiergegen spricht, dass dann die aus Sicht des Gesetzgebers besonders kriminalisierungsbedürftigen Bestechungshandlungen, die er schon frühzeitiger unter Strafe gestellt hat, nur nebenstrafgesetzlich zu sanktionieren sind, wohingegen die 2014 neu kriminalisierten Handlungen unter das Kernstrafrecht fielen. Dies ist angesichts der mit den Bestechungsdelikten grds. verknüpften großen Symbolwirkung der Kriminalisierung und Bestrafung schwer zu vereinbaren.

151 Der Gesetzgeber hat sich allerdings gleich zwei Mal dafür entschieden, Art. 2 § 2 IntBestG beizubehalten: Zunächst 2014 bei der Reformierung des § 108e StGB und dann bei den Modifikationen des IntBestG im Zuge des KorrBekG 2015, sodass ein intentionaler Vorgang naheliegt, vgl. auch BT-Drs. 18/476, 6.

152 Diese, sonst in den Bestechungsdelikten unbekannte, Voraussetzung, irritiert. So auch *Fischer*, § 108e StGB Rn. 25, 38 f., insb. Rn. 38: „Die tautologisch anmutende Konstruktion versucht Gesichtspunkte der Sozialadäquanz in den Tatbestand zu integrieren und durchbricht die Systematik anderer Korruptions-Tatbestände."

kann, dass sich das Gemeinwohl durchgängig durchsetzt,[153] erscheint diese (deutsche) Diskriminierung inadäquat,[154] kann aber im Rahmen dieser Arbeit nicht tiefgehender untersucht werden. Es bleibt die Erkenntnis, dass die Auslandsbestechung wegen der Unterscheidung zwischen Amts- und Mandatsträgern im deutschen Strafrecht umfassender und systematischer geregelt ist als die transnationalen Bestechungsdelikte der politischen Sphäre.

2. Öffentliche und private Sphäre

Der Unterschied zwischen Bestechungsdelikten „im Amt" (§§ 331 ff. StGB) und solchen im rein privatwirtschaftlichen Kontext (§§ 299 ff. StGB) ergibt sich schon aus der Systematik, zeigt sich aber vor allem in den Tatbestandsmerkmalen. Dies illustrieren auch die folgenden Beispiele.

> *Fall 1: Belial ist Beamter im Bauamt der Stadt Köln und mit der Aufgabe betraut, eine Vorschlagsliste mit geeigneten Grundstücken für den Bau eines neuen wichtigen staatlichen Gebäudes zusammenzustellen. Avid ist Vorstandsvorsitzender eines Unternehmens, in dessen Eigentum ein zum Verkauf stehendes Gelände gehört. A und B wissen beide, dass das Grundstück ob seiner objektiven Geeignetheit in die Liste aufgenommen gehört. Bei einem Vor-Ort-Termin kündigt B an, das Grundstück für den Bau vorzuschlagen. A möchte jedoch auf Nummer Sicher gehen und schenkt dem B deshalb einen gemeinsamen Oktoberfestbesuch mitsamt Übernahme der Fahrt-, Hotel- und Babysitterkosten. B nimmt die Einladung an.*
>
> *Fall 2: Wie im ersten Fall, nur dass dieses Mal Cansu, Vorstandsmitglied in einem großen privaten Unternehmen, eine Liste mit geeigneten Grundstücken für den Bau eines neuen Unternehmensstandortes erstellen soll. Auch dieses Mal ist das Grundstück vom Unternehmen des A nach objektiven Entscheidungskriterien vorzuschlagen und auch C nimmt die Einladung an.*

Die Fälle unterscheiden sich allein bezüglich der Personengruppe, der der Zuwendungsempfänger angehört: B ist Amtsträger iSd. § 11 Abs. 1 Nr. 2

---

153 So *Lockes* Vorstellung, *Locke*, Abhandlungen, 2. Buch, 11. Kap. §§ 134 ff., § 136; vgl. hierzu: *Bredt*, Legitimation, S. 253; *Bleckmann*, Sinn, S. 33. Eine Erkenntnis, die sich – möchte man nicht Böseres vermuten – im Bundestag anscheinend noch hält.

154 *Fischer*, 61. Aufl. 2014, § 108e Rn. 1 noch: „skandalöse Verweigerung von Rechtmäßigkeit durch diejenigen, die es angeht"; nach dem 48. StÄG nur noch „Vielzahl gravierender Lücken" (*Fischer*, § 108e Rn. 7)

lit. a StGB, wohingegen C Beauftragte[155] eines Unternehmens ist. In *Fall 1* ist A wegen Vorteilsgewährung (§ 333 Abs. 1 StGB) und B wegen Vorteilsannahme (§ 331 Abs. 1 StGB) zu bestrafen, wohingegen in *Fall 2* eine Strafbarkeit von A und C wegen Bestechung und Bestechlichkeit im geschäftlichen Verkehr (§ 299 StGB) mangels Wettbewerbsverzerrung (Abs. 1 bzw. 2, jeweils Nr. 1) bzw. mangels „Kauf" eines pflichtwidrigen Verhaltens gegenüber dem Unternehmen (Abs. 1 bzw. 2, jeweils Nr. 2) ausscheidet. Bestechungshandlungen im öffentlichen Bereich sind also umfassender kriminalisiert als solche, die der rein privaten Sphäre entspringen. Dabei sind die Tathandlungen bei §§ 299 ff. StGB und §§ 331 ff. StGB gleichermaßen umschrieben: Auf der Aktivseite sind diese das Anbieten, Versprechen oder Gewähren eines Vorteils (§§ 333, 334, 335a StGB sowie §§ 299 Abs. 2, 299b StGB), auf der Passivseite das Fordern, Sich-Versprechen-Lassen oder Annehmen (§§ 331, 332, 335a StGB und §§ 299 Abs. 1, 299a StGB). Im Unterschied zu den §§ 331 ff. StGB fordert der § 299 StGB[156] als zusätzliche Strafbarkeitsvoraussetzung die Begehung „im geschäftlichen Verkehr", also eine unternehmensbezogene Handlung.[157] Auch die nebengesetzlichen Bestimmungen im IntBestG kannten ein solches Tatbestandmerkmal;[158] für die Amtsträgerbestechungsdelikte ist die Notwendigkeit dieses Tatkontextes allerdings mit dem KorrBekG 2015 entfallen.[159]

Das Handeltreiben mit staatlichen Entscheidungen ist grundsätzlich als solcher strafbar (vgl. §§ 331, 333 ggf. iVm. § 335a Abs. 1 und 2 StGB), dagegen verlangt § 299 StGB[160] das Vorliegen zumindest einer Tatmodalität: Erforderlich ist entweder eine unlautere Bevorzugung im inländischen oder ausländischen Wettbewerb (§ 299 Abs. 1 Nr. 1, Abs. 2 Nr. 1, sog. Wettbewerbsmodell) oder ein Handeln ohne Einwilligung des Unternehmens, also der „Kauf" bzw. „Verkauf" einer Pflichtverletzung gegenüber dem Unternehmen bei dem Bezug von Waren oder Dienstleistungen

---

155 So nach allgemeiner Lesart der BGH, MüKo-*Krick*, § 299 Rn. 8.
156 Entsprechend verlangen §§ 299a, 299b StGB den Zusammenhang mit der Heilberufsausübung.
157 DDKR-*Bannenberg*, § 299 Rn. 10.
158 Für alle Personengruppen in Art. 1 § 1 IntBestG. Das EUBestG setzte dies nicht voraus.
159 Für ausländische oder internationale *Mandats*träger fordert Art. 2 § 2 IntBestG weiterhin einen Zusammenhang mit dem „internationalen geschäftlichen Verkehr"
160 Entsprechendes gilt für §§ 299a, 299b StGB, die in ihren jeweiligen Nrn. 1-3 verschiedene Begehungsweisen normieren. Auf diese Tatbestände soll im Folgenden nicht weiter eingegangen werden. Siehe hierzu aber die Beiträge in dem Sammelband *Kubiciel/Hoven*, Gesundheitswesen.

(§ 299 Abs. 1 Nr. 2, Abs. 2 Nr. 2, sog. Geschäftsherrenmodell). Die Einführung des Geschäftsherrenmodells mit dem KorrBekG 2015 wurde in der Literatur scharf kritisiert und dabei von *Schünemann*, später auch von *Pieth*, als „strafrechtlicher ‚Overkill'" charakterisiert.[161] Unabhängig davon, wie die Tatmodalität zu bewerten ist,[162] so ist die überwiegende Kritik doch als Ausdruck von Unbehagen angesichts der neuerdings[163] erweiterten Form des strafbewährten privatwirtschaftlichen Verhaltens für unternehmerische Pflichtwidrigkeiten verständlich.

Die Bestechungsdelikte im rein privatwirtschaftlichen Verkehr erfordern die Pflichtwidrigkeit als Strafbarkeitsbedingung, weil die in der Privatwirtschaft geschlossenen Rechtsverhältnisse grundsätzlich solche sind, die der Vertragsfreiheit als Ausformung der Privatautonomie, Art. 2 Abs. 1 GG, entspringen. In den Worten von *Pieth* und *Zerbes*:

> „Private dürfen willkürlich entscheiden. Sie dürfen sich daher grundsätzlichen auch von persönlichen, unsachgemäßen Vorteilen motivieren lassen. Das gilt nicht nur im höchstpersönlichen Bereich, sondern grundsätzlich auch im Privatleben."[164]

In einer freiheitlich organisierten sozialen Marktwirtschaft, die Neutralitäts- und Kontrahierungszwang nur für den Ausnahmefall vorsieht, ist der Verkauf von Sachen und Rechten zum Höchstpreis wirtschaftlich sinnvoll, daher gesellschaftlich und politisch gewollt und rechtlich vorgesehen. Dagegen sind Amtshandlungen *iura extra commercium* und nicht frei handelbar, sondern – wie sogleich gezeigt werden wird – Ausdruck einer besonderen Beziehung von öffentlicher Macht zu Rechtssubjekten. Die Pflichtwidrigkeit entscheidet nicht über die Strafbarkeit wegen eines Amtsträgerdeliktes, sondern nur darüber, ob sie gem. §§ 332, 334 StGB als besonders strafwürdig eingestuft wird.

---

161 *Schünemann*, Gesetzentwurf, ZRP 2015, 68, 69; *Pieth/Zerbes*, Sportverbände, ZIS 2016, 619, 623.

162 Starke Kritiker, neben den beiden genannten: *Rönnau/Golombek*, Aufnahme, ZRP 2007, 193, 194 f.; *Zöller*, Abschied, GA 2009, 137, 144 f. Anders: *Hoven*, Entwicklungen, NStZ 2015, 553, 560. Kritisch auch *Krack*, FS Samson, S. 377, v.a. S. 380 ff.: die neue Vorschrift passe nicht in das System des Individualvermögensschutzes; *Krack*, Sportwettbetrug, ZIS 2011, 475; für eine einschränkende Tatbestandsfassung: *Kubiciel/Spörl*, Gesetz, KPKp 4/2014, 9 ff.

163 Jedenfalls für das deutsche Recht neu. In Großbritannien kennt man das Modell (zunächst als Substitut für eine Untreuestrafbarkeit) schon seit dem Prevention of Corruption Act 1906.

164 *Pieth/Zerbes*, Sportverbände, ZIS 2016, 619, 620.

Die gesetzgeberische Unterscheidung zwischen den Akteuren der Bestechungstaten ergibt sich zuletzt auch aus dem vorgesehenen Strafmaß. Selbst wenn *Fall 2* in einer *Abwandlung* strafbar gewesen wäre, so wäre er als Bestechungsfall, in dem lediglich Private involviert sind, grundsätzlich milder bestraft worden als ein solcher unter Beteiligung von Amtsträgern.

Es zeigt sich also eine deutliche Andersartigkeit zwischen § 299 StGB und §§ 331 ff. StGB, die in der grundlegenden Verschiedenheit von öffentlichen und privatwirtschaftlichen Pflichten wurzeln muss. Diese Unterscheidung ist für das Verständnis der Auslandsbestechung zentral und wird im Folgenden erklärt.

III. Besonderheiten der öffentlichen Sphäre

Stimmt der folgende Satz? „Die Bestechung im Privatsektor ist genauso übel wie die Bestechung von öffentlichen Amtsträgern."[165] Auch im ersten Zugriff kann dies nur überzeugen, wenn man „übel" eng versteht als den sich unmittelbar aus der einzelnen Bestechungstat ergebende finanzielle Schaden in Bezug auf ein konkretes Geschäft, etwa in Gestalt einer Bevorzugung eines teureren Anbieters in einem öffentlichen Vergabeverfahren bzw. im privaten Wettbewerb.[166] Tatsächlich ist eine Gleichsetzung von (auch) öffentlichem und bloß privatwirtschaftlichem Bereich gerade hinsichtlich der Bestechungsdelikte wenig sachgerecht: Hinter der, soeben dargestellten, unterschiedlichen strafrechtlichen Behandlung der beiden Bereiche steht eine konzeptuell bedeutsame Andersartigkeit.

Allgemein gilt: Amtsträger zeichnen sich national[167] wie international[168] durch das Ausüben einer öffentlichen Aufgabe – dem *public office* – aus, derentwegen sie dem Bürger gegenüber als Sachwalter staatlicher Macht figurieren (hierzu unter 1.). Die Differenzierung zwischen einem Amtsträger und einem Privaten über das Kriterium „staatliche Machtposition" kann indes nur überzeugen, wenn sich staatliche Befugnisse im In- und

---

165 *Eric Martin* (Präsident Transparency International Schweiz), Privatbestechung als Offizialdelikt verfolgen, TI v. 21.10.14, online verfügbar unter: https://www.nzz.ch/meinung/debatte/privatbestechung-als-offizialdelikt-verfolgen-1.1840767 1 (zuletzt abgerufen am 8.10.2019). So auch *Boles*, Faces, Michigan Journal of International Law 2014, 673, 713: "conceptual similarities between the bribery forms".

166 Zu den weitreichenden Schäden der Auslandsbestechung, vgl. 4. Kap. B.,C.

167 Hierzu, s.o., I.

168 UNCAC-*Spörl*, Art. 2.

Ausland grundlegend von privaten Machtstellungen unterscheiden. Doch ist das überhaupt (noch) so? (Hierzu unter 2.)

Im Folgenden wird die Staatsgewalt als Unterscheidungskriterium zwischen privatwirtschaftlichen und öffentlichen Bestechungsdelikten genauer untersucht. Hierbei werden die Amtsträgerbestechungsdelikte als Delikte gegen die Bürger (1.) und als Tatbestände des Staates für den Staat (2.) charakterisiert, was den Boden für die Einordnung der Auslandsbestechung in die §§ 331 ff. StGB bereitet. Mit diesen Beschreibungen soll freilich noch keine Aussage über die Schutzrichtung der Bestechungsdelikte getroffen werden. Dies gilt in Bezug auf die Tatbestände für den Staat schon mit Blick auf *Schillers* Kritik an der spartanischen Demokratie:

> „Alles darf dem Besten des Staates zum Opfer gebracht werden, nur dasjenige nicht, dem der Staat selbst nur als ein Mittel dient. Der Staat selbst ist niemals Zweck, er ist nur wichtig als eine Bedingung, unter welcher der Zweck der Menschheit erfüllt werden kann, und dieser Zweck der Menschheit ist kein anderer als die Ausbildung aller Kräfte des Menschen."[169]

Die hiesige Charakterisierung dient also lediglich dem Verständnis der Bestechungsdelikte.

1. Staatliche Macht = Macht des Volkes

In einer kurzen Rückschau wird nun zunächst erklärt, warum die §§ 331 ff. StGB als „Delikte gegen die Bürger" verstanden werden können. Hierzu wird die deutsche Entwicklung von Beamtentum und Amtsdelikten hin zum Amtsträger als Träger staatlicher Macht, die vom Volk ausgeht und dem Volk verpflichtet ist, betrachtet (a.). Kann man sich der Auslandsbestechung annähern, wenn man sich diese Besonderheit der §§ 331 ff. StGB vor Augen führt (b.)? Die Retrospektive ist jedenfalls für das Verständnis der tatbestandlichen Erfassung von Drittbegünstigungen hilfreich (c.).

a. Anfang und Ende von Beamtentum und Amtsdelikten

Mit der Entwicklung des modernen Staates wandelte sich das Verständnis von staatlicher Macht und damit verbunden auch das Wesen der Amtsde-

---

169 *Schiller*, Gesetzgebung des Lykurgus und Solon, Kap. 1.

likte. Je stärker sich der Verwaltungsapparat entwickelte, je mehr Staatsmacht also institutionalisiert durch die Amtsträger wirkte, umso stärkeres Interesse bestand an ihrer Pflichtgebundenheit.[170] Schon im 15. Jahrhundert war in Bezug auf die Amtsleute eine Interessenparallelität von Fürst und Volk an normgebundenem Handeln festgestellt worden,[171] seit dem späten 16. Jahrhundert wurden die Einzelinteressen mit dem öffentlichen Nutzen kontrastiert,[172] seit dem späten 17. Jahrhundert erhielten die Geschenke an Behörden dann den Namen „Korruption".[173]

Indem sich aufklärerische Staatstheorien zunächst Gehör und dann Geltung verschafften, erstarkte die Position des *citoyen* in den meisten zeitgenössischen Herrschaftssystemen. Gemeinschaft als Verbindung freier, gleicher Menschen und die von ihr erzeugten Institutionen wurden für die Gesellschaftsordnung zentral,[174] was sich etwa an den beamtenrechtlichen Gesetzen Preußens zeigen lässt. Das von Friedrich II. in Auftrag gegebene[175] Preußische Allgemeine Landrecht (ALR) aus dem Jahr 1794, das als Archeget der heutigen Amtsdelikte gilt,[176] normierte das Beamtenrecht erstmalig umfassend[177] und seiner gehobenen Bedeutung wegen auch an zentraler Stelle (§§ 1-3 II 10 ALR).[178] Wenn als Aufgabe des Beamten beschrieben wird, „die Sicherheit, die gute Ordnung, und den Wohlstand des Staats unterhalten und befördern zu helfen" (§ 1 II 10 ALR), wird damit eine Verantwortung gegenüber der Allgemeinheit zum Ausdruck gebracht. Dem steht auch nicht entgegen, dass der Beamte „außer den allgemeinen Unterthanpflichten dem Oberhaupte des Staats besondre Treue und Gehorsam schuldig" (§ 2 II 10 ALR) ist, er also formell dem König verpflichtet war.[179] Schließlich hatte die Rolle des Staatsoberhauptes im auf-

---

170 *Engels*, Geschichte, S. 168; *Martin*, Development, Nat. Resources & Env't 14 (1999), 95.

171 *Willoweit*, Verfassungsgeschichte, § 17 Rn. 8.

172 *Engels*, Geschichte, S. 168; *Grüne*, Freundschaft, S. 287, mit Beispielen zeitgenössischer Urteile v. a. S. 298 ff.

173 *Engels*, Geschichte, S. 168; *Grüne/Tölle*, Corruption, Journal of Modern European History 11 (2013), 31, 37.

174 *Locke*, Abhandlungen, 2. Buch, 8. Kapitel, §§ 95 ff.; *Rousseau*, Gesellschaftsvertrag, 1. Buch.

175 Friedrich II. verstarb vor der Fertigstellung im Jahr 1786.

176 *Heinrich*, Amtsträgerbegriff, S. 148; *Stock*, Entwicklung, S. 156. Darüber hinaus zentral für die Entwicklung des Beamtenbegriffs, *Stock*, Entwicklung, S. 16.

177 *Heinrich*, Amtsträgerbegriff, S. 54.

178 Zum Sonderstrafrecht der Staatsdiener im ALR: *Stock*, Entwicklung, S. 145 ff. (zur Bestechung, §§ 360, 361, s. ebd. S. 148.).

179 Hierzu *Stock*, Entwicklung, S. 16 f.

geklärten Absolutismus eine neue Definition erfahren.[180] War der absolutistische Regent zuvor primär sich selbst (und Gott) verpflichtet, so nannte Friedrich sich „erster Diener des Staates" und ergänzte so die pyramidale Verwaltungsorganisation um eine weitere Ebene. Kurz: Der Staat wurde entpersonifiziert.[181] Stellte der König vordem den Staat dar, wurde er jetzt zu einem Darsteller des Staates.[182] Diesem Wandel von der Präsentation zur Repräsentation des Staates entsprechend, metamorphosierte sich der königliche Bedienstete zum staatlichen Bediensteten.[183]

Die Gleichstellung von Staat und Volk – die auch in Friedrichs Ausspruch „un prince est le premier serviteur et le premier magistrat de l'état"[184] zum Ausdruck kommt –[185] macht den Beamten zum Volksbediensteten und verpflichtet ihn so auch auf das Allgemeininteresse. Er ist in dieser Pflichtenausübung nicht unabhängig, sondern Träger abgeleiteter Herrschaftsgewalt als Teil einer bürokratischen Struktur.[186] Die von den Beamten bekleidete Machtposition ist dennoch, so betont *Weber*, nicht zu unterschätzen; denn: Der Alltag von Herrschaft ist Verwaltung.[187] Dieses In-den-Händen-Halten von Staatsgewalt erfordert deshalb Regelbewusstsein und Pflichtentreue in gesteigertem Maß und bringt eine beson-

---

180 Vgl. *Locke*, Abhandlungen, 2. Buch, 8. Kapitel, §§ 95 ff.; *Rousseau*, Gesellschaftsvertrag, 1. Buch.

181 „Staat als abstrakte Hyperinstitution", *Reinhard*, Geschichte, S. 122. Das Konkurrenzverhältnis zwischen „Monarchie der Abstraktion" und „Monarchie der Inkarnation" wurde erst durch die Französische Revolution beendet, Enzyklopädie-*Asch*, Art. Staat, Sp. 497 f. Das ALR trennte dementsprechend zwischen Staat und Monarch, sodass der Regent „nur noch Institution, nicht mehr Inkarnation des Staates" war, *Bitter*, Strafrecht, S. 262.

182 Damit ist freilich noch keine Aussage zur Stellung des Monarchen (über dem Staat, so die monarchische Theorie etwa der Wiener Schlussakte, oder in dem Staat, so die Organismustheorie) getroffen. Zu der damaligen staatstheoretischen und damit einhergehenden verfassungspolitischen Diskussion: *Böckenförde*, Recht, S. 265 ff.

183 *Heinrich*, Amtsträgerbegriff, S. 54 ff.

184 *Friedrich*, Oevres I, S. 142 in der Ausgabe Preuß.

185 *Jellinek/Jellinek*, Staatslehre, S. 674.

186 *Stenke*, Staatsdiener, S. 29, 33, sieht die Entwicklung der Bürokratie eng mit der Französischen Revolution verknüpft.

187 *Weber*, Wirtschaft, S. 126; s. auch S. 29: „Staat soll ein politischer Anstaltsbetrieb heißen, wenn und insoweit sein Verwaltungsstab erfolgreich das Monopol legitimen psychischen Zwangs für die Durchführung der Ordnungen in Anspruch nimmt." Zu modernem Staat und moderner Bürokratie bei Max Weber (auch in ihrer Übertragbarkeit auf die EU): *Treiber*, Staat, S. 121.

dere Verantwortlichkeit mit sich.[188] Sie muss beim Beamten zweigeteilt sein: Konkret hat er eine besondere Treuepflicht seinem Dienstherrn gegenüber, darüber hinaus ist er auf abstrakterer Ebene aufgrund der staatlichen Machtausübung zur „treuhänderische[n] Aufgabenwahrnehmung für die Bürger"[189] verpflichtet.[190]

Für das Strafrecht ist die Verpflichtung auf das Allgemeininteresse spätestens seit der Entkoppelung des staatsrechtlichen Disziplinarrechts[191] aus dem Strafrecht (in Preußen mit dem PrStGB von 1851)[192] primär relevant.[193] Das Strafrecht hat seither eine andere Blickrichtung als das Disziplinarrecht[194] und ist deshalb nicht subsidiär, sondern steht neben ihm.[195] Im Disziplinarrecht findet sich lediglich die staatsrechtliche Ausgestaltung

---

188 *Wieacker*, Privatrechtsgeschichte, S. 350, spricht insofern von der „fürsorglichen Selbstherrlichkeit des aufgeklärten Absolutismus", der in der Folge ein „'Immediatverhältnis' des Bürgers zu seinem Staate" hervorrief.

189 BVerfGE 128, 226, 245.

190 BVerwGE 39, 174, 176: „Der Beamte ist dazu berufen, die dem Staat und den übrigen juristischen Personen des öffentlichen Rechts übertragenen Gemeinschaftsaufgaben als Sachwalter und Treuhänder der Gesamtheit der Staatsbürger wahrzunehmen. Das Grundgesetz und ihm folgend der Gesetzgeber des Beamtenrechtsrahmengesetzes und des Bundesbeamtengesetzes haben es deshalb als notwendig und zweckmäßig erachtet, das Rechtsverhältnis des Beamten als besonderes öffentlich-rechtliches Dienst- und Treueverhältnis zu gestalten (vgl. Art. 33 Abs. 4 und 5 GG, § 2 Abs. 1 BRRG), das sich durch besonders enge Bindungen zwischen dem Beamten und seinem Dienstherrn und der von diesem repräsentierten Gemeinschaft von sonstigen Dienstverhältnissen abhebt."

191 Zuvor: „Herrschaft des Kriminalstrafrechts über die Dienstvergehen", *P. Schröder*, Beamtenbegriff, S. 135; so auch: *Rohlff*, Täter, S. 28.

192 *Stock*, Entwicklung, S. 196: „Aus dem Kreis der Amtsverbrechen [im PrStGB, Anm. CS] verschwunden sind alle die weiten, dehnbaren, die Pflichtverletzung der Staatsdiener schlechthin betreffenden Generalklauseln des ALR [...]."

193 So insb. *Brüning*, Verhältnis, S. 52 f. Die gesetzgeberischen Motive traten jedenfalls nicht so klar hervor, vgl. Preußisches Obertribunal, GA 1859, 378, 385; das Preußische Obertribunal stellt dann aber 1868 fest: „Die Amtseigenschaft (...) beruht ihrem Wesen nach nicht darin, daß Jemand dauernd als Beamter angestellt ist, sondern darin, daß er als Organ der Staatsregierung fungiert und von derselben berufen ist, um unter öffentlicher Autorität die Herbeiführung der Zwecke des Staates zu ermöglichen", Preußisches Obertribunal, in: *F.C. Oppenhoff* (Hrsg.), Die Rechtsprechung des Königlichen Ober-Tribunals in Straf-Sachen, Berlin 1861 ff.: Band 9, S. 604. Zur Trennung der beiden Pflichtenkreise des Beamten, die mit der Trennung der beiden Rechtsgebiete einherging: *Heinrich*, Amtsträgerbegriff, S. 149 ff.

194 Schon deshalb kein Verstoß gegen *ne bis in idem*, Art. 103 Abs. 3 GG.

195 Zum zeitlichen Hintereinander von Straf- und Disziplinarverfahren: etwa § 22 Bundesdisziplinargesetz (BDG).

des Beamtentums. Stark formalisiert an die Überreichung der Beamtenurkunde anknüpfend werden Dienstrechte und -pflichten konkretisiert. Schon deshalb kann das Disziplinarrecht die aktive Seite der Bestechungsdelikte, die Geberseite, nicht erfassen.[196] Dagegen überwiegt für das Strafrecht eine funktionale Sichtweise, die die „aus der staatlichen Staatsgewalt abgeleitete und staatlichen Zwecken dienende" Tätigkeit als bedeutsames Element für die Pönalisierung fokussiert.[197] Beamte verfügen wegen ihrer institutionellen Stellung stets über diese besondere personale Nähe zum Staat,[198] aber auch Nicht-Beamte, die mit der Erfüllung öffentlicher Aufgaben betraut sind, können als „verlängerter Arm des Staates" erscheinen, sodass sich der vom Strafrecht in den Amtsdelikten erfasste Personenkreis nicht (mehr) auf Beamte beschränkt.[199] In anderen Worten: Die amtsstrafrechtliche Priorisierung von Funktion über Form zeigt sich heute in dem Nebeneinander von „Beamten" im beamtenrechtlichen Sinne und „Amtsträgern" im strafrechtlichen Sinne.[200] Diese personelle Inkongruenz zwischen Straf- und Disziplinarrecht wird angesichts der steten Reorganisation von Staatsstrukturen absehbar weiter wachsen,[201] wodurch die disziplinarrechtlich erfassten Beamten nur noch einen Teil der primär funktional ermittelten Amtsträger im Strafrecht ausmachen. Die von den Bestechungsdelikten der §§ 331 ff. StGB erfassten Personengruppen wurden dabei durch eine fortwährende Reduzierung der vorausgesetzten Nähe zum

---

196 Hinzu kommt freilich auf der materiellen Ebene, dass der Geber auch nicht die disziplinarrechtliche Pflichtenbindung eines Beamten hat.

197 BGHSt 2, 396, 398; 8, 21, 22; 12, 89; BGH NJW 1952, 191. Vgl. auch oben unter II.1. Allerdings gilt mit BGH NJW 2004, 3129, 3130: „Erbringt der Beamte aber keine Dienste im Sinne des Beamtenrechts, ist er nach Auffassung des Senats trotz seines fortbestehenden Beamtenstatus nicht als Amtsträger im strafrechtlichen Sinne anzusehen."

198 BGHSt 61, 135, 137 f. Fraglich ist hier allerdings der Umgang mit Beamten, die völlig außerhalb des Aufgabenbereichs der (Anstellungs-)Behörde tätig wurden; diese Fälle werden entweder über eine funktionale Bestimmung des Amtsträgerbegriffs (so RGSt 67, 299, 300; 68, 70, 71; *Rohlff*, Täter, S. 160 ff.) oder über eine teleologische Reduktion des jeweiligen Amtsdelikts strafrechtlich eliminiert (*Heinrich*, Amtsträgerbegriff, S. 335 ff.; auch für eine zweigeteilte Anknüpfung: *Leimbrock*, Amtsträger, S. 20 ff., 39; MüKo-*Radtke*, § 11 Rn. 17; *Welp*, FS Lackner, S. 761, 763 f., 771 ff.).

199 BGHSt 43, 370 (ohne Körpermetapher); BGHSt 45, 16, 19; *Heinrich*, Amtsträgerbegriff, S. 96 ff. Das Prinzip der Einheit der Rechtsordnung steht dem nicht entgegen, weil dieses keine Begriffseinheit gebietet: *Lencker*, Privatisierung, ZStW 106 (1994), 502, 513. Vgl. auch oben unter II.1.

200 Vgl. *Stock*, Entwicklung, S. 166, 258 f.

201 *Überhofen*, Korruption, S. 54. Hierzu unten unter 2.b.

Staat erweitert. Ihnen allen ist aber immer noch gemein, dass sie Aufgaben übernehmen, die typischerweise zum Staat gehören.[202] Sie sind also dem Staat zuzuordnen und haben an dessen Gewalt teil. Die Übertragung staatlicher Macht führt zu besonderen Verpflichtungen, sodass sie alle ihren Eigennutz nicht über das Allgemeininteresse stellen dürfen. Das Ausüben staatlicher Macht und die damit verbundene Verpflichtung zu uneigennützigem Verhalten unterscheidet die Amtsträger darum von privatwirtschaftlichen Akteuren. In einer Demokratie, in der „alle Macht [...] vom Volke" (Art. 20 Abs. 2 GG) ausgeht, gilt die Verpflichtung zu uneigennützigem Verhalten umso mehr: Die Amtsträger üben hier staatliche Gewalt aus, die sie von der Öffentlichkeit, also dem Staatsvolk als Staatssouverän,[203] ableiten und der sie daher verpflichtet sind.[204] Deshalb gilt:

> „Eine Mit*bestimmung* in dem Sinne, daß auch nur in einem Punkte die Entscheidung eines Dritten an die Stelle der Entscheidung eines Staatsrepräsentanten träte, läuft der Grundkonzeption des Modernen Staates im allgemeinen, dem Grundgedanken der Modernen Demokratie im besonderen schnurstracks zuwider."[205]

Das Gewaltmonopol kann in einer repräsentativen Demokratie nur unter der Bedingung beim Staat liegen, dass die Macht von den einzelnen Amtsträgern, die demokratisch legitimiert und zumeist *in corpore* finanziert sind, auch für die Allgemeinheit ausgeübt wird.[206] Anders ist es in der freien Wirtschaft. Zweifellos können Wirtschaftsteilnehmer auch im Gemeinwohl handeln: Denn marktwirtschaftlich kluges Verhalten, das dem eigenen wirtschaftlichen Wachstum dient (also eigennützig ist), nützt dem Wohlstand unserer Gesellschaft und damit im Idealfall allen (ist also im

---

202 BGHSt 46, 310, 313.
203 Art. 20 Abs. 2 S. 1 GG. Auch wenn die Stimmen lauter werden, die für sog. „Transitionsstaaten" andere Legitimationen von Machtausübung neben die klassische Demokratische des souveränen Nationalstaats stellen, arbeitet sich die Diskussion stets an dieser Errungenschaft ab, vgl. etwa *Keating*, Sovereignty, S. 191, v.a. S. 205 ff.
204 Dem entspricht auch der Vorschlag der Weimarer Nationalversammlung 1918, den Satz „Die Beamten sind Diener der Gesamtheit, nicht einer Partei" in Art. 130 Abs. 1 WRV aufzunehmen – „eigentlich nur eine Selbstverständlichkeit", *Anschütz*, Kommentar, Art. 130, S. 603; hierzu: *Stern*, Staatsrecht I, S. 278 f. Zu den Mandatsträgern s.o. unter B.II.2.
205 *Krüger*, Allg. Staatslehre, S. 883.
206 „Dienst an der Allgemeinheit", *Stern*, Staatsrecht I, S. 263.

Allgemeininteresse).[207] Im Unterschied zu Amtsträgern sind sie aber grundsätzlich nicht dem Gemeinwohl verpflichtet.[208] Wird hingegen staatliche Macht primär für individuelle Vorteile ausgeübt, so wird sie preisgegeben; man handelt antidemokratisch[209] und zersetzt so die Grundlagen unseres Zusammenlebens.[210] Amtsträgerbestechungsdelikte können deshalb als Delikte gegen das Volk verstanden werden.

b. Folgerung für Auslandsbestechung?

Damit stellt sich die Frage nach der Systemkompatibilität der Auslandsbestechung, die mit dem KorrBekG 2015 in das System der §§ 331 ff. StGB verortet worden ist. Problematisch ist mit Blick auf die voranstehenden Erklärungen, dass die ausländischen Amtsträger nicht vom deutschen Staatsvolk demokratisch legitimiert und auch nicht, zumindest nicht unmittelbar, auf das Interesse der deutschen Öffentlichkeit verpflichtet sind. Das Vorverständnis gerät hier an seine Grenze. Es sind weitergehende Überlegungen notwendig, die im Rahmen „Ursache, Grund und Zweck der Auslandsbestechung ieS." (*Viertes Kapitel*) angestellt werden. Für die Europäischen Amtsträger ist das Problem wegen des „immer engeren Zusammenschluss[es] europäischer Völker" (erster Erwägungsgrund der AEUV-Präambel) in der supranationalen EU entschärft, bedarf indes auch einer besseren Ausleuchtung, die im Dritten Kapitel unter „Ursache, Grund und Zweck der EU-Bestechung" vorgenommen wird.

c. Fazit: Drittbegünstigungen

Bis zum KorrBekG 1997 waren lediglich solche Bestechungshandlungen für die Amtsträger strafbar, aus denen sie selbst einen materiellen oder immateriellen Vorteil erhielten. Zuwendungen an andere natürliche oder auch juristische Personen – wie etwa eine Spende an die Partei des Amts-

---

207 Grundlegend: *Smith*, Nature, IV.2; mit Bezug auf Bestechungsdelikte: *Thomas*, Adäquanz, S. 973, 974; *Wrage*, Bribery, S. 11 f.

208 Ausnahme bspw.: Anerkennung durch das Finanzamt als gemeinnützig iSd. § 52 Abs. 1 AO.

209 Im Grunde wenden sich die Amtsträger damit auch gegen die Grundlage ihres eigenen Amtes.

210 *Reinhold*, Amtsträgerbestechung, S. 68 ff.

trägers – waren nicht erfasst.[211] Diese Gesetzeslücke in Bezug auf Drittzu-
wendungen existierte auch in anderen Straftatbeständen, wie etwa Dieb-
stahl, Betrug und Raub.[212] Das Aussparen von Drittbegünstigungen war also ein rechtstechnischer Fehler, der den Tatnachweis von Straftaten er-
schwerte[213] und der deshalb schon aus rechtspraktischen Gründen zu be-
heben war.

Mit Blick auf die bisherigen Ausführungen lässt sich allerdings zeigen,
dass die tatbestandliche Aussparung von Drittbegünstigung in Bezug auf
das Wesen der Amtsdelikte besonders schwer wog: Der Verpflichtung der
Amtsträger auf das Allgemeininteresse widerspricht jede Manipulation zugunsten von Partikularinteressen. Ein Missbrauch der staatlichen Machtposition liegt unabhängig von der Person des jeweils privilegierten Vor-
teilsnehmers vor. Dies drückt auch die Beschreibung als „Delikte gegen die
Bürger" aus. Angesichts dessen geht eine Kategorisierung als „eigennützige
Delikte" fehl.[214] Maßgeblich ist nicht, dass die Tat einem nützt, sondern
dass sie allen schadet. Deshalb waren Drittbegünstigungen unbedingt zu
erfassen.

2. Staatliche Macht = Macht sui generis

Amtsträgerbestechungsdelikte können mit Blick auf die normativen Angleichungstendenzen zwischen §§ 331 ff. StGB und §§ 299 ff. StGB (hierzu
unter a.) sowie hinsichtlich der tatsächlich wirkmächtigen Privatwirtschaft
(b.) als autopoietische Leistungen des Staates beschrieben werden (c.). Aus
diesem Verständnis können Schlüsse für die Spiegelbildlichkeit von aktiven und passiven Amtsträgerbestechungsdelikten gezogen werden (unter
e.). Der Versuch einer Anwendung auf die Auslandsbestechung (d.) bereitet jedoch Schwierigkeiten und so einen Ansatzpunkt für die späteren Betrachtungen im *Dritten* und *Vierten Kapitel.*

---

211 *Bannenberg/Schaupensteiner*, Korruption, S. 27, mit diesem Bsp.
212 Hierzu: Entwurfsbegründung BT-Drs 13/8587, 18 sowie 43: Nach dem Vorbild
    des E 1962; in E 1962, BT-Drs. IV/650, 401, findet sich soweit ersichtlich keine
    inhaltliche Begründung.
213 DDKR-*Bannenberg*, § 331 StGB Rn. 19; *Dölling*, Neuregelung, ZStW 112 (2002),
    334, 345.
214 *Bannenberg/Schaupensteiner*, Korruption, S. 27.

a. Normative Angleichungstendenzen

Die Antikorruptionsbemühungen haben in den letzten Jahren zunehmend die Privatwirtschaft in den Fokus genommen.[215] An den internationalen Rechtsinstrumenten lässt sich die Akzentverschiebung gut aufzeigen: Während sich die Konvention der OECD noch auf die Auslandsbestechung beschränkte,[216] wählten die Vereinten Nationen, obgleich Wegbereiter der vorangegangenen Konvention, einen umfassenderen Ansatz.[217] Sie erhoben die aktive Auslandsbestechung zum obligatorischen Kern der Konvention (Article 16 Para. 1: „shall adopt"), darüber hinaus enthält sie aber auch viele andere Strafvorschriften. Unter ihnen findet sich die „Bribery in the private sector", die für ihre Mitgliedstaaten in der Umsetzung fakultativ gestaltet war (Article 21 „shall consider adopting"). Das UNCAC-Vorwort betont diesbezüglich: „It [the Convention] calls for preventive measures and the criminalization of the most prevalent forms of corruption in *both* public and private sectors."[218] Das Europaratsübereinkommen[219] geht noch weiter und erfasst als „measures to be taken at national level" neben Bestechungsdelikte unter Beteiligung von inländischen, ausländischen und internationalen Amts- und Mandatsträgern solche im Rahmen einer Geschäftstätigkeit durch oder gegenüber eine(r) Person, die für ein Unternehmen im privaten Sektor arbeitet. Der EU-Rahmenbeschluss zur Bekämpfung der Bestechung im privaten Sektor aus dem Jahr 2003 beschränkte sich schließlich auf die Wirtschaftskorruption.[220]

Eine ähnliche Entwicklung hin zur Gleichbehandlung von Bestechungsdelikten im öffentlichen und privatwirtschaftlichen Sektor lässt sich in den beiden Ländern mit den einflussreichsten Anti-Korruptionsgesetzen, USA und Großbritannien, feststellen: Ehemals waren lediglich Bestechungsdelikte unter der Partizipation eines *public* officials strafbar – nicht dagegen

---

215 *Bacio Terracino*, Framework, S. 20; *Weigend*, FS Jakobs, S. 747, 756.
216 Art. 1 OECD-Konvention. Zum Public-Office-Zentrismus, s. o. unter B. vor I.
217 Vgl. *UNODC*, 2010, Travaux Préparatoires on the Negotiations for the Elaboration of the United Nations Convention against Corruption, S. xxx f.; hierzu auch: UNCAC-*Rose/ Kubiciel/Landwehr*, Introduction.
218 UNCAC, Foreword, Abs. 5 (Hervorhebung CS).
219 ETS Nr. 173.
220 Rahmenbeschluss 2003/568/JI des Rates vom 22. Juli 2003 zur Bekämpfung der Bestechung im privaten Sektor, ABl. Nr. L 192 v. 31/07/2003, S. 54-56.

Fälle, an denen ausschließlich *private* officials beteiligt waren.[221] Beide Jurisdiktionen haben diese Unterscheidung in den letzten Jahren, mehr oder weniger, aufgeweicht.[222] Der UK Bribery Act 2010 hat die Differenzierung zwischen öffentlichem und privatem Sektor sogar ausdrücklich aufgegeben.[223] In dem Baukastensystem werden unter dem Titel „Allgemeine Bestechungsdelikte" („General Bribery Offences") zunächst die Tatbestandsmerkmale in Bezug auf den Vorteilsgeber (Sect. 1: „Offences of bribing another person") und Vorteilsnehmer (Sect. 2: „Offences relating to being bribed") formuliert, die dann um gemeinsame Strafbarkeitsvoraussetzungen ergänzt werden: die Funktion oder Tätigkeit im Zusammenhang mit dem Vorteil (Sect. 3: „Function or activity to which the bribe relates") sowie die vorschriftswidrige Ausübung im Zusammenhang mit dem Vorteil (Sect. 4: „Improper performance to which bribe relates").[224] Die Funktion oder Tätigkeit im Zusammenhang mit dem Vorteil gem. Sect. 3 kann hier-

---

221 Typisch ist etwa die bundesstaatliche Bestechungsnorm 18 USC § 201 aus dem Jahr 1962, deren personeller Anwendungsbereich sich auf (designierte) *public officials* beschränkt. Diese enthält zwei Delikte: 18 USC § 201 (b) „bribery" und 18 USC § 201 (c) „gratuities"; diese beiden Delikte unterscheiden sich in der Hauptsache hinsichtlich der erforderten Nähe zwischen gegebenem Vorteil und Dienstausübung. Während es bei (b) ein Austauschverhältnis iSe *quid pro quo* ist, genügt bei (c) eine losere Verbindung: „if money was given after the fact, as ,thanks' for an act but not in exchange for it, or if it was given with a nonspecific intent to ,curry favor' with the public official to whom it was given", Internetauftritt des DoJ, online verfügbar unter: https://www.justice.gov/usam/criminal-resource-manual-2041-bribery-public-officials (zuletzt aufgerufen am 8.10.2019). Die Qualifikation als *public official* entschied demnach darüber, ob der Nehmer (erfasst war nur die passive Seite) mit strafrechtlichen Sanktionen bis zu 15 Jahren Freiheitsstrafe alternativ zu oder kumulativ mit einer Geldstrafe und Amtsentzug konfrontiert waren [dies gilt für bribery, 18 USC § 201 (b) (4)] – oder völlig straffrei handelte. Der Begriff erfasst bundesstaatliche Mandats- und Amtsträger und solche Beamte, Angestellte und Personen, die tatsächlich oder vermeintlich für den Bundesstaat selbst oder eine seiner Einrichtungen öffentliche Aufgaben wahrnehmen bzw. dazu bestellt sind. Hierzu gehören auch Jurymitglieder und Zeugen in bundesstaatlichen Verfahren [18 USC § 201 (a) (1), zu den Zeugen: (b)/(c) (3)&(4), (d)]. Maßgeblich ist demnach eine besondere Vertrauensposition hinsichtlich bundesstaatlicher Verantwortungsbereiche – diese bekleiden Angestellte privater Unternehmen rglm. nicht. Für eine Ausn., s. Dixson v. United States, 465 US 482, 496 (1984). Von ähnl. Reichweite ist der Hobbs Act, 18 USC § 1951, der allerdings auch die aktive Seite und neben Amtsträger des Bundes-, auch solche der Landes- und Kommunalebene erfasste.
222 Hierzu vertiefend: *Green*, Official, S. 39, 40.
223 *Sullivan*, Reforming, S. 13.
224 Hinzu kommt als Bewertungsmaßstab der "Erwartungstest" (Sect. 5: „Expaction test"), der daran anknüpft, was „a reasonable person in the United Kingdom" in

bei sowohl eine Funktion mit öffentlichem Charakter[225] sein als auch eine Aktivität entweder in Bezug auf ein Geschäft[226] oder eine im Rahmen einer Anstellung[227] bzw. eine durch oder im Namen von einer Personenmehrheit vorgenommene[228] Aktivität (Sect. 3 para. 2), sodass Bestechungsdelikte im öffentlichen und privaten Sektor unterschiedslos nebeneinandergestellt werden. Als gleiche Bedingung für alle Bereiche gilt, dass von der Person erwartet werden muss, die Funktion oder Tätigkeit „in good faith" bzw. „impartially" auszuüben oder sie „a position of trust by virtue of performing it" bekleidet (Sect. 2 para. 3-5 UK Bribery Act).

In Deutschland verbleiben substantielle tatbestandliche Unterschiede zwischen §§ 331 ff. StGB und §§ 299 ff. StGB.[229] Allerdings wurde durch die KorrBekG 1997 und 2015 eine Angleichung der beiden Kriminalitätsformen vorgenommen, sodass in Deutschland auch eine Bewegung hin zur Gleichbehandlung von Bestechungshandlungen im öffentlichen und privaten Sektor festzustellen ist.[230] Selbstverständlich ist sowohl die Position der staatlichen Verwaltung als auch die der Privatwirtschaft im öffentlichen und gesellschaftlichen Leben im steten Wandel begriffen; allerdings liegt darin keine echte Schwierigkeit im Hinblick auf die rechtliche Erfassung bzw. Einordnung der Verwaltungsbestechung. Die Herausforderung, auf die immer feinere und diffizilere Abgrenzung zwischen Öffentlichem und Privatem zu reagieren, tangiert die Bestechungsdelikte nämlich nur bedingt. Allein die Tatsache, dass Private öffentliche Aufgaben übernehmen oder Öffentliche sich privatwirtschaftlicher Betätigungsformen bemächtigen, kann den Strafrechtler kaum mehr in Verlegenheit bringen. Denn es existiert im Strafrecht, wie oben gezeigt, eine klare rechtliche Trennlinie zwischen Amtsträgern und Nicht-Amtsträgern. Die Deliktsgruppen §§ 331 ff. StGB und §§ 299 ff. StGB haben für Sachverhalte im In- und Ausland deutlich voneinander abgegrenzte Anwendungsbereiche.

Bezug auf die Ausübung der betroffenen Art der Tätigkeit bzw. Funktion erwarten würde.

225 Sect. 3 para. 2 lit. a UK Bribery Act: „any function of a public nature".
226 Sect. 3 para. 2 lit. b UK Bribery Act: „any activity connected with a business". „Business" meint „trade or profession", Sect. 3 para. 7 UK Bribery Act.
227 Sect. 3 para. 2 lit. c UK Bribery Act: „any activity performed in the course of a person's employment".
228 Sect. 3 para. 2 lit. d UK Bribery Act: "any activity performed by or on behalf of a body of persons (whether corporate or unincorporate)".
229 Hierzu oben unter II.1.
230 *Sommer/Schmitz*, Korruptionsstrafrecht, S. 134.

Zusammengefasst heißt das: Es ist ein internationaler Trend zur Gleichbehandlung von Wirtschafts- und Verwaltungsbestechung festzustellen, der in dem UK Bribery Act 2010 mit der unterschiedslosen Behandlung in Einheitstatbeständen gipfelte. Eine Entwicklungstendenz lässt sich auch im deutschen Strafrecht feststellen, allerdings verbleiben hier Unterschiede zwischen den beiden Bereichen. Diese betreffen auch die Auslandsbestechung. Im Folgenden wird geprüft, ob der Vereinheitlichungstrend in der mächtiger werdenden Privatwirtschaft begründet liegen könnte.

b. Faktische Angleichungstendenzen?

Ausgangspunkt ist die Überlegung, dass eine Angleichung der privatwirtschaftlichen und öffentlichen Bestechungsdelikte im StGB aus einer Angleichung der tatsächlichen Verhältnisse resultieren könnte. Können Private also strafrechtlich zunehmend wie Amtsträger behandelt werden, weil sie auch wie solche handeln? Wenn ja: Wäre eine solche Regulierung privatwirtschaftlich ausgeübter Macht eine David-Aufgabe, weil die riesenhafte Konzernmacht eine neue Herausforderung darstellt? Und schließlich: Können sich die Bestechungsdelikte der unterschiedlichen Sphären überhaupt wesensmäßig annähern oder verbietet dies das staatliche Gewaltmonopol?

Ein Beispiel für die Amtsträgerbestechung, das sich langer Beliebtheit erfreuen durfte, ist das Neujahrsgeschenk an Postboten.[231] Doch dieser Fall dient schon lange nicht mehr zur Veranschaulichung: Genauso wie viele andere öffentliche Aufgaben wurde die Post privatisiert[232] und hat deshalb ausgedient. Beispiele wie die Post (oder das Bauamt) mögen aber auch manch einem zu altbacken und eindimensional wirken angesichts der allseitig beschworenen politischen, gesellschaftlichen und damit rechtlichen Herausforderungen im Zuge der Finanzmarktglobalisierung. Der stete Einfluss- und Machtzuwachs der Privaten wird dabei nicht nur mit Blick auf die Tendenz zum Outsourcing öffentlicher Aufgaben beschrieben, sondern auch hinsichtlich der faktisch monopolistischen Stellung einiger transnationaler Unternehmen (dies gilt z.B. für Google und Facebook). Es ist richtig, dass von den Big Global Playern, wie etwa den großen Banken und Automobilherstellern, die wirtschaftliche Existenz nicht nur einer

---

231 *Schünemann*, FS Otto, S. 777, 785.
232 Die neuerliche Privatisierung begann in den 1980er Jahren und geriet in den 1990er Jahren in „volle Fahrt", *Schoch*, Rechtsdogmatik, S. 91.

Vielzahl von Individuen, sondern auch ganzer Städte, Bundesländer oder Volkswirtschaften abhängen kann. Darauf reagiert der Staat mit Regulierung – doch ist das wirklich neu? Sicherlich erfreuen sich insbesondere die digitalen und globalen vernetzten Medien eines zuvor nie dagewesenen Einflusses; dieser nährt sich aber aus dem Geschäftsgegenstand selbst, nicht so sehr aus einer veränderten privatwirtschaftlichen Machtstellung.

Schon am Ende des 19. Jahrhunderts stand die westliche Welt wesentlich im Zeichen der mächtigen Privaten, Deutschland entwickelte sich in der Weimarer Republik gar zum „Land der Kartelle".[233] Schon damals ging es um die Abgrenzung der öffentlichen von der privaten Sphäre, schon damals wurden die Konzerne als Bedrohung,[234] als Krake,[235] wahrgenommen:

> „Seit dem späten 19. Jahrhundert ist zu beobachten, wie in Europa und Nordamerika eine diffuse Angst um sich griff, die Angst vor einer namenlosen, in der Deckung operierenden Supermacht, die Grenzen jeder Art überschreitet und das staatliche Gewaltmonopol unterläuft."[236]

Die heutige Situation ist also mitnichten Neuland,[237] auch nicht die Rufe nach staatlicher Reaktion.[238] In der ersten Hälfte des 20. Jahrhunderts eta-

---

233 *Basedow*, Kartellrecht, WuW 2008, 270. 1905 gab es bereits annähernd 400 Kartelle in Deutschland, insb. in der Ziegelei, der Eisen-, Textil- und Chemieindustrie sowie dem Kohlen- und Kalibergbau: *Dreher/Kulka*, Wettbewerbs- und Kartellrecht, S. 213; *Motta*, Competition, S. 9 ff., zählt ca. 12.000 kartellierte Unternehmen in 385 Kartellen 1905 und verzeichnet einen Anstieg allein bis 1923 auf 1.500 Kartelle; zur Geschichte knapp *Kling/Thomas*, Kartellrecht, S. 513 ff.

234 Der Liberalismus hatte bereits seit der „großen Depression" 1873 keinen guten Ruf, 1878 kam es schon zu Bismarcks konservativer Wende. Deshalb wird das „liberalistische" BGB vom 1.1.1900 häufig als „spätgeborene[s] Kind der [...] vom Liberalismus angeführten Bewegung seit 1848" (*Wieacker*, Sozialmodell, S. 9) bezeichnet. Kritisch zu der Kritik: *Rückert*, Gesetzbuch, JZ 58 (2003), 749, 758 ff.

235 *Damler*, Konzern, S. 21 ff., detailliert zur Metapher des Oktopusses: S. 304 ff.

236 *Damler*, Konzern, S. 303.

237 *Damlers* Untersuchung von Konzern und Moderne zwischen 1880 und 1980 kommt dann auch zu dem Schluss: „Von Dauer sein wird das anachrokapitalistische Leitbild freilich ebenso wenig wie das Ordnungsparadigma der Hochmoderne." (S. 302).

238 Prominent ist etwa die Forderung *Otto Gierkes* von 1889, es müsse ein „Tropfen sozialistischen Oeles durchsickern", *Gierke*, Aufgabe, S. 13. Zur sozialen Frage im Bewusstsein 1880er Jahre, s. *Repgen*, Öl?, ZNR 22 (2000), 406, 406 ff.; für die Zwischenkriegszeit: *Noerr*, Mühlsteinen, S. 16 ff., v.a. 23 ff.

blierte sich auch als Antwort auf die „Angst- und Wahnvorstellungen" eine schließlich totalitäre Regulierung,[239] die in der Kriegswirtschaft ihren Höhepunkt fand.[240] Mit dem Krieg endete auch die zentralistisch steuernde Wirtschaftsplanung.[241] In der Nachkriegszeit bis in die 1960er Jahre war die Wirtschaftspolitik *Ludwig Erhards* maßgeblich von der Freiburger Schule geprägt,[242] sodass die Freiheit aller Wirtschaftssubjekte akzentuiert wurde. Dieses Ping-Pong-Spiel[243] fand ihre Fortsetzung in der „wirtschaftlichen Wende", in der die keynesianische Konjunktur- und Interventionspo-

---

239 *Damler*, Konzern, S. 304. S. auch HbGes-*Hoffmann-Becking*, § 1 Geschichte der Aktiengesellschaft und des Aktiengesetzes, Rn. 8: "In den zwanziger Jahren kam es in der Folge von Krieg und Inflation, von unsicheren innen- und außenpolitischen Verhältnissen und nicht zuletzt im Zuge einer weitreichenden Konzentrationsbewegung in der Wirtschaft zu erheblichen Missständen und Missbräuchen im deutschen Aktienwesen. Zur Abwehr von wirklich oder vermeintlich drohenden 'Überfremdungen' wurden die Möglichkeiten der Stärkung der Verwaltung zu Lasten der Aktionäre und des Aktienmarktes durch Mehrstimmrechtsaktien, Vorrats- oder Verwertungsaktien und Vinkulierung extrem genutzt." Die Kartellverordnung von 1923 (Verordnung gegen Missbrauch wirtschaftlicher Machtstellungen v. 2.11.1923, RGBl. I, S. 1067, Berichtigung S. 1090) war noch wenig begrenzend, weil man den Glauben an die Selbstregulierungskräfte noch nicht gänzlich aufgegeben hatte. Stark restriktiv war dann das Zwangskartellgesetz von 1933 (Gesetz v. 15.7.1933, RGBl. I, S. 433), s. hierzu und zur Fortsetzung der Kartellgeschichte: *Damler*, Konzern, S. 203 f.

240 *Stolleis*, Geschichte Weimar, S. 67 ff., S. 338 ff. mwN. 1925 sagte der Präsident des Reichsgerichts schon „Die Entwicklungen unseres Rechtslebens geht aber, wenn ich mich nicht irre, darauf hinaus, daß das öffentliche Recht sich mehr und mehr auch solcher Lebensbeziehungen bemächtigt, die der Staat bisher der privaten Regelung überließ", *Simons*, Ansprache, S. 5, 6. 1934 war dann die Zweiteilung zwischen öffentlichem und privatem Recht aufgegeben.

241 *Wehler*, Gesellschaftsgeschichte IV, S. 966 ff. spricht von „befreienden wirtschaftspolitischen Eingriffe[n]" (S. 968) und hebt die liberalisierende Politik *Erhards* hervor.

242 Einflussreich war neben dem Ordoliberalismus auch das darauf aufbauende Konzept der Sozialen Marktwirtschaft. Zum Nachkriegsdeutschland: *Gerber*, Law, S. 268 ff.

243 *Stolleis*, Geschichte Weimar, S. 46, weist (mit Blick auf die Industrielle Revolution) darauf hin, dass der Staatsinterventionismus gekoppelt war daran, dass „die Gesellschaft sich auch ihrerseits in immer größeren Produktions- und Kapitaleinheiten zusammenballte und in den Staat intervenierte. Je stärker sie wurden, desto größer wurden auch ihre Neigungen und Fähigkeiten, die Gesetzgebung und Verwaltung zu beeinflussen und sich der ‚ordentlichen' Justiz durch Bevorzugung und Schiedsgerichtsbarkeiten zu entziehen."

litik von einem "weg von mehr Staat, hin zu mehr Markt"[244] abgelöst wurde. *Polanyi* bezeichnet den dialektischen Prozess zwischen Vermarktlichung und Staatsinterventionismus als „double movement":

> „While on the one hand markets spread all over the face of the globe and the amount of goods involved grew to unbelievable dimensions, on the other hand a network of measures and policies was integrated into powerful institutions designed to check the action of the market relative to labor, land, and money."[245]

Insofern sind die Rufe nach einer „anti-laissez-faire legislation"[246] nicht überraschend, sondern schlicht der vorhersehbare Teil einer organischen Entwicklung von Markt und Recht, die (unsichtbar) Hand-in-Hand miteinander gehen. In den Kreislauf von Regulation und Deregulation, der einem Bemühen um einen Kräfteausgleich zwischen demokratischem Staat und Privatwirtschaft, d.h. um ein System von Checks and Balances zwischen den interdependenten Ordnungen,[247] geschuldet ist,[248] lassen sich dann auch jüngste Rechtsänderungen einsortieren.[249] Nach der Finanzkrise und den Korruptionsskandalen in DAX-Konzernen wurde der Machtzuwachs der privaten Wirtschaft Gegenstand eines Kontrollbedürfnisses, sodass viele rein privatwirtschaftliche Betätigungsfelder (wieder) einer stärkeren staatlichen Regulierung unterworfen wurden.[250] Die Frage nach dem Verhältnis von staatlicher und privater Macht hat sich also abermals aktualisiert.[251]

---

244 Regierungserklärung von Bundeskanzler *Kohl* in der 121. Sitzung des Deutschen Bundestages, 13. Oktober 1982, online abrufbar unter http://www.helmut -kohl-kas.de/index.php?msg=1934 (zuletzt abgerufen am 8.10.2019).

245 *Polanyi*, Transformation, S. 79, s. auch S. 138 f.

246 *Polanyi*, Transformation, S. 148.

247 Eine Machtkonzentration in einer der Ordnungen geht nach *Eucken* immer zu Lasten einer der anderen Ordnungen (also die wirtschaftliche etwa zu Lasten der politischen), vgl. *Eucken*, Nationalökonomie, S. 196 ff. Hierzu auch *Fischer*, Staat, S. 174, der deshalb bei Eucken „Anklänge an ein (neo-)absolutistisches Denken" erkennt (S. 176).

248 Zur Konnexität von Privatisierung, Deregularisierung und Liberalisierung: *Stohrer*, Informationspflichten, S. 32, 79 ff., 96 ff.

249 Hierzu vertieft insb. 4. Kap. A.II.9.

250 Zur sinnvollen Regulierung der Auslandsbestechung, s. 4. Kap. B.V.4.

251 Die Diskussion um TTIP und CETA war Ausdruck dessen; hier wurde eine „subtile Machtverschiebung hin zu einzelnen und ohnehin einflussreichen wirtschaftlichen Akteuren" sowie eine Schwächung öffentlicher Belange kritisiert, Juristische Stellungnahme, S. 1, online verfügbar unter https://www.tni.org/files

Die internationale Entwicklungstendenz zur Vereinheitlichung von Verwaltungs- und Wirtschaftskorruption könnte deshalb als Reaktion auf eine erstarkende, das Gewaltmonopol bedrohende, Wirtschaft gedeutet werden. Zur Behauptung der staatlichen Sonderstellung würde die private Sphäre mindestens genauso strengen Regeln unterworfen wie die öffentliche. Hierdurch würde die strafrechtliche Sonderstellung indes gleichzeitig aufgegeben und implizit bestritten werden, dass eine konzeptuelle Verschiedenartigkeit zwischen Staat und Privatwirtschaft besteht, die ein rechtliches Abbild erfordert bzw. verdient. Denn ein qualitativer Unterschied zwischen Amtsträgern und privatwirtschaftlichen Funktionären kann sich insbesondere in gesteigerten Integritätserwartungen und, daran anknüpfend, einer verschärften strafrechtlichen Haftung niederschlagen. Ohne eine solche Differenzierung scheint, etwa in der Regelung des UK Bribery Act, das Korruptionsunrecht der staatlichen und privatwirtschaftlichen Sphäre das Gleiche zu sein.

Dies ist in Deutschland anders: Wir haben eingangs gesehen, dass der Angleichungstendenzen zwischen §§ 331 ff. StGB und §§ 299 ff. StGB zum Trotz eine grundsätzlich unterschiedliche Behandlung der öffentlichen und privatwirtschaftlichen Sphäre im deutschen Strafrecht nicht aufgegeben wurde.[252] Im Licht einer staatlichen Machtbehauptung angesichts einer als bedrohlich stark wahrgenommenen Privatwirtschaft zeigen sich Bedeutung und Bedeutsamkeit der Amtsträgerbestechungsdelikte, zu denen die Auslandsbestechung gehört.

c. Normative Verschiedenartigkeit

Mit Blick auf die bestehenden Angleichungstendenzen stellt sich die Frage, ob und warum konzeptionelle Unterschiede zwischen privatwirtschaftlichen und öffentlichen Bestechungsdelikten im StGB bestehen, die vom Staat wahrgenommen und ausgedrückt werden.

Für eine solche Verschiedenartigkeit könnte man auf die unterschiedlichen Entstehungsursprünge rekurrieren, und dabei darauf verweisen, dass die Wirtschaftskorruption bis zum KorrBekG 1997 in dem Wettbewerbs-

---

/article-downloads/13-10-16-legal-statementde.pdf (zuletzt abgerufen am 8.10.2019).

252 So hinsichtl. der internat. Rechtsinstrumente auch *Bacio Terracino*, Framework, S. 25: „corruption in the private sector has not attained the same level of condemnation as corrupt practices involving the public sector".

delikt § 12 UWG a.F.[253] geregelt war, wohingegen die Amtsträgerbestechungsdelikte in den §§ 331 ff. StGB sowie in den Nebengesetzen EUBestG und IntBestG normiert waren. Die Diskrepanz zwischen den unterschiedlichen Bereichen war also zunächst nicht augenfällig. Dies könnte die eigenständige Entwicklung bis zur analogen Regelung[254] der beiden (nationalen) Bereiche im Kernstrafrecht ohne konzeptuelle Unterschiede erklären. Ist man jedoch nicht gewillt, auf einen solchen Zufallsmoment abzustellen, muss man von einer gewissen legislatorischen Intentionalität ausgehen.

In diese Richtung gehend könnte man den Versuch unternehmen, die (noch) verbleibende Verschiedenheit zwischen §§ 299 ff. StGB und §§ 331 ff. StGB anhand der unterschiedlichen Entwicklungsgeschwindigkeit von öffentlichem und privatem Sektor zu erklären. So war es der staatliche Bereich, in dem erstmalig verbindliche Normen und eine strikte Arbeitsteilung eingeführt, also ein Organisationsgrad erreicht wurde, der Korruption gedeihen ließ und gleichzeitig Maßnahmen gegen sie möglich und erforderlich machte. Dies befeuerte die Rechtsetzung der Bestechungsdelikte unter Beteiligung von Amtsträgern. Der private Bereich erschien demgegenüber zunächst nicht vordringlich regelungsbedürftig. Fortgesetzt heißt dieser Gedanke: Die Unterreguliertheit von Bestechungshandlungen im privaten Bereich setzt sich in der heutigen strafrechtlichen Situation schlicht fort und gilt es nun zu überwinden. Die in dieser Forderung implizite konzeptuelle Gleichheit von Bestechungsdelikten im öffentlichen und privatwirtschaftlichen Bereich überzeugt indes nicht.

Qualitative Unterschiede zwischen Amtsträgern und Nicht-Amtsträgern ergeben sich schon aus dem Grundgesetz. Amtsträger unterliegen, auch nach dem Lüth-Urteil,[255] einer speziellen Grundrechtverpflichtung, die staatliche Handlungen[256] grundsätzlich rechtfertigungsbedürftig machen.[257] Dies ergibt sich materiell in Bezug auf (potentielle) Pflichtverstöße aus Art. 1 Abs. 3, Art. 20 Abs. 3 GG, formell wird dem durch die

---

253 Reformdiskussion: BT-Drs. 13/6424, 7 sowie 13. *Pfeiffer*, FS von Gamm, S. 129.
254 Das KorrBekG 1997 führte zu einer Anpassung der Wirtschaftskorruption an die Regelungen der §§ 331 ff. StGB, s. Leitner/Rosenau-*Gaede* § 299 Rn. 2; HbW-*Rönnau*, III. Teil, 2. Kap., Rn. 5 (S. 280).
255 BVerfGE 7, 198; s. auch BVerfGE 103, 89, 100.
256 Dies gilt für staatliche Maßnahmen, die einen Grundrechtseingriff darstellen, genauso wie für ihre „funktionalen Äquivalente", die faktischen und mittelbaren Beeinträchtigungen, BVerfGE 105, 279, 303.
257 „Während der Bürger prinzipiell frei ist, ist der Staat prinzipiell gebunden", BVerfGE 128, 226, 244 f.

Hierarchisierung staatlicher Macht Rechnung getragen. Der Staat als Ordnungshüter wird also seinerseits einer gesteigerten Kontrolle unterworfen; er ist Verantwortender und Verantwortlicher par excellence und damit als Rechtsgewährer und -garantierer das wichtigste aller Rechtssubjekte.[258] Die staatliche Souveränität steht der Stellung der anderen Subjekte gegenüber. Dies zeigt sich jedoch grundsätzlich nicht im Normalfall. Eigentlich eröffnet erst der Strafrechtsbruch die Möglichkeit, die Negation zu negieren, also der Norm zur Geltung zu verhelfen. *Möllers* schreibt insofern zutreffend, dass „die Möglichkeit, von der Norm abzuweichen, zu ihren praktisch folgenreichsten Eigenschaften" gehört.[259] Durch die Sanktion kann der Staat die Geltung der von ihm gesetzten Normen beweisen, damit auch seine Machtposition (be)kräftigen und sich so von anderen Subjekten abheben.

Insbesondere in Bezug auf die Bestechungsdelikte wird allerdings, noch vor dem Anwendungsfall, die Normsetzung selbst dazu genutzt, die staatliche Sonderstellung zu behaupten. Der Staat ist ein abstraktes Gebilde,[260] „dem vielleicht nie eine Anschauung direkt korrespondieren kann"[261] und das deshalb immer nur vermittelt in Erscheinung treten kann. Er vermag hierfür schon die Rechtssetzung als kommunikativen Akt[262] zu nutzen, um sich selbst zu beschreiben und so über Sollens-Vorschriften Aussagen über sein Sein zu treffen: „Ich sage, ‚Ich bin', also bin ich." Anders als in der kartesischen Form ist das Sein hier Werden, die eigene Existenz wird nicht erkannt, sondern in einem Akt des kreativen Sich-Hervorbringens erst geschaffen. In dieser Lesart nutzt der Staat das Recht also zur Autopoiesis. Die herausgehobene Verantwortungsstellung der Amtsträger zeigt

---

258 Dies gilt zumindest aus Sicht des Staates und auch in Ansehung von Art. 1 Abs. 1 des „Chiemseer Entwurf": Grundgesetz für einen Bund deutscher Länder, erstellt 10.08.1948-25.08.1948. Der Staat kann sich sinnvoll nicht wegdenken, er muss sich selbst immer positivistisch denken.

259 *Möllers*, Normen, S. 18.

260 Der Staat kann so als Träger der Souveränität verstanden werden, erstmals *Albrecht*, Rez. Maurenbrecher, Göttingische gelehrte Anzeigen 1837, 1489 (insbes. 1492: Staat als juristische Person, abstrakt von ihren Mitgliedern; dies bezeichnet Albrecht aber als h.M.), zu diesem: *Stolleis*, Geschichte II, S. 91; s. außerdem oben unter 1.a.

261 *Kant*, Urteilskraft, § 59 (S. 460). Kant legt in diesem Zusammenhang Staatsmetaphern zur Anschauung Gewicht bei; er beschreibt den Staat hier als Projektionsfläche für Fremdbeschreibungen. Kants Abstraktionsniveau ist hoch: Für die Art der Analogie ist lediglich von Bedeutung, *dass* der Staat „nach inneren Volksgesetzen [...] beherrscht wird", nicht *wie*, d.h. nach welchen.

262 Vgl. zur Strafe als kommunikativen Akt, *Hörnle*, Straftheorien, S. 45.

sich nämlich nicht aus sich heraus, sondern erst in Normen wie den §§ 331 ff. StGB. Indem der Staat die Bestechungsdelikte unter Beteiligung von Amtsträgern in gesteigertem Maße sanktioniert, erhebt er die staatlichen Entscheidungsträger über alle anderen Rechtssubjekte. Grund dieser Adelung ist die Zugehörigkeit zu dem strafenden Staat selbst; als besonderer Gegenstand der *pouvoir puni* manifestieren sie die *pouvoir punissant*, sodass in ihnen und an ihnen vor allem eine Aussage über die Staatsgewalt als einer außerordentlichen Gewalt getroffen ist. Die staatliche Sphäre ist damit insofern souverän, als dass eine Macht neben ihrer nicht akzeptiert wird,[263] insbesondere keine Gleichsetzung mit privatwirtschaftlichen Akteuren. Deshalb gilt: Sieht man in der Normsetzung die Möglichkeit eines Sich-Vermittelns des Staates, so kann man in den Bestechungsdelikten eine Abgrenzung der staatlichen Sphäre von der privatwirtschaftlichen erkennen.[264]

Sowohl in der auf den Normbruch reagierenden Sanktion der Normsetzung als auch in der Normsetzung selbst wird mit dieser Selbstbildschaffung und -vermittlung die Potenz und Souveränität des Staates aktualisiert. Man kann die Bestechungsdelikte deshalb verstehen als Delikte, in denen sich die staatliche Gewaltausübung als „sich selbst setzend"[265] zeigt, als Macht sui generis. Die §§ 331 ff. StGB können so – trotz aller Entwicklungen hin zu „a world in which states themselves increasingly accept the need for stateless government"[266] – als Tatbestände des Staates für den Staat bezeichnet werden.[267]

d. Folgerungen für die Auslandsbestechung?

Die an den Auslandsbestechungsdelikten beteiligten europäischen, internationalen und ausländischen Amtsträger sind, wie auch die (deutschen)

---

263 Schon bei *Bodin* keine „unabgeleitete Kompetenz innerhalb eines Herrschaftsbereichs", *Seiler*, Verfassungsstaat, S. 19, 70 f. mwN.

264 „Normen stipulieren Erwartungen"; zu der stabilisierenden Funktion des Normativen sonst kritisch: *Möllers*, Normen, S. 418.

265 Als faktische Normalität, über die von dem Souverän entschieden wird, *Schmitt*, Politische Theologie, S. 19.

266 *Hoffman*, State, S. 195; hierzu auch: *Reinhard*, Geschichte, S. 535 f.; so auch *Krajewski*, Völkerrecht, S. 44.

267 Weil ein nicht-souveräner Staat kein Staat ist, könnte man die Bestechungsdelikte auch untechnisch „Staatsschutzdelikte" nennen. Damit ist freilich noch keine Aussage über die Schutzrichtung der Delikte getroffen.

Amtsträger, Träger staatlicher Gewalt, also der gerade beschriebenen Macht sui generis. Während dies bei EU-Amtsträgern die staatliche Gewalt der supranationalen EU ist, die zumindest auch vom deutschen Volk legitimiert ist und an deren Bestehen auch ein deutsches Interesse besteht (hierzu vertieft im *Dritten Kapitel*), wirft die Kategorisierung der Amtsträgerbestechungsdelikte als „Tatbestände für den Staat" in Bezug auf die Auslandsbestechung ieS. vermehrt Fragen auf. Die staatliche Gewalt, die hier von den ausländischen Bediensteten ausgeübt wird, ist nicht von Deutschland legitimiert und so schützt die Auslandsbestechung ieS. auch nicht – zumindest nicht unmittelbar und auf den ersten Blick – den deutschen Staat. Schützt sie *fremde* Staaten? Ein zweiter Blick erscheint notwendig (im *Vierten Kapitel*).

e. Fazit: Spiegelbildlichkeit von aktiver und passiver Auslandsbestechung

Mithilfe der voranstehenden Betrachtungen der Auslandsbestechung als Amtsträgerdelikt lässt sich erklären, warum seit dem KorrBekG 2015 im Grundsatz nicht zwischen aktiver und passiver Seite, also Vorteilsgeber und -nehmer, unterschieden wird.

§ 335a StGB verweist in seinem Abs. 1 auf § 332 StGB (Bestechlichkeit) genauso wie auf § 334 StGB (Bestechung); in seinem Abs. 2 gleichermaßen auf § 331 StGB (Vorteilsannahme) wie auf § 333 StGB (Vorteilsgewährung).[268] Auch der Europäische Amtsträger wurde genauso in die §§ 331, 332 StGB aufgenommen wie in die §§ 333, 334 StGB. Wenngleich aktive und passive Seite kleinere Verschiedenheiten enthalten, gelten die Bestechungsdelikte der §§ 331 ff. StGB als exemplarisch für eine klappsymmetri-

---

268 Lediglich § 335a Abs. 3 StGB stellt Soldaten der Bundeswehr, sonstigen Amtsträger und für den öffentlichen Dienst besonders Verpflichteten den entsprechenden Personengruppen der in Deutschland stationierten Truppen der nichtdeutschen Vertragsstaaten des Nordatlantikpaktes, die sich zur Zeit der Tat im Inland aufhalten, lediglich für die aktive Seite (§ 333 Abs. 1, 3 StGB) gleich. Die Spiegelbildlichkeit wurde hier also durchbrochen. Die Strafnorm wurde bei dem Korruptionsänderungsgesetz aus § 1 Abs. 2 Nr. 10 Nato-Truppen-Schutzgesetz (NTSG) in das StGB überführt. Die in § 335a Abs. 3 erfasste Personengruppe ist grds. auch von Abs. 1 Nr. 2 lit. b und c erfasst (vgl. hierzu BT-Drs. 18/4350, 25 f.), sodass der Verweis in Abs. 3 eine Strafbarkeitserweiterung darstellt, die – nach Maßgabe des NTSG – dem „Schutz der in der Bundesrepublik Deutschland stationierten Truppen der nichtdeutschen Vertragsstaaten des Nordatlantikpaktes, die sich zur Zeit der Tat im räumlichen Geltungsbereich dieses Gesetzes aufhalten" dienen soll (s. BGBl. 2008 I S. 491).

sche Normgestaltung.[269] Das macht sie zu Tatbestände mit spiegelbildlicher Normstruktur, also solchen, die ein einheitliches Geschehen nach aktiver und passiver Handlung aufteilen und diese in separaten gegengleichen Delikten kriminalisieren. Durch die Gleichstellungsnorm des § 335a Abs. 1 und 2 StGB werden Bestechlichkeit und Bestechung sowie Vorteilsannahme und -gewährung paarweise zusammengefasst, was ihren Charakter als spiegelbildliche Delikte akzentuiert.

Eine Differenzierung wäre in beide Richtungen hin denkbar gewesen. Zunächst könnte man den Amtsträgers als den besonderen Pflichtenträger mit Blick auf § 28 Abs. 1 StGB strafrechtlich „benachteiligen". Der Extraneus würde sich dann zum Beispiel nicht als Täter, sondern als Anstifter oder Gehilfe zu einem Bestechungsdelikt „im Amt" strafbar machen, müsste mehr Tatbestandsvoraussetzungen erfüllen oder wäre mit einem milderen Strafrahmen konfrontiert. Oder man optierte für eine schärfere Bestrafung des Vorteilsgebers, etwa aus strafanwendungsrechtlichen Gründen oder weil er regelmäßig der aktivere Teil der Unrechtsvereinbarung ist.

Eine intensivere strafrechtliche Haftung des Vorteilsgebers wird am ehesten von den internationalen Konventionen nahegelegt. Für die Mitgliedstaaten der Korruptionskonvention der Vereinten Nationen ist „Bribery of foreign public officials and officials of public international organizations" in seiner aktiven Form mit einer Umsetzungspflicht ausgestaltet, wohingegen für die passive Seite nur eine Erwägungspflicht zur Umsetzung aufgegeben wird.[270] Die OECD Konvention gegen die Bestechung ausländischer Amtsträger in internationalen Wirtschaftstransaktionen fordert von vornherein nur die Kriminalisierung der aktiven Seite.[271] Lediglich das Europaratsabkommen gegen Korruption differenziert nicht zwischen aktiver und passiver Auslandsbestechung,[272] allerdings verbleibt den

---

269 *Sowada*, FS Tiedemann, S. 273, 277, nennt außerdem noch: die Bestechlichkeit und Bestechung im geschäftlichen Verkehr (§ 299 StGB), Erwerbs- und Absatzhehlerei (§ 259 StGB), dauerhaftes „Aufnehmen" und „Überlassen" eines Kindes (§ 236 Abs. 1 StGB) sowie die „Korrespondenz-Tatbestände" wie etwa den Missbrauch von Ausweispapieren (§ 281 StGB).

270 Art. 16 Abs. 1 UNCAC: „shall adopt", Art. 16 Abs. 2 „shall consider adopting". Hierzu: UNCAC-*Kubiciel*, Art. 16.

271 Art. 1 Abs. 1 OECD Konvention. Hierzu: OECD, Commentaries on the Convention on Combating Bribery of Foreign Public Officials in International Business Transactions, verabschiedet am 21.11.1997, Para. 1.

272 Art. 5 Europaratsübereinkommen (Bribery of foreign public officials) verweist gleichermaßen auf Art. 2 (Active bribery of domestic public officials) und Art. 3 (Passive bribery of domestic public officials).

Mitgliedstaaten auch hier mangels Bestimmungen zu den Strafrahmen immer noch ein Umsetzungs- iSe. Differenzierungsspielraums.

Umgekehrt könnte schon der Blick auf die Überschrift des 30. Abschnitts „Straftaten im Amt" zur Idee verleiten, die ausländischen oder internationalen Amtsträger stärker als die Geber in die Haftung zu nehmen, um die Amtsträger iwS. dieserart ins Zentrum der strafrechtlichen Behandlung auch der Auslandsbestechung zu setzen. Vor allem aber könnte man den Charakter der aktiven Bestechungstaten als Sonderdelikte betonen[273] und sie zugleich zum „Prototyp" der Bestechungsdelikte deklarieren. Tatsächlich ist die Amtsträgerschaft ja ein täterbezogenes besonderes persönliches Merkmal iSd. § 28 Abs. 1 StGB und die Teilnahme an aktiven Bestechungstaten nach Maßgabe des § 28 Abs. 1 iVm. § 49 Abs. 1 StGB zu mildern. Man könnte allerdings noch einen Schritt weitergehen und die passive Seite als zur Täterschaft verselbständigte Teilnahmedelikte qualifizieren,[274] die, um eine Umgehung der Wertungen des § 28 Abs. 1 Abs. 1 zu vermindern, zwingend milder zu bestrafen wäre.[275] Das Vorschreiben eines identischen Strafrahmens für aktive und passive Bestechungstaten ist jedoch kein „schwerste(r) Missgriff".[276] Dies gilt schon aus zwei dogmatischen Gründen. Zum einen ist der Gesetzgeber frei, die Wertungen des Allgemeinen Teils im Besonderen Teil für bestimmte Delikte zu modifizieren oder sogar gänzlich zu negieren. Das BVerfG hat sich zur gesetzgeberischen Gestaltungsfreiheit wie folgt geäußert:

> „Die Festlegung eines Strafrahmens beruht auf einem nur in Grenzen rational begründbaren Akt gesetzgeberischer Wertung. Welche Sanktion für eine Straftat – abstrakt oder konkret – angemessen ist und wo die Grenzen einer an der *Verfassung* orientierten Strafdrohung zu ziehen sind, hängt von einer Fülle von Wertungen ab."[277]

---

273 So *Hettinger*, Strafrecht, NJW 1996, 2263, 2272 f.

274 *Brettel/Schneider*, Wirtschaftsstrafrecht, § 3 Rn. 467: „Die Tat des Vorteilsgebers ist strukturell eine zur Täterschaft hoch gestufte Teilnahme an der Tat des Bestochenen".

275 „Gesetzgebungsfehler" in §§ 333, 334; §§ 331, 332 StGB nach *Wessels/Hettinger/Engländer*, BT I, Rn. 1199 f.: „Auf solcher Grundlage ist eine gesetzesgeleitete rationale Strafzumessung unmöglich."

276 *Wessels/Hettinger/Engländer*, BT I, Rn. 1200.

277 BVerfGE 50, 125, 140 (Hervorhebung CS). Weitere Kriterien zur Überprüfung von Strafdrohungen kennt das BVerfG nicht.

Der Allgemeine Teil kann also jedenfalls keine Bindungswirkung für den Gesetzgeber entfalten.[278] Dies gilt insbesondere dann, wenn der Regelungsgegenstand nicht einmal einen direkt vom Allgemeinen Teil erfassten Bereich betrifft (hier: Strafmaßfestsetzung für Teilnahme an Sonderdelikten, § 28 Abs. 1 StGB[279]), sondern lediglich mittelbar in Verbindung zu ihm gesetzt werden kann (hier: allenfalls Strafrahmenfestsetzung für zur Täterschaft verselbständigte Teilnahme, §§ 331 ff. StGB). Zum anderen ist es auch schon in der Essenz der zur Täterschaft verselbständigten Teilnahme angelegt, dass keine grundsätzlichen Annahmen zum Strafrahmen aus dem der (tatsächlichen oder vermeintlichen) Haupttat abgeleitet werden können. Ihr Witz ist ja gerade, dass der „Teilnehmer" als „Täter" unabhängig vom Vorliegen besonderer persönlicher Merkmale strafbar ist, dass also die „Teilnehmer"strafbarkeit nach gesetzgeberischem Willen nicht mehr von der „Täter"strafbarkeit abhängen soll. Eine Akzessorietätsorientierung würde dem Wesen dieser „Rechtsfigur" widersprechen.

Auch im konkreten Fall der Auslandsbestechung überzeugt die Nicht-Unterscheidung. Sind die Strafrahmen für die aktive und passive Seite identisch, so bedeutet dies schlicht, dass der Unwertgehalt vom Gesetzgeber für beide Seiten gleich bewertet wurde. Denn, um noch einmal das BVerfG zu bemühen:

> „Der gesetzlich bestimmte herkömmliche Strafrahmen vermittelt einen verbindlichen Eindruck des Unwertgehalts, den der Gesetzgeber mit einem unter Strafe gestellten Verhalten verbunden hat."[280]

Die Amtsträgereigenschaft der Vorteilsnehmer ist Strafbarkeitsvoraussetzung für beide Delikte, wirkt sich aber nicht strafschärfend für den Amtsträger bzw. strafmildernd für den Extraneus aus, deshalb muss sich aus der Amtsträgerschaft des einen für beide Akteure derselbe Unrechtsgehalt ableiten. Dem Gesetzgeber kann bei der Kriminalisierung der Auslandsbestechung also nicht die mit der Amtsträgerschaft verbundene besondere Pflichtenstellung als solche zentral gewesen sein.[281] Stattdessen wird durch eine Gleichbehandlung von Amtsträger und Externeus die Tatsache, dass durch die Unrechtsvereinbarung ein öffentlicher Aufgabenkreis betroffen

---

278 So hinsichtl. § 28 Abs. 1 StGB auch *Sowada*, FS Tiedemann, S. 273, 288.
279 § 28 Abs. 1 StGB ist also eine Strafzumessungsregel lediglich für den Fall, dass *keine* gesetzgeberische Entscheidung getroffen wurde.
280 BVerfGE 25, 269, 286; 105, 135, 164.
281 Das Handlungsunrecht des Amtsträgers, der seine Pflichten bricht, ist freilich ein anderes.

ist, fokussiert. Entscheidend ist demnach für die Auslandsbestechung als Amtsträgerdelikt, dass staatliche Gewalt, die in der Amtsträgerschaft des „passiven" Teils ihren Ausdruck findet, mittels einer Unrechtsvereinbarung manipuliert wird – gleich von welcher Seite die Initiative zu dieser Vereinbarung ausging.[282] Die besondere Gewaltposition des Staates wird von demjenigen, der für seine Dienstausübung zusätzliche Vorteile verlangt, genauso unterminiert wie von demjenigen, der die Vorteile anbietet.[283] Die Spiegelbildlichkeit der Amtsträgerbestechungsdelikte trägt dem Rechnung, indem aktive und passive Seite, also Bürger und Amtsträger, gleichermaßen erfasst werden.

Die symmetrische Normgestaltung ist deshalb kein „Debakel" oder eine „katastrophale Entscheidung" des Gesetzgebers,[284] sondern, wenn man die Amtsträgerbestechungsdelikte als „Delikte gegen den Staat" begreift, durchaus schlüssig.

IV. Auslandsbestechung als Amtsträgerbestechungsdelikt?

Die konzeptuelle Trennung zwischen privatwirtschaftlichen und öffentlichen Bestechungsdelikten spiegelt sich in der gesetzlichen Trennung wider. Die Amtsträgerbestechungsdelikte stellen die erfassten staatlichen Entscheidungsträger unter besondere strafrechtliche Protektion und Ver-

---

282 Die Strafverfolgungsbehörden werden zudem häufig nicht nachvollziehen können, wer den ersten Schritt gemacht hat und damit das Geschehen „lenkend in seinen Händen" hielt. Für ein „Annehmen" bzw. „Gewähren" genügt dementsprechend im Grunde, dass der Vorteil von A nach B wechselt.

283 Ein strafrechtliches Verbot führt in vielen Bereichen erst dazu, dass jemand die Ablehnung von Bestechungsangeboten bei *systematic corruption*-Kontexten durchsetzen kann. Insofern kann das Strafrecht auch Schutz für den korruptionsunwilligen Amtsträger entfalten. So erklärt sich auch, warum das International Olympic Commitee (IOC) von der OECD wollte, dass seine Funktionäre von der Konvention erfasst werden, vgl. hierzu *Pieth/Zerbes*, Sportverbände, ZIS 2016, 619, 625. In Bezug auf das Corpus Iuris zur Korruptionsbekämpfung schreibt *Trechsel*, Strafgrund, S. 3: „Dass der Gedanke, der Verführer tue dem Verführten ein besonderes Unrecht an, er begehe einen Seelenmord, im kanonischen Recht verbreitet ist, lässt sich nicht bestreiten." Bei Korruptionsdelikten ist nicht abstrakt zu bestimmen, ob dem Bestochenen oder dem Bestecher die Rolle des Verführers zukommt. Auch deshalb ist es sinnvoll, beide Seiten (gleichermaßen) unter Strafe zu stellen.

284 *Hettinger*, Strafrecht, NJW 1996, 2263, 2273.

pflichtung. Man könnte also sagen: Das deutsche Strafrecht erkennt die unterschiedlichen Sphären in ihrer Verschiedenheit.

Den deutschen, anderen nationalstaatlichen, europäisch-supranationalen und internationalen Amtsträgern ist gemein, dass sie bei ihrer Tätigkeit staatliche Macht in den Händen halten. Sowohl deutsche als auch Europäische Amtsträger üben dabei (zumindest auch) deutsche öffentliche Gewalt zur Erfüllung (auch) deutscher öffentlicher Aufgaben aus. Charakterisiert man diese öffentliche Macht als Macht des Volkes, auf der der demokratische Staat gründet und vermittels derer er sich begründen kann, so kann man die Amtsträgerbestechungsdelikte als Delikte gegen die (auch) deutsche Bürger sowie für den deutschen Staat bzw. die EU begreifen. Ob dies auch für die Auslandsbestechung ieS. gilt, bedarf tiefergehender Erörterung: Wenngleich ausländische Amtsträger genauso wie die beiden vorgenannten Gruppen unter die deutsche Strafgewalt fallen, so sind sie doch Inhaber fremder Staatsgewalt und erfüllen fremde öffentliche Aufgaben.

Die Kategorisierung der Bestechungsdelikte als Delikte gegen die Bürger und als autopoietische Leistungen des Staates offenbart also Klärungsbedarf, dem im Laufe dieser Arbeit genügt werden soll. Schon jetzt lässt sich die Auslandsbestechung ieS. mit Blick auf diese Devianzen als Andere unter Gleichen im Gefüge der Amtsträgerbestechungsdelikte bezeichnen. Nachdem wir die Auslandsbechung als Korruption und als Amtsträgerbestechungsdelikt kennengelernt haben, betrachten wir sie nun in ihrer Eigenschaft als transnationales Delikt.

C. Auslandsbestechung als transnationales Delikt

Der § 335a StGB hat wegen seines personellen Anwendungsbereichs auf ausländische und internationale Amtsträger stets einen stark ausgeprägten Auslandsbezug. Grundsätzlich sind aber sämtliche Taten nach §§ 331 ff. StGB in der Lage, Ländergrenzen zu überschreiten: Schon wegen des Tatorts im Ausland oder des Täters bzw. des Gegenübers (bei einem Ausländer auf Geber- oder einem Europäischen Amtsträger auf Nehmerseite) können sie europäische oder auch sonst internationale Züge aufweisen und schlicht nach Maßgabe der §§ 3-7 StGB dem Geltungsbereich des deutschen Strafrechts unterfallen. Das Strafanwendungsrecht bestimmt also maßgeblich über die tatsächliche Strafgewalt in transnationalen Bestechungsdelikten.

Dies ist das Ergebnis einer neueren Entwicklung des deutschen Strafrechts, das ursprünglich stark auf sein Territorium beschränkt war, dann lediglich Auslandstaten der eigenen Staatsangehörigen erfasste, dabei jedoch internationale Bestechungstaten gänzlich ignorierte und erst vor 20 Jahren erstmalig seine Aufmerksamkeit darauf gelenkt hat.[285] Die internationalen Konventionen verlangen eine Erweiterung der eigenen strafrechtlichen Gebietszuständigkeit bei gleichzeitiger Anerkennung fremder Zuständigkeiten,[286] um sicherzustellen „that serious transnational crimes do not go unprosecuted as a result of jurisdictional gaps".[287] Das Völkerrecht anerkennt hierbei als Anknüpfungspunkte für die Anwendung eines Strafrechts: Territorialitäts-, Personalitäts-[288] sowie Schutzprinzip.[289] Eröffnet und beschränkt wird der Geltungsbereich des deutschen Strafrechts also durch das deutsche internationale Strafrecht, das in Bezug auf die Bestechungsdelikte diese Prinzipien mischt[290] und einige Besonderheiten aufweist, die im Folgenden dargestellt werden. Das Strafanwendungsrecht gilt dabei für alle transnationalen Verwaltungsbestechungsdelikte gleichermaßen, sodass für § 335a StGB keine gesonderte Regelung besteht.

I. Auslandsbestechung bei Inlandstaten

Das „Haupt- und Ausgangsprinzip" des deutschen Internationalen Strafrechts ist das *Territorialitätsprinzip*,[291] nach welchem das deutsche Strafrecht für Taten gilt, die im Inland, also auf deutschem Territorium, begangen werden (§ 3 StGB).[292] Diese Anknüpfung ist ein völkerrechtlich etablierter Grundsatz, der auf der Überzeugung fußt, dass der deutsche als souveräner Staat die Geltung seiner Strafgesetze auf seinem Hoheitsgebiet

---

285 S.o. unter B.I.1.

286 *Adeyeye*, Foreign Bribery, BLI 15 (2014), 169, 178.

287 UNODC, Legislative Guide, 2. Aufl. 2015, Rn. 513-516, 519 hinsichtlich Art. 42 UNCAC.

288 Das aktive Personalitätsprinzip ist anerkannt, das passive tlw. umstritten, vgl. C.II.3.

289 MüKo-*Ambos*, Vor § 3 Rn. 34 ff.; allgemeiner: *Dixon*, Textbook, S. 156 ff. Vgl. *Hombrecher*, Grundzüge, JA 2010, 637; *Kindhäuser*, StGB, § 5 Rn. 1; SSW-*Satzger*, § 5 Rn. 1. Differenziert zur völkerrechtlichen Begründung der (nationalen) Anknüpfungsprinzipien: *Ambos*, Internationales Strafrecht, S. 28.

290 *Kubiciel/Spörl*, Gesetz, KPKp 4/2014, 5.

291 Schönke/Schröder-*Eser*, § 3 Rn. 1.

292 Wenngleich dieses Prinzip bei den Bestechungsdelikten keine übergeordnete Rolle für den Gesetzgeber spielte, *Kubiciel/Spörl*, Gesetz, KPKp 4/2014, 5 ff.

durch Strafverfolgung durchsetzen können soll.[293] An folgendem Bei-spielsfall wird die Reichweite der Gebietszuständigkeit dargestellt. Es wird gezeigt, wann das deutsche Strafrecht zur Anwendung kommt, wenn der Vorteilsnehmer ein Europäischer, internationaler oder ausländischer Amtsträger ist.

Fall 1: *Der russische Bürgermeister R von Moskau setzt sich für den Kauf staatlicher Fahrräder ein, um die Smog-Belastung der Stadt zu reduzieren. Chinesisches Vorstandsmitglied C eines großen chinesischen Fahrradprodu-zenten P möchte den Auftrag für sein Unternehmen gewinnen. C schreibt R eine E-Mail. Nach kurzem Schriftwechsel sagt B zu, sich gegen Zahlung einer Vergütung iHv. 500.000 USD für eine Auftragsvergabe an P einzuset-zen. Zur Geldübergabe treffen sich B und C am Frankfurter Flughafen.[294]*

Weder der ausländische Amtsträger R noch der privatwirtschaftliche Ak-teur C sind deutsche Staatsangehörige; die Anwendung des deutschen Strafrechts kommt hier deshalb augenscheinlich allein wegen des Überga-beorts Frankfurt nach dem Territorialitätsgrundsatz (§§ 3, 9 StGB) in Be-tracht. Gem. § 9 StGB ist eine Tat „an jedem Ort begangen, an dem der Tä-ter gehandelt hat oder [...] an dem der zum Tatbestand gehörende Erfolg eingetreten ist [...]". §§ 331 ff. StGB sind in jedem Fall Tätigkeitsdelikte mit ggf. mehrstufiger Handlung bei Distanzdelikten, bei denen der Tat-handlungsort vom Tathandlungserfolgsort zu unterscheiden ist.

In *Fall 1* fallen bei der Geldübergabe Tathandlung und ihr Erfolg so-wohl auf der Geber- als auch auf der Nehmerseite zusammen: Bei entspre-chender Willensübereinstimmung zwischen den beiden Seiten liegt ein Gewähren bei tatsächlicher Zuwendung an den Bestochenen vor,[295] ein Annehmen bei tatsächlicher Entgegennahme des Vorteils.[296] In der Über-gabe wird die Tathandlung des Gewährens unmittelbar zu einem Tathand-lungserfolg des Gewährthabens vollendet und auch das Annehmen

---

293 *Oehler*, Internationales Strafrecht, § 16 Rn. 152 ff.; MüKo-*Ambos*, Vor § 3 Rn. 17; NK-*Böse*, Vor. § 3 Rn. 15 f.; Matt/Renzikowski-*Basak* Vor §§ 3 ff. Rn. 4; vgl. fer-ner *Marauhn/Simon*, Voraussetzungen, S. 21, 28.

294 Für einen Überblick über die internationalen Sachverhalte, s. *Jary*, Anti-Korrup-tion, PharmR 2015, 99, 106.

295 MüKo-*Korte*, 3. Aufl. 2019, § 333 Rn. 14; NK-*Kuhlen*, § 333 Rn 6.

296 MüKo-*Korte*, 3. Aufl. 2019, § 331 Rn. 77; Empfang mittelbar oder unmittelbar (BGH NJW 1987, 1341) durch den Vorteilsnehmer selbst oder einen Dritten (OLG Karlsruhe NStZ 2001, 654 f.), *Fischer*, § 331 Rn 20; LK-*Sowada*, § 331 Rn 28; NK-*Kuhlen*, § 331 Rn 28; SchSch-*Heine*, § 331 Rn 27; SK-*Stein/Deiters*, § 331 Rn 50.

kommt direkt zur Außenwirkung und ist gewissermaßen sogleich eine Annahme. Vom Tathandlungserfolg strikt zu trennen ist der deliktische Erfolg, der auch ein Gefährdungserfolg sein kann.[297] Der Tatbestandserfolg richtet sich danach, welcher Zweck tatbestandlich verfolgt wird – sodass hierzu an dieser Stelle noch keine Aussage getroffen werden kann.

Ein Auseinanderfallen von Tathandlung und Tathandlungserfolg gäbe es in einer *Abwandlung von Fall 1*, in der es nicht zur Übergabe kommt. Anknüpfungspunkt für eine Prüfung des Strafanwendungsrechts wäre dann die E-Mail-Korrespondenz zwischen R und C.[298] Ein Anbieten bzw. Versprechen setzt die Kenntnisnahme des Nehmers voraus, nach Auffassung der Rspr. gilt Gleiches für ein Fordern; für ein Versprechenlassen bedarf es einer Einverständniserklärung hinsichtlich der Unrechtsvereinbarung. Bei Einsatz von Fernkommunikationsmitteln zum Abschluss der Unrechtsvereinbarung (wie etwa Telefon und E-Mail) findet die Tathandlung beim Täter statt, der Tathandlungserfolg hingegen beim Nachrichtenempfänger. Da sich R und C in der Abwandlung allerdings in Russland respektive China aufgehalten haben, spielt Deutschland als Tatort keine Rolle, sodass eine Anwendung des deutschen Strafrechts auch nach dem Territorialitätsprinzip ausscheidet. An diesem Punkt zeigt sich, dass die Reichweite der deutschen Ausformung dieses Grundsatzes deutlich restriktiver ist als in anderen Ländern: Für die sehr weitreichende Ermittlungszuständigkeit der US-amerikanischen Strafverfolgungsbehörden genügt es schlicht, dass die E-Mails unter Beteiligung von jeweils im Inland installierten Servern versendet worden sind – ein Beweis, der sich eigentlich immer führen lässt.[299]

---

297 Mit Schwierigkeiten: *Hoven*, Auslandsbestechung, S. 105 f.

298 Zu Tathandlungsort und Tathandlungserfolgsort, s. auch: *Hoven*, Auslandsbestechung, S. 104 ff.

299 Als Anknüpfung für die Zuständigkeit ist ausreichend „placing a telephone call or sending an email, text message or fax from, to, or through the United States", s. *Criminal Division of the U.S. Department of Justice and the Enforcement Division of the U.S. Securities and Exchange Commission*, A Resource Guide to the U.S. Foreign Corrupt Practices Act v. 14.11.2012, S. 11, online verfügbar unter https://www.justice.gov/sites/default/files/criminal-fraud/legacy/2015/01/16/guide.pdf (zuletzt abgerufen am 8.10.2019); die Definition von „interstate commerce" findet sich in 15 U.S.C. §§ 78dd-2(h)(5); s. auch 78dd-3(f)(5); vgl. 15 U.S.C. § 78c(a)(17). SEC v. Straub et al., District Court Decision v. 08.02.2013, No. 1:11CR09645 (RJS); U.S. v. Magyar Telekom. plc., Deferred Prosecution Agreement v. 29.12.2011, No. 1:11CR00597 (E.D. Va.). Vgl. auch: *Hoven*, Auslandsbestechung, S. 112 ff.

II. Besonderer Inlandsbezug wegen des Täters

Unabhängig vom Recht des Tatorts kann der Geltungsbereich des deutschen Strafrechts auch wegen eines besonderen Inlandsbezugs durch den Täter erweitert werden; dieser kann sich, erstens, aus der Staatsangehörigkeit ergeben oder, zweitens, aus der Eigenschaft als Europäischer Amtsträger.

1. Deutsche Staatsangehörige

Durch § 5 Nr. 15 lit. a StGB wird die Geltung des deutschen Strafrechts auf die Täter gem. §§ 331-337 StGB, die zur Zeit der Tat Deutsche sind, erstreckt. Mangels anderweitiger gesetzlicher Regelung sind das insbesondere deutsche Staatsangehörige (§ 1 StAG, vgl. Artt. 16 Abs. 1, 116 Abs. 1 GG).[300] Dagegen unterwirft § 7 Abs. 2 Nr. 1 StGB als allgemeine Ausprägung des aktiven Personalitätsprinzips alle Straftaten der Geltung des deutschen Strafrechts, wenn die Tat entweder am Tatort mit Strafe bedroht ist (identische Norm des lex loci)[301] oder der Tatort keiner Strafgewalt unterliegt (Tat im hoheitsfreien Gebiet, z.B. hohe See, Weltraum, aber auch failed state)[302] *und* wenn der Täter zur Zeit der Tat Deutscher war oder es nach der Tat geworden ist. Für die Spielart des aktiven Personalitätsprinzips nach § 5 Nr. 15 lit. a StGB kommt es weder auf die Strafdrohung am Tatort noch auf die Strafgewalt am Tatort an. Die Norm erfasst deshalb in Bezug auf die §§ 331 ff. StGB grundsätzlich mehr Taten als § 7 Abs. 2 Nr. 1 StGB; sie ist lediglich insofern enger, als dass ein nachträglicher Erhalt der deutschen Staatsangehörigkeit unerheblich ist. Folgender Beispielsfall soll die deutsche Strafgewalt nach § 5 Nr. 15 lit. a StGB illustrieren:

Fall 2: *Der Siemens-Abteilungsleiter K. besticht zwei italienische Amtsträger mit Zahlungen in Millionenhöhe, um in Italien die Vergabe zweier Aufträge*

---

300 Die Staatsangehörigkeit kann gem. §§ 3 ff. StAG v.a. durch Geburt, Legitimation, Annahme als Kind oder Einbürgerung erworben werden, MüKo-*Ambos*, § 7 Rn. 19. Hinzu kommt gem. Art. 116 Abs. 1 a.E. GG, wer als Flüchtling oder Vertriebener deutscher Volkszugehörigkeit oder als dessen Ehegatte oder Abkömmling in dem Gebiete des Deutschen Reiches nach dem Stande vom 31. Dezember 1937 Aufnahme gefunden hat.

301 „,'identische Tatortnorm' [...] nicht im Sinne von Tat*bestands*-, sondern von *Tat*identität", MüKo-*Ambos*, § 7 Rn. 6 (Hervorhebung dort); insgesamt vertiefend: Rn. 5 ff.

302 MüKo-*Ambos*, § 7 Rn. 17 f.

mit einem Volumen von 132,5 Millionen Euro und 205,6 Millionen Euro an Siemens zu erreichen.[303]

In dieser – für die Auslandsbestechung relativ typischen –[304] Fallgestaltung besticht ein deutscher Angestellter einen ausländischen Amtsträger im Ausland, um einen Auftrag für seinen Arbeitgeber zu sichern. Durch die mediale Berichterstattung sind diese Fälle der Grand Corruption[305] bekannt, in die häufig große multinationale Unternehmen involviert sind, um millionenschwere Aufträge zu erhalten, die in Entwicklungs- und Transitionsstaaten häufig gesamtgesellschaftlich bedeutsame Infrastrukturmaßnahmen betreffen. Die Geltung des deutschen Strafrechts aufgrund des Territorialitätsgrundsatzes gem. §§ 3, 9 StGB scheidet hier im ersten Zugriff aus, weil sowohl Tathandlung als auch Tathandlungswirkung im Ausland stattgefunden haben, aus. Eine Strafbarkeit der italienischen Amtsträger gem. §§ 331 ff. StGB scheitert wegen ihrer italienischen (also nicht-deutschen) Staatsangehörigkeit sowie der Tatsache, dass sie nicht Europäische Amtsträger sind. Hierfür wäre nämlich erforderlich, dass der Amtsträger ein solcher der EU selbst ist und nicht lediglich einer ihrer Mitgliedstaaten.[306] Im *Fall 2* kann es deshalb lediglich zu einer Strafgewaltsanwendung gegen den K wegen des aktiven Personalitätsprinzips gem. §§ 5 Nr. 15 lit. a iVm. 335a Abs. 1 Nr. 2 lit. a Alt. 1 iVm. 334 Abs. 1 StGB kommen, also aufgrund seiner deutschen Nationalität – dies aber ganz unabhängig davon, ob die Tat nach dem Recht des Tatorts mit Strafe bedroht ist.

---

303 Angelehnt an BGHSt 52, 323, bei dem freilich die Amtsträgereigenschaft der beiden Angestellten des italienischen Energiekonzerns Enel problematisch war (und i.E. trotz Verurteilung der Siemensmitarbeiter wegen Amtsträgerbestechung durch die italienischen Behörden, die die Enel-Angestellten als ("pubblico ufficiale") iSd. Art. 357 des Codice penale italiano klassifiziert haben, s. hierzu auch: *Niehaus*, Folgen, S. 21. Bei der Aufarbeitung der Siemens-Korruptionsaffäre kamen zahlreiche transnationale Bestechungstaten ans Licht, s. hierzu: *Wolf*, Siemens-Korruptionsaffäre, S. 9.

304 Zum „Phänomen der Auslandsbestechung": *Hoven*, Auslandsbestechung, Teil C (S. 145 ff.).

305 *Rose-Ackerman/Palifka*, Corruption, S. 11.

306 Hierzu auch 3. Kap.

a. Notwendigkeit einer Extension?

In Großbritannien hat das aktive Personalitätsprinzip durch den UK Bribery Act eine Erweiterung erfahren,[307] sodass nicht mehr lediglich inländische, britische Staatsangehörige, sondern auch ausländische Staatsangehörige mit einem gewöhnlichen Aufenthalt im Königreich erfasst werden.[308] Das Personalitätsprinzip erfährt so eine deutliche Ausweitung. Die Staatszugehörigkeit wird dort weit verstanden und nicht mehr an das formalistische Kriterium der Staatsangehörigkeit geknüpft, sondern rein faktisch nach dem gewöhnlichen Aufenthalt einer Person bestimmt. In die Richtung eines solch tatsachenbasierten Verständnisses denkt wahrscheinlich auch *Hoven*, die sich äußerst kritisch mit dem legitimierenden Anknüpfungspunkt der deutschen Staatsangehörigkeit auseinandersetzt.[309] Sie betont, dass der deutsche Staat sich „im Extremfall über die Wertungen des Tatortstaates" hinwegsetzt.[310] Hierbei hat sie insbesondere den Fall im Blick, „dass ein Bediensteter mit deutscher Staatsangehörigkeit bei seiner Amtsausübung im Ausland anderen strafrechtlichen Grenzen unterliegt als sein Kollege ohne deutschen Pass".[311] Die Anknüpfung an die deutsche Staatsangehörigkeit des Amtsträgers erscheint bei ihr beinahe als ein Werk des Zufalls:

„Die Ausdehnung der deutschen Strafgewalt [durch § 5 Nr. 15 lit. a StGB, Anm. CS] stellt nicht nur einen Übergriff in die Regelungshoheit eines anderen Staates dar, sondern ist auch für den Täter – der sich

---

307 Die Vorgängervorschrift Sect. 109 Anti-terrorism, Crime and Security Act 2001 ergänzte den Territorialitätsgrundsatz mit dem noch eng verstandenen aktiven Personalitätsprinzip und erhob so als Anknüpfungspunkt für die britische Korruptionsverfolgung einzig „a national of the United Kingdom or a body incorporated under the law of any part of the United Kingdom does anything in a country or territory outside the United Kingdom" (para. 1 lit. a).
308 Nach Sect. 12 para. 2 UK Bribery Act: Kann für den Fall, dass die Tat nicht im Inland begangen wurde, für den Fall „that person has a close connection with the United Kingdom". Eine solche enge Verbindung ist in neun verschiedenen Fällen zu bejahen, u.a. „a British citizen" (lit. a) und „a British overseas territories citizen" (lit. b), aber eben auch „an individual ordinarily resident in the United Kingdom" (lit. g) und darüber hinaus „a body incorporated under the law of any part of the United Kingdom" (lit. h). *Adeyeye*, Foreign Bribery, BLI 15 (2014), 169, 178 ff., Grds. *Dixon*, Textbook, S. 152 f.
309 *Hoven*, Auslandsbestechung, S. 99 ff.
310 *Hoven*, Auslandsbestechung, S. 100.
311 *Hoven*, Auslandsbestechung, S. 100.

an die Normen seines Umfeldes hält – nur schwer vorhersehbar."[312] [...] „Wer dauerhaft im Ausland lebt und in eine fremde Rechtsordnung integriert ist, wird hier *allein auf Grundlage seiner formalen Staatsangehörigkeit* auf die Vorstellungen des deutschen Rechts verpflichtet."[313]

Aus einer solchen Betrachtungsweise lässt sich, nach britischem Vorbild, folgern, dass die Rechte und Pflichten, die grundsätzlich aus der Staatsangehörigkeit resultieren, nun die „ordinarily residents" eines Staates (d.h. jene, die tatsächlich zum Staat gehören) treffen. Auch in Deutschland ist die Anknüpfung an den gewöhnlichen Aufenthalt als Beschreibung eines tatsächlichen Verhältnisses einer natürlichen Person zu einem Staat zwar auch durchaus bekannt,[314] kennt aber nur in § 9 AO eine konkrete[315] Legaldefinition:

> „Den gewöhnlichen Aufenthalt hat jemand dort, wo er sich unter Umständen aufhält, die erkennen lassen, dass er an diesem Ort oder in diesem Gebiet nicht nur vorübergehend verweilt. Als gewöhnlicher Aufenthalt im Geltungsbereich dieses Gesetzes ist stets und von Beginn an ein zeitlich zusammenhängender Aufenthalt von mehr als sechs Monaten Dauer anzusehen; kurzfristige Unterbrechungen bleiben unberücksichtigt."

Aus dem internationalen Privatrecht ist der Wohnort einer Person als Indiz für die Bestimmung der effektiven Staatsbürgerschaft bekannt, dies ist bei Mehrstaatigkeit die Staatsbürgerschaft mit der engsten Verbundenheit zum Staat (Art. 5 Abs. 1 S. 1 EGBGB); hier wird allerdings genauso wenig wie im Strafrecht auf das Erfordernis der Staatsangehörigkeit verzichtet. Würde man den gewöhnlichen Aufenthalt wegen der Kritik an dem Kriterium der Staatsangehörigkeit als ausschließlichen Anknüpfungspunkt wählen, so verlöre damit das Staatsvolk als staatskonstituierendes Merkmal zu Gunsten des Staatsgebiets an Bedeutung. Das ist grundsätzlich akzeptabel, allerdings scheint die Zufälligkeit des Aufenthaltsorts und die an ihm bestehenden Rechtsregeln nicht wesentlich besser vorher- und absehbar zu sein als die des Landes der eigenen Staatsangehörigkeit. Bei stark interna-

---

312 *Hoven*, Auslandsbestechung, S. 100.
313 *Hoven*, Auslandsbestechung, S. 101 (Hervorhebung CS).
314 So etwa in Art. 5 Abs. 2 und 3 EGBGB, § 20 ZPO, § 98 Abs. 1 Nr. 2 bis 4 FamFG und § 3 Abs. 1 Nr. 3 lit. a VwVfG.
315 Die Legaldefinition in § 30 Abs. 3 S. 2 SGB I enthält anders als § 9 AO keine zeitliche Bestimmung.

tional agierenden Tätern kann es außerdem vorkommen, dass sie niemals nach der 183-Tage-Regel einen gewöhnlichen Aufenthalt in Deutschland haben, obwohl sie z.B. die deutsche Staatsangehörigkeit haben und auch einen beträchtlichen Teil ihrer Geschäfte aus Deutschland abwickeln und lediglich Bestechungstaten ausschließlich im Ausland begehen. Es ist grundsätzlich eine dem Gesetzgeber obliegende Entscheidung, ob er diese Taten vom Steuerrecht erfasst sehen möchte[316] und/oder es vorzieht, auch das Strafrecht zu employieren. Die Anknüpfung an die Staatsangehörigkeit erscheint dabei legitim: Wer einem Staat angehört, der co-konstituiert ihn auch als Teil des Staatsvolkes, was sich wiederum in einem besonderen Rechten- und Pflichtenverhältnis manifestiert und konkretisiert. Dieses wechselseitige Verhältnis ist mannigfaltig:

> „Was die einzelnen, aus dem Rechtsverhältnis der Staatsangehörigkeit fließenden Rechte und Pflichten betrifft, so ist deren komplette Aufzählung kaum möglich."[317]

Auch für die dauerhaft im Ausland lebenden Deutschen sind die vom deutschen Staat gewährten Rechte umfangreich und umfassen aus dem Grundrechtekatalog etwa das Recht auf Einreise und Aufenthalt,[318] Mitwirkungsrechte wie das Wahlrecht[319] oder das Recht auf diplomatischen Schutz[320]: „Den Organen der Bundesrepublik obliegt von Verfassung wegen die Pflicht zum Schutz deutscher Staatsangehöriger und ihrer Interessen gegenüber fremden Staaten."[321] Diese Rechte und Pflichten konkretisieren gewissermaßen die Staatsangehörigkeit und darüber mittelbar auch den Staat, in dessen Gesetzen Wertentscheidungen zum Ausdruck gebracht werden. Solange man sich dafür entscheidet, einen Staat durch seine Person mitzukonstituieren, solange besteht ein wechselseitiges Rechts-

---

316 In Betracht kommt eine Steuerhinterziehung gem. § 370 Abs. 1 Nr. 1 AO, ggf. sogar im besonders schweren Fall gem. § 370 Abs. 3 S. 2 Nr. 1 AO, wegen der Nichtabzugsfähigkeit von Bestechungsgeldern als Betriebsausgaben gem. §§ 4 Abs. 5 Nr. 1 ff. EStG oder § 160 AO, hierzu *Rübenstahl*, Aspekte, S. 77.

317 *Münch*, Staatsangehörigkeit, S. 9.

318 Art. 11. Abs. 1 GG, s. hierzu BeckOK-*Maaßen*, Art. 16 GG Rn. 15 (hrsgg. v. *Epping/Hillgruber*, 33. Ed., Stand: 01.06.2017); im Übrigen besteht eine völkerrechtliche Verpflichtung zu diesem Recht, der subjektive Anspruch hierauf ist als Menschenrecht anerkannt: Maunz/Dürig-*Giegerich*, Art. 16 Rn. 201 (84. EL 8/2018).

319 Art. 38 Abs. 2 GG.

320 BVerfGE 37, 217; s. auch ebd., S. 10 f.

321 BVerfGE 55, 349, 365; BVerwGE 62, 11, 15; s. *Münch*, Staatsangehörigkeit S. 11 f., zur Herleitung des daraus resultierenden Schutzanspruchs.

und Pflichtenverhältnis, das von staatlicher Seite durch die von ihm gesetzten Regeln ausgestaltet werden kann. Hierzu gehört auch das Strafanwendungsrecht in Bezug auf die Bestechungstaten.

Prinzipielle Bedenken gegen die Anknüpfung an die Staatsangehörigkeit bestehen jedenfalls nicht; eine verständige Prüfung des deutschen internationalen Rechts setzt jedoch eine Zweckbestimmung der spezifischen Strafgesetze voraus.[322]

b. Notwendigkeit einer Restriktion?

Wie die eingangs gemachten Ausführungen zeigen, lässt § 5 Nr. 15 lit. a StGB – über den Territorialitätsgrundsatz hinaus – alle von deutschen Staatsangehörigen begangenen Bestechungstaten nach §§ 331 ff. StGB der deutschen Strafgewalt unterfallen.[323] Der Regierungsentwurf selbst sieht dadurch die Gefahr von „Extremsituationen (...) durch diese sehr weitgehende Pönalisierung".[324] Angesichts dessen drängt sich die Frage auf, ob die Grenze strafbaren Handelns durch das Zusammenspiel von Strafanwendungsrecht in § 5 Nr. 5 lit. a StGB und der Tatbestände §§ 331 ff. StGB zu weit gesteckt wurde – eine Schwierigkeit, die der Gesetzesentwurf mit dem vorschnellen Verweis auf Lösungsmöglichkeiten „im Rahmen der Rechtswidrigkeit, Schuld und Strafzumessung sowie auf prozessualer Ebene"[325] löst. Dies erscheint, wie zu Recht angemerkt wurde,[326] unbefriedigend. Die Frage, ob die Notwendigkeit einer Restriktion besteht und falls ja, wie dieser Rechnung getragen werden kann, kann richtigerweise allerdings auch erst mit Blick auf Ursache, Grund und Zweck der Bestechungsdelikte beantwortet werden,[327] sodass sie nach unten verschoben wird.[328]

---

322 Unter 4. Kap. C.IX.6. findet sich ein Ergänzungsvorschlag.
323 MüKo-*Ambos*, § 5 Rn. 40; NK-*Böse*, § 5 Rn. 18c; s. auch *Nestler*, Amtsträgerkorruption, StV 2009, 313, 318. Hierzu und zum Folgenden *Kubiciel/Spörl*, Gesetz, KPKp 4/2014, 28.
324 BT-Drs. 18/4350, 24.
325 BT-Drs. 18/4350, 24.
326 *BRAK*, Stellungnahme zum Referentenentwurf 2007, S. 13 f.; *Walther*, Korruptionsstrafrecht, Jura 2010, 511, 519.
327 In diese Richtung gehend auch: *Kubiciel/Spörl*, Gesetz, KPKp 4/2014, 28 f.
328 S.u. unter 4. Kap. C.IX.1.

2. Europäische Amtsträger

Das deutsche Strafrecht gilt gem. § 5 Nr. 15 lit. b und d StGB auch, wenn Europäische Amtsträger Geber oder Nehmer von Bestechungsdelikten sind: als *Täter*, wenn seine Dienststelle ihren Sitz im Inland hat (lit. b) – sowie, worauf gleich einzugehen sein wird, als *Gegenüber*, wenn er zur Zeit der Tat Deutscher ist (lit. d).[329]

> **Fall 3:** *Ein spanischer Abteilungsleiter S der Europäischen Zentralbank fordert am Rande einer Konferenz in Johannesburg den japanischen Geschäftsführer J eines großen Forschungsinstituts F auf, ihm und seiner Familie Eintrittskarten für das Rugby-WM-Finalspiel in Yokohama zu beschaffen, um F bei der Ausschreibung eines großen Finanzmarktforschungsprojektes zu berücksichtigen. J will sich das Geschäft nicht entgehen lassen und besorgt die Karten schleunigst, sodass er sie wenige Tage später dem S noch in Johannesburg überreichen kann.*

Zunächst: Da die Taten gem. §§ 332 Abs. 1, Abs. 3 Nr. 2, 334 Abs. 1, Abs. 3 Nr. 2 StGB in diesem Beispielsfall in Südafrika und nicht in Deutschland begangen wurden, ergibt sich der für die Anwendung des deutschen Strafrechts erforderliche Inlandsbezug abermals nicht aus dem in § 3 StGB niedergelegten Territorialitätsprinzip. Sodann: Im Hinblick auf das aktive Personalitätsprinzip bietet mangels deutscher Staatsangehörigkeit keiner der beiden Täter einen Anknüpfungspunkt. Wohl aber handelt es sich bei dem Spanier S wegen seiner Mitgliedschaft in der Europäischen Zentralbank um einen Europäischen Amtsträger iSd. § 11 Abs. 1 Nr. 2a lit. a Var. 2 StGB, dessen Dienststelle ihren Sitz in Frankfurt,[330] also im Inland gem. § 5 Nr. 15 lit. b StGB, hat, sodass er der deutschen Strafgewalt unterfällt.

3. Nicht: ausländische und internationale Bedienstete

Für die Geltung des deutschen Strafrechts genügt es nach den §§ 3-7 StGB nicht, wenn ausländische oder inländische Bedienstete iSd. § 335a StGB als Täter agieren, wie am folgenden Fall exemplifiziert werden soll:

---

329 Unter III. Kritisch zu diesen Einschränkungen *Kubiciel/Spörl*, Gesetz, KpKp 4/2014, 7. S. hierzu auch unten unter 3. Kap. D.VI.

330 Protocol on the location of the seats of the institutions and of certain bodies and departments of the European Communities and Europol v. 10.11.1997, C 340/112, Sole Article lit. i; dieses ist EUV, AEUV und EURATOM beigefügt.

Fall 4 *Die Deutsche Denise will sich nach ihrem bestandenen Physik-Bachelor „ordentlich etwas gönnen" und bestimmt Russland als Ziel für eine ausgedehnte Reise. Das Visum zu erhalten, kostet viel mehr Nerven und Zeit als gedacht, aber am Ende des komplizierten bürokratischen Prozesses erhält D das Visum. Ihr sind bei der Beantragung jedoch mehrere Fehler unterlaufen, sodass das Visum nicht gültig ist. Als der russische Beamte R bei der Einreise am Flughafen von St. Petersburg ein Schmiergeld verlangt, um sie trotz ungültigen Visums ins Land zu lassen, sieht sie keine andere Möglichkeit, um ihre langersehnte Reise anzutreten und bezahlt den geforderten Betrag. Wieder zurück in Deutschland ist sie wütend über diese „Erpressung" und zeigt die Tat des B der Krefelder Polizei an.*

Die deutsche Strafgewalterstreckung auf die Taten von R scheitert mangels Tatort in Deutschland gem. §§ 3,9 StGB. R ist auch weder deutscher Staatsangehöriger noch Europäischer Amtsträger, sodass eine Strafbarkeit gem. § 5 Nr. 15 lit. a bzw. b iVm. §§ 335a Abs. 1 Nr. 2 lit. a iVm. 332 Abs. 1, 3 StGB entfällt. Die deutsche Gerichtsbarkeit ist in Bezug auf die Bestechlichkeit zudem nicht nach dem passiven Personalitätsprinzip gem. § 7 Abs. 1 StGB gegeben. Dieser dient, völkerrechtlich nicht ganz unbedenklich, dem Schutz von Deutschen im Ausland: Das deutsche Strafrecht gilt für Taten, die im Ausland gegen einen Deutschen begangen werden, wenn die Tat am Tatort mit Strafe bedroht ist oder der Tatort keiner Strafgewalt unterliegt. Zwar ist die Amtsträgerbestechlichkeit auch in Russland mit Strafe bedroht, sie ist aber nicht *gegen* die D gerichtet gewesen, hat sie also nicht iSd. § 77 Abs. 1 StGB als Inhaberin des Rechtsgutsobjektes verletzt.[331] Unabhängig von der konkreten Bestimmung des Rechtsguts der §§ 331 ff. StGB[332] können die Korruptionsdelikte denknotwendig nicht gegen einen der beiden kolludierenden Beteiligten, der in der Unrechtsvereinbarung seine Zustimmung erteilt,[333] begangen werden.[334] Mangels individueller Rechtsgutsverletzung in Bezug auf die Geber und Nehmer von Beste-

---

331 Schönke/Schröder-*Eser*, § 7 Rn. 6.

332 Diese ist „als Vorfrage" im Übrigen selbstverständlich zu klären, vgl. MüKo-*Mitsch*, § 77 Rn. 4 ff.

333 Hierzu oben unter A. III.

334 Mit der in §§ 331, 332 StGB tatbestandsmäßigen Tathandlung des „Forderns" ist zwar das einseitige Bedrängen durch den Amtsträger normiert, zugleich gibt es aber auf der Geberseite eine Widerstandspflicht, die durch die Unrechtsvereinbarung gebrochen wird, hierzu auch: *Dann*, Korruption, wistra 2011, 127, 127. Zur Tateinheit von § 332 und § 253 StGB beim Fordern einer Entlohnung für pflichtwidriges Verhalten, s. BGHSt 9, 245, 246 f., vgl. auch BGH NJW 1987, 509, 510.

chungstaten kann § 7 Abs. 1 StGB nicht zur Anwendung gebracht werden, sodass eine Verfolgung des russischen Beamten R wegen Bestechlichkeit nicht in den Anwendungsbereich des deutschen Strafrechts fällt.[335] Hier ist die Grenze des deutschen internationalen Strafrechts überschritten, sodass es in die russische Jurisdiktion fällt, den R zu verfolgen.

III. Besonderer Inlandsbezug wegen des Gegenübers

Zuletzt kann sich der besondere Inlandsbezug für die Geltung des deutschen Strafrechts auch aus dem Gegenüber ergeben. Dies ist gem. § 5 Nr. 15 lit. c StGB der Fall, wenn die Tat nach §§ 331 ff. StGB gegenüber einem Amtsträger, einem für den öffentlichen Dienst besonders Verpflichteten oder einem Soldaten der Bundeswehr begangen wird:

> **Fall 5:** *Ein Afghane A zahlt einem deutschen Soldaten S in Kabul 5000 USD, damit der Sohn des A trotz mehrfacher Vorstrafen in das Ausbildungsprogramm für afghanische nationale Verteidigungs- und Sicherheitskräfte aufgenommen wird.*

Für die Tat des A nach § 334 StGB gilt das deutsche Strafrecht gem. § 5 Nr. 15 lit. c StGB, weil sie gegenüber einem deutschen Soldaten begangen wurde. Auch S kann von den deutschen Strafverfolgungsbehörden belangt werden, da das Strafanwendungsrecht nicht abschließend durch die §§ 3-7 StGB geregelt wird, sondern auch Gegenstand nebenstrafrechtlicher Bestimmungen ist.[336] Für Soldaten der Bundeswehr (Offiziere, Unteroffiziere und Mannschaften) ergibt sich eine Strafbarkeit auch bei im Ausland begangener Vorteilsannahme und Bestechlichkeit gem. § 48 Wehrstrafgesetz (WStG)[337] iVm. §§ 331, 332, 335 Abs. 1 Nr. 1 lit. a, Abs. 2, § 336 StGB aus § 1a Abs. 1 Nr. 1 WStG. Wegen Anstiftung und Beihilfe zu bzw. versuchter Beteiligung an dieser militärischen Vorteilsannahme und Bestechlichkeit

---

335 In Betracht kommt insoweit lediglich die Geltung des deutschen Strafrechts bezüglich der von D behaupteten Erpressung gem. § 7 Abs. 1 iVm. § 253 StGB wegen der Verletzung von Rechtsgütern einer Deutschen, namentlich Vermögen und persönliche Freiheit. Zu Erpressung durch Drohung mit Machtmissbrauch und die Möglichkeit einer Rechtfertigung gem. § 34 StGB: *Dann*, Korruption, wistra 2011, 127.

336 LK-*Werle/Jeßberger*, Vor § 3 Rn. 454 ff.

337 Wehrstrafgesetz in der Fassung der Bekanntmachung vom 24. Mai 1974 (BGBl. I S. 1213), das zuletzt durch Artikel 4 des Gesetzes vom 23. April 2014 (BGBl. I S. 410) geändert worden ist.

im Ausland können sich auch Nicht-Soldaten, die Deutsche sind, strafbar machen (vgl. § 1 Abs. 4, § 1a Nr. 2 WStG).

Des Weiteren gilt das deutsche Strafrecht gem. § 5 Nr. 15 lit. d StGB auch für Taten nach §§ 331 ff. StGB gegenüber einem Europäischen Amtsträger oder Schiedsrichter, der zur Zeit der Tat Deutscher ist, oder einer nach § 335a gleichgestellten Person, die zur Zeit der Tat Deutsche ist. In dem geschilderten *Fall 3* hat der japanische Geschäftsführer J den spanischen Europäischen Amtsträger bestochen. Während für den Europäischen Amtsträger als Täter der Sitz der Dienststelle im Inland gem. § 5 Nr. 15 lit. b StGB Anknüpfungspunkt für die deutsche Jurisdiktion ist, kommt es für den Europäischen Amtsträger als Gegenüber gem. § 5 Nr. 15 lit. d StGB auf dessen Staatsangehörigkeit an. Im Ergebnis heißt das: Der Europäische Amtsträger S macht sich aufgrund des EZB-Sitzes in Frankfurt wegen Bestechlichkeit nach deutschem Strafrecht strafbar, der J ist aber wegen Bestechung aufgrund der spanischen Staatsangehörigkeit des S nicht von den deutschen Behörden zu belangen. In dieser Fallkonstellation kommt es also zu einer Durchbrechung der Symmetrie zwischen Täter und Gegenüber, auf die im Rahmen der genauen Betrachtung der EU-Bestechung noch einzugehen sein wird.[338]

IV. Fazit: Lückenhaftigkeit des Strafanwendungsrechts

Wir haben gesehen, dass nach dem deutschen Strafanwendungsrecht auch Europäische Amtsträger, deren Dienststelle ihren Sitz im Inland hat, sowie (praktisch weniger bedeutsam) ausländische Amtsträger mit deutscher Nationalität wegen im Ausland begangener Taten gem. §§ 331 ff. StGB verfolgt werden können (§ 5 Nr. 15 lit. a bzw. b StGB). – Doch wie ist es um die deutschen Amtsträger bestellt?

Täter gem. § 5 Nr. 15 lit. a StGB sind Deutsche, mangels anderweitiger gesetzlicher Regelung also Personen mit deutscher Staatsangehörigkeit (vgl. Art. 16 Abs. 1 GG). Hiervon zu unterscheiden sind allerdings Amtsträger gem. § 11 Abs. 1 Nr. 2 StGB, d.h. wer „nach deutschem Recht" Beamter, Richter etc. ist. Dies setzt nicht notwendig die deutsche Staatsangehörigkeit voraus! An die Zugehörigkeit ist zwar nach § 9 Nr. 1 DRiG die deutsche Staatsangehörigkeit geknüpft; für Bundesbeamte ist diese allerdings schon nicht mehr zwingend erforderlich: § 7 Abs. 1 Nr. 1 lit. a-c BeamtStG erlaubt etwa auch andere EU-Staatsangehörigkeiten bzw. solche

---

338 Hierzu unter 3. Kap. D.VI.

von anerkannten Drittstaaten wie der Schweiz;[339] Abs. 3 lässt sogar hiervon Ausnahmen zu.[340] Und für die Personengruppe gem. § 11 Abs. 1 Nr. 2 lit. c StGB ist wegen ihrer funktionalen anstelle der formalistischen Bestimmung die deutsche Staatsangehörigkeit gar kein Charakteristikum.[341] Denn wenn es schon für die Ernennung zum lebenslangen Beamten nicht unerlässlich ist, Deutscher zu sein, so kann dies erst recht nicht für diejenigen gelten, die schlicht sonst dazu bestellt sind, bei einer Behörde oder sonstigen Stelle bzw. in deren Auftrag Aufgaben der öffentlichen Verwaltung wahrzunehmen. Wenn aber nicht jeder Amtsträger Deutscher ist, dann fällt in Bezug auf die Verwaltungsbestechung das Strafanwendungsrecht für Täter und Gegenüber auseinander. Für die Täterseite gilt, dass ein deutscher Staatsangehöriger als Bestechungsnehmer und -geber auch bei einem ausländischen Tatort nach § 5 Nr. 15 lit. a StGB von deutschen Strafverfolgungsbehörden verfolgt werden kann – ungeachtet der Tatsache, ob er Amtsträger ist oder nicht. Für das Gegenüber wird dagegen gem. § 5 Nr. 15 lit. c Var. 1 StGB die Amtsträgereigenschaft zum Anknüpfungspunkt für die Anwendbarkeit deutschen Strafrechts erhoben. Daraus kann folgende Asymmetrie entstehen:

> ***Fall 6*** *Angesichts der anhaltend hohen Flüchtlingszahlen soll über Asylanträge zukünftig schon im Einreisestaat entschieden werden. Dazu errichtet das Bundesamt für Migration und Flüchtlinge (BAMF) auf Lampedusa eine Prüfstelle und entsendet dorthin Entscheiderinnen und Entscheider, u.a. die für das Bundesamt arbeitende französische F. F fordert zur positiven Prüfung des Asylantrags der eritreischen E von dieser 5000 €, die die E auch bezahlt.*

Tatort gem. § 9 StGB ist hier Italien und nicht Deutschland, sodass die Anwendung des Territorialitätsgrundsatzes gem. § 3 StGB im ersten Zugriff keine Geltung des deutschen Strafrechts begründet.[342] F arbeitet zwar für das BAMF, ist aber Französin, sodass eine Anwendung des in § 5 Nr. 15 lit. a StGB normierten aktiven Personalitätsprinzips, das an die deutsche Staatangehörigkeit knüpft, erfolglos bleibt. Auf der Täterseite spielt die

---

339 BeckOK-*Schwarz* § 7 BeamtStG Rn. 6 (hrsgg. v. *Brinktrine/Schollendorf*, 8. Ed., Stand: 01.06.2017).

340 Nach Nr. 1 genügt schon ein „dringendes dienstliches Interesse", nach Nr. 2, der sich auf Mitarbeiterinnen und Mitarbeitern des wissenschaftlichen und künstlerischen Personals bezieht, sogar „andere wichtige Gründe", um von dem Erfordernis der deutschen Staatsangehörigkeit abzusehen.

341 Zur Begriffsbestimmung, oben unter A.III.1.a.

342 Hierzu unten unter 4. Kap. C.IX.2.

Tatsache, dass sie *deutsche Amtsträgerin* ist, keine Rolle; relevant wäre lediglich, wenn sie Europäische Amtsträgerin iSd. § 11 Abs. 1 Nr. 2a StGB wäre (, dies ist F aber nicht ist, weil sie für eine deutsche, nicht aber für eine EU-Behörde arbeitet). Damit gilt für F *nicht* das deutsche Strafrecht. Umgekehrt kann die eritreische Geflüchtete E wegen der Bestechungsgeldübergabe in Italien nach deutschem Strafrecht verfolgt werden, weil das *Gegenüber* gem. § 5 Nr. 15 lit. c StGB ein Amtsträger iSv. § 11 Abs. 1 Nr. 2 StGB ist. Dieses Ergebnis kann schon auf den ersten Blick nicht überzeugen: In Bezug auf die eritreische Geflüchtete das deutsche Strafrecht geltend zu machen, nicht aber in Bezug auf die französische BAMF-Mitarbeiterin, erscheint ungerecht.

Im Vergleich hierzu ist § 5 Nr. 16 StGB die sowohl übersichtlichere als auch umfassendere Regelung: Hiernach gilt das deutsche Strafrecht für die Bestechlichkeit und Bestechung von Mandatsträgern gem. § 108e StGB, wenn der *Täter* zur Zeit der Tat Mitglied einer deutschen Volksvertretung oder Deutscher ist (lit. a) bzw. die Tat *gegenüber* einem Mitglied einer deutschen Volksvertretung oder einer Person, die zur Zeit der Tat deutsche ist, begangen wird (lit. b). Diese Regelung hat angesichts der schon aus verfassungsrechtlichen Gründen für die meisten Mandatsträger vorausgesetzte deutsche Staatsangehörigkeit[343] einen viel engeren Anwendungsbereich als sie bei den Amtsträgern hätte. Die *Spiegelbildlichkeit* der Normstruktur ist sinnvoll, weil so durch Anknüpfung sowohl an die Staatsangehörigkeit als auch an die Mitgliedschaft bei einer deutschen Volksvertretung garantiert ist, dass keine Strafbarkeitslücke wie diese in Bezug auf die Verwaltungsbestechung existiert.

D. Ergebnis: Auslandsbestechung als Fremdkörper

Wir haben die Auslandsbestechung in ihren Eigenschaften als Korruption, Amtsträgerbestechungsdelikt und transnationales Delikt betrachtet. Dabei hat jede einzelne der drei Kategorisierungen die Notwendigkeit einer weiteren Analyse offenbart. Die Auslandsbestechung als Korruption hat ergeben, dass eine Bestimmung des Tatbestandszwecks notwendig ist, um den

---

343 Für das aktive Wahlrecht ergibt sich diese Voraussetzung direkt aus Art. 28 Abs. 1 GG, das passive Wahlrecht wird hieran gekoppelt, s. z.B.: § 15 Abs. 1 Nr. 1 BWG, § 4 Abs. 1 iVm. 1 Nr. 1 LWG NRW, Art. 22 S. 1 iVm. Art. 1 Abs. 1 LWG Bayern; anders nur auf der Kommunalebene möglich, etwa: § 12 Abs. 1 KWG NRW.

Pflichtenmaßstab, aber auch den Amtsträgerbegriff zu konkretisieren. Im Hinblick auf ihr Wesen als Amtsträgerbestechungsdelikt stellte sich die Frage, ob sie wie die übrigen Tatbestände der §§ 331 ff. StGB als Delikt gegen das Staatsvolk bzw. als Autopoiesis des Staates verstanden werden kann. Auch insofern muss der Tatbestandszweck Aufschluss geben. Begegnet man der Auslandsbestechung in ihrer Eigenschaft als transnationales Delikt, verwundert die Weite der erfassten Fälle, insbesondere die uneingeschränkte Geltung des aktiven Personalitätsprinzips sowie des Territorialitätsgrundsatzes ohne andere (enge) Verbindung zu Deutschland. Es bedarf darum einer methodologisch gestützten Untersuchung der Auslandsbestechung. Der dafür benötigte „Werkzeugkasten" wird im nächsten Kapitel entwickelt.

Zweites Kapitel: Die Toolbox

„Ergründen und Begründen bestimmen
unser Tun und Lassen" (Heidegger)[344]

A. *Auslandsbestechung als Blackbox*

So intensiv wie kaum ein anderes Gebiet der Strafgesetzgebung sind die Bestechungsdelikte von europäischen und internationalen Bestimmungen sowie sozialen, politischen und wirtschaftlichen Gegebenheiten und Erwartungen geprägt. Für die deutsche Gesetzgebung sind die internationalen Rechtsinstrumente in einem Maße handlungsleitend, dass darüber die Vereinbarkeit mit der Strafdogmatik für die Rechtsanwendung nicht ausreichend deutlich beachtet wird. Auffällig ist zudem, dass die relevanten Aspekte für die Kriminalisierung der Auslandsbestechung argumentativ nicht (konsequent) auseinandergehalten werden. Die Präambeln der internationalen Konventionen legen eine solche Vorgehensweise nahe, kumulieren sie doch schlicht die diversen Korruptionsschäden als Rechtfertigung für ihre Existenz. So beginnt die OECD-Präambel z.B. wie folgt:

> „Considering that bribery is a widespread phenomenon in international business transactions, including trade and investment, which raises serious moral and political concerns, undermines good governance and economic development, and distorts international competitive conditions [...]."[345]

Die Präambel der UNCAC benennt ein ähnliches Motiv:

> „Concerned about the seriousness of problems and threats posed by corruption to the stability and security of societies, undermining the institutions and values of democracy, ethical values and justice and jeopardizing sustainable development and the rule of law [...]."[346]

---

344 *Heidegger*, Der Satz vom Grund, S. 26. Zur Begründung als Polysem im juristischen Sprachgebrauch: *Waldhoff*, FS Isensee, S. 325.

345 OECD Convention, Preamble, Para. 1.

346 UNCAC, Preamble, Para. 1. Im Vorwort der UNCAC von *Kofi Annan*, Foreword, S. iii, heißt es: „Corruption is an insidious plague that has a wide range of

Das Europaratsübereinkommen lässt in seiner Präambel einen hohen Verwandtschaftsgrad erkennen:

> „Emphasising that corruption threatens the rule of law, democracy and human rights, undermines good governance, fairness and social justice, distorts competition, hinders economic development and endangers the stability of democratic institutions and the moral foundations of society [...].“[347]

Die internationalen Rechtsinstrumente belassen es also dabei, die mannigfaltigen, für die jeweilige Agenda besonders einschlägigen, Korruptionsschäden zu benennen. Deren Verhinderung ist dann, so scheint es, das Telos sämtlicher Konventionstatbestände. Eine diffuse Addition der Schäden führt allerdings zu einer ausgeprägten Unschärfe und Sperrigkeit, die zuverlässige Aussagen zu Auslegungsfragen im Einzelfall nicht befördert. Schon wegen der besonderen Stellung des Strafrechts im deutschen Rechtssystem kann ein solches Vorgehen bei uns nicht überzeugen.[348] Denn wenngleich selbstverständlich auch im Strafrecht nicht nur das Rechtsstaats-, sondern auch das Demokratieprinzip Beachtung finden müssen,[349] ersetzen praktische Aspirationen hier keine theoretischen Reflexionen; ein rechtspolitisch zweckmäßiger Tatbestand ist kein Substituens für eine dogmatisch anschlussfähige Vorschrift, die die Rechtsanwendung zu steuern vermag.[350] In diesem Sinne urteilte *Arzt* über das Geldwäschegesetz: „Es ist ohne Herz und Hirn, nämlich ohne Rechtsgut, zur Welt ge-

---

corrosive effects on societies. It undermines democracy and the rule of law, leads to violations of human rights, distorts markets, erodes the quality of life and allows organized crime, terrorism and other threats to human security to flourish.“

347 Europaratsübereinkommen, Preamble, Para. 5.

348 Im angloamerikanischen Rechtskreis werden die Besonderheiten des Strafrechts weniger stark herausgestellt als hierzulande, die Strafwürdigkeit bemisst sich dort bekanntermaßen seit *Mill*, Liberty, S. 22, nach dem *Harm Principle*, das lediglich potenziell schädigendes Verhalten voraussetzt, *Melissaris*, Theories, S. 355, 466 f.; *Alexander*, Philosophy, S. 815, 851 ff.; *Hörnle*, Theories, S. 679, 686 ff.; *Dubber/Hörnle*, Criminal Law, S. 113 ff., 138. Die Grenzziehung wird indes zunehmend schwierig, weil sich, etwa durch das Versicherungs- und Gesundheitssystem der höchstpersönliche Bereich des Einzelnen minimiert, *Bix*, Jurisprudence, S. 170.

349 Traditionell wird im Strafrecht eine starke Schwerpunktsetzung auf ersterem vorgenommen, hierzu *Wilfert*, Strafe, S. 16.

350 Zur Steuerungsfähigkeit auch als Anliegen der Gesetzgebung, s.u. unter C.V.2.b.aa.; zum Verhältnis von Wissenschaft und Politik, unter C.IV.

kommen."[351] Er klagte: „Ohne Hirn und Herz – aber gleichwohl von grenzüberschreitender Fruchtbarkeit, ist ausgerechnet dieser Tatbestand zum Muster für moderne, europa- oder weltweit abgestimmte Strafgesetzgebung geworden."[352] Die Auslandsbestechung ist nicht wie die Geldwäsche deutsches Exportgut für ausländische Strafgesetzgebung,[353] sondern umgekehrt als Importartikel ein Produkt der internationalen Konventionen und nach ihren Vorgaben modelliert. Es stellt sich die Frage, ob hier wegen der Verführungen international bestehender Vorbilder zu Arbeits- und Verantwortungsentlastung die Anforderungen des (eigenen national-staatlichen) Strafrechtssystem zu sehr aus dem Blick geraten sind, ob sich also auch in Bezug auf die Auslandsbestechung die Gefahr einer unreflektierten Übernahme von fremdmodellierten Rechtsvorschriften verwirklicht hat. Schließlich prägen Globalisierungseffekte nicht nur die rechtlichen, sondern auch die tatsächlichen Vorbedingungen von Gesetzen, sodass bestimmte Verhaltensweisen gesellschaftlich, ggf. unabhängig von empirisch belegbaren Problemlagen, als reaktionsbedürftig wahrgenommen werden.[354] Bei Lektüre der Entwurfsbegründung des KorrBekG 2015 entsteht diese Befürchtung, dass bei der Tatbestandsschaffung der Entwicklung der Vitalorgane, wie auch immer diese zu spezifizieren sind, zu wenig Aufmerksamkeit zuteilwurde; sie versucht sich wie folgt darin, „Zielsetzung und Notwendigkeit" zu benennen:

> „Die enge Zusammenarbeit vieler Staaten im Weltmarkt, die Öffnung der Grenzen und der wachsende Einfluss internationaler Organisationen führen dazu, dass Korruptionstaten auch über Staatengrenzen hinweg und im internationalen Bereich begangen werden. Die effektive Bekämpfung grenzüberschreitender Korruption ist im Interesse der Sicherung des Vertrauens in die staatlichen und internationalen Institutionen, aber auch zur Erhaltung und zum Schutz des freien und fairen internationalen Wettbewerbs erforderlich. Daher unterstützt die Bundesrepublik Deutschland die Schaffung internationaler Rechtsinstrumente zur Bekämpfung der Korruption nachdrücklich. [...] Eine

---

351 *Arzt*, Wissenschaftsbedarf, ZStW 111 (1999), 757, 758.

352 *Arzt*, Wissenschaftsbedarf, ZStW 111 (1999), 757, 758. Hierzu, wenngleich weniger kritisch, auch *Vogel*, Geldwäsche, ZStW 109 (1997), S. 335.

353 *Vogel*, Strafrecht, JZ 2012, 25, 27, weist darauf hin, dass die deutsche Strafrechtswissenschaft immer noch einen Export bevorzugt, er attestiert insofern eine „mangelnde ‚Importbereitschaft'" und regt eine „methodische Öffnung" (S. 30) an.

354 *Puschke*, Legitimation, S. 32 ff.

Reihe [...] internationaler Rechtsinstrumente bedarf zu ihrer vollständigen Umsetzung noch gesetzgeberischer Maßnahmen."[355]

Wenn Politik steuern möchte, muss sie rational-zweckgerichtet operieren. Dieses Amalgam aus unterschiedlichen Faktoren lässt indes keinen Aufschluss über den verfolgten Tatbestandszweck zu. Es wird nicht deutlich, wie die verschiedenen genannten Aspekte (Anstieg transnationaler Korruptionstaten; Schutz von Institutionsvertrauen und Wettbewerb; völkerrechtliche Verpflichtung bzw. internationales Engagement Deutschlands) zueinanderstehen. Offene Fragen sind etwa: Welcher Stellenwert kommt der völkerrechtlichen Verpflichtung bei dem Gesetzesvorhaben zu? Sind lediglich die internationalen Rechtsinstrumente im Interesse von Vertrauens- und Wettbewerbsschutz oder gelten die Zielsetzungen der internationalen Ebene (also etwa die eingangs zitierten von OECD, UN und Europarat) auch für die deutschen Strafgesetze? Welche Rolle spielt, dass Deutschland die *Schaffung* internationaler Rechtsinstrumente *nachdrücklich* unterstützt – und was heißt das überhaupt für die nationalen Gesetze? Die Ausführungen zu den konkreten Gesetzesänderungen, etwa zu § 335a StGB, vermögen nicht mehr Licht ins Dunkle zu bringen. Diese Arbeit wird durch eine Rationalisierung des Rechtsbildungsprozesses diese Fragen für die Rechtsanwendung beantworten.

Der Strafrechtsschutz wird also systematisch schlüssig ausgearbeitet, um Unklarheiten über den verfolgten Tatbestandszweck und damit einhergehende Schwierigkeiten nicht nur in Bezug auf die Verfassungsmäßigkeit, sondern auch hinsichtlich der Strafrechtsanwendung zu beseitigen. Das nun zu entwickelnde Schema erlaubt eine Ordnung der verschiedenen für den Gesetzgeber relevanten Aspekte. Damit wird eine begrifflich-analytische Klarheit geschaffen sowie Strukturen und Wirkmechanismen offengelegt. Es ist eine Argumentationsstruktur, die Formen an die Hand gibt, ohne der für die Rechtsanwendung notwendigen Anschmiegsamkeit zu entbehren. In Bezug auf die Auslandsbestechung wird dieser Ansatz (im *Dritten* und *Vierten Kapitel*) für die Rechtsanwendung fruchtbar gemacht. Er bietet indes auch der Gesetzgebung eine sinnvolle Heuristik. Wenngleich die Grundstruktur am Strafrecht entwickelt ist, so lässt sie sich zudem auf sämtliche staatliche Akte der Rechtsanwendung iwS.[356] übertragen.

---

355 BT-Drs. 18/4350, 11 f.

356 *Kelsen*, Reine Rechtslehre, S. 228 ff. betont, dass auch Gesetzgebung Verfassungsanwendung ist.

B. Zwischenschritt: Differenzierung Tatbestand – Rechtsfolge

Bevor die Argumentationsstruktur vorgestellt werden kann, ist eine Konkretisierung des Untersuchungsgegenstands notwendig, wozu zwischen Tatbestands- und Rechtsfolgenseite differenziert werden soll. Klassischerweise[357] wird bei der Diskussion um die Legitimation für Formulierung und Durchsetzung von Strafgesetzen eine Unterscheidung zwischen Verhaltens- und Sanktionsnorm vorgenommen,[358] wobei die Konturierungen umstritten sind: An Erste wird oftmals die Frage nach der Legitimation der Kriminalisierung,[359] an Letztere die der Bestrafung geknüpft.[360] Auch ich möchte, trotz der wechselseitigen Verknüpfungen,[361] zwischen diesen beiden Ebenen unterscheiden, halte allerdings, zumindest für meine Zwecke, die Rede von „Tatbestands- und Rechtsfolgenseite" für einfacher und gleichzeitig klarer.

---

357 Seit *Binding*, Normen I, S. 4, 6, 28 ff., 184 f.; *ders.*, Handbuch I, S. 155 ff.; Vorher schon, als einer der Begründer der analytischen Rechtstheorie, *Bentham*, Force, S. 168: „[T]he law may plainly enough be distinguished into two parts: the one serving to make known to you what the inclination of the legislator is: the other serving to make known to you what motive the legislator has furnished you with for complying with the inclination: the one addressed more particularly to your understanding; the other, to your will. The former of these parts may be termed the *directive*: the other, the *sanctional* or *incitative*."; s. auch *ders.*, Pannominal Fragments. *Bentham* war *Binding* allerdings nicht bekannt, s. *Renzikowski*, FS Gössel, S. 3, 4.

358 *Freund*, Strafrecht AT, § 1 Rn. 9; *Frisch*, Vorsatz, S. 59; *ders.*, Verhalten, S. 59; GMZ-*Gössel*, Strafrecht AT II, § 39 Rn. 1 ff; *Hörnle*, FS Neumann, S. 593, 594; *Kindhäuser*, AT, § 2 Rn. 2 ff; *Lagodny*, Strafrecht, S. 6 ff., 77 ff.; *ders.*, Prüfstein, S. 83, 83 f.; *Appel*, Verfassung, S. 433 ff.; *Jakobs*, Studien, S. 9 ff; *Stächelin*, Strafgesetzgebung, S. 110 ff.; *Aliabasi*, Gewalttat, S. 197 ff. Als Counterpart werden die Vertreter der monistischen Theorien verstanden (prominent: *Kaufmann*, Lebendiges und Totes; *Kelsen*, Hauptprobleme, S. 276 ff.; Reine Rechtslehre, S. 116 ff., 124; jünger: *Hoyer*, Strafrechtsdogmatik, passim, insb. S. 42 ff., 48, 57: Verhaltensnorm als „Pflichten-Popanz"); *Renzikowski*, Normentheorie, ARSP 87 (2001), 110, 117 untersucht die „unterschiedlichen Sichtweisen", die nach ihm „miteinander vereinbart" werden können.

359 Der Inhalt der Verhaltensnorm ist stark umstritten, fraglich ist insb. ob sie ex post oder ex ante zu bestimmen ist und ob einem objektiven oder subjektiven Normenkonzept der Vorrang gebührt: hierzu eingehend *Vogel*, Norm, S. 41 ff.

360 S. Fn. 359; zuletzt: *Wilfert*, Strafe, S. 17; *Zaczyk*, Verhaltensnorm, GA 2014, S. 73, 74; vgl. auch *Weinberger*, Norm, S. 89 ff.

361 *Hörnle*, Theories, S. 685 f., die aber betont: „Ultimately, neither punishment theory nor criminalization theory can be deduced from one another.", *Kalin*, Verhaltensnorm, S. 52. *Pawlik*, FS Jakobs, S. 469, 477 ff.; *Appel*, Verfassung, S. 433 f.

Die Verhaltensnorm wird als präskriptiver Rechtssatz verstanden, der sich im Strafrecht zumeist als Verbot, sonst auch als Gebot, Erlaubnis und Freistellung,[362] aus dem deontischen Operator[363] und einer Verhaltensbeschreibung in Form eines modal indifferenten Substrats als Argument dieser Operatoren zusammensetze.[364] Sie sei lediglich in inverser Form[365] im Tatbestand[366] enthalten[367] und müsse in einem „interpretatorischen Akt"[368] kreiert werden, wobei die Verhaltensbeschreibung schlicht[369] aus dem Tatbestand exzerpiert („einen Menschen töten") und in Verbindung mit einer deontischen Wendung gebracht wird („es ist verboten"). Selbstverständlich ist die so gefundene Norm als „logisches Prius"[370] der Frage, ob gegen jemanden strafrechtliche Sanktionen zu verhängen sind, vorgelagert – gleiches gilt aber auch u.a. für die Tatbestandsmäßigkeit.[371] Die Differenzierung zwischen Tatbestand und Verhaltensnorm ist daher sicherlich treffend, allerdings scheint sie, wenigstens für diese Arbeit, nicht in gesteigertem Maße fruchtbar.

Umgekehrt wird unter dem Schlagwort der Sanktionsnorm die Legitimität von Strafandrohung und Bestrafung verhandelt, obgleich die Sanktionsnorm die gesamte strafgesetzliche Norm ist, also Tatbestand und Rechtsfolge gleichermaßen umfasst, und sich mithin gerade nicht auf die

---

362 Zu diesen deontischen Modalitäten: *Alexy*, Theorie, S. 182 ff.; *Joerden*, Logik, S. 179 ff.; *Röhl*, Rechtstheorie, JA 1999, 600, 602.

363 Hierzu etwa *Kutschera*, Logik, S. 14 f.

364 *Vogel*, Norm, S. 33 f.; s. auch *Röhl*, Rechtstheorie, JA 1999, 600, 601 f.; *Weinberger*, Norm, S. 61; *dies.*, Normentheorie, S. 48.

365 Fast alle Autoren schreiben seit *Binding* von einer *„reziproken* Form". – Eine Wechselbezüglichkeit zwischen Verhaltensnorm und Tatbestand scheint indes nicht das wesentliche Merkmal zu sein.

366 Zum Begriff des Tatbestandes: *Walter*, Kern, S. 61 f.

367 So grundlegend: *Binding*, Normen I, S. 4, 28 ff., 36 ff.; *ders.*, Handbuch I, S. 155, 159.

368 Von einer erforderlichen „Interpretation" sprechen etwa *Kindhäuser*, Gefährdung, S. 29; *Vogel*, Norm, S. 28, 31.

369 Ähnlich: *Weinberger*, Norm, S. 90: Aus der Strafnorm kann „ohne weiteres die Verhaltensnorm herausgelesen werden".

370 *Jakobs*, Studien, S. 10; vgl. auch *Binding*, Normen I, S. 4, 26 ff.

371 Zum hier nicht weiter zu erörternden Verhältnis von der normtheoretischen Unterscheidung zwischen Verhaltens- und Sanktionsnorm und dem dreistufigen Verbrechensaufbau: *Frisch*, Vorsatz, S. 502 ff.; *Schneider*, Verhaltensnorm, S. 38 f., 46.

Rechtsfolgenseite beschränkt.[372] Meine Bezeichnung versucht diese Missverständlichkeiten zu vermeiden.

Bei der Untersuchung der Rechtsfolgenseite steht die Legitimation von Strafe und Sanktionierung im Fokus,[373] wohingegen es bei Studien zum Tatbestand um den deontischen bzw. axiologischen Gehalt der Vorschrift selbst geht. Auf Ebene der Rechtsfolgen müssen die verschiedenen Fragen differenziert werden: Auf abstrakter Ebene ist zu klären, ob und wozu strafrechtliche Sanktionen überhaupt legitim sind; hier sind die sog. Strafzwecke maßgeblich, also je nach Straftheorie[374] positive oder negative General- oder Spezialprävention, Vergeltung oder Akte der Kommunikation.[375] Diese Ansätze sind in der Regel nicht deliktsspezifisch und deshalb für sich genommen auch nicht besonders geeignet, den Gesetzgeber bei der Formulierung von Tatbeständen zu leiten oder zu limitieren.[376] Die Beantwortung der Fragen, warum wir grundsätzlich den Einsatz strafrechtlicher Mittel[377] androhen, also eine Rechtsfolge formulieren, und wozu wir im Anschluss eine Strafe verhängen,[378] sind fraglos elementar für die

---

372 *Schneider*, Verhaltensnorm, S. 37: „Sanktionsnormen sind abstrakte Regelungen, die für bestimmte Verhaltenspflichtverstöße Rechtsfolgen anordnen. [...] Damit letztendlich eine Strafe verhängt werden kann, müssen die Voraussetzungen, die in der Sanktionsnorm enthalten sind, erfüllt sein." Später allerdings ordnet sie dann aber u.a. die „tatbestandliche Handlung sowie die meisten Merkmale des Tatbestandes" der Verhaltensnorm zu, der Sanktionsnorm dagegen den Eintritt den Eintritt des tatbestandlichen Erfolges, die Kausalität sowie objektive Zurechenbarkeit der Sanktionsnorm (S. 46).

373 *Frisch*, Vorsatz, S. 59: Die Sanktionsnormen ordnen an, „unter welchen Voraussetzungen eine bestimmte Sanktion eintreten soll."

374 *Pawlik*, Person, S. 12 f., zieht diesen Begriff dem der Strafzwecktheorien vor, um etwa Friktionen bei der Vergeltungstheorie zu vermeiden.

375 Den besten Überblick über die verschiedenen Theorien gibt *Hörnle*, Straftheorien. Für eine frühe Zusammenstellung, s. etwa *Röder*, Grundlehren, S. 11 ff.

376 In diese Richtung gehend: *Pawlik*, Person, S. 96; *Frisch*, FS Pötz, S. 1, 20 ff.

377 Daran schließt sich die Frage, *welche* strafrechtliche Mittel zum Einsatz gebracht werden können. Die Diskussion darum hat zuletzt der NRW-Justizminister a.D. *Kutschaty* im Jahr 2014 belebt mit seinem Vorschlag, den Sanktionenkatalog über Freiheits- und Geldstrafe hinausgehend um Fahrverbote und gemeinnützige Arbeit zu erweitern, hierzu: *Kubiciel*, Fahrverbot, RuP 2014, 159.

378 *Kalin*, Verhaltensnorm, S. 51, meint: „In ihrer Wirkungsweise unterscheiden sich Strafe und Korruption [...] nicht wesentlich. [...] Beiden liegt das ‚Prinzip der Vergeltung' [Verweis *Kelsen*] zugrunde." Er verkennt dabei, dass der Vorteil der Bestechungstat ein positiver Anreiz ist, die Rechtsfolge aber einen negativen schafft; insofern ist den beiden nur ihre konditionale Struktur gemein, die gemeinhin charakteristisch für das Recht ist.

gesamte Strafrechtswissenschaft,[379] sie geben aber nicht direkt Aufschluss auf Strafwürdigkeit und -bedürftigkeit eines konkreten Verhaltens.

Auf konkreter Ebene, also mit Blick auf ein spezifisches Strafgesetz, ist die Rechtsfolge zunächst Tatbestandsmäßigkeitsfolge.[380] Zur Prüfung ihrer Angemessenheit ist sie deshalb vor allem in das Verhältnis zum tatbestandsmäßigen Verhalten zu setzen,[381] schließlich hat die Rechtsfolge eines Strafgesetzes auf der konkreten Ebene immer die dienende Funktion der Tatbestandsgeltung durch eine Stabilisierung der darin enthaltenden Verhaltensnorm.[382] Zum Beispiel muss die Angemessenheit der konkreten „Freiheitsstrafe nicht unter fünf Jahren" aus § 212 Abs. 1 StGB in Bezug auf den Tatbestand „wer einen Menschen tötet" bewertet werden.[383] Inhaltlich ist also vorgelagert festzustellen, *ob* ein Tatbestand überhaupt legitim ist. Diese Entscheidung fällt im gesetzlichen Wenn-Dann-Gefüge[384] nicht in die Sphäre der Rechtsfolge, sondern in die des Tatbestandes,[385] „da das Sollen selbst jedenfalls ohne Blick auf die Sanktion als Richtigkeitsbehauptung zu fassen ist".[386] Anders gewendet: Der strafrechtliche Tatbestand ist losgelöst von dem konkreten zu seiner Sicherung eingesetz-

---

379 Siehe nur *Müller-Dietz*, Strafe, S. 6: „Grundfrage moderner Strafgesetzgebung".

380 Schon *Binding*, Normen I, S. 35, hat darauf hingewiesen: „Zur Lösung dieser Frage wirkt noch eine Reihe von andern Faktoren mit als nur der der Widerrechtlichkeit der Handlung […]." Scil.: Vorschriften des AT. Zum Verhältnis von AT und BT: *Kubiciel*, Wissenschaft, passim, insb. S. 287 ff.

381 Die Legitimität des konkreten Mittels ist also in der Regel als Frage nach der Zweck-Mittel-Relation zu stellen, zur abstrakten Beurteilung des Mittels (also der Sanktion) s.o.

382 *Hörnle*, FS Neumann, S. 593: „Die Bestätigung von Normen ist eine der Institution der Kriminalstrafe inhärente Funktion."; s. auch *Jakobs*, AT, S. 35 ff; *Freund*, AT, § 1 Rn. 9; *Lesch*, Verbrechensbegriff, S. 187 ff.; *Wilfert*, Strafe, S. 113. Deshalb: Akzessorietät des Strafrechts, hierzu auch *Kubiciel*, Wissenschaft, S. 266 f.; *Dinter*, Untreue, S. 47 f.

383 *Hefendehl*, Kollektive Rechtsgüter, S. 90f. stellt deshalb fest, dass für eine verfassungsrechtliche Überprüfung eines Strafgesetzes die Trennung zwischen Verhaltens- und Sanktionsnorm kein kritisches Potential entfalten könne: „Mit anderen Worten macht es keinen Sinn, eine Sanktionsnorm ohne Blick auf die ihr zugrunde liegende Verhaltensnorm zu untersuchen."

384 Zur Wenn-Dann-Struktur als Charakteristikum des Rechtssatzes: *Schapp*, Methodenlehre, S. 46; zum Konditionalschema bzw. Bestimmungssatz (auch im Unterschied zur Imperativentheorie): *Vesting*, Rechtstheorie, Rn. 34 ff.

385 So schon *Binding*, Handbuch I, S. 160 ff., 164: „[D]ie Norm ist ein reicher, unmotivierter, insbesondere nicht durch Strafandrohung motivirter Befehl."

386 *Jakobs*, Studien, S. 10; a.A.: *N. Androulakis*, Primat, ZStW 108 (1996), 300, 302 ff., 331.

ten Mittel zu beurteilen.[387] Das axiologische Problem, ob ein Verhalten zum Gegenstand eines strafgesetzlichen Deliktstatbestands zu erheben ist, ist also unabhängig von der spezifischen Rechtsfolge zu lösen.

Für die vorliegende Arbeit ist die Frage nach der Legitimität der Kriminalisierung bestimmter Lebenssachverhalte in Bezug auf die Auslandsbestechung von Relevanz. Die Zweckrationalität der tatbestandlichen Erfassung von bestimmten Verhaltensweisen ist im Strafrecht besonders dringend erforderlich, sie ist aber auch notwendig für Legitimität und Verständnis von Verbotsgesetzen aus anderen Rechtsgebieten.[388] Für eine Annäherung müssen die verschiedenen ins Feld geführten Überlegungen strukturiert werden, wofür nun das Handwerkszeug entwickelt wird.

C. Tatbestand: Ursache, Grund und Zweck

I. Entscheidung rationalisieren

Juristische Entscheidungen[389] beinhalten immer ein thetisches Element, sie sind also nicht vollständig rational determiniert:[390] Spätestens seit der Überwindung der „Begriffsjurisprudenz" gilt,[391] dass solche Entscheidungen weder aus einem (pyramidalen Begriffs-)System deduzierbar sind, noch sonst an der schlicht formalen Ästhetik eines naturwissenschaftli-

---

387 So etwa auch die Prüfung des BVerfG in seiner Cannabis-Entscheidung, BVerfGE 90, 145, 171 ff.; hierzu auch *Lagodny*, Strafrecht, S. 60 ff.

388 Etwa § 823 BGB, *Kühl*, FS Maiwald, S. 433, 433; zu nicht-kriminellen Strafen: *Jescheck/Weigend*, Strafrecht AT, S. 14 f.

389 Unabhängig von der handelnden Staatsgewalt: Sowohl Rechtsanwendung als auch Gesetzgebung sind gemeint.

390 *Zippelius*, Strukturierung, JZ 1999, 112, 116; vgl. auch *Niehaus*, Entscheidung, S. 17, 21.

391 Die neuere rechtshistorische Forschung geht davon aus, dass auch die Vertreter der Begriffsjurisprudenz, allen voran ihr „Begründer" *Georg Friedrich Puchta* (so *Wieacker*, Privatrechtsgeschichte, S. 400; ähnlich schon *Landsberg*, Geschichte III.2, S. 460), vor allem um einen Ausgleich zwischen rational-wissenschaftlichen und wertenden Aspekten ging und damit auf die politischen Verhältnisse des Vormärz reagierten, *Haferkamp*, Art. Puchta, in: Enzyklopädie der Rechtsphilosophie; ausführlich: *ders.*, Puchta, S. 124 ff., 141 ff., 196 ff., passim; vgl. auch *Schröder*, Art. Begriffsjurisprudenz, in: HRG, S. 500.

chen[392] Wahrheitsbeweis[393] zu messen sind.[394] Wenngleich nicht verifizierbar, so sind sie doch durch eine strukturierte Begründung[395] beleg- und damit belastbar, weil sie schließlich diskutabel werden.[396] In Bezug auf die Rechtsauslegung anerkannte *Luhmann* eine „eigentümliche Rationalität" und begründete sie damit, „daß sie ihre Unlogik auf kleine, lokalisierbare Sprünge verteilt", also „gedankliche Elemente" zur „Sinnverdichtung der Entscheidung" schafft, die jeweils einer argumentativen Auseinandersetzung zugänglich sind.[397] Die systematisierte Begründung führt also dazu, dass die Entscheidung an inhaltlicher Überzeugungskraft gewinnt.[398] *Carl Schmitt* fasste das wie folgt:

> „Entscheidungsgründe sind wesentlicher Bestandteil jeder Entscheidung [...]. Sie wollen überzeugen."[399]

Beifall (lat. *plausus*) erhalten sie, wenn sie plausibel sind,[400] eine „Verdichtung" bzw. Rationalisierung ist deshalb angezeigt.[401] Dies gilt, unabhängig von dem Bestehen einer verfassungsmäßigen oder anderweitigen rechtli-

---

392 Wobei auch die objektive Erkenntnis als absolute Gewissheit in der Mathematik und den Naturwissenschaften in Zweifel gezogen wird, vgl. die Schriften von *Popper, Russell* und *Feyerabend.*

393 Das BVerfGE 35, 79, 113 spricht in seiner stRspr. deshalb der Rechtswissenschaft implizit ironischerweise ihren Status als Wissenschaft ab, die „alles [umfasst], was nach Inhalt und Form als ernsthafter planmäßiger Versuch zur Ermittlung der Wahrheit anzusehen ist", so etwa *Walter*, Rhetorikschule, S. 146, der von einem naturwissenschaftlichen Wahrheitsbegriff ausgeht. *Puppe*, Schule, S. 142: „Anspruch auf Wahrheit, nicht im Sinne empirischer, wohl aber logischer Wahrheit".

394 Dies beinhaltet noch keine Entscheidung darüber, ob es richtiges Recht geben kann, hierzu etwa: *Jhering*, Zweck I, S. 333 ff., 340 f.; *Stammler*, Richtigen Rechte, S. 51 ff., passim; *Larenz*, Richtiges Recht, S. 23 ff., passim.

395 Zur Anwendung des Begriffsparadigmas im Bereich des normativen Wissens: *Lindner*, Theorie, S. 80 ff.

396 *Larenz*, Methodenlehre, S. 240 f. Im Folgenden betont er den Erkenntniswert der Jurisprudenz: „Sie hat – auch wenn das vielen Juristen gar nicht bewusst ist – Methoden wertorientierten Denkens geschaffen, die denen anderer, grundsätzlich ‚wertfreier' Wissenschaften durchaus an die Seite zu stellen sind." (S. 241).

397 *Luhmann*, Rechtssoziologie, S. 286; ähnlich *ders.*, Positivität, S. 175, 185.

398 Vertieft *Kischel*, Begründung, S. 43 ff.; vgl. auch *Engisch*, Wahrheit, S. 14: „Eine richtige Entscheidung ist eine methodengerecht begründete Entscheidung."

399 *Schmitt*, Gesetz, S. 82.

400 *Walter*, Rhetorikschule, S. 146.

401 *Müller*, Normstruktur, S. 29: „[D]as Ergebnis einer Rechtskonkretisierung in seiner sachlichen Struktur möglichst rational einsehbar und kontrollierbar [...]

chen Begründungspflicht (hierzu später)[402], auch für gesetzgeberische Entscheidungen.

Für die strafrichterliche Entscheidung ist eine Erklärung sogar zwingend: Gem. § 267 StPO besteht eine Verpflichtung,[403] die Urteilsgründe anzugeben und dadurch Rechenschaft über das verurteilende Erkenntnis[404] abzulegen.[405] Dies ermöglicht nicht nur eine Kontrolle von außen, also für Verfahrensbeteiligte, Revisionsinstanz etc., sondern auch nach innen iSe. Selbstkontrolle, die Rechenschaft vor sich selbst erfordert und sich deshalb bereits auf die Entscheidungsfindung selbst rationalisierend auswirkt.[406] Die hier vorgeschlagene Struktur bedeutet eine Vertiefung dieses Gedankens: Mit ihr können schon die Vorannahmen für die Tatbestandsanwendung vernünftig gegliedert werden.

Denn gerade in Bezug auf die Auslandsbestechung werden eine Vielzahl von Argumenten für die Kriminalisierung ins Feld geführt, deren jeweilige Relevanz ungeklärt ist. Für konkrete Auslegungsfragen ist es indes kardinal, die die tatbestandliche Interpretation anleitende Überlegung von solchen mit allenfalls sekundärer Bedeutung abgrenzen zu können.

Die Unterscheidung zwischen Ursache, Grund und Zweck erlaubt es, die verschiedenen Argumentationsebenen auseinanderzuhalten, um die verwendeten Argumente sodann zu rubrizieren und zu priorisieren. Dies kann mit Blick auf den Tatbestand als Ergebnis oder Gegenstand juristischer Entscheidung, also als Vorbereitung auf Rechtssetzung oder Rechtsanwendung geschehen. Die hier vorgeschlagenen Kategorien schließen dabei keine Erwägungen aus, sondern bieten lediglich eine Argumentationsstruktur für eine differenzierte Tatbestandsanalyse de lege lata und de lege ferenda – in dieser Arbeit für die Auslandsbestechung.

Der deutsch-amerikanische Philosoph *Paul Carus* meinte im 19. Jahrhundert: „Wir sehen, dass Grund, Ursache und Zweck nicht nur Begriffe

---

machen.", s. auch S. 69. Zur geschichtlichen Herleitung dieses Verständnisses: *Brüggemann*, Begründungspflicht, S. 31 ff., 49 ff. Geltungsanspruch hat das Urteil indes unabhängig von seiner Rationalität, *Möllers*, Normen, S. 98 ff.

402 Unten unter IV.

403 *Roxin/Schünemann*, Strafverfahrensrecht, § 49 Rn. 2.

404 *Brüggemann*, Begründungspflicht, S. 49, sieht in dem Begriff des Erkenntnis schon die Rationalität impliziert.

405 Zu Aufbau und Gliederung: BGH NStZ 1994, 400. Die Tatbestandsmerkmale sind insofern „Begründungsaufforderungen", *Kubiciel*, Wissenschaft, S. 38.

406 HK-StPO-*Julius* § 267 Rn. 1; RH-*Hagemeier*, § 267 Rn. 1; *Krehl*, Begründung, GA 1987, 162, 170; *Meurer*, FS Kirchner, S. 249, 256 mwN.; *Müller*, Normstruktur, S. 68; *Wagner*, Beweiswürdigungspflicht, ZStW 106 (1994), 259, 279; vgl. auch *Heidegger*, Satz, S. 14.

sind, die wir tagtäglich im gewöhnlichen Leben brauchen; in ihnen wurzeln auch die tiefsten Fragen der Menschheit"[407] – man möchte ergänzen: In ihnen wurzeln auch die tiefsten Fragen eines Straftatbestandes.

II. Vorstellung der Grundkategorien

Die drei Strukturbegriffe sind wie folgt zu verstehen: Die *Ursache* ist nichts anderes als der äußere Anlass bzw. der Auslöser für das gesetzgeberische Handeln. Der *Grund* bezeichnet die grundsätzlichen mit dem Gesetz verfolgten sachlich-inhaltlichen Interessen und weist auf legislatorische Motivationen als Ausgangspunkt rechtspolitischen Handelns auf Ebene der Gesetzgebung hin. Vermögen die Gründe notwendige Bedingungen für die Schaffung eines Tatbestandes zu sein, so ist der *Zweck* die eine hinreichende Bedingung für die tatbestandliche Existenz: Als eigentlicher Wesensgehalt eines Straftatbestandes ist er zentral für seine Seinsberechtigung und Rechtsanwendung.[408]

Die Konturierung der Kategorien ist Aufgabe dieses Kapitels, schon jetzt kann aber die vorgeschlagene Differenzierung zwischen Ursache, Grund und Zweck an folgenden Beispielen aufgezeigt werden:

Beispiel 1 In Bezug auf den Tatbestand der *Körperverletzung*, § 223 StGB, ist in diesem Sinne Ursache die Schaffung eines einheitlichen Reichsstrafgesetzbuches 1871;[409] Grund für den Tatbestand ist die gesamtgesellschaftlich notwendige und hinsichtlich des staatlichen Gewaltmonopols gebotene Reaktion auf körperliche Misshandlungen und Gesundheitsschädigungen;[410] der Tatbestandszweck ist der Schutz der körperlichen Integrität.[411]

---

407 *Carus*, Ursache, Grund und Zweck, S. 73.

408 Häufig wird der so verstandene „Zweck" in der Lit. auch als „Strafgrund" bezeichnet. ISe. Synchronizität mit der verfassungsrechtlichen Terminologie ist die hier verwendete Terminologie vorzugswürdig. Sie ist auch in der Sache treffend: Tatbestände müssen als Eingriffe in grundrechtlich geschützte Freiheit etwas bezwecken und dürfen nicht nur zu begründen sein.

409 Zur Abfassung des Reichsstrafgesetzbuches vom 15.5.1871 aus zeitgenössischer Sicht: *Günther*, Hauptstadien, S. 166 ff. Die Reichsstrafgesetze wurden in einigen Teilen ins heutige StGB überführt wurden und gelten so immer noch, *Roxin*, AT I, S. 108.

410 *Hobbes*, Leviathan, XVII, S. 153: „The final cause, end, or design of men, [...] in the introduction of that restraint upon themselves [...] is the foresight of their own preservation". (Vgl. auch *ders.*, Philosophical Rudiments, V, S. 63 ff., VI,

Geeigneter für eine Veranschaulichung, da in seinen Motiven zumindest etwas komplexer, ist § 248c StGB. Die damalige Diskussion in die hiesige Struktur gebracht, ergibt folgendes Bild:

Beispiel 2 Der Straftatbestand der *Entziehung elektrischer Energie*, § 248c StGB, wurde 1900 geschaffen[412] *als* Stromdiebstähle vermehrt aufkamen und das Reichsgericht entschieden hatte,[413] dass eine Strafbarkeit wegen Diebstahls (einer körperlichen Sache) gem. § 242 StGB am Analogieverbot scheiterte (Ursache).[414] In der Legislative bestand daraufhin ein Interesse, diese Straflücke zu schließen, *weil* diese insgesamt, und in „den Kreisen der elektrischen Industrie" im Besonderen,[415] Empörung und Tadel hervorgerufen hatte, sodass schon „auf das enge Gesichtsfeld der Juristen" hingewiesen wurde,[416] darüber hinaus das Entziehen elektrischer Energie im modernen Staat von großer wirtschaftlicher Bedeutung war und verglichen mit der Wegnahme einer Sache gleichermaßen verbotswürdig erschien (Grund), *um* als eigentumsähnliches Recht auch die Verfügungsbefugnis des Berechtigten über elektrische Energie zu schützen (Zweck).[417]

S. 75 f.). In der Strafverfolgung kann jedenfalls ein etablierter Ausgleich für die Monopolisierung der Gewalt gesehen werden (in diesem Ausgleich kann man vielleicht sogar das Anliegen vieler Naturrechtslehren sehen). Freilich ist die Forderung, dass der Staat seine Bürger voreinander schützen soll, schon viel älter und findet sich bereits bei Autoren wie Seneca und Cicero. Im Übrigen wird über eine aus Art. 2 Abs. 2 S. 1 GG erwachsende Schutzpflicht, die neben dem Polizeirecht auch durch das Strafrecht erfüllt werden kann, nachgedacht: HW-GG-*Antoni*, Art. 2 Rn. 9 ff. Zum Untermaßverbot BVerfGE 39, 1, 45; mittlerweile einschränkend BVerfGE 88, 203; zum Ganzen: *Roxin*, AT I, S. 43 f.; s. auch *Müller-Dietz*, FS Zipf, S. 123, 124 ff., der BVerfGE 39, 1 als „kopernikanische Wende" deutet; kritisch: *Stächelin*, Untermaßverbot, S. 267.

411 Dieses Konzept geht auf Feuerbach zurück, der den Wortlaut des heutigen Tatbestandes schon 1813 für das Bayerische StGB (im I. Teil, Art. 178) formulierte, *Schroeder*, FS Hirsch, S. 725, 727; grds.: *Roth*, Rezeption, S. 525.
412 Gesetz betreffend die Bestrafung der Entziehung elektrischer Arbeit vom 9.4.1900 (RGBl I S. 228f.), durch das. 3. StRÄndG 1953 ins StGB überführt.
413 RGSt 32, 165 (zuvor schon ähnlich: RGSt 29, 111 aus dem Jahr 1896).
414 RGSt 32, 165, 185 f. Zu der neueren Diskussion, der die Anwendung von § 242 StGB auf Grundlage des Welle-Teilchen-Dualismus bejahen wollen: *Brodowski*, Strafbare Entziehung, ZJS 1/2010, 144.
415 RT-Drs. 612, in: Reichstagsprotokolle, 1898/1900, 12, 3720, 3721.
416 *Kohlrausch*, Gesetz, ZStW 20 (1900), 459-510, 459.
417 Zu den zugeschriebenen Konjunktionen auch: *Jhering*, Zweck I, S. 2. Vgl. außerdem: *Toepfer*, Zweckbegriff, S. 3, der betont, dass erst der Kontext vollständige Sicherheit über die Art der Verknüpfung geben kann.

Dies soll als Vorstellung der Kategorien genügen. Im Folgenden wird nun kurz auf die jeweilige Bedeutung eingegangen, bevor die Nützlichkeit dieser Betrachtungsweise dann in Bezug auf die Auslandsbestechung unter Beweis gestellt wird.

III. Bedeutung der Ursache

Die Ursachen geben als *Trigger* bzw. *occasio* der Gesetzgebung lediglich einen ersten Anlass zum Tätigwerden,[418] wie die obengenannten Beispiele (Schaffung eines einheitlichen Strafgesetzbuches; Aufkommen bestimmter Kriminalitätsformen; Rufe aus der Gesellschaft) zeigen. Diese Impulse von außen sind zunächst nur nicht-internalisierte Handlungsanlässe, die über die Politik eine strukturelle Koppelung[419] zum Recht aufweisen.[420] Die konkrete Ursprungssituation ist deshalb mehr formaler denn materieller Natur, sodass sie für sich genommen normativ noch wenig gehaltvoll ist und deshalb nur mittelbar-sekundär zur Auslegung eines Tatbestandes herangezogen werden kann. Es ist dennoch sinnvoll, Normen relational hinsichtlich der Bedingungen ihres Zustandekommens zu behandeln.[421] Die durch die Ursachenklärung gewonnene sozio-historische Kontextuierung des Tatbestandes kann zu einem verbesserten Grundverständnis der Tatbestandsmaterie beitragen[422] und so Schlüsse auf Gründe oder Zweck der Kriminalisierung zulassen.[423] „Zu diesem Zweck soll der Interpret über die sprachliche Form hinausgehen und in seiner Untersuchung von den unmittelbaren zu den mittelbaren Beziehungen (references) vordringen, die durch die Lage, in deren Zusammenhang sich die Rede einfügt (context of situation), erkennbar werden. Auf diese Weise wird es ihm gelingen, die Totalität der Rede (universe of discourse) als ein in sich zusammenstim-

---

418 Auch in ihrer generellen Bedeutung sind Ursachen „Ereignisse oder Mengen an Ereignissen, die ein anderes Ereignis [(...) hier: ein Gesetz, Anm. CS] hervorbringen", vgl. Art. Ursache, in: Mittelstraß Enzyklopädie, S. 445.

419 Gemeinhin nun *Luhmann* zugeschrieben, der Gedanke findet sich allerdings kleinschrittig entwickelt schon im südwestdeutschen Neukantianismus, sogar für das Strafrecht im Besonderen: *Wolf*, Schuldlehre, S. 93.

420 Hierzu vertieft unten 4. Kap. A.I.

421 Grundlegend zu Relationen in der Normwissenschaft: *Lepsius*, Plädoyer.

422 Grds. zur Kontextabhängigkeit der Bedeutung: *Betti*, Auslegungslehre, S. 144 f., passim; *ders.*, Hermeneutik, S. 46; *Gadamer*, Wahrheit, S. 292, passim.

423 Vgl. *Vogel*, Geldwäsche, ZStW 109 (1997), 335, 336

mendes Ganzes von darin gegliederten Stellungnahmen und Wertvoraussetzungen zu rekonstruieren."[424]

Der Kontext,[425] der sich in dem Gesetz manifestiert, aber in ihm nicht aufgeht, ist also bedeutsam für das Textverständnis.[426] Versteht man Normen als „Affirmation der Verwirklichung einer Möglichkeit"[427], ist es interessant, sich mit dem Für und Wider der konkurrierenden Alternativmöglichkeiten auseinanderzusetzen. Durch die Beschäftigungen mit den Kriminalisierungsursachen kann man erkennen, „welche Probleme in den sozialen Systemen einer modernen Gesellschaft zu lösen sind und wie die jeweiligen Problemlösungen einander belasten oder gar blockieren."[428] Der Blick auf den sozio-politischen Bezugsrahmen der Normgenese kann Aufschluss darüber geben, warum und wozu eine bestimmte Gesellschaftsmöglichkeit über den Weg der Rechtstatsächlichkeit zur Wirklichkeitserwartung erhoben wurde[429] – kurz: über die raumzeitliche Individuation der Norm.

Für ein Verständnis des mit der Gesetzgebung verfolgten Anliegens ist die Ursache bedeutsam, ist Recht doch ein unendliches Zur-Wirklichkeit-Kommen eines schon zur Wirklichkeit Gekommenen. Seine Schaffung verarbeitet dabei Bewegungen von außen, es bewegt sich also nicht aus sich heraus, sondern ist als extrinsisch motivierte Reaktion zuallererst auf eine (Wirk-)Ursache[430] angewiesen. Diese setzt die notwendigen Erstimpulse, damit das Recht Gegenstand und Ergebnis von Veränderung, also im steten Wandel, begriffen, sein kann.

---

424 *Betti*, Auslegungslehre, S. 144; s. auch S. 515: „Nun umfaßt das Verstehen die Gesamtheit der Rede, samt den Umständen, unter denen sie gehalten wurde."

425 In der juristischen Sekundärliteratur findet sich z.T. auch andere Terminologie, ohne dass in der Sache Anderes gemeint zu sein scheint; für „Redesituation" (ohne besondere Nähe zu Habermas) *Röhl/Röhl*, Rechtslehre, S. 32.

426 Vgl. *Gadamer*, Wahrheit, S. 309 f.

427 *Möllers*, Normen, S. 171, 239.

428 *Luhmann*, Positivität, S. 197.

429 Vgl. *Möllers*, Normen, S. 12 ff. Rechtsnormen gehören bei ihm zu der Gruppe der sozialen Normen, weil sie im sozialen Zusammenhang entäußert werden.

430 Mit Blick auf Aristoteles etwa vgl. *Horn*, Rechtswissenschaft, Rn. 201a.

IV. Bedeutung des Grundes

Die Schaffung eines Straftatbestandes steht immer unter dem Stern mindestens einer rechtpolitischen Fragestellung,[431] die der Strafgesetzgeber als so dringlich erachtet, dass er sie mit dem „schärfsten Schwert des deutschen Rechts"[432] zu beantworten sucht. Es liegt in der Natur der Sache, dass so bedeutende politische Fragen, die von einer starken Wertungs- und Interessenabhängigkeit geprägt sind, eine Mehrzahl von Antworten mit unterschiedlichen Wirkungen zulassen. Das gilt auch für das Strafrecht.[433] Recht ist damit zwar „geronnene Politik",[434] *der* Gesetzgeber als homogenes Entscheidungsgremium aber entweder Fiktion[435] oder Metapher.[436] Der Tatbestand betritt deshalb fast immer in Gestalt eines Kompromisses die rechtstatsächliche Bühne.[437] Die vorkodifikatorischen Diskurse sollte man dennoch nicht vollständig zur bloßen Kulisse degradieren, sondern beleuchten, schließlich sind Gesetze die „Resultanten der in jeder Rechtsgemeinschaft einander gegenübertretenden und um Anerkennung ringenden Interessen materieller, nationaler, religiöser und ethischer Richtung."[438] Der Normtext kann deshalb, worauf *Müller* und *Christensen* zu Recht eindringlich hinweisen, „nicht ohne Bezug zum ihn begleitenden

---

431 *Kubiciel*, Wissenschaft, S. 39: „Straftatbestände werden als Antworten des Gesetzgebers auf rechtspolitische Fragen erlassen."

432 Vgl. BVerfGE 39, 1, 45; 120, 224, 255 („schärfste […] Waffe"); zur Waffenmetaphorik im Recht unten unter 4. Kap. A.III.

433 *Wilfert*, Strafe, S. 82: „Strafrecht ist ein Recht wie jedes andere". Es steht also zu befürchten, dass ein etwaiger Konsenskern allenfalls für Regelungen des Kernstrafrechts besteht und damit für die Fassung und Interpretation von konkreten Tatbeständen unergiebig ist.

434 *Grimm*, Recht, JuS 1969, 501, 502; so auch *Luhmann*, Positivität, S. 175.

435 Schon *Bentham*, Introduction, Ch. 1, IV; s. auch *Müller/Christensen*, Methodik I, Rn. 443: „Chimäre" und „Phantom"; dagegen: *Jestaedt*, Grundrechtsentfaltung, S. 349 ff.

436 *Müller/Christensen*, Methodik I, Rn. 263; *Röhl*, Intent, S. 121, 123: „misinterpretations"; vgl. auch *Shepsle*, Congress, IRLE 12 (1999), 239, immerhin „Idealkonstruktionen" bei *C. Schmitt*, Gesetz, S. 79 (zuvor allerdings „Gespenst", S. 30); ausdrücklich dagegen: *Heck*, Gesetzesauslegung, AcP 112 (1914), 1, 64; vgl. auch *Kubiciel*, Wissenschaft, S. 41 f.

437 *Schulze-Fielitz*, Theorie, S. 239, 246 ff., 401 ff., 431 ff.; *Dreier*, Verwaltung, S. 30 f.; *Zippelius*, Strukturierung, JZ 1999, 112.

438 *Heck*, Gesetzesauslegung, AcP 112 (1914), 1, 17; hierzu: *Larenz*, Methodenlehre, S. 55 (der das Zitat allerdings falsch in *Hecks* Monographie Begriffsbildung und Interessenjurisprudenz, Tübingen 1932, verortet).

Wirklichkeitsmodell verstanden werden".[439] Ihn zu erschließen, heißt, sich den materiellen Kontext des Tatbestands zu vergegenwärtigen.

Dabei ist der Tatbestand als Konfliktlösung zwischen vielen parallel- und einigen gegenläufigen Interessen zu verstehen, wobei erstere im parlamentarischen Willensbildungsprozess mit der Tatbestandsschaffung die Überhand gewonnen haben.[440] Im Rahmen der eine Gesetzesgenese begleitenden Kontroversen wird idealiter über den Gegenstand verhandelt;[441] den hierbei ausgetauschten Argumenten nachzuspüren, ermöglicht (u.a.) eine verständige Rechtsanwendung im demokratischen Verfassungsstaat. Dabei geht es nicht um einen neuen Intentionalismus;[442] insbesondere muss selbstverständlich sein, dass nicht auf den „wirklichen" Willen des Gesetzgebers durchgegriffen werden kann.[443] Vielmehr wird hier der kollektiven Intentionalität[444] Rechnung getragen, die auch nicht mit einem individualistischen, psychologischen Willensbegriff gleichzusetzen,[445] sondern als (sozial-)ontologisches Phänomen zu begreifen ist, das auch der Verantwortlichkeit als Entscheidungskollektiv Rechnung trägt.[446] Bei der Rekonstruktion der Bedeutung eines Rechtssatzes ist die Orientierung an den für die Gesetzgebung maßgeblichen Gründen mit Blick auf den Gewaltenteilungsgrundsatz und das Demokratieprinzip schon aus Verfassungsgründen angezeigt,[447] sodass – anstelle eines freien Räsonierens – die Gesetzesmaterialien als Indizien für den Willensbildungsprozess des Parla-

---

439 *Müller/Christensen*, Methodik I, Rn. 248.

440 *Lepsius*, Rechtswissenschaft, Der Staat 52 (2013), 157, 169 ff. Die Pluralität der Kollektivwillensbildung wird, insb. als sog. discursive dilemma bzw. List-Petite-Theorem, von den Vertretern der Public Choice-Theorie (zu jenen *Melin*, Gesetzesauslegung, S. 105 ff.) problematisiert, kann den deutschen Juristen allerdings kaum überraschen, sondern allenfalls sensibilisieren, hierzu: *Wischmeyer*, Zwecke, S. 234 f.; ähnlich *Jung*, Pluralismus, JZ 2012, 926, 932 zur cultural defense.

441 *Pawlowski*, Methodenlehre, Rn. 296 ff. versteht deshalb das Gesetzgebungsverfahren als Erkenntnisverfahren.

442 *Wischmeyer*, Zwecke, S. 375; zum Intentionalism: *Melin*, Gesetzesauslegung, S. 116 ff.; *Müller/Christensen*, Methodenlehre I, Rn. 361d; *Dworkin*, Law's Empire, S. 315 ff.; *Fish*, Intention, Cardozo L. Rev. 29 (2008), 1109, 1114: *ders.*, Textualist, SD L. Rev. 42 (2005), 1.

443 *Wischmeyer*, Zwecke, S. 375 f.; *Jestaedt*, Grundrechtsentfaltung, S. 355.

444 *Wischmeyer*, Zwecke, S. 225 ff., 373 ff.; *ders.*, Wille, JZ 2015, 957, 960; grundlegend: *Shapiro*, Legality, S. 118 ff., der Rechtsnormen als Pläne versteht (sog. planning theory of law).

445 *Wischmeyer*, Zwecke, S. 235 f., 374; *Jestaedt*, Grundrechtsentfaltung, S. 354. So auch schon *Heck*, Gesetzesauslegung, AcP 112 (1914), 1, 8, 62.

446 *Jestaedt*, Grundrechtsentfaltung, S. 355; *Wischmeyer*, Zwecke, S. 237 ff., 239 ff.

447 *Reimer*, Methodenlehre, Rn. 255.

ments zur Rekonstruktion der Bedeutung berücksichtigt werden kön-nen.[448] Dies schließt auch eine autonom-autoritative Festlegung der Bedeu-tung durch den Richter nicht aus, sondern schränkt seinen Entscheidungs-spielraum allenfalls ein.[449]

Denn regelmäßig fußt ein Tatbestand materiell auf viel mehr als nur sei-nem Zweck; er ist in den meisten Fällen getragen von ganz unterschiedli-chen Motiven, Interessen und Hoffnungen, die für ihn, also die Lösung ei-nes sozialen Konfliktes durch die Kriminalisierung eines Verhaltens,[450] sprechen. Das sind die „Gründe" für die Tatbestandsschaffung. Zu ihnen gehören intendierte Wirkungen eines Tatbestandes genauso wie seine *mit-telbaren und beiläufigen Folgen*,[451] also beispielsweise Bestrebungen zu rechtstechnischen Verbesserungen, die Berücksichtigung von wirtschaftli-chen oder sozialmoralischen Bedürfnissen oder Partikularinteressen, die Verhinderung von Schäden im Deliktsumfeld, aber auch *pauschale Ent-wicklungsanliegen*, etwa für eine europäische Integration oder für das au-ßenpolitische Ansehen Deutschlands. Die Nutzenanalysen sind vor allem für den Politiker handlungsleitend: Häufig liegt der Grund, legislativ tätig zu werden, in den befürchteten oder erwünschten Wirkungen eines Tatbe-standes. Die Geister, die ein Gesetz atmet, sind also häufig die Kriminali-sierungsgründe. Sich diese zu vergegenwärtigen, schafft nicht nur Transpa-renz und damit Sicherheit für den Rechtsanwender, sondern kann darüber hinaus helfen, den Nutzen eines Gesetzes über die Normierungssituation hinaus zu maximieren. Die Gründe sind deshalb für jede Gesetzgebung von zentraler Bedeutung.

Auch für die Rechtsanwendung kommt ihnen normative Relevanz zu: Sie leiten zwar nicht wie der Tatbestandszweck die Auslegung an, werden aber immer dann wirksam, wenn es nottut, die Normsituation umfassen-der in den Blick zu nehmen. Dies ist etwa bei der Notwendigkeit zur fort-entwickelnden und schöpfenden Rechtsanwendung der Fall, wenn wegen

---

448 *Wischmeyer*, Zwecke, S. 377 ff., 384 f.; *ders.*, Wille, JZ 2015, 957, 960; *Zippelius*, Strukturierung, JZ 1999, 112, 115.

449 Zur konstruktiven Tätigkeit des Richters auch in (kurzer) historischer Perspekti-ve: *Silva Sánchez*, Gesetzesauslegung, S. 55, 63 ff. Gesetzesmaterialien sind inso-fern „Hilfsmittel", vgl. *Fleischer*, Beobachtungen, AcP 211(2011), 317, 333 mwN.

450 *Heck*, Gesetzesauslegung, AcP 112 (1914), 1, 59 ff.: Auslegung als Erforschung der kausalen Interessenfaktoren; vgl. hierzu: *Manegold*, Methode, S. 177, 179 ff.

451 *Winter*, Sozialer Wandel, S. 10: „Weiterhin gehört in den Kreis möglichen be-wirkten Verhaltens nicht nur das im Normtenor unmittelbar Gebotene, son-dern auch mittelbare und beiläufige Folgen der Norm." In diese Richtung auch Konsequentialisten, s. *Kirchner*, FS Schäfer, S. 37, 42.

der fortbestehenden Gesetzesbindung zeitkontingente von zeitkonstanten Tatsachen und Wertungen abstrahiert werden müssen. *Lepsius* fasst diese Notwendigkeit wie folgt:

> „Moderne Gesetzgebung zeichnet sich durch einen fragmentarischen Charakter aus, sie ergeht schnell, wirkt punktuell und steht unter dem politischen Vorbehalt wechselnder Mehrheiten und politischer Kompromisse. Neutralität, Systematik und Beständigkeit darf man daher nicht zur Regelerwartung demokratischer Gesetzgebung erheben. [...] Gesetzgebung wird stärker als bisher im Hinblick auf die verfolgten politischen Zwecke und die ihnen zugrundeliegenden Tatsachen interpretiert werden müssen – und dies ist die Folge des Funktionswandels des Gesetzes in der Demokratie.“[452]

Zum Bedeutungsverständnis eines Straftatbestandes kann sich deshalb eine Historisierung und Kontextualisierung nicht auf die formellen Kriminalisierungsursachen beschränken, sondern ist insbesondere zur Herauskristallisierung der materiellen Gründe erforderlich, um eine zeitgemäße Interpretation zu ermöglichen. Namentlich bei der gesetzlichen Regelung mehrpoliger Verhältnisse sind sie zur Taxierung der Wertverhältnisse der abgewogenen und abzuwägenden Interessen wichtig, wie also etwa im Umweltrecht, im Baurecht, aber vor allem auch im gesamten Wirtschaftsstrafrecht, hier insbesondere bei der Auslandsbestechung. Dies erlaubt der Rechtsordnung als bewegliches System die soziale Wirklichkeit angemessen zu spiegeln,[453] d.h. Wirklichkeitsbezüge herzustellen und damit anschlussfähig zu bleiben, also auf externe (und inner-rechtliche)[454] Dynamiken mit einer sachgerechten, aber auch rationalen Flexibilisierung reagieren zu können.[455]

---

452 *Lepsius*, Rechtswissenschaftstheorie, S. 1, 43.
453 Zur Herausarbeitung von Kriminalisierungsgründen durch eine Historisierung und Kontextualisierung der Rechtsprechung: *Wieacker*, Präzisierung.
454 Zu der Bedeutsamkeit interner Dynamiken, *Lepsius*, Rechtswissenschaftstheorie, S. 1, 49.
455 Zur Flexibilisierung des Rechts im Detail: *Kubiciel*, Flexibilisierung, S. 1083.

V. Bedeutung des Zweckes

Aphoristisch ist der Zweck als Schöpfer des ganzen Rechts bekannt,[456] was anders gewendet bedeutet, dass Recht stets Mittel zum Zweck ist.[457] Als soziale Handlungsordnung ist Recht das Instrumentarium der Politik,[458] bestimmte Ergebnisse in der sozialen Wirklichkeit zu produzieren.[459] *Krawietz* beschreibt die rechtliche Zweckorientierung mit dem Satz:

> „Das in einer Rechtsnorm als gesollt statuierte Verhalten ist nicht ein Sollen für sich, sondern stets ein Sollen von Etwas."[460]

Dies gilt insbesondere für das Gebiet des Strafrechts, für das über alle methodischen und inhaltlichen Differenzen hinweg großes Bemühen um eine Festlegung der materiellen Voraussetzungen des Straftatbestandes besteht.[461] Die inhaltliche Umgrenzung von strafbarem Verhalten ist nicht nur eine der ältesten, sondern auch der wichtigsten Fragen des Strafrechts. Die Ausrichtung an teleologischen Argumenten[462] stellt dabei einen beliebten und im demokratischen Verfassungsstaat vor allem legitimen Beschränkungsversuch dar.[463] Als vorkonstitutionelle Theorie bis heute erhal-

---

456 Wohl anerkannter Teil der deutschen Rechtsgeschichte ist *Jherings* Schlagwort, zu finden als „Motto" etwa auf dem Deckblatt von seinem Der Zweck im Recht, I und II, vgl. außerdem *Jhering*, Zweck I, S. 1 ff., 181 f., 249 f. Hierzu: *Dias*, Rechtspositivismus, S. 85 ff.; äußerst kritisch rezipiert von: *Kelsen*, Hauptprobleme, S. 88 f.; *Wieacker*, Privatrechtsgeschichte, S. 582 ff.

457 ... bzw. sein muss. Vgl. auch *Binding*, Normen I, S. 32 f., 35; *Rudolphi*, Zweck, S. 69, 69; klassisch in der Normtheorie *Ullmann-Margalit*, norms, S. 10 ff.

458 *E. Hirsch*, Vorwort, S. 5; *Schulze-Fielitz*, Theorie, S. 375 ff.

459 *Wischmeyer*, Zwecke, S. 1 ff.; *Waldhoff*, Gesetzesmaterialien, S. 8 f.

460 *Krawietz*, Recht, S. 71.

461 Statt aller: *Hörnle*, Verhalten, S. 41 ff. mwN. Zuletzt *Gärditz*, Demokratizität, JZ 2016, 641.

462 Der Ursprung der teleologischen Methode wird dabei oftmals *Liszt*, Rechtsgut, ZStW 6 (1886), 663, insb. 673 (der schreibt, dass „die teleologische Betrachtungsweise beginnt und die formal-logische ihr Ende findet"), vgl. auch schon *ders.*, Zweckgedanke, ZStW 3 (1883), 1, zugeschrieben, so etwa: *Amelung*, Kritik, S. 85, 88.

463 Vertieft zur teleologischen Auslegung: *Reimer*, Methodenlehre, Rn. 357 ff., *Melin*, Gesetzesauslegung, S. 270 mwN. Zum Zweck als maßgebliches Rechtfertigungsnarrativ im demokratischen Verfassungsstaat: *Wischmeyer*, Zwecke, S. 214, 366; kritisch: *Kubiciel*, Wissenschaft, S. 48 ff.

ten ist die von *Birnbaum* angeregte, überpositive Rechtsgutstheorie.[464] Spätestens seit der Inzest-Entscheidung des BVerfG im Jahr 2008[465] ist in der Strafrechtswissenschaft jedoch ein wachsender Einfluss des Verfassungsrechts zu verzeichnen, sodass mithilfe des Grundgesetzes eine Zweckbestimmung versucht wird.[466] Dem Zweck als „Proteus unter den [rechtlichen] Begriffen"[467] kommt, ungeachtet seiner genauen Bestimmung, jedenfalls als Tatbestandszweck ein elementarer Stellenwert bei der Anleitung von Gesetzgebung und Rechtsanwendung zu.

1. Zweistöckiger Zweck: Gesetzgebung und Rechtsanwendung

Der Tatbestandszweck ist zweigestaltig: Er garantiert sowohl die Rationalität der legislativen Rechtssetzung als auch eine genauso antizipierbare wie auch kontrollierte Rechtsprechung. Im ersten Zugriff liegt es nahe, hierbei von einem einheitlichen Zweckbegriff auszugehen und so an beide Ebenen die gleichen Anforderungen zu stellen. Diese wäre dann seit der Absage des BVerfG an die Rechtsgüter als gegenüber dem Verfassungsrecht strengeren Beurteilungsmaßstab von Strafrechtsnormen tatsächlich in einer streng verfassungsrechtlichen Strafrechtsdogmatik zu finden. Dage-

---

464 Hierzu statt aller: *Amelung*, Rechtsgüterschutz, S. 15 ff.; *Jakobs*, Rechtsgüterschutz?, S. 7 ff.; *Sina*, Dogmengeschichte, S. 89, passim; vgl. die Aufsätze in *Hefendehl/v.Hirsch/Wohlers* (Hrsg.), Die Rechtsgutstheorie, Baden-Baden 2003; zum Diskussionsstand: *Hefendehl*, Atem, GA 2007, S. 1; äußerst kritisch: *Stuckenberg*, Rechtsgüterschutz, ZStW 129 (2017), 349. *Roxin*, Rechtsgutsbegriff, GA 2013, 433, 435, der auf „namhafte Anhänger" verweist.

465 BVerfGE 120, 224; hierzu: *Kühl*, FS Maiwald, S. 433.

466 *Appel*, Verfassung, S. 21 ff., 390, passim; *ders.*, Rechtsgüterschutz, KritV 1999, S. 278, 287; *Gärditz*, Strafbegründung, Der Staat 49 (2010), 331, 350; *Greco*, Strafrecht, S. 13; *Lagodny*, Strafrecht, S. 20, passim; *Stächelin*, Strafgesetzgebung, S. 102 ff.; *Stuckenberg*, Grundrechtsdogmatik, GA 2011, 653; *Kaspar*, Verhältnismäßigkeit, S. 27 ff., passim; *Wilfert*, Strafe, S. 29 ff.; früher schon: *Gallwas*, Strafnormen, MDR 1969, 892; *Dubber/Hörnle*, Criminal Law, S. 138 ff.; *Weigend*, FS Hirsch, S. 917, 938. Dagegen: *Hassemer*, Straftaten, S. 57 ff., der Strafrecht verglichen mit dem Grundgesetz als „sowohl die ältere als auch die reichere Quelle" (S. 58) identifiziert, der allerdings auch auf die gerichtliche Durchsetzbarkeit der Verfassung sowie der Einpassungsfähigkeit der Rechtsgutstheorie in den verfassungsrechtlichen Kontext hinweist. Zu den verfassungsrechtlichen Anforderungen, vgl. auch unten 2.

467 *Wischmeyer*, Zwecke, S. 1 ff. (in Anspielung auf *Welzel*, der wiederum auf *Liszt* Bezug nimmt, vgl. *Kubiciel*, Wissenschaft, S. 78). Wischmeyer untersucht die „fundamentale Ambivalenz des Rechts im Umgang mit den Zweckbegriffen".

gen ließe sich auf die Verwerfung der Rechtsgutslehre durch das BVerfG, das sich damals (aus der Warte lege lata) mit der Verfassungsmäßigkeit von § 173 Abs. 2 S. 2 StGB zu beschäftigen hatte,[468] auch mit unterschiedlich strengen Kriterien für eine legitime Setzung und Anwendung von Straftatbeständen antworten.[469]

So erklärte daraufhin die gewichtige Stimme *Hörnles* zur Rettung der Rechtsgutstheorie, das BVerfG Strafgesetze in nur eingeschränktem Maße überprüfe.[470] Diese Zurückhaltung sei mit Blick auf den Gewaltenteilungsgrundsatz, Art. 20 Abs. 2 S. 2 GG, geboten[471] und darüber hinaus auch auf pragmatische Gründe wie etwa eine unüberschaubare Zahl von Wiederaufnahmeverfahren bei Massendelikten zurückzuführen.[472] Ihrer Einschätzung nach ist wegen dieser verminderten Kontrollintensität der Maßstab der judikatorischen Überprüfungsentscheidung nicht kongruent mit dem der legislativen Primärentscheidung; eine Übertragung der gesetzten Grenzen des BVerfG auf die Strafgesetzgebung hält sie darum für methodisch problematisch.[473] Das heißt, dass die Lage lege lata mit milderen Kriterien zu beurteilen wäre als de lege ferenda. Oder, noch einmal anders gewendet: Der Gesetzgeber wäre trotz Fehlens einer gerichtlichen Überprüfbarkeit an die Strafrechtsdogmatik gebunden, deren Regeln und ihre Einhaltung einzig von der Wissenschaft als einer Art „Vierter Gewalt"[474] überprüft werden würden.[475] Wenngleich diese These nicht im Rahmen der hiesigen Arbeit abschließend überprüft werden kann, so verwundert es

---

468 BVerfGE 120, 224.
469 Auf die wies zuvor schon *Tiedemann*, Verfassungsrecht, S. 14, hin.
470 *Hörnle*, Verhalten, S. 31 ff. (sogar schon vor BVerfGE 120, 224). Weniger rhetorischen Aufwand treibend: *Kaspar*, AT, Rn. 50: „Rechtsgüterprinzip hat als strafrechtliches Prinzip eine lange Tradition, die zu respektieren ist."; *Kühl*, FS Maiwald, S. 433, 447 gegen die Inzest-Entscheidung des BVerfG: „Dem historischen Verdienst des Rechtsgutskonzepts wird das nicht gerecht."
471 *Hörnle*, Verhalten, S. 31; vgl. auch *Lagodny*, Strafrecht, S. 51, 173; *Vogel*, Strafrechtsgüter, StV 1996, 110, 115; *Appel*, Verfassung, S. 96 ff.; *Hesse*, FS Mahrenholz, S. 541, 553 ff.
472 *Hörnle*, Verhalten, S. 32 ff.
473 *Hörnle*, Verhalten, S. 34.
474 *Stuckenberg*, Rechtsgüterschutz, ZStW 129 (2017), 349, 356. Befürwortend in Bezug auf die Judikative *Arzt*, Wissenschaftsbedarf, ZStW 111 (1999) 747, 774, der eine Bindung der Strafjustiz an den „Mainstream der wissenschaftlichen Interpretation des Gesetzes" begrüßt.
475 Im Übrigen ist das Hauptproblem der Rechtsgutstheorie, dass sie vorgibt, eine „systemtranszendente" Funktion zu haben (*Sina*, Dogmengeschichte, S. 89), ein solch kritisches Potential aber in Wahrheit weder aktuell hat noch je hat entfalten können (*Kubiciel*, Wissenschaft, 56 ff., auch *Hörnle*, Verhalten, S. 14, 17, frü-

schon, wenn etwa *Naucke* den Gedanken fortführt und anmahnt, das Strafrecht müsse vor der Gesetzgebung geschützt werden.[476] Dass dem demokratisch legitimierten Gesetzgeber ein Regelungsgebiet durch überpositive oder naturrechtliche Wertungen entzogen werden soll,[477] offenbart ein so tiefes Misstrauen,[478] dass sich die Frage stellt, ob dies mit Hinweis auf das Rechtsstaatsprinzip als die Strafrechtswissenschaft anleitendes Staatsstrukturprinzip[479] gerechtfertigt werden kann. Es erscheint wohl näherliegend, der gewaltengeteilten Demokratie als formal verstandenes Rechtsstaatsprinzip und damit auch den gesetzgeberischen Entscheidungen mehr Gewicht einzuräumen.

An dieser Stelle fehlt aber ein abschließendes Urteil über die Berechtigung von strafrechtsdogmatischen Konzepten, die verglichen mit der Verfassung einen strengeren Maßstab zur Begrenzung gesetzgeberischer Macht bei der Fassung von Straftatbeständen anlegen, um so der Fragmentarität des Strafrechts Rechnung zu tragen.[480] Es ist jedenfalls für die vorliegende Arbeit unerheblich, dass die Literatur dem Tatbestandszweck teil-

---

her schon *Weigend*, Begründung, ZStW 98 (1986), 44, 49 („höchst unterschiedliche Rechtsgutsdefinitionen, die sich allerdings immerhin in bezug auf ihre Vagheit und Abstraktion weitgehend ähnlich sind"); zu den Schwierigkeiten sogar *Binding*, Normen I, S. 194; ablehnend *Roxin* AT I, S. 29 „sehr wohl tauglich".). Ein so grenzenloses Konzept kann nicht begrenzend wirken (s. auch *Dubber*, Rechtsgutstheorie, ZStW 117 (2005), 485, 506; LK-*Weigend* Einleitung Rn. 7); *Stuckenberg*, Rechtsgüterschutz, ZStW 129 (2017), 349. Aus dieser Not in Bezug auf die Strafrechtsgenese in internationalen Organisationen eine Tugend machend: *Meyer*, Strafrechtsgenese, S. 766.

476 *Naucke*, Zerbrechlichkeit, KritV 1990, S. 244, 259: „Wie ist der Schutz des rechtsstaatlichen Strafrechts vor dem Gesetzgeber möglich?"; vgl. auch *ders.*, Schwerpunktverlagerungen, KritV 1993, 135, 162; *ders.*, Aushöhlung, S. 483.

477 Ablehnend BVerfGE 120, 224; ähnlich zu den Straftheorien: BVerfGE 45, 187, 253; s. auch *Wilfert*, Strafe, S. 133f. Für das englische Recht pronensiert: *Farmer*, Art. Definitions, S. 263f.: „Es ist nun anerkannt, dass die Straftat eine vom Recht geschaffene Kategorie ist - d.h., dass die meisten Verhaltensweisen lediglich deshalb kriminell sind, weil das Recht dies bestimmt." (übersetzt von CS)

478 Vgl. etwa *Zaczyk*, Demokratieprinzip, Der Staat 50 (2011), 295, 296, der vor einer „Tyrannei der Massen" warnt; kritisch zu einem solchen Verständnis: *Appel*, Verfassung, S. 329, *ders.*, KritV 1999, 278, 286; *Stuckenberg*, Grundrechtsdogmatik, GA 2011, 653, 658 ff. *Lagodny*, Strafrecht, S. 144; *Wilfert*, Strafe, S. 15 f.

479 Rudolphi, FS Honig, S. 151, 159; kritisch hierzu: *Gärditz*, Strafbegründung, Der Staat 49 (2010), 331 mwN.

480 Diesen Grundsatz betonend: *Kindhäuser*, Gefährdung, S. 146; vor dem Hintergrund eines sich internationalrechtlich expandierenden Strafrechts: *Arzt*, Wissenschaftsbedarf, ZStW 111 (1999) 747,769. Kritisch zur Fragmentarität: *Tiedemann*, Tatbestandsfunktionen, S. 136.

weise die Rolle eines rechtlichen dual use-Instruments zur Anleitung von Gesetzgebung als auch -anwendung zuweist. Im Zentrum steht hier die tatbestandliche Auslegung der seit dem KorrBekG 2015 bestehenden Regelungen zur Auslandsbestechung, sodass keine eingehende und umfassende normentheoretische Grundlegung für ein zu entwickelndes Strafrecht ausgearbeitet wird.[481] Wenngleich also die Differenzierung zwischen Ursache, Grund und Zweck für Rechtsprechung und Gesetzgebung gleichermaßen tragfähig ist, soll an dieser Stelle der Blick auf die Rechtsanwendung verengt werden, um eine Toolbox für die späteren, spezifischen Überlegungen zum materiellen Gehalt des §§ 331 ff. StGB mit Blick auf den Anwendungsfall zu entwickeln. Der Tatbestandszweck ist hierfür die „entscheidende Anwendungsvoraussetzung".[482] Seine Bestimmung ist deshalb zentral.

2. Zweckbestimmungen für die Rechtsanwendung

Schon aus verfassungsrechtlichen Gründen muss mit dem Tatbestand ein Zweck verfolgt werden.[483] Denn ein strafrechtlicher Tatbestand schränkt doch zumindest das Abwehrrecht aus Art. 2 Abs. 1 GG ein,[484] sodass das Übermaßverbot[485] es notwendig macht, dass zuallererst ein Zweck besteht, der mit der Beschränkung verfolgt wird.[486] Dieser muss darüber hinaus legitim sein, d.h. er muss aus verfassungsrechtlichen Gründen verfolgt wer-

---

481 Zum wiedererwachten Interesse an der Gesetzgebungslehre (aus rechtshistorischer Perspektive) *Emmenegger*, Gesetzgebungskunst, S. 297; vgl. auch *Fleischer*, Beobachtungen, AcP 211(2011), 317; *Wischmeyer*, Wille, JZ 2015, 957.

482 *Kubiciel*, Wissenschaft, S. 48 f., der klarstellt, dass der Tatbestandszweck Ausgangspunkt und nicht Ziel der teleologischen Auslegungsmethode ist.

483 Zuletzt *Kaspar*, Tatbestände, ZStW 129 (2017), 401, 402; *Weigend*, Strafrecht, StV 2016, 1.

484 So schon BVerfGE 6, 389, 433 f.; Vgl. etwa *Hassemer*, Straftaten, S. 57, 60; *Hörnle*, FS Neumann, S. 593, 595 f.; *Gallwas*, Strafnormen, MDR 1969, 892; *Lagogny*, Strafgesetz, S. 64; *ders.*, Prüfstein, S. 83, 84; *Müller-Dietz*, Strafe, S. 8. Und dies trotz des irreführenden Redens vom „Strafanspruch" des Staates, der nicht auf subjektive Rechte des Staates, sondern solche der Bürger bei Bestehen einer aus den Grundrechten abgeleiteten Schutzfunktion hindeutet, s. hierzu: *Lagodny*, Strafrecht, S. 54; *Robbers*, Sicherheit, S. 174 f., 195 ff.

485 Grundsatz der Verhältnismäßigkeit: BVerfGE 80, 137, 159 ff.; 124, 300, 331 f.; stRspr.

486 So im Ausgangspunkt auch *Hassemer*, Straftaten, S. 57, 64; *Hörnle*, Verhalten, S. 39 und *Schünemann*, Rechtsgüterschutzprinzip, S. 133.

den dürfen. Zudem muss der Tatbestand als Mittel zur Erreichung dieses Zwecks geeignet, erforderlich und verhältnismäßig ieS. sein.[487] Die Inzest-Entscheidung zeigt, dass die Anforderungen an einen verfassungsmäßigen Tatbestandszweck nicht allzu hoch hängen, stellt das BVerfG hier doch „erkennbar keine relevanten Hürden für den Gesetzgeber"[488] auf.

Für die praktische Rechtsanwendung bereitet die Frage nach der Bestimmung des Tatbestandszwecks dennoch in vier klar zu konturierenden Konstellationen Schwierigkeiten:

a) Es wurde ausdrücklich kein Zweck vom Gesetzgeber angegeben und dieser Zweck lässt sich auch nicht rekonstruieren.

b) Es wurde ein Zweck vom Gesetzgeber angegeben.
   i)   Der Zweck ist fragwürdig, aber verfassungskonform.
   ii) Der Zweck ist offensichtlich verfassungswidrig.

c) Es wurden mehrere Zwecke benannt.

Diese Fallgestaltungen werden nun nacheinander besprochen, wobei zunächst auf die Bedeutsamkeit und Ermittlung von legislativen Zweckbestimmungen eingegangen wird.

a. Bedeutsamkeit und Ermittlung von Zweckbestimmungen

Autoritativ für die Auslegung ist, zumindest bei uneindeutigem Gesetzeswortlaut,[489] der Tatbestandszweck als Abbreviatur bzw. kürzeste Formel der objektivierten gesetzgeberischen Regelungskonzeption.[490] Um nicht den Vorwurf der Beliebigkeit auf sich zu ziehen, kann er die Tatbestandsinterpretation allerdings wegen der gerade schon angesprochenen Diversität der in einer parlamentarischen Demokratie verfolgten Interessen[491] sowie der daraus resultierenden Kompromisshaftigkeit der Entscheidungsfin-

---

487 *Puppe*, Schule, S. 149. Der Schwerpunkt der Prüfung liegt dabei iSe. Vermeidung von „Subjektivismen" nicht auf der Angemessenheit, *Lagodny*, Strafrecht, S. 74 ff. mwN.

488 LK-*Weigend*, Einl. Rn. 3, so auch *Hoven*, Auslandsbestechung, S. 511.

489 Zum Problem des Wortlauts als Auslegungsgrenze: *Silva Sánchez*, Gesetzesauslegung, S. 55, 65 ff.

490 Hierzu eingangs unter V., s. auch *Höger*, Zweckbestimmungen, S. 61. Wegen seiner Uneindeutigkeit soll der Begriff des Rechtsguts hier vermieden werden.

491 In diesem Sinne schon *Heck*, Gesetzesauslegung, AcP 112 (1914), 1, 17: „Die Gesetze sind die Resultanten der in jeder Rechtsgemeinschaft einander gegenübertretenden und um Anerkennung ringenden Interessen materieller, nationaler, religiöser und ethischer Richtung." Er nimmt diese Erkenntnis indes zum Aus-

dungen[492] ohne weiteren Begründungsaufwand nicht anleiten.[493] Es ist aus Transparenzgründen geboten, den verwendeten Tatbestandszweck herzuleiten bzw. inhaltlich zu begründen.[494] Der einfachste Fall ist dabei, dass sich der Tatbestandszweck unmittelbar aus dem Gesetz selbst ergibt.[495] Es verhält sich freilich so, dass eine solche Studie des tatbestandlichen Wortlauts keinen sicheren iSe wahren Schlusses[496] auf den ja sprachlich[497] wie formal-tatbestandlich, also doppelt mediatisierten Zweck zulässt, mithin immer ein Interpretationsakt notwendig ist, der nie nur dechiffriert, sondern immer auch kreiert.[498] Nichtsdestoweniger findet hier keine externe Rechtfertigung des Straftatbestandes statt, sondern ein bestmöglicher Nachvollzug des bereits Vorvollzogenen. Hierzu kann, sofern der Wortlaut als solcher für die Rekonstruktion des Tatbestandszwecks unergiebig ist, auch auf die Gesetzesmaterialien zurückgegriffen werden.[499] Das BVerfG hat in seinem Urteil zu § 257c StPO wie folgt eingehend Stellung zur Be-

---

gangspunkt einer interessengeleiteten Auslegungsmethode, seiner Interessensjurisprudenz.

492 Siehe hierzu oben unter I.

493 *Engisch*, Einführung, S. 88 ff.

494 „Tendenz zur Intransparenz", *Kubiciel*, Wissenschaft, S. 42, der sich in dem Zusammenhang auch äußerst kritisch mit der Andeutungstheorie auseinandersetzt.

495 Für *Savigny*, Vorlesungen, S. 90, ist in diesem Sinne Interpretation die „Reconstruction des Gedankens, welchen das Gesetz aussprechen soll, insofern dieser Gedanke aus dem Gesetz selbst unmittelbar erkennbar ist". Hierzu und zu den Zusammenhängen der Entstehung von juristischer und allgemeiner Hermeneutik: *Schröder*, Entwicklungstendenzen, S. 203, 208, 211 ff.; s. auch *Rückert*, Savignys Hermeneutik, S. 287 ff.

496 *Kargl*, Handlung, S. 447.

497 Protagonist im Linguist Turn: *Wittgenstein*, Abhandlung, §§ 552, 665. In Bezug auf das Recht nun: *Larenz*, Methodenlehre, S. 205; vgl. auch *Möllers*, Nachvollzug, JZ 2009, 668, 668 f.; *Jestaedt*, Grundrechtsentfaltung, S. 329 ff.; *Müller/Christensen*, Methodik I, Rn. 361c. Hinzu kommt, dass sich die Gesetzgebung auf einer Meta-Ebene zur Anwendung befindet, *Wischmeyer*, Zwecke, S. 328 ff., der deshalb zu einer „Unmöglichkeit von Letztbegründungen" kommt. Recht ist insofern wegen der „sozialen Natur des Mediums Sprache" ein „mehr oder weniger autonomer Bestandteil der ‚sozialen Wirklichkeit'", *Wrase*, Norm, S. 458.

498 *Gadamer*, Wahrheit, S. 335: Normkonkretisierung als „Leistung produktiver Rechtsergänzung"; *Müller/Christensen*, Methodik I, Rn. 249: „schöpferische Dimension praktischer Rechtsarbeit", Rn. 467 ff.: juristische Falllösung als „Normkonstruktion"; *Kelsen*, Reine Rechtslehre, S. 106; *Larenz*, Methodenlehre, S. 249; *Patterson*, Law and Truth, S. 82 f.

499 Sie können Rückschlüsse auf den Willen des Normgebers erlauben, *Fleischer*, Beobachtungen, AcP 211(2011), 317, 333.

deutsamkeit und Ermittlung der legislativen Regelungskonzeption genommen:

> „Maßgebend für die Auslegung von Gesetzen ist der in der Norm zum Ausdruck kommende objektivierte Wille des Gesetzgebers, wie er sich aus dem Wortlaut der Vorschrift und dem Sinnzusammenhang ergibt, in den sie hineingestellt ist. Der Erfassung des objektiven Willens des Gesetzgebers dienen die anerkannten Methoden der Gesetzesauslegung aus dem Wortlaut der Norm, der Systematik, ihrem Sinn und Zweck sowie aus den Gesetzesmaterialien und der Entstehungsgeschichte."[500]

Bei der Ermittlung des Legislativzwecks qua Gesetzesmaterialien stellt sich die Frage, welche der vielen Texte, die innerhalb oder anlässlich des Prozesses der Gesetzesgenese entstehen und diesen konstituieren, legitimieren oder doch zumindest begleiten, herangezogen werden können bzw. dürfen (sog. Materialienproblem[501]). Ohne diese große rechtswissenschaftliche Forschungsfrage hier vertieft, d.h. in angemessener Weise, behandeln zu können, so muss doch jedenfalls[502] gelten, dass innerhalb der Entscheidungsstruktur des Gesetzgebungsverfahrens solche Dokumente beachtenswerte Meilensteine sind, die sich der Bundestag nach Maßgabe der Geschäftsordnung zu eigen gemacht hat.[503] Dies sind, im Falle einfachen Bundesrechts, die Gesetzesvorlage mit den begleitenden Stellungnahmen aus der ersten Beratung und der Ausschussbericht mit den Beschlussempfehlungen aus der zweiten Beratung (§§ 79 ff. GOBT). Als kollektiv-intentionale Akte können dagegen nicht einzelne Äußerungen von Parlamentariern gelten (selbst wenn sie in den Protokollen dokumentiert werden)

---

500 BVerfGE 133, 168, 205. Ähnlich auch: BVerfG NJW 2012, 669, 671: die „maßgebliche gesetzgeberische Grundentscheidung, an die die Gerichte verfassungsgerichtlich gebunden sind, [...] lässt sich unter anderem aus den Gesetzesmaterialien erschließen."

501 So etwa *Engisch*, Einführung, S. 120.

502 Für einen sehr weiten Kreis von Materialien: *Alexy/Dreier*, Interpretation, S. 73, 86 f.: „In general, everything may be taken into accout."; *Beaucamp/Treder*, Methoden, Rn. 160; *Bydlinski*, Methodenlehre, S. 449; *Larenz*, Methodenlehre, 329 ff.

503 So arbeitet *Wischmeyer* in Schriften jüngeren Datums heraus: *Wischmeyer*, Zwecke, S. 389 ff. mwN. (auch zum Folgenden), *ders.*, Wille, JZ 2015, 957, 965. Ähnlich, wenngleich selbstverständlich nicht nach Luhmannscher Manier die Legitimation durch Verfahren betonend, die ältere Pandektentheorie, hierzu *Fleischer*, Beobachtungen, AcP 211(2011), 317, 330 mwN.

oder Aussagen in den internen Beratungsvorgängen der Ausschüsse (vgl. § 69 Abs. 1 S. 1 GOBT).

Aus der Beantwortung der Materialienfrage lässt sich aber nicht rückschließen, wie Gesetze ohne Zwecksetzung (b.) bzw. mit fragwürdigem Zweck (c.), illegitimen Zweck (d.) oder mehreren Zwecken (e.) zu behandeln sind.

b. Keine Zweckbenennung

aa. Begründungspflicht des Gesetzgebers

Findet sich keine Zweckbenennung, stellt sich die Frage nach einer Pflicht zur Entscheidungsbegründung,[504] die zu verletzen einen formellen Fehler im Gesetzgebungsverfahren bedeuten könnte. Anders als bei der judikativen Entscheidungsbegründung, die einfachgesetzlich vorgeschrieben ist,[505] ist in Bezug auf den Gesetzgeber Existenz und Umfang einer Begründungspflicht umstritten.[506] Prominent geworden ist *Willi Geigers* Ausspruch:

> *„Der Gesetzgeber schuldet* den Verfassungsorganen im Staat, auch den Verfassungsgerichten, *nichts als das Gesetz.* Er schuldet ihnen weder eine Begründung noch gar die Darlegung seiner Motive."[507]

Selbst wenn also keine, zumindest keine justiziable, Verpflichtung des Gesetzgebers besteht,[508] seine Gesetz gewordenen Entscheidungen zu begründen,[509] so muss im Rechtsstaat doch ein objektiver Sinngehalt vorhanden,

---

504 Grds. zur verfassungsrechtlichen Begründungspflicht von Entscheidungen der Staatsgewalten: *Kischel*, Begründung, S. 63.

505 Hierzu oben unter I. Zu den Begründungspflichten der verschiedenen gerichtlichen Entscheidungen im Detail: *Kischel*, Begründung, S. 177 ff.

506 Instruktiv: *Hebeler*, Gesetzgeber, DÖV 2010, 754.

507 *Geiger*, Gegenwartsprobleme, S. 131, 141. Hervorhebungen CS. Aus einem mittlerweile überwundenen Machtverständnis heraus sogar gegen eine Zweckbestimmung: *Radbruch/Zweigert*, Einführung, S. 45: „Ein moderner Gesetzgeber nimmt deshalb das Wörtchen ‚weil' niemals in den Mund. Nicht zu überzeugen, sondern zu befehlen muß seines Amtes sein, wenn der Adressat gehalten sein soll, nicht zu räsonieren, sondern Order zu parieren." Diese Auffassung muss allerdings primär auf den Gesetzestext selbst bezogen werden.

508 Für das Einführen einer solchen Verpflichtung: *Pestalozza*, Gesetzgebung, NJW 1981, 2081, 2086; *Stächelin*, Strafgesetzgebung, S. 332 f.

509 *Waldhoff*, FS Isensee, S. 325, 342: Begründungspflicht „nicht als Rechtspflicht, sondern als Klugheitsgebot."

die Norm also rational begründbar sein.[510] Ein Zweck ist ohnehin schon aus verfassungsrechtlichen Gründen unverzichtbar, ihn offenzulegen ist nicht nur für den Rechtsanwender, sondern auch für den Gesetzgeber selbst wichtig. Zunächst kann sich dies rationalisierend auswirken, sodass ein „Schuß ins Dunkle"[511] vermieden wird.[512] Hinzu kommt, dass der Gesetzgeber in seinen Zielvorgaben zwar grundsätzlich frei ist,[513] diese indes nur bei klarer Artikulation erreicht und damit seinen Willen sowie seine Autorität gewahrt sehen kann.[514] Die rationale Zweckbestimmung dient einer gleichmäßigen Rechtsanwendung[515] durch ihre „Auslegungs-, Klarstellungs- und Entlastungsfunktion"[516] und fördert so die Rechtssicherheit.[517] Darüber kommt sie der Transparenz sowie der demokratischen Kontrolle zu Gute.[518] Es ist also selbstverfreilich, dass eine Zweckangabe die gesetzgeberische Freiheit nicht einschränkt,[519] sondern im Gegenteil eher erweitern kann.[520] Ähnlich wird auch nicht die richterliche Unabhängigkeit dadurch in unzulässiger Weise eingeschränkt wird, dass der Richter an Recht und Gesetz gebunden ist.

510 *Depenheuer*, Sprache, § 6, Rn. 31 ff. Vgl. auch: BVerfGE 8, 274, 307; 11, 126, 130 f.
511 *E. Hirsch*, Vorwort, S. 5.
512 Hierzu schon oben unter I.; zur Selbstkontrolle auch *Kischel*, Begründung, S. 265; *Schmitt*, Gesetz, S. 82.
513 Recht ist dabei nicht reines Faktum politischer Macht, sondern wird im demokratischen Verfassungsstaat nach den verfassungsrechtlichen Verfahren und Bestimmungen gesetzt, *Hillgruber*, Hb StaatsR IX, § 201 Rn. 54 ff. Negative Grenze ist die Verfassungswidrigkeit, klassisch hierzu: BVerfGE 80, 137, 159; 124, 300, 331 f. („Legitim ist grundsätzlich jedes öffentliche Interesse, das verfassungsrechtlich nicht ausgeschlossen ist.").
514 *Heidegger*, Satz, S. 13: „Nur begründete Aussagen sind verständlich und verständig."
515 *Höger*, Zweckbestimmungen. S. 115.
516 *Kischel*, Begründung, S. 265.
517 *Höger*, Zweckbestimmungen. S. 116. *Silva Sánchez*, Gesetzesauslegung, S. 55, 61: „intensive und klarstellende Kommunikation zwischen Gesetzgeber und Richter als [...] zentraler Aspekt einer Rechtssicherheit gewährleistenden Gesetzesauslegung".
518 *Stächelin*, Strafgesetzgebung, S. 332 f.
519 Insbesondere kann es nicht darum gehen, eine Einschränkung des Gesetzgebers für eine „Rolle der Rechtswissenschaft als intellektuelle Kontrollgewalt" zu forcieren. So aber Schünemann, Beruf, S. 223, 242. Ebenso Rechtswissenschaft als „vierte Gewalt": *ders.*, FS Roxin 2001, S. 1, 8.
520 Hinzu kommt mit *Walter*, Rhetorikschule. S. 149: „[D]er Verzicht auf eine Regel zugunsten einer Wertung ohne vorbestimmten Maßstab ist nichts weniger als der Verzicht auf Gerechtigkeit und Rechtssicherheit."

bb. Problem: Kein rekonstruierbarer Zweck

Müller schreibt:

„Im Rahmen des rational Möglichen sollten auch Wertentscheidungen begründet werden. Wo dies nicht möglich erscheint, dient es ihrer Diskutierbarkeit weit mehr, sie als solche zu bezeichnen, als im nachhinein eine dem Ergebnis angepaßte Verknüpfung methodischer Aspekte zu erstellen."[521]

In Bezug auf den Tatbestandszweck heißt das: Wenn sich mit Hilfe der Gesetzesmaterialien sowie mit Blick auf Kriminalisierungsursachen und -gründe kein Zweck rekonstruieren lässt, kann man nicht „postulate a purpose without a purposive actor"[522], sondern muss die Nicht-Begründbarkeit feststellen und aus ihr die verfassungsrechtlichen Konsequenzen ziehen. Diese Konstellation erscheint allerdings für die Rechtspraxis rar und stellt den Ausnahmefall dar,[523] sieht doch schon die Begründung der Gesetzesvorlage formularmäßig den Passus „Zielsetzung" vor. Die hier gemachten Äußerungen müssten also unverständlich bzw. inhaltsleer sein, zudem dürften auch keine anderen Indizien für einen Tatbestandszweck fruchtbar zu machen sein. Fehlt allerdings ein tatbestandlicher Zweck, muss die Strafwürdigkeit des erfassten Verhaltens verneint werden, sodass, erstens, für legislative Tätigkeiten schon gar kein Raum ist[524] und, zweitens, auch keine sachgerechte Auslegung vorgenommen werden könnte.[525] Aus Gründen der Gewaltenteilung, Transparenz, aber auch der Logik darf man die eigene Auslegung nicht einfach auf dem selbst gesetzten Tatbestandszwecken fußen lassen.[526] Vielmehr braucht es immer Indizien;[527] der Zweck lässt sich deshalb auch nicht, wie Konsequentialisten behaupten, durch eine Nutzenanalyse festlegen.[528] Das bedeutet:

---

521 *Müller*, Normstruktur, S. 69.
522 *Elster*, Marxism, S. 22, 23 hinsichtlich der funktionale Auslegungsmethode.
523 LK-*Weigend*, Einl. Rn. 3: nur „in extremen Fällen".
524 *Hassemer*, Straftaten, S. 57, 59 ff. *Pieth/Zerbes*, Sportverbände, ZIS 2016, 619, 624 sagen, dass „Unklarheiten über das Rechtsgut und die damit verbundenen Zweifel an der Strafwürdigkeit" zu einer tatbestandlichen Neufassung der schweizerischen Wirtschaftkorruptionsgesetze führten.
525 *Kubiciel*, Wissenschaft, S. 48 f.
526 *Giese*, Einführung, S. 36, mit Hinweis auf Goethes Faust 1: „Im Auslegen seid frisch und munter, legt ihr's nicht aus, so legt was unter."
527 So schon *Windscheid*, Pantektenrecht I, S. 59, wenngleich dieser noch einen anderen Gesetzgeber vor Augen hatte.
528 Vgl. etwa *Kirchner*, FS Schäfer, S. 37, 42. Als Vertreter der funktionalen Auslegung geht er von der Unzulänglichkeit der Nutzenanalyse aus, S. 45; zur Folge-

„When we talk about purposes in connection with rational reconstructions, we mean to be pointing precisely to the purposes of purposive agents and the ways in which those are well served by the norm in question."[529]

Wenn ein Zweck nicht rekonstuierbar ist, muss man dies mit der Folge der Verfassungswidrigkeit wegen eines Verstoßes gegen das Übermaßverbot[530] hinnehmen. Freilich besteht die Möglichkeit des gesetzgeberischen Nachjustierens, diese ist jedoch im Strafrecht wegen des Rückwirkungsverbots vergleichsweise unattraktiv.

c. Unplausibler Zweck

Engisch sagte einst zutreffend:
„Soweit der Wille des historischen Gesetzgebers nicht greifbar ist, mag schon eher der ‚vernünftige' Sinn zum Zuge kommen, von dem man ja behaupten kann, daß er im Zweifel vom historischen Gesetzgeber gewollt sei."[531]

Gleiches kann man bei einer Objektivierung des Legislativwillens,[532] wie das BVerfG sie etwa überzeugend verfolgt,[533] auch tun, wenn sich der sozio-politische Bedeutungskontext des Gesetzes nach Inkrafttreten gewandelt hat. Wie verhält es sich aber, wenn der einmal isoliert und festgestellte gesetzgeberische Wille im weitestgehend unveränderten Bedeutungszusammenhang steht und ein anderer Zweck schlicht zu plausibleren, weil

---

norientierung vgl. *Brennan/Eriksson/Goodin/Southwood*, Norms, S. 133 ff.; *Wischmeyer*, Zwecke, S. 368;

529 *Brennan/Eriksson/Goodin/Southwood*, Norms, S. 134.

530 *Hassemer*, Straftaten, S. 57, 59 ff., sonst: „Staatsterror" (S. 64).

531 *Engisch*, Einführung, S. 120. So sogar *Windscheid*, Pandektenrecht I, S. 59.

532 *Objektiviert* wird dabei der gesetzgeberische Wille, indem die historische Sprechsituation ausgeklammert wird, *Gadamer*, Wahrheit, S. 292, 309 f.; *Hassemer*, Tatbestand, S. 86 f., also etwa die „Denk- und Ausdrucksweise der Zeit" (mit Hinweis auf *Larenz*); s. auch *Engisch*, Wahrheit, S. 16 f. BGHSt 10, 159 f. spricht vom „lebendig sich entwickelnden Geist"; hierzu *Kubiciel*, Wissenschaft, S. 45 f. Eine „Verobjektivierung" des gesetzgeberischen Willens findet sich auch bei den Neukantianern, die sich wegen der Überbetonung der Sein-Sollens-Unterscheidung relativ weit von empirisch angestrebten Zwecken entfernen, s. *Radbruch*, Rechtsphilosophie, § 7 (anders als die heutige Sicht, die stärker den realen Ursprung der Normsetzung fokussiert).

533 Vgl. BVerfGE 1, 299, 312;11, 126, 130 f.; BVerfGE 105, 135, 157; BVerfGE 133, 168, 204 ff.; BVerfG NStZ 2014, 592, 593; st. Rspr.

ggf. konsistenteren, Auslegungsergebnissen führt – darf dann eine Zweckersetzung von den Gerichten vorgenommen werden?

Aktualisiert hat sich diese Fragestellung erst jüngst durch die Änderungen des KorrBekG 2015 in Bezug auf die Bestechlichkeit und Bestechung im geschäftlichen Verkehr. Hinsichtlich der tatbestandlichen Weite des geänderten § 299 StGB stellt sich die Frage, ob tatsächlich auch z.B. Handlungen gegen schlichte Vorlieben des Geschäftsherrn erfasst sein sollen (wie etwa der schulbuchartig gewordene Verstoß gegen Bekleidungsvorschriften für Mitarbeiter eines Catering-Services[534]). Um solche Fälle nicht der Strafgewalt unterfallen zu lassen, bietet sich eine Beschränkung des tatbestandlichen Geltungsbereichs auf wettbewerbsbezogene Handlungen über den Weg der teleologischen Reduktion an. In der Gesetzesvorlage zum KorrBekG 2015 wurde indes ausdrücklich festgestellt, dass das Geschäftsherrenmodell nicht den Wettbewerb schützen soll, sondern der „Schutz der Interessen des Geschäftsherrn an der loyalen und unbeeinflussten Erfüllung der Pflichten durch seine Angestellten und Beauftragten im Bereich des Austausches von Waren und Dienstleistungen" Ziel des durch die Normänderung neugeschaffenen Modells intendiert ist.[535] *Hoven* sowie *Pieth* und *Zerbes* haben in ihren Aufsätzen betont, dass dieser gesetzgeberisch ausdrücklich festgelegte Tatbestandszweck nicht ignoriert werden dürfe, indem er von den Gerichten durch einen ihnen plausibler erscheinenden Tatbestandszweck ersetzt werde.[536] Insbesondere sei bei der anwendenden Auslegung des § 299 Abs. 1 und 2, jeweils Nr. 2 StGB ein Rekurrieren auf den negierten Wettbewerbsschutz als einschlägigen Tatbestandszweck wegen der Missachtung des gesetzgeberischen Willens ausgeschlossen.[537] Dahinter steht die Überzeugung, dass man eine vermeintlich „tatsächliche" Regelungskonzeption nicht entgegen der eindeutigen Aussagen in den beachtlichen Gesetzesmaterialien diktieren kann.[538] In den Worten des BVerfG:

---

534 Zuerst *Rönnau/Golombek*, Aufnahme, ZRP 2007, 193, 194; *Pieth/Zerbes*, Sportverbände, ZIS 2016, 619, 623; *Schünemann*, Gesetzentwurf, ZRP 2015, 68, 69: „strafrechtliche[r] ‚Overkill'"; *Krack*, FS Samson, S. 377, 378.
535 BT-Drs. 18/4350, 21.
536 *Hoven*, Entwicklungen, NStZ 2015, 553, 559; *Pieth/Zerbes*, Sportverbände, ZIS 2016, 619, 623.
537 Ebd.
538 So auch der BGHSt 27, 45, 47f., dagegen: *Puppe*, Schule, S. 145,164 f.; kritisch auch: *E. v. Savigny*, Überprüfbarkeit, S. 97.

Die Aufgabe des Richters „beschränkt sich darauf, die intendierte Regelungskonzeption bezogen auf den konkreten Fall – auch unter gewandelten Bedingungen – möglichst zuverlässig zur Geltung zu bringen. In keinem Fall darf richterliche Rechtsfindung das gesetzgeberische Ziel der Norm in einem wesentlichen Punkt verfehlen oder verfälschen oder an die Stelle der Regelungskonzeption des Gesetzgebers gar eine eigene treten lassen. Für die Beantwortung der Frage, welche Regelungskonzeption dem Gesetz zu Grunde liegt, kommt daneben den Gesetzesmaterialien und der Systematik des Gesetzes eine nicht unerhebliche Indizwirkung zu."[539]

Möchte man dem Gewaltenteilungsgrundsatz[540] und dem Demokratieprinzip,[541] ggf. auch dem Gesetzlichkeitsprinzip[542], in angemessener Weise Rechnung tragen, muss der Gesetz gewordene Verbotswille des Gesetzgebers im Rahmen der verfassungsrechtlichen Grenzen Beachtung finden,[543] sodass man sich nicht gegen einen explizit vorgezeichneten Tatbestandszweck sperren kann. Der Rechtsanwender ist also nicht nur dem Wortlaut, sondern auch den grundsätzlich getroffenen Wertentscheidungen des Gesetzgebers verpflichtet.[544]

d. Illegitimer Zweck

Der vom Gesetzgeber angegebene Zweck kann darüber hinaus wegen eines Verfassungsverstoßes illegitim sein. Dieser Konstellation kommt, so sehr sie auch von der Strafrechtswissenschaft in den Fokus genommen wird,[545] in der Rechtspraxis im Grunde keine Relevanz zu. *Lagodny* weist darauf hin, dass sowohl das BVerfG als auch die Verfassungslehre die Straf-

---

539 BVerfGE 133, 168, 205; s. auch BVerfG NJW 2012, 669, 671; zur Grenze der Bindungswirkung: BVerfGE 54, 277, 297 f.
540 *Montesquieu*, De l'esprit, XI 6 (S. 214 ff.), hierzu: *Böckenförde*, Gesetz, S. 30 ff.
541 *Wilfert*, Strafe, S. 83.
542 Zur Entwicklungsgeschichte des strafrechtlichen Gesetzesvorbehalts: vgl. etwa *Krey*, Strafe.
543 Vgk. *Hassemer*, Tatbestand, S. 86 f.
544 *Roxin*, AT I, S. 151; *Zippelius*, Strukturierung, JZ 1999, 112, 115.
545 Zu den Versuchen der Grenzbestimmung (einhergehend mit Behauptungen von Grenzübertritten des Gesetzgebers), s. schon oben.

gesetze nur mit Samthandschuhen anfassen.[546] Bis auf die beiden Entscheidungen zum Schwangerschaftsabbruch[547] haben die Karlsruher Verfassungshüter noch nie ein Strafgesetz wegen Verstoßes gegen ein materielles Grundrecht für verfassungswidrig oder nichtig erklärt.[548]

Dies ist multikausal: Zuallererst ist die Schwelle zur Unzulässigkeit sehr hoch, kommt dem Gesetzgeber doch schon wegen seiner stärkeren demokratischen Legitimierung sowie der Gewaltenteilung eine ganz erhebliche Einschätzungsprärogative zur Überwindung fehlender empirischer Erkenntnisse zu.[549] Darüber hinaus hat das BVerfG festgestellt, dass auch eine Teiltauglichkeit zur Zweckverwirklichung wegen nicht vollständiger tatbestandlicher Erfassung aller zur Zweckerreichung notwendigen Sachverhalte aus verfassungsrechtlicher Perspektive genügt.[550] Vor allem aber wird die Illegitimität nur im Umkehrschluss festgestellt, es sind also all jene Zwecke legitim, die nicht illegitim sind, das sind nach dem BVerfG diejenigen, die nicht gegen den Gesetzesvorbehalt des jeweils einschlägigen materiellen Freiheitsgrundrechts bzw. ein Gleichheitsgrundrecht verstoßen: „Sie [die gesetzgeberische Befugnis, Anm. CS] findet ihre Grenze vielmehr – auf dem Gebiet des Strafrechts wie anderswo – nur in der Verfassung selbst, wenn und soweit diese die Verfolgung eines bestimmten Zwecks von vornherein ausschließt"[551]

Hinzu kommt, dass der Gesetzgeber selbst nach Verabschiedung des Gesetzes zwar keine Gründe (etwa im Rahmen eines Normenkontrollverfahrens) nachschieben,[552] die gesetzgeberische Kommunikation des Tatbestandszweckes vom Rechtsanwender aber nachgebessert werden kann. So

---

546 *Lagodny*, Strafrecht, S. 50 ff.; s. auch *Hörnle*, Verhalten, S. 31; *Appel*, Verfassung, S. 96 ff.; *Paulduro*, Verfassungsgemäßheit, S. 432. Als weitere Grenzen verfassungskonformen Strafens kommt, neben der Verhältnismäßigkeit, eine Verletzung von Art. 3 GG und die Vereinbarkeit mit dem Schuldprinzip in Frage, *Hoven*, Straftatbestände, ZStW 129 (2017), 334, 340 f., die aber noch seltener praktisch relevant werden (wohl aber bzgl. § 183 StGB bzw. §§ 323a, 184j StGB, hierzu aaO.).

547 BVerfGE 39, 1; 88, 203.

548 *Logodny*, Strafrecht, S. 52. Selbst das Inzestverbot nicht, s.o.

549 *Lagodny*, Strafrecht, S. 173; provokant deshalb *Hillgruber*, Hb. StaatsR IX, § 201 Rn. 71: „in dubio pro libertate" gilt nicht. „Zweifel gehen zu Lasten des Bürgers." Differenzierter zu diesem Grds.: *Sternberg-Lieben*, Rechtsgut, S. 65, 80 mwN.

550 BVerfGE 47, 109, 118 f.; *Lagodny*, Strafrecht, S. 174 f.

551 BVerfGE 120, 224, 242, abweichendes Sondervotum Hassemers S. 255 ff.

552 Das Parlament hat das Gesetz dann aus seinem Wirk- und Einflussbereich entlassen, es entfaltet Bindungswirkung nur in der verkündeten Form (Art. 82 Abs. 1 S. 1 GG iVm. Art. 20 Abs. 3 GG), *Simon*, Gesetzesauslegung, S. 276; *Flei-*

---

muss bei der Angabe mehrerer Zwecke durch die Legislative nur ein einziger legitim sein. Dies ist zwar für den Rechtsanwender eine überaus unglückliche, da unsichere Situation (und daher vom Gesetzgeber unbedingt zu vermeiden), allerdings ist sie nicht verfassungswidrig, weil das Grundgesetz keinen gewissenhaften Gesetzgeber,[553] sondern sinnvolle Gesetze zum Ziel hat. Insofern stimmt es, dass die Legislative nichts als das Gesetz schuldet.[554] Das BVerfG hat folgerichtig nahegelegt, dass ein vom Gesetzgeber verfolgter unzulässiger Zweck auch gerichtlich gegen einen anderen, entweder explizit genannten oder feststellbaren, ausgetauscht werden kann.[555]

Das Problem eines illegitimen Tatbestandszwecks stellt sich also praktisch nicht.

e. Mehrere Zwecke

Problematisch erscheint jedoch, wenn mehrere Zwecke benannt werden. Dies liegt daran, dass mehrere Ziele häufig an irgendeinem Punkt miteinander konfligieren. Darf man keinem der Ziele von vornherein den Vorzug geben, so stellen sich schwierige Abwägungsfragen im Einzelfall, in dem regelmäßig nicht beide bzw. alle Zwecke gleichermaßen verwirklicht werden können.[556] Kurz: das Telos einer Norm leitet die Auslegung an, mehrere Teloi erschweren sie.

Dies ist außerhalb der Rechtswissenschaft freilich oftmals anders: Wenn es beispielsweise im Wirtschaftsleben ein Ziel ist, die Kosten zu minimieren, ein anderes aber, die Qualität zu maximieren, können diese Ziele zwar zumeist auch nicht beide vollständig erreicht werden. Die Definition von Kosten und Qualität als gleichberechtigte Ziele schließt eine Favorisierung eines der beiden aus. Allerdings kann hier ein Ausgleich zwischen den Zie-

---

scher, Beobachtungen, AcP 211(2011), 317, 332; *Waldhoff*, Gesetzesmaterialien, S. 6.

553 Insofern irritiert es, wenn von einer „Appellfunktion" des Grundgesetzes die Rede ist.

554 Hierzu oben unter b.aa.; *Waldhoff*, FS Isensee, S. 325.

555 BVerfGE 21, 292, 299; 33, 171, 186. Zur Frage nach einer möglichen Zweckbestimmung der Gerichte vertieft: *Wernsmann*, Verhaltenslenkung, S. 253 ff. mwN.

556 Vgl. *Engisch*, Wahrheit, S. 17, den dies an den Streit zwischen olympischen Göttern erinnert.

len mithilfe einer einfachen Mini-Max-Regel gefunden werden.[557] Eine solche mathematische Operation schließt sich bei der Normapplikation von vornherein aus.[558] Das Inkommensurabilitätsproblem ist grundsätzlich aus der Verhältnismäßigkeitsprüfung bekannt, stellt sich aber mit Blick auf das Strafrecht besonders scharf. Hier ist auch ein hermeneutisches Abwägen verschiedener Zwecke angesichts der oftmals herausfordernden Aufgabe der Tatbestandsauslegung, die sich im Strafrecht zudem immer mit dem unterschwelligen Konflikt zwischen Sicherheit und Freiheit konfrontiert sieht, nicht zumutbar. Ein Gegeneinanderaufwiegen *gegenläufiger* Tatbestandszwecke von ggf. unterschiedlichen Subjekten verbietet sich aber vor allem schon aus Gründen der Rechtssicherheit. Dagegen sind *gleichläufige* Zwecke, wie sie etwa im Tatbestand des Raubes, § 249 StGB, zu finden sind, unproblematisch: Hier wird sowohl der Schutz des Vermögens als auch der Freiheit zur Willensbetätigung und –entschließung bezweckt, es werden also solche Handlungen kriminalisiert, die *durch* eine Willensbeeinträchtigung das Vermögen schädigen. Eine solche Zweckkumulation führt zur Formulierungen *eines* komplexen Tatbestandszweckes. Ausgeschlossen wäre es indessen beispielsweise, dass die Auslandsbestechung ieS., § 335a iVm. §§ 331 ff. StGB, sowohl den Schutz des internationalen Wettbewerbs sowie inländischer staatlicher Institutionen bezweckt; diese beiden Zwecke sind im Bestechungskontext nicht in einen Konnex zueinander zu bringen, der einen gemeinsamen, d.h. kumulativen, Schutz innerhalb eines Tatbestands sinnvoll möglich machen würde. Vormals war im IntBestG der Bezug zum internationalen Wettbewerb noch tatbestandlich vorgeschrieben, sodass überwiegend der Wettbewerbsschutz als Tatbestandszweck benannt wurde,[559] der Schutz staatlicher Institutionen war dann nur noch als sonstiges Kriminalisierungsinteresse zu kategorisieren, also als Grund. Umgekehrt ist es bei der jetzigen Gesetzeslage denkbar, dass der Institutionenschutz Zweck ist und der faire Wettbewerb als Grund zu behandeln ist,[560] mit der Folge, dass die rechtspolitische Aufgabe des Wettbewerbsschutzes die Auslegung nicht mehr präsidieren würde.

Daraus ergibt sich, dass es mehrere Ursachen und Gründe für die Kriminalisierung eines Verhaltens geben kann, wohingegen keine inkonsistenten Zielbündel, sondern immer nur ein (kumulierter) Zweck anleitend ist. Aus einer Reihe notwendiger Bedingungen ist also eine hinreichende Be-

---

557 *Keeney/Raiffa*, Decisions, S. 33.
558 *Hassemer*, Tatbestand, S. 26 ff, s. insb. S. 33 f.
559 S.u. unter 4. Kap. C.IV.
560 Hierzu unten unter 4. Kap. C.V.-VII.

dingung für die Tatbestandsexistenz zu formulieren.[561] Bei mehrfachere Zwecknennung sollte der einschlägige Zweck gerichtlich festgestellt werden.

VI. Zusammenfassung

Wir haben die Auslandsbestechung als Blackbox kennengelernt, in deren Dunkel die Bedeutung und Relevanz der unterschiedlichen für sie vorgetragenen Argumente entschwinden. Für die Rechtsanwendung empfiehlt sich – genauso wie für die Gesetzgebung – eine Rationalisierung seiner Entscheidungen; auf der Tatbestandsebene bietet es sich an, zwischen Ursache, Grund und Zweck zu unterscheiden. In Bezug auf den hiesigen Untersuchungsgegenstand bedeutet das: Weshalb, warum und wozu die Auslandsbestechung kriminalisiert ist, ergibt sich aus dem sozio-politischen Bedeutungszusammenhang, dem das Gesetz entsprungen ist, und den verfolgten rechtspolitischen Erfordernissen und mittelbaren bzw. nachrangigen Bestrebungen, die sich aus gesellschaftlichen und wirtschaftlichen Bedürfnissen speisen können. Der Zweck (und damit auch die Zweckmäßigkeit) der strafrechtlichen Erfassung der spezifischen tatbestandsmäßigen Handlung findet sich entweder direkt in den Gesetzgebungsmaterialien oder ist zu rekonstruieren, damit er die Auslegung anleiten kann und konkrete Auslegungsergebnisse formuliert werden können. Sollte kein Tatbestandszweck oder lediglich ein illegitimer gefunden werden, müsste eine Verfassungswidrigkeit attestiert werden; bei einem zunächst zweifelhaft erscheinenden Zweck wären besonders gründlich die Auswirkungen auf die Auslegung zu untersuchen; im Falle von multiplen Zwecken der bestpassendste zu benennen. Jedenfalls kann eine realistische Strafrechtswissenschaft, die sich als eine Theorie der Praxis versteht, schon wegen des vom BVerfG festgestellten weiten verfassungsrechtlichen Rahmens ihre Rolle nicht primär als Gatekeeper verstehen, sondern sollte sich um Begleitung und Rationalisierung der Gesetzgebung und Rechtsanwendung bemühen.[562] Hierfür kann die Unterscheidung zwischen Ursache, Grund und Zweck ein hilfreiches Handwerkszeug sein.

---

561 Vgl. *Latour*, Reassembling, S. 104.
562 So auch *Gärditz*, Demokratizität, JZ 2016, 641, 649.

Drittes Kapitel: Ursache, Grund und Zweck der EU-Bestechung

Die Unterscheidung zwischen Ursache, Grund und Zweck soll nun ihre erste, schnelle Feuertaufe in Bezug auf die Bestechungsdelikte gem. §§ 331 ff. StGB unter Beteiligung Europäischer Amtsträger iSd. § 11 Abs. 1 Nr. 2a StGB überstehen.

In Kürze zur Regelung:[563] Die Bestechungshandlungen von Europäischen Amtsträgern waren früher von der Gleichstellungsnorm des Art. 2 § 1 EUBestG erfasst. Seit dem KorrBekG 2015 sind sie im Kernstrafrecht geregelt. Bei dem Transfer wurden folgende tatbestandlichen Modifikationen vorgenommen: 1) Europäische Amtsträger sind den (deutschen) Amtsträgern in den §§ 331 ff. StGB völlig gleichgestellt, sodass a) das Pflichtwidrigkeitserfordernis wegfällt und es b) keine Beschränkung auf künftige Handlungen mehr gibt, sodass auch Dankeschön-Zahlungen erfasst sind. 2) In den personelle Anwendungsbereich der EU-Bestechung fallen nicht mehr die Amtsträger eines EU-Mitgliedstaates; diese sind lediglich von § 335a StGB erfasst.

A. Ursache der EU-Bestechung

I. Globale und EU-Antikorruptionsbewegung

Angestoßen wurde die Gesetzgebung der EU-Bestechung durch die zahlreichen internationalen und europäischen Antikorruptionsinitiativen. Sie verlangen eine erhöhte Aufmerksamkeit in der Antikorruptionsgesetzgebung, indem sie Gesetzgebungsaktivitäten in diesem Bereich prüfen und den Blick der Medienöffentlichkeit immer wieder auf dieses Gebiet lenken. Hierdurch entsteht rechtspolitischer Druck, den legislatorischen Nachbesserungsbedarf zu decken. Bei der Kriminalisierung der EU-Bestechung im Speziellen wirkte ursprünglich maßgeblich die EU selbst als Initiator. Durch ihren EU-Anti-Korruptionsbericht hatte sie einen weiteren Anstoß zur Gesetzgebung gegeben (II.), die dann im Rahmen der Umset-

---

563 Hierzu auch schon oben unter Kap. 1 B.I.

zung internationaler Rechtsinstrumente erfolgte (hierzu unter III.). Dies soll im Folgenden beleuchtet werden. Dagegen wird eine detaillierte Auseinandersetzung mit dem weltpolitischen Kontext sowie den internationalen Initiativen und Abkommen[564] auf das nächste Kapitel dieser Arbeit verschoben.

II. Insbesondere: EU-Antikorruptionsbericht

Der Erste EU-Antikorruptionsbericht wurde im Februar 2014 veröffentlicht.[565] Im Mai 2014 fanden die erneuten Bemühungen um das neue „Gesetz zur Bekämpfung der Korruption" mit der Finalisierung des Referentenentwurfs ihren ersten Abschluss. Eine Mitursächlichkeit des EU-Berichts für die aktuelle Tatbestandsfassung der EU-Bestechung liegt angesichts dieser engen zeitlichen Abfolge nahe.

Bei dem Anti-Korruptionsbericht handelt es sich um einen sog. Review-Mechanism, also ein Instrument zur Evaluation von Antikorruptionsstrategien.[566] Tools dieser Art sind aus der Arbeit internationaler Organisationen wie etwa UN, OECD und Europarat bekannt und funktionieren nach dem Motto „Problem erkannt, Problem gebannt" – allein durch das externe Aufzeigen von Entwicklungsfeldern und -strategien, verknüpft mit einem möglichen Erfahrungsaustausch, sollen die Mitgliedstaaten (gesetzgeberisch) aktiv werden.[567] Tatsächlich ist der jeweilige Handlungsbedarf für alle Beteiligten regelmäßig auch ohne Begutachtungsberichte evident. Dennoch ist der rechtspolitische Druck, der von den Review-Mechanisms ausgeht, nicht unerheblich:[568] Durch das Benennen von Lücken (*naming*) wird die versäumte Einhaltung wechselseitiger Vereinbarung offengelegt

---

564 Diese kennen in dem von ihnen verwendete Begriff des „foreign public official" keine Unterscheidung zwischen den Täterkreisen Europäischer Amtsträger und ausländischer bzw. internationaler Bediensteter.

565 Europäische Kommission, Report from the Commission to the Council and the European Parliament: EU Anti-Corruption Report, Bericht v. 3.2.2014, COM(2014) 38 final.

566 *Kubiciel*, EU-Anti-Corruption Report, HRRS 14 (2013), 213, 214.

567 Vgl. 4. Kap. A.II.7.

568 Hierzu und den damit verknüpften Schwierigkeiten für die Fortsetzung des Berichts: *Spörl*, Heimlich begraben. EU stoppt Anti-Korruptionsbericht, LTO v. 25.4.2017, online verfügbar unter https://www.lto.de/recht/hintergruende/h/e u-kommission-schafft-anti-korruptionsbericht-ab-heimlich-begraben/ (zuletzt abgerufen am 8.10.2019).

(is *shaming*).[569] Die Herausgeberschaft der EU verhalf dem Bericht zu seiner überlegenen Strahlkraft: Die Europäische Kommission hat als supranationale Institution eine größere Autorität als die internationalen Organisationen. Die besondere Bedeutung, die der EU-weiten Antikorruptionsbemühungen so zukommt, hatte das Europäische Parlament schon 2003 im Blick, als es von der Europäischen Kommission einen solchen Bericht gefordert hatte.[570] Diese sagte ihn allerdings erst 2011 für das Jahr 2013 zu[571] und veröffentlichte ihn dann 2014.

Dieser Antikorruptionsbericht war besonders reichhaltig,[572] weil er sich nicht auf eigene Untersuchungsergebnisse beschränkte, sondern zudem und vor allem vorhandene Analysen auswertete und kompilierte. Er beinhaltete eine Studie zur Korruptionswahrnehmung und -erfahrung, beschrieb EU-weite Korruptionstrends und behandelte ausgewählte Themen eingehender.[573] Darüber hinaus enthielt er Länderberichte über die Entwicklungen in allen Mitgliedstaaten und sprach auf Grundlage dieser individuellen Evaluationen konkrete Verbesserungsmaßnahmen aus, deren Umsetzung in den Folgeberichten überprüft werden sollte.

Grundsätzlich wurde in dem Länderbericht über Deutschland ein positives Bild der hiesigen Antikorruptionssituation gezeichnet,[574] dies betraf vor allem strategische Ansätze, institutionelle Regelwerke der öffentlichen

---

569   S. hierzu und zur Rolle der EU auch: *Kubiciel/Spörl*, Report, Business Compliance 02/2014, 5, 8 ff.

570   Das EP verlangte damals von der Kommission, dass diese von den Mitgliedstaaten angemessene Antikorruptionsbemühungen fordere, COM(2003) 317 - 2003/2154(INI), Nr. 15.

571   Europäische Kommission, Establishing an EU Anti-Corruption Reporting Mechanism for Periodic Assessment („EU Anti-Corruption Report"), Entscheidung v. 6.6.2011, C(2011) 3673 final.

572   Die Korruptionssituation in den EU-Mitgliedstaaten wurde zwar umfassend analysiert, man hätte den Bericht allerdings noch um eine Untersuchung der EU selbst, also ihren Institutionen und Einrichtungen, ergänzen können. Eine solche Analyse war auch angekündigt, wurde aber noch nicht ausgeführt.

573   Struktur des Berichts: 1) Introduction, 2) Results of Eurobarometer surveys of 2013 on perceptions of corruption and experience of corruption, 3) Horizontal chapter, describing corruption-related trends across the EU, 4) Thematic chapter, focusing on a cross-cutting issue of particular relevance at EU level, 5) Annex on methodology, 6) Country chapters.

574   Offizielle Zusammenfassung der Europäischen Kommission: „Im Hinblick auf die Korruptionsbekämpfung gehört Deutschland zu den erfolgreichsten Ländern der EU.", online verfügbar unter https://ec.europa.eu/home-affairs/what-w e-do/policies/organized-crime-and-human-trafficking/corruption/anti-corruptio n-report_en (zuletzt abgerufen am 8.10.2019).

Verwaltung sowie Strafverfolgung und Justiz.[575] Auch die Ergebnisse der empirischen Erhebungen zur Korruptionswahrnehmung waren aus deutscher Sicht erfreulich: Laut 2013 Special Eurobarometer on Corruption[576] fühlen sich 92 % der deutschen Studienteilnehmer in ihrem Alltag nicht persönlich betroffen von Korruption (EU-Durchschnitt: 70 %) und von weniger als 1 % wurde in den vorangegangenen 12 Monaten nach einer Bestechungszahlung gefordert und erwartet (EU-Durchschnitt 4 %). Für den Bereich des öffentlichen Vergabewesens erklärten dem 2013 Eurobarometer Business Survey zufolge 20 % derjenigen, die in den vorangegangenen 3 Jahren an der öffentlichen Vergabe teilgenommen hatten, wegen Korruption einen Auftrag nicht gewonnen zu haben (EU-Durchschnitt: 32 %).[577] Fast alle negativen Praktiken im Zusammenhang mit der öffentlichen Vergabe – die bei Transnationalität einen Großteil der Auslandsbestechung ausmacht –[578] sind in Deutschland als weniger weit verbreitet wahrgenommen worden als im EU-Durchschnitt.[579]

Erheblicher Nachbesserungsbedarf wurde vom EU-Bericht dagegen auf gesetzgeberischer Seite gesehen. Gerade die Strafgesetze entsprächen internationalen Standards nicht:

> „Despite being a founding member of GRECO and having signed the two Council of Europe Conventions against Corruption in 1999, it remains one of the few European countries which have not ratified these conventions or the United Nations Convention against Corruption (UNCAC). [...] Overall, the level of compliance with the recommendations in the Third Evaluation Round [of GRECO] remained 'globally unsatisfactory'. This was also the case in October 2013."[580]

Diesen völkerrechtlichen Verpflichtungen und Ermahnungen zum Trotz fehlte es in Deutschland lange Zeit am politischen Willen, nicht nur wortreich, sondern auch tatkräftig zu agieren. UNCAC blieb lange nicht ratifi-

---

575 Siehe hierzu und zum Folgenden: *Europäische Kommission* (Hrsg.), EU-Anti-Corruption Report, Annex 5 to the EU Anti-Corruption Report: Germany (Länderbericht Deutschland), COM(2014) 38 final, 3.2.2014, S. 2 f.

576 Gesondert publiziert: *Europäische Kommission* (Hrsg.), Special Eurobarometer Nr. 397, Corruption, 2014, S. 32, 80.

577 *Europäische Kommission* (Hrsg.), Flash Eurobarometer Nr. 374, Businesses' Attitudes towards Corruption in the EU, 2014, S. 53 f.

578 57% der Fälle laut OECD Foreign Bribery Report 2014, S. 3, 8, 35 (online verfügbar unter: http://dx.doi.org/10.1787/9789264226616-en, zuletzt abgerufen 8.10.2019). Hierzu auch *Hodges*, Law, S. 341.

579 Länderbericht Deutschland, S. 3.

580 Länderbericht Deutschland, S. 2.

ziert und auch der Handlungsbedarf mit Blick auf das Europaratsübereinkommen und die GRECO-Empfehlungen wurden schlicht ignoriert. Die
Veröffentlichung des EU-Antikorruptionsberichts sorgte in Deutschland
dann jedoch für eine medienöffentliche Fokussierung auf die Antikorruptionsgesetze, die den EU-Forderungen nach gesetzgeberischen Aktivitäten
endlich den notwendigen Nachdruck zur Umsetzung einer umfassenden
Antikorruptionsstrategie verliehen. Wenngleich die Empfehlungen am Ende des Länderberichts nicht die EU-Bestechung im Speziellen betrafen, so
stießen sie doch insgesamt Änderungen der Bestechungsdelikte an. Dem
EU-Antikorruptionsbericht kommt also eine entscheidende Verursacher-
rolle hinsichtlich des KorrBekG 2015 zu.

Gleichwohl ist der EU-Anti-Korruptionsbericht nun durch die Arbeit in
dem für Wirtschaftsfragen zuständigen Teil des European Semesters mit
Hinweis auf eine so gesteigerte Effizienz der Antikorruptionsarbeit ersetzt
worden.[581] Das zentrale Feature der europäischen Öffentlichkeitswirkung
wird so stark beschnitten, was den Rückzug des EU-Instrumentariums
gleich nach der gefeierten Premiere höchst bedauerlich macht.[582] Es wird
sich zeigen, ob die Von der Leyen-Kommission mit ihren Bemühungen
um neue EU-weite Maßnahmen gegen Korruption durchdringen wird. Jedenfalls bleiben uns die schon eingefahrenen Erfolge hinsichtlich der Mit-
veranlassung des KorrBekG 2015 erhalten.

---

581 „[A] more efficient and versatile approach", Vize-Präsident der Europäischen
     Kommission in einem Schreiben an Claude Moraes, MEP und Vorsitzender des
     Committee on Civil Liberties, Justice and Home Affairs (LIBE) v. 25.1.2017,
     ARES (2017) 455202, S. 2. Hinzu kommt das „Anti-corruption experience
     sharing programme" mit jährlich stattfindenden Workshops zum Erfahrungs-
     austausch auf EU-Ebene, hierzu: https://ec.europa.eu/home-affairs/what-we-do/p
     olicies/organized-crime-and-human-trafficking/corruption/experience-sharing-pr
     ogramme_en (zuletzt abgerufen am 8.10.2019).
582 Kritisch zum Stopp der offene Brief an die Europäische Kommission betreffend
     der Nichtveröffentlichung des zweiten EU-Antikorruptionsberichts: *Paul
     Heywood/Michael Kubiciel/Luís de Sousa/Willeke Singerland*, European scholars
     call the European Commission to continue the Anti- Corruption Report,
     2.5.2017, online abrufbar: https://www.jura.uni-augsburg.de/lehrende/professor
     en/kubiciel/downloads/kubiciel/continuation_anti_corruption_report.pdf
     (zuletzt abgerufen am 8.10.2019).

III. Umsetzung internationaler Rechtsinstrumente

Aus den internationalen Rechtsinstrumenten könnten sich Ursache, Grund oder sogar Zweck der §§ 331 ff. iVm. § 11 Abs. 1 Nr. 2a StGB ergeben. Möchte man die Umsetzung der internationalen Rechtsinstrumente als inhaltliche Motivation oder Zielsetzung, also mehr als nur als Kriminalisierungsursache, begreifen, würde dies mindestens voraussetzen, dass die Verpflichtungen gesetzgeberischen Handlungsbedarf bezüglich der EU-Bestechung ausgelöst haben.

Die neuerliche Kriminalisierung der EU-Bestechung wurde im Rahmen der völkerrechtlich gebotenen Umsetzung internationaler Rechtsinstrumente vorgenommen.[583] Namentlich waren das:[584]Der Rahmenbeschluss des Rates zur Bekämpfung der Bestechung im privaten Sektor (EU-Rahmenbeschluss) vom 22. Juli 2003,[585] der die Bestechungstaten im öffentlichen Sektor und damit die EU-Bestechung nicht betrifft. Darüber hinaus das Strafrechtsübereinkommen des Europarats über Korruption (Europaratsübereinkommen)[586] und das Zusatzprotokoll des Europarats zum Strafrechtsübereinkommen über Korruption (Europaratsprotokoll),[587] die sich beide weder institutionell, noch personell oder räumlich auf die EU beschränken und ausschließlich völkerrechtlich relevant sind. Eine Änderungspflicht hinsichtlich der EU-Bestechung liegt deshalb nicht nahe. In diesem Zusammenhang lautet die Entwurfsbegründung auch:

> „4. Zur Umsetzung der Artikel 5, 9 und 11 des Europarat-Übereinkommens ist in umfassenderer Weise als bisher die Unterstrafestellung der Bestechlichkeit und Bestechung von ausländischen und internationalen Beamten und sonstigen Bediensteten, Richtern und Soldaten erforderlich. Europäische Amtsträger sollen, *über die bestehenden Vorgaben hinausgehend,* auch in die Straftatbestände der Vorteilsannahme und Vorteilsgewährung (§§ 331, 333 StGB) einbezogen werden. 5. *Über die Umsetzung dieser Rechtsinstrumente hinaus* [...]."[588]

---

583 Wie schon im Jahr 2002 von der Bundesregierung angekündigt, BT-Drs. 18/8527, 105 (Nr. 5).

584 BT-Drs. 18/4350, 12.

585 Rahmenbeschluss 2003/568/JI, ABl. L 192 vom 31.7.2003, S. 54.

586 ETS Nr. 173. Zur Umsetzung des Europaratsübereinkommens durch das KorrBekG 2015: *Hoven/Kubiciel*, Stellungnahme, KPKP 4/2016, 2.

587 ETS Nr. 191.

588 BT-Drs. 18/4350, 13 (Hervorhebung CS).

Der Hinweis auf eine Ausweitung der §§ 331, 333 StGB hinsichtlich der Europäischen Amtsträger erfolgt hier parenthetisch zu den Darlegungen von Umsetzungsmission und -modus. Welche Rolle das Europaratsübereinkommen für die Tatbestandsfassung der EU-Bestechung gespielt hat, bleibt unklar. Es wird nahegelegt, dass eine völkerrechtliche Pflicht zur Umsetzung des Europaratsübereinkommens nur hinsichtlich der Bestechung und Bestechlichkeit besteht, nicht aber bezüglich der weitergehenden Kriminalisierung Europäischer Amtsträger bei fehlender Pflichtwidrigkeit der dienstlichen bzw. richterlichen Handlung. Hiergegen spricht auf den ersten Blick, dass das Übereinkommen unterschiedslos Amtsträger des Auslands innerhalb und außerhalb der EU in Bezug nimmt und dabei für alle die Bestrafung von Bestechungshandlungen in Absehung eines Pflichtwidrigkeitserfordernisses verlangt. Der Explanatory Report stellt denn auch klar:

> „Such an extra-element of 'breach of duty' was, however, not considered to be necessary for the purposes of this Convention. (...) States that require such an extra-element for bribery would therefore have to ensure that they could implement the definition of bribery under Article 2 of this Convention without hindering its objective."[589]

Im Grundsatz ist also eine Einbeziehung aller ausländischen Amtsträger in die Straftatbestände der §§ 331, 333 StGB notwendig. Ein Abweichen hiervon ist nicht erwünscht, allerdings nach Maßgabe der Art. 36, 38 Europaratsübereinkommen möglich: Es muss von dem Mitgliedstaat erklärt werden, gilt dann für drei Jahre und ist verlängerungsfähig, wenn auch rechtfertigungsbedürftig.[590] Insofern bestand also tatsächlich kein verbindlicher Bedarf, den tatbestandlichen Geltungsbereich von Vorteilsgewährung und -annahme auf Europäische Amtsträger zu erstrecken. Der Gesetzgeber hat sich dennoch dafür entschieden und behandelt die Europäischen Amtsträ-

---

589 Explanatory Report to the Criminal Law Convention on Corruption, ETS Nr. 173, Nr. 38 f.; genauso Explanatory Report to the Additional Protocol to the Criminal Law Convention on Corruption, ETS Nr. 191, Nr. 26. Vgl. auch Explanatory Report to the Criminal Law Convention on Corruption, ETS Nr. 173, Nr. 141: „For the drafters of the Convention the notion of ‚breach of duties' is to be understood in a broad sense and therefore also implies that the public official had a duty to exercise judgement or discretion impartially. In particular this notion does not require a proof of the law allegedly violated by the official."

590 Vgl. *CoE*, Explanatory Report to the Criminal Law Convention on Corruption, ETS 173, Nr. 141 ff.

ger in diesem Punkt genauso wie die deutschen Amtsträger und anders als die internationalen und ausländischen Bediensteten.[591]

Im Ergebnis heißt das: Keines der drei Rechtsinstrumente (EU-Rahmenbeschluss, Europaratsübereinkommen und Europaratsprotokoll) bezieht sich (explizit) auf Europäische Amtsträger und keines formulierte zwingenden Änderungsbedarf in Bezug auf sie. Völkerrechtlich obligat waren deshalb tatsächlich allenfalls die sonstigen Anpassungen sowohl des Internationalen Strafrechts als auch der Bestechungsdelikte, die nicht die Europäischen Amtsträger betrafen. Eine umfassende Änderung des Korruptionsstrafrechts unter Einbeziehung der Regelungen bezüglich der Europäischen Amtsträger war nicht geboten, sondern bot sich lediglich an. Deshalb wirkten die Umsetzung von Europaratsübereinkommen, Europaratsprotokoll und EU-Rahmenbeschluss jedenfalls in Bezug auf die neuerliche Gesetzgebung im Bereich der EU-Bestechung nicht als inhaltlich-materielle Motivation, sondern lediglich als äußerliche Ursache.[592]

B. Grund der EU-Bestechung

I. Rechtstechnische Verbesserungen

Vor dem KorrBekG 2015 bestand ein dreifaches Neuregelungsbedürfnis zur Beseitigung der legalistischen Schwächen des EUBestG. Zunächst war die Terminologie des Gesetzes zum Teil schlicht veraltet. Offensichtlich war das „Mitglied eines Gerichts der Europäischen Gemeinschaft" in Art. 2 § 1 Abs. 1 Nr. 1 lit. b EUBestG seit dem Wegfall des „Säulenmodells" (und damit der Ersetzung der Europäischen Gemeinschaften durch die Europäische Union[593]) durch das Inkrafttreten des Lissabon-Vertrages am 1. Dezember 2009 überholungsbedürftig.[594]

Zudem war die Regelung der EU-Bestechungsdelikte im Nebenstrafrecht nicht ideal.[595] Durch die Aufsplitterung von Amtsträgerbestechungs-

---

591 Vgl. auch *Kubiciel*, Facilitation Payments, ZIS 2015, 473 ff.

592 Wie sich tatsächlich bestehende völkerrechtliche Verpflichtungen auf den Gesetzgebungsprozess auswirken, ist an dieser Stelle belanglos, wird aber in Bezug auf die Auslandsbestechung ieS. geklärt (unten unter 4. Kap. A.II.5.).

593 Freilich mit Ausnahme der Europäischen Atomgemeinschaft.

594 Dies gilt im Übrigen auch für Art. 1 lit. b S. 1 HS. 1 S. 2 EU-Bestechungsprotokoll, der noch einen „Gemeinschaftsbeamten" in Bezug nimmt.

595 BT-Drs. 14/8527, 104; *Kubiciel/Spörl*, Gesetz, KPKp 4/2014, 8; MüKo-*Korte*, § 331 Rn. 28; *Walther*, Korruptionsstrafrecht, JURA 2010, 511, 519; *Wolf*, Internationa-

delikten unter Beteiligung von deutschen und europäischen Amtsträgern wurde ein einheitliches System der Bestechungsdelikte verhindert. Schon 1970 schrieb *Tiedemann* zum Wirtschaftsstrafrecht:

> „Die Strafnormen im Nebenstrafrecht sind als Anhängsel der jeweiligen Grundmaterien unorganisch und nicht selten geradezu zufällig, jedenfalls nicht nach strafrechtlichen Prinzipien und Bedürfnissen eingefügt und zeichnen sich durch besondere Unanschaulichkeit aus."[596]

Auch weil sich der personelle Anwendungsbereich der §§ 263 f., 267 StGB sowie § 370 AO nunmehr auf den Europäischen Amtsträger erstreckt, war seine Integration im Allgemeinen Teil des StGB zur Steigerung der Übersichtlichkeit und Einheitlichkeit sinnvoll.

Schließlich standen EUBestG und IntBestG durch die beidseitige Erfassung von ausländischen Amtsträgen anderer EU-Mitgliedstaaten in einem ungeklärte Verhältnis zueinander.[597] Die daraus resultierende Rechtsunsicherheit wurde beseitigt, indem die Amtsträger der EU-Mitgliedstaaten lediglich internationale Bedienstete iSd. § 335a StGB und nicht zusätzlich noch Europäische Amtsträger iSd. § 11 Abs. 1 Nr. 2a StGB sind.

II. Europäische Integration

Paul Johann Anselm von Feuerbach, den die Gesellschaftsumwälzung im 19. Jahrhundert in eine memento mori-Stimmung gestürzt hatte,[598] prophezeite den „unvermeidlichen Untergang" Europas: „Mit Europa wird es bald aus sein."[599] Er sollte nicht Recht behalten. Tatsächlich begründet der Gesetzesentwurf aus dem Jahr 2015 die Strafrechtserweiterung in Richtung der Europäischen Amtsträger mit der „noch weiter fortgeschrittenen Integration Deutschlands in die Europäische Union":

> „Angesichts der Schaffung gemeinsamer Institutionen und Einrichtungen der Europäischen Union, die räumlich auf die einzelnen Mitgliedstaaten verteilt sind, ist es sachgerecht, Auslandstaten von Bediensteten dieser Institutionen und Einrichtungen, sofern sie ihren Sitz in der

---

lisierung, ZRP 2007, 44, 45. Zu den grundsätzlichen Schwierigkeiten nebenstrafgesetzlicher Regelungen: *Tiedemann*, Nebenstrafrecht.

596 *Tiedemann*, Reform, ZRP 1970, 254, 260.
597 BGHSt 52, 323, 347.
598 Vgl. *Kipper*, Feuerbach, S. 94.
599 Zitiert nach *Kipper*, Feuerbach, S. 95.

Bundesrepublik Deutschland haben, in gleichem Umfang zu erfassen wie Auslandstaten von deutschen Amtsträgern."[600]

Indessen handeln auch internationale Bedienstete für gemeinsame Institutionen und Einrichtungen, welche ebenso räumlich auf die jeweiligen Mitgliedstaaten verteilt sind. Die Europäischen Amtsträger aber sind Hoheitsträger, die auch von der Bundesrepublik übertragene Staatsgewalt ausüben.[601] Die Institutionen der EU übernehmen nämlich auf vielen Gebieten eigenständige Exekutivaufgaben mit unmittelbarer Wirkung auch für Deutschland.[602] Darüber hinaus werden Aufgaben entweder im Rahmen einer exekutiven Zusammenarbeit zwischen der EU und den Mitgliedstaaten als Teil einer integrierten Exekutive im europäischen Mehrebenensystem erledigt oder ausschließlich von der EU selbst mit aber mittelbarer Wirkung für die Bundesrepublik. Diese Verwaltungsfunktionen fielen vormals in den rein mitgliedstaatlichen Bereich und sind erst mit Eintritt in die EU bzw. im Laufe der Zeit der supranationalen Ebene zugeordnet worden.[603] Die staatliche Gewalt als Kern der Amtsträgerbestechungsdelikte (hierzu oben im *Ersten Kapitel* unter III.) wird also nach der vielfältigen und umfangreichen Übertragung auf eine andere Ebene staatlicher Gewalt[604] nicht mehr von deutschen, sondern von Europäischen Amtsträgern ausgeübt.

Diese fortgeschrittene „Integrationsstufe im Rahmen der Europäischen Union"[605] erhebt die Europäischen Amtsträger so zu supranationalen Amtsträgern und unterscheidet sie von den ausländischen und auch internationalen Bediensteten iSd. § 335a StGB.

Die Integration ist indes unvollkommen, da die EU selbst mangels eigener (aktiver) Strafverfolgungsbehörden (noch) nicht selbst ihre Schutzinteressen verteidigen kann, sondern dafür auf ihre Mitgliedstaaten angewiesen ist.[606] Der EU-Antikorruptionsbericht fasst das wie folgt:

> „The Commission recognises that some of these issues are solely national competence. It is, however, in the Union's common interest to

---

600 BT-Drs. 18/4359, 17. Zustimmend: *Kubiciel/Spörl*, Gesetz, KPKp 4/2014, 2, 21.
601 *Calliess*, Hb. dt. Europapolitik, S. 149.
602 Zum Folgenden *Kubiciel/Spörl*, Gesetz, KPKp 4/2014, 2, 6.
603 Instruktiv: *Bulmer/Burch*, Europeanisation, S. 73.
604 Die Integrationsrichtung ist wohl eher von der EU in die Mitgliedstaaten als andersherum.
605 BT-Drs. 18/4350, 17.
606 *Nestler*, Amtsträgerkorruption, StV 2009, 313, 314. Zur Europäischen Staatsanwaltschaft unten unter 4. Kap. C.IV.3.b.

ensure that all Member States have efficient anti-corruption policies and that the EU supports the Member States in pursuing this work. The report therefore seeks to promote high anti-corruption standards across the EU."[607]

Die EU-Bestechung hat also eine besondere Bedeutsamkeit, weil sie keine nationale Angelegenheit der kollaborierenden Mitgliedstaaten ist, sondern die des supranationalen Staatenverbundes selbst.

III. EU-Rechtssetzungskompetenz

Schließlich und hauptsächlich erzielen die Antikorruptionsempfehlungen der EU eine unvergleichliche Durchschlagskraft wegen ihrer Fähigkeit Richtlinien zu erlassen.[608] Die EU unterscheidet sich von allen anderen Institutionen, weil sie eben gem. Art. 67 Abs. des Vertrags zur Arbeitsweise der Europäischen Union (AEUV) berechtigt ist, Maßnahmen zur Verhütung und Bekämpfung von Kriminalität zu ergreifen. Dies betrifft insbesondere auch die Korruption, die zu dem Bereich der besonders schweren und grenzüberschreitenden Kriminalität gehört, der von den Mitgliedstaaten allein nur unzureichend adressiert werden kann. Die vergemeinschaftete Strafrechtsharmonisierungskompetenz[609] gibt der EU die Möglichkeit, in Form von Richtlinien Mindestvorschriften für Straftaten und Strafen festzulegen (Art. 83 AEUV) und diese notfalls mithilfe des EuGH[610] zwangsweise durchzusetzen.[611] Kurzum: Die EU hat – anders als andere internationale Institutionen – die (Annex-)Kompetenz, ihre Mitgliedstaaten zur Angleichung ihrer strafrechtlichen Rechtsvorschriften justiziabel zu verpflichten.[612] Mit der Richtlinie vom 5. Juli 2017 über die strafrechtliche

---

607 EU Anti-Corruption Report (Fn. 565), S. 2.

608 Zum Folgenden *Spörl*, Heimlich begraben (Fn. 568). Vgl. auch *Kubiciel/Spörl*, Gesetz, 9, 11.

609 Hierzu grundlegend BVerfGE 123, 267. *Kubiciel*, Lissabon, GA 2010, 99, 103 f.

610 Umgekehrt kann von den Mitgliedstaaten auch die Frage nach der Einhaltung des Subsidiaritätsgrundsatzes dem EuGH zur Überprüfung vorgelegt werden, *Mansdörfer*, Strafrecht, HRRS 1/2010, 11, 19.

611 Bei der Umsetzung unionsrechtlicher Vorgaben ins nationale Recht ist der Tatbestandszweck freilich vom nationalen Gesetzgeber zu bestimmen, vgl. *M. Wagner*, Akzessorietät, S. 173 f.

612 Dies gilt auch in Ansehung der Tatsache, dass den Mitgliedstaaten nach dem BVerfGE „substantielle Ausgestaltungsspielräume" (BVerfGE 123, 267, 412) verbleiben müssen.

Bekämpfung von gegen die finanziellen Interessen der Union gerichtetem Betrug (neue PIF-Richtlinie) hat sie erstmalig auf dem Gebiet der Korruption von diesem Recht Gebrauch gemacht.[613] Es steht ihr frei, weitere Schritte zu ergreifen. Von der EU geht deshalb ein großer politischer Druck zur Ergreifung von Antikorruptionsmaßnahmen aus,[614] schließlich ist es grundsätzlich im Interesse der Mitgliedstaaten, das besonders sensible Gebiet des Strafrechts in Eigenregie zu formen.[615]

C. Zweck der EU-Bestechung

I. Finanzielle Interessen der EU

Mit Blick auf die PIF-Richtlinie, aber auch schon aus dem Bestechungsprotokoll zum PIF-Übereinkommen,[616] könnte man annehmen, der Zweck der Bestrafung sei der Schutz der finanziellen Interessen der EU.

Das eine Rechtsinstrument ist sehr jungen, das andere sehr alten Datums. Beiden ist gemein, dass sie ihre Kriminalisierungsforderung auf dem Gebiet der Korruption explizit davon abhängig machen, ob durch die Bestechungshandlungen die finanziellen Interessen der Union geschädigt werden oder wahrscheinlich geschädigt werden. Dass Korruption ausdrücklich mit dem Schutz der finanziellen EU-Interessen in Verbindung gebracht wird, ergibt sich etwa aus den einleitenden Erwägungen der PIF-Richtlinie; dort steht:

> „Die Korruption, die in vielen Fällen auch mit betrügerischen Handlungen verbunden sein kann, stellt eine besonders ernste Bedrohung für die finanziellen Interessen der Union dar."[617]

---

613 Abl. L 198, 28.7.2017, S. 29–41.
614 Auch angesichts dessen war der EU-Antikorruptionsbericht von besonderer Bedeutung.
615 Insofern ist bemerkenswert, dass das PIF-Übereinkommen schon vor dem Lissabonner Vertrag in Kraft getreten ist. Gem. Art. 9 des Protokolls Nr. 36 über die Übergangsbestimmungen war dieses Übereinkommen auch noch nach dem Inkrafttreten des Vertrags von Lissabon gültig.
616 Übereinkommen vom 26.7.1995 zum Schutz der finanziellen Interessen der Europäischen Gemeinschaften, ABl. C 316 vom 27.11.1995, S. 48-57. Vgl. insb. die Präambel zum Ersten Protokoll des PIF-Übereinkommens, ABl. C 313 v. 23.10.1996, S. 1-10.
617 Abl. L 198, 28.7.2017, S. 29, 30 (Erwägung Nr. 8).

In diesem Sinne hat die juristische und politische OLAF-Mitarbeiterin *Simone White* in den 90er Jahren formuliert:

> „The European Project may stand or fall depending on what is done in relation to the protection of its finances: standing, as a shining example of the continuing ingenuity of European policy-makers and legislators or, falling, descredited, into economic crime and political cynicism."[618]

Hierfür spricht auch die historische Entwicklung der EU als Rechtsnachfolgerin der Montanunion, die ihren Schwerpunkt auf den ökonomischen Zusammenschluss setzte und erst durch die Erkenntnis, dass nicht nur Bürger und Wirtschaftsgüter die geöffneten Grenzen leichter passieren konnten, sondern auch transnationaler Kriminalität durch die neuen Regelungen Vorschub geleistet wurde, eine Bereitschaft zur grenzüberschreitenden Kriminalitätsbekämpfung entwickelte.[619] Mittlerweile ist das Projekt der EU noch mit ganz anderen Herausforderungen konfrontiert: Die griechische Staatsschuldenkrise, die zumindest euroskeptischen Regierungskurse in Ungarn und Polen sowie der EU-Austritt Großbritanniens stellen veritable Schwierigkeiten dar. Es überrascht deshalb nicht, dass der Schutz des europäischen Haushalts auch für die EU-Bestechung im deutschen StGB nicht ausschlaggebend war. Im Regierungsentwurf steht:

> „Die Erweiterung beruht auf der inzwischen noch weiter fortgeschrittenen Integration Deutschlands in die Europäische Union und *dient auch* der Verbesserung des Schutzes der finanziellen Interessen der Europäischen Union."[620]

Diese Formulierung offenbart, dass der Schutz der finanziellen EU-Interessen nur intendierte Nebenfolge der §§ 331 ff. iVm. § 11 Abs. 1 Nr. 2b StGB war. Eine solche untergeordnete Leistung kann aber niemals Tatbestandszweck, sondern immer nur -grund sein.[621] Hinzu kommt, dass ein solcher Schutz einen Embolus im Kreislauf der §§ 331 ff. StGB darstellen würde. Die Bestechungstaten unter Beteiligung eines (deutschen) Amtsträgers schützen die Integrität und Funktionalität der staatlichen Institutionen. Dass die Europäischen Amtsträger auf der einen Seite formell vollständig

---

618 *White*, Protecting, S. v.
619 *Hecker*, Europäisches Strafrecht, § 1 Rn. 32 f.; BEH-EU-*Bieber*, § 16 Rn. 4; SSH-EU-*Sieber*, Einführung Rn. 110 ff.; vgl. auch *Mitsilegas*, Aims, S. 160, 161 ff.
620 BT-Drs. 18/4350, 23 (Hervorhebung CS).
621 S.o. unter Kap. 2 C.

in dieses System aufgenommen werden, ihre Kriminalisierung dabei aber materiell einen völlig anderen Zweck verfolgt, erscheint unplausibel. Die finanziellen Interessen der EU sind deshalb nur zusätzlich, als ein Rechtsreflex, von den Tatbeständen der EU-Bestechung geschützt.[622] Des Pudels Kern liegt in der europäischen Integration.

II. Schutz für die EU

Der Schutz europäischer Institutionen könnte tatbestandlich bezweckt sein, wenn die EU insofern schutzbedürftig ist, ein deutscher Schutzbedarf besteht und die EU darüber hinaus schutzfähig ist. Verfassungsrechtlich gesprochen sind dies alles drei Facetten der Frage nach dem Bestehen eines legitimen Zwecks.

a. Schutzbedürftigkeit

Die Bestrebungen der Europäischen Union, gegen Korruption in ihren Organen, Einrichtungen und Agenturen vorzugehen, sind zweifellos eingebettet in die internationale Antikorruptionsbewegung,[623] unterscheiden sich aber von ihr, weil sich die EU (anders als etwa OECD und UN) primär selbst als Institution mit ihren individuellen Interessen im Blick hat. Schließlich hat die EU einen umfassenden eigenen Verwaltungsapparat und damit auch eigene Schutzinteressen.[624] Die gesonderten EU-Initiativen hätten sich deshalb vermutlich auch autonom – wenngleich vielleicht nicht ganz so kraftvoll – entwickelt.[625] Früh, bereits im Jahr 1962, wurde nämlich erkannt, dass gemeinschaftliche Beamte auch gemeinschaftlicher

---

622 So schon *Münkel*, Bestechung, S. 202f. Hierfür sprach insb., dass auf das Tatbestandsmerkmal der Schädigung finanzieller Interessen der EU (das Art. 2 und 3 Bestechungsprotokoll kannten) verzichtet wurde. Faktisch bedeutete eine Pflichtverletzung iSd. §§ 332 und 334 StGB immer schon eine Beschädigung oder Gefährdung von EU-Vermögen – und vice versa. Die Umsetzung der neuen PIF-Richtlinie (EU) 2017/1371, ABl. L 198 v. 28.7.2017, S. 29; L 350 v. 29.12.2017, S. 50, durch § 3 des Umsetzungsgesetzes v. 19.6.2019, BGBl. 2019 I Nr. 23, S. 844, hat insofern nur deklaratorischen Charakter; vgl. auch BT-Drs. 19/7886, 30: „Um gleichwohl Zweifelsfälle zu vermeiden [...]."

623 Die Referenzen auf die Arbeiten der internationalen Organisationen sind zahlreich.

624 *Kubiciel/Spörl*, Gesetz, KPKp 4/2014, 1, 6.

625 Zum Folgenden *Androulakis*, Globalisierung, S. 282.

strafrechtlicher Regelungen bedürfen.[626] Erste zaghafte Schritte zum Schutz der finanziellen EU-Interessen wurden allerdings erst mit der Ölkrise und der Gründung des Europäischen Rechnungshofes Ende der 70er Jahre unternommen[627] – also zeitgleich mit der Schaffung des FCPA. Diese Ansätze konnten allerdings damals keine Mehrheiten gewinnen und verliefen deshalb im Sande. Erst große EU-Bestechungsfälle wie der griechische Maisskandal Ende der 80er Jahre[628] generierten ausreichenden rechtspolitischen Druck. Dies führte schließlich in den 90er Jahren zu einer Anerkennung der Strafschutzbedürftigkeit der EU-Interessen durch ein konkretisiertes Assimilierungsprinzip im EG-Vertrag sowie intergouvernementaler Zusammenarbeit im Rahmen der Dritten Säule.[629]

Es hatte sich gezeigt, dass die EU aus Sorge vor einem Souveränitätsverlust der Mitgliedstaaten auf dem Gebiet des Strafrechts als *domaine réservé* der nationalen Gesetzgebung[630] mit einem unzureichenden Schutz ausgestattet worden war, sodass sie als Institution Schaden nehmen konnte. Von diesem Trauma hat sie sich bis heute nicht vollständig erholen können. Gerade in Deutschland werden die EU-Institutionen als besonders unzuverlässig wahrgenommen: 82 % halten sie für korrupt.[631] Das mag dazu beitragen, dass die EU-Institutionen in Deutschland auch von den meisten nicht als effektiv wahrgenommen werden.[632] Zusammengefasst: Die EU-Institutionen bedürfen sowohl rechtlich als auch tatsächlich eines Schutzes.

b. Schutzbedürfnis

Darüber hinaus müsste ein inländisches Bedürfnis nach europäischem Institutionenschutz bestehen. Wir haben die Amtsträgerbestechungsdelikte

---

626 *Vogler*, Tätigkeit, ZStW 79 (1967), 371, 386 f.

627 *White*, Protecting, S. 9 f. mwN.

628 EuGH, Urteil v. 21.9.1989, Rs 68/88, EuGH Nr. 18/1989, 9 = NJW 1990, 2245.

629 Dieses findet sich seit dem Vertrag von Lissabon in Art. 320 AEUV (ex Art. 280 EGV, ex Art. 209a EGV).

630 Das Strafrecht wird in der Regel als Teil der nationalen Identität sowie als Ausdruck nationalstaatlicher Souveränität verstanden, vgl. BVerfGE 123, 267; s.. auch BEH-EU-*Bieber* § 16 Rn. 1; SSH-EU-*Sieber*, Einführung Rn. 107.

631 Ähnlich hohe Werte gab es in Schweden (84 %) und Österreich (80 %): Special Eurobarometer 397: Corruption, S. 7, 44.

632 Nur 23 % der Studienteilnehmer halten die EU-Institutionen für effektiv, ebd. S. 63.

im ersten Kapitel kennengelernt als Delikte gegen die Bürger und als Tatbestände des Staates für den Staat. Der Institutionenschutz ist dabei das entscheidende Feature der Bestechungsdelikte. Dass hierbei auch die Integrität und Funktionalität der Institutionen bzw. die Unentgeltlichkeit und Reinheit der Amtsführung oder sogar ein Vertrauen der Öffentlichkeit geschützt wird,[633] kann für eine Zweckfassung, die „Mutually Exclusive, Collectively Exhaustive" ist, nicht zentral sein.[634]

Auch auf europäischer Ebene besteht ein ausgeprägtes deutsches Bedürfnis am Institutionenschutz, denn deutsche Hoheitsrechte werden an die EU auf Grundlage des Art. 23 Abs. 1 S. 1 GG abgegeben,[635] sodass diese „gewissermaßen ausgelagerte Staatsverwaltung repräsentieren" (Weigend).[636] Die europäischen Institutionen üben also öffentliche Gewalt aus, die – im Sinne *Abraham Lincolns* – bedeutet: „government of the people, by the people, and for the people"[637] und deshalb im Sinne des Gemeinwohls ausgeübt werden muss.[638] Schließlich sind sie wegen der europäischen Integration genauso Daseinsbedingungen von Freiheit[639] wie der inländische Verwaltungsapparat, sodass sie auch keinen geringeren strafrechtlichen Schutz erfahren dürfen.

c. Schutzfähigkeit

Daran ändert auch das allseits beklagte Demokratiedefizit der EU nichts. Es ist zuzugestehen, dass die demokratische Legitimation auch nach der Stärkung der Mitentscheidungsrechte des Europäischen Parlaments noch unvollkommen ist.[640] Im Sinne der Demokratie sind auch die supranatio-

---

633 Zum Vertrauen vertieft unten unter 4. Kap. C.VIII.

634 Für eine stärkere Betonung des Unrechtsgehalts ist es dennoch zweckgemäß etwa vom Schutz der Integrität von Institutionen zu sprechen.

635 Hierzu und zu der damit einhergehenden Integrationsverantwortung statt aller *Calliess*, Hb. dt. Europapolitik, S. 149.

636 *Weigend*, FS Jakobs, S. 747, 762.

637 *Abraham Lincoln*, The Gettysburg Address, 19.11.1863. Eine aktuelle Definition findet sich bei *M. Schmitt*, Demokratietheorien, S. 17.

638 Vgl. hierzu vertieft oben unter 1. Kap. B.III.1.

639 Vgl. *Radbruch*, Rechtsphilosophie, S. 149 f. mit Zitat von *Schillers* Gesetzgebung des Lykurgus und Solon: „Der Staat selbst ist niemals Zweck, er ist nur wichtig als eine Bedingung, unter welcher der Zweck der Menschheit erfüllt werden kann, und dieser Zweck der Menschheit ist kein anderer als die Ausbildung aller Kräfte des Menschen."; vgl. auch *Kubiciel*, Wissenschaft, S. 125, 171, passim.

640 Überaus kritisch: *Arnim*, Europa-Komplott, S. 106, 30 f., passim.

nalen Tätigkeiten transparenter zu machen, „ganz einfach weil", so *Lübbe-Wolff,* „nicht effektiv vor den Bürgern verantwortet werden kann, was seiner Kenntnisnahme prinzipiell entzogen ist".[641] Struktur, Organe und Funktionen der EU sind der Öffentlichkeit nicht hinreichend bekannt.[642]

Wenngleich also die öffentliche Gewaltausübung der EU in ihrer Legitimation verbesserungsbedürftig ist, so agiert diese zwar nicht unmittelbar, so doch mittelbar demokratisch legitimiert. Das allein macht die EU-Bestechungstaten zu Delikten gegen das auch-deutsche Volk,[643] sodass die EU-Institutionen auch von deutscher Seite schutzfähig sein müssen. Im Übrigen sollte man in einer Zeit, in der die Sorge vor der europäischen Desintegration Hand in Hand geht mit dem Erleben der EU als Schicksalsgemeinschaft,[644] keine Umbauten am institutionellen Gefüge vornehmen, möchte man die EU nicht noch weiter gefährden (und damit ihre Schutzbedürftigkeit steigern). Statt eines Ausbaus der formalen demokratischen Legitimation ist es deshalb bis zu einer Stabilisierung der Verhältnisse realpolitisch klug, die Überlebensfähigkeit der EU als solche als Legitimationsquelle zu verstehen.[645]

Die Institutionen der Union sind also durch das deutsche Strafrecht schutzfähig. Die entzieht sich dieses Schutzes nur selbst, wenn sie mittels weitreichender Immunitätsvorschriften die strafrechtliche Belangung der Europäischen Amtsträger ausschließt.[646]

d. Zusammenfassung

Die gesetzgeberischen Materialien legen nahe, dass §§ 331 ff. iVm § 11 Abs. 1 Nr. 3a StGB den europäischen Institutionenschutz bezwecken sollen. Dies ist ein legitimer Zweck, weil es im deutschen Interesse ist, die schutzbedürftigen und -fähigen Institutionen der EU strafrechtlich vor Bestechungshandlungen zu schützen. Im Folgenden werden nun die Konsequenzen dieser Zwecksetzung für die Auslegung aufgezeigt.

---

641 *Lübbe-Wolff,* Bericht, S. 246, 276.
642 Eurobarometer, Bericht vom Herbst 2004, S. 37 ff.
643 Vgl. hierzu 1. Kap. B III.1.
644 *Krastev,* Europadämmerung, S. 10.
645 Vgl. *Krastev,* Europadämmerung, S. 132.
646 Art. 12, 20 des Protokolls über die Vorrechte und Befreiungen der Europäischen Gemeinschaften, Gesetz v. 08.04.1965, BGBl II, 1482. *Gänßle,* Antikorruptionsstrafrecht, NStZ 1999, 543, 547; *Brockhaus/Haak,* Änderungen, HRRS 2015, 218, 219 f.; MüKo-*Korte,* § 332 Rn. 8.

D. Zwischen- und Auslegungsergebnis

Aus dem Schutz der EU-Institutionen folgt, dass die unionsrechtlichen Bestimmungen allein maßgeblich sind, um zu entscheiden, ob eine wirksame Begründung der Amtsträgereigenschaft vorliegt[647] und das Pflichtwidrigkeitserfordernis gem. §§ 332, 334 StGB erfüllt ist.[648] Einwände hiergegen, die einen „nicht zu unterschätzenden Prüfbedarf" monieren,[649] verkennen, dass es sich bei dem Unionsrecht um deutschen Rechtsbestand handelt. Die unionsrechtskonforme Auslegung von Tatbeständen ist auch im Strafrecht geboten und kann keine durchgreifenden Bedenken hinsichtlich der Bestimmtheit der Norm iSd. Art. 103 Abs. 2 GG hervorrufen.[650]

Eine Darstellung des Europäischen Amtsträgers iSd. § 11 Abs. 1 Nr. 2a StGB findet sich bereits im *Ersten Kapitel*.[651] An dieser Stelle werden deshalb nur die mit Blick auf den Tatbestandszweck notwendigem Ergänzungen gemacht.

I. § 11 Abs. 1 Nr. 2a lit. b StGB: Beamter

Insbesondere sind die statusbegründenden Vorschriften der EU heranzuzuziehen für die Entscheidung über die Eigenschaft als Beamter oder sonstiger Bediensteter der Europäischen Union oder einer auf der Grundlage des Rechts der Europäischen Union geschaffenen Einrichtung.[652] Es ist zwar grundsätzlich das gesamte EU-Recht anzuwenden, weil sich die deutschen Strafvorschriften nicht mehr ausdrücklich auf das Bestechungsprotokoll mit seiner Definition des „Gemeinschaftsbeamten" beziehen.[653] Wer EU-Beamter oder sonstiger EU-Bediensteter ist, ergibt sich allerdings im-

---

647 MüKo-*Radtke*, § 11 Rn. 106; *Haak*, Bestechung, S. 200; *Münkel*, Bestechung, S. 269

648 So schon zu Art. 2 § 1 Abs. 1 EUBestG h.M.: *Androulakis*, Globalisierung, S. 395 f.; *Horrer*, Bestechung, S. 115; *Münkel*, Bestechung, S. 231; SchSch-*Heine*, § 332 Rn. 7; MüKo-*Korte*, § 332 Rn. 23; NK-*Kuhlen*, § 332 Rn. 8.

649 *Haak*, Bestechung, S. 209, i.E. aber dennoch für die Anwendung des Unionsrechts. Vgl. auch *Brockhaus/Haak*, Änderungen, HRRS 5/2015, 218, 219; *Horrer*, Bestechung, S. 115.

650 *Hecker*, Strafrecht, § 10.

651 1. Kap. B.I.2.

652 MüKo-*Korte*, § 332 Rn. 6.

653 *Brockhaus/Haak*, Änderungen, HRRS 5/2015, 218, 219, *Haak*, Bestechung, S. 207 f., schlägt dennoch eine Orientierung an dem Begriff des Gemeinschaftsbeamten vor.

mer noch maßgeblich aus dem „Statut der Beamten der Europäischen Union und für die Beschäftigten für die sonstigen Beschäftigten".[654] Beamter ist demnach „wer bei einem der Organe der durch eine Urkunde der Anstellungsbehörde dieses Organs nach den Vorschriften des Statuts unter Einweisung in eine Dauerplanstelle zum Beamten ernannt worden ist" (Art. 1a Abs. 1 EU-Beamten-Statut). Die Person muss von ihren Anstellungsbehörden dauerhaft per Ernennungsurkunde in ein Dienstverhältnis mit der EU gebracht werden. Genauso können auch Personen von gleichgestellten Institutionen ernannt werden; das sind namentlich: der Europäische Auswärtige Dienst, der Europäischen Wirtschafts- und Sozialausschuss, der Ausschuss der Regionen, der Europäische Bürgerbeauftragte sowie der Europäische Datenschutzbeauftragte (Art. 1a Abs. 1, Art. 1b EUV).[655] Zu den auf der Grundlage des Rechts der Europäischen Union geschaffenen Einrichtungen iSd. § 11 Abs. 1 Nr. 2a lit. b StGB zählen bspw. die Europäische Investitionsbank und der Europäische Investitionsfonds, das Harmonisierungsamt für den Binnenmarkt, das Gemeinschaftliche Sortenamt[656] sowie EUROJUST und OLAF.[657]

II. § 11 Abs. 1 Nr. 2a lit. b StGB: Sonstiger Bediensteter

Sonstiger Bediensteter der EU iSv. § 11 Abs. 1 Nr. 2a lit. b Var. 2 StGB ist gem. Art. 1 der Beschäftigungsbedingungen für die sonstigen Bediensteten der Europäischen Union, wer von der EU durch Vertrag eingestellt wird.[658] Dieses Kriterium wird von den Beschäftigungsbedingungen spezifiziert, indem der sonstige Bedienstete in seinen verschiedenen Gestalten identifiziert und erläutert wird. Namentlich: Ein Bediensteter auf Zeit,[659]

---

654 ABl. 1968 Nr. L 56 S. 1. Vgl. auch Dölling-*Möhrenschlager*, 8. Kap. Rn. 294 f., 369 f.

655 Außerdem: der Europäische Bürgerbeauftragte und der Europäische Datenschutzbeauftragte.

656 S. ausführlichere Auflistung in BT-Drs. 14/8999, 18.

657 MüKo-*Radtke*, § 11 Rn. 107.

658 ABl. 1968 Nr. L 56, S. 1, zuletzt geändert durch ABl. Nr. L 129, S. 12.

659 Art. 2 Beschäftigungsbedingungen.

ein Vertragsbediensteter,[660] ein Örtlicher Bediensteter,[661] ein Sonderberater[662] oder ein akkreditierter parlamentarischer Assistent[663].

III. § 11 Abs. 1 Nr. 2a lit. a StGB: Generalanwälte?

In Bezug auf § 11 Abs. 1 Nr. 2a lit. a StGB stellt sich insbesondere die Frage, ob als „Mitglied [...] eines Gerichts der Europäischen Union" nur Richter oder auch Generalanwälte zu klassifizieren sind. Die Parallelvorschrift in § 11 Abs. 1 Nr. 2 lit. a StGB erfasst „Richter" – das sind gem. § 11 Abs. 1 Nr. 3 StGB ausschließlich „nach deutschem Recht Berufsrichter oder ehrenamtlicher Richter". Käme es auf eine reine Parallelität zwischen deutschen und Europäischen Amtsträgern an, wären Generalanwälte als sonstige gerichtsnahe Personen nicht erfasst. Vorliegend bricht der Begriff des „Mitglieds" aber deutlich die terminologische Gleichläufigkeit zwischen deutschem und Europäischen Amtsträger auf. Hinzu kommt, dass es wegen des Tatbestandszwecks „europäischer Institutionenschutz" für die Auslegung des Europäischen Amtsträgers ja gerade auf die unionsrechtlichen Wertungen ankommt. Nach den §§ 252 ff. AEUV nimmt der Generalanwalt eine „Schlüsselposition am EuGH" ein, der es an einer nationalen Entsprechung in den Mitgliedstaatlichen Rechtsordnungen fehlt.[664] Wenngleich die Generalanwälte also nicht „Mitglieder der Spruchkörper" sind, so sind sie doch als „Mitglieder des EuGH als Institution"[665] „von kaum zu unterschätzender Bedeutung für die Entwicklung des gesamten Europarechts"[666] und den Richtern grundsätzlich gleichgestellt.[667] Eine strafrechtliche Unterscheidung zwischen Richtern und Generalanwälten des EuGH wäre angesichts dessen nicht sachgerecht.[668]

---

660 Art. 3a und 3b Beschäftigungsbedingungen.
661 Art. 4 Beschäftigungsbedingungen.
662 Art. 5 Beschäftigungsbedingungen.
663 Art. 5a Beschäftigungsbedingungen.
664 *Kovács*, Generalanwalt, JA 2010, 625, 625.
665 Calliess/Ruffert-*Wegener*, Art. 252 Rn. 3.
666 *Kovács*, Generalanwalt, JA 2010, 625, 625.
667 Calliess/Ruffert-*Wegener*, Art. 252 Rn. 3. „Die Generalanwälte sind den Richtern hinsichtlich ihrer Unabhängigkeit, ihrer Vorrechte, ihrer Amtszeit und ihres protokollarischen Rangs gleichgestellt."
668 So auch *Haak*, Bestechung, S. 200 f.; a.A.: Dölling-*Möhrenschlager*, 8. Kap. Rn. 367.

IV. Schutzlücke in § 11 Abs. 1 Nr. 2a lit. a StGB?

Unter § 11 Abs. 1 Nr. 2a lit. a StGB fallen neben den Mitgliedern eines Gerichts der Europäischen Union auch Mitglieder der Europäischen Kommission, der Europäischen Zentralbank, des Rechnungshofs. Diese sind Organe der Union. Art. 13 Abs. 1 EUV kennt darüber hinaus noch drei weitere Organe: das Europäische Parlament, den Europäischen Rat und den Rat. § 11 Abs. 1 Nr. 2a lit. a StGB ist dennoch nicht zu restriktiv formuliert. Die Mitglieder des Europäisches Parlaments sind von der Vorschrift über Mandatsträgerbestechung, § 108e Abs. 3 Nr. 4 StGB, erfasst.[669] Es „fehlen" deshalb lediglich die Mitglieder des Europäischen Rates und des Rates in der Aufzählung des § 11 Abs. 1 Nr. 2a lit. a StGB. Sie sind, wie die Entwurfsbegründung betont, mangels Auftragsverhältnis zur EU auch nicht von der Residualvorschrift des § 11 Abs. 1 Nr. 2a lit. c StGB erfasst und deshalb (mit Ausnahme des Präsidenten der Europäischen Kommission)[670] keine Europäischen Amtsträger.[671] Damit sind die Mitglieder der beiden intergouvernementalen Institutionen der EU, die die Regierungen der Mitgliedstaaten repräsentieren, aus dem Geltungsbereich des StGB ausgeklammert. Der Europäische Rat setzt sich vor allem aus den Staats- und Regierungschefs zusammen, ist als übergeordnetes Organ nicht gesetzgeberisch tätig, sondern „gibt der Union die für ihre Entwicklung erforderlichen Impulse und legt die allgemeinen politischen Zielvorstellungen und Prioritäten hierfür fest" (Art. 15 EUV). Der Rat besteht gem. Art. 16 Abs. 2 EUV „aus je einem Vertreter jedes Mitgliedstaats auf Ministerebene, der befugt ist, für die Regierung des von ihm vertretenen Mitgliedstaats verbindlich zu handeln und das Stimmrecht auszuüben". Diese Regierungsmitglieder der anderen Mitgliedstaaten konstituieren also die EU-Organe; die Arbeit ist dabei gemeinschaftlich, aber nicht vergemeinschaftet, beinhaltet also gerade keine Übertragung von Hoheitsrechten. Die Mitglieder von Europäischem Rat und Rat bleiben primär den Mitgliedstaaten verantwortlich und können von diesen schon wegen ihres Status als Regierungsmitglieder auch strafrechtlich verfolgt werden. Wegen der Intergouvernementalität dieser Arbeit passt der tatbestandliche Schutz der suprana-

---

669 So ausdrücklich BT-Drs. 18/4350, 19. Die Abgrenzung zwischen Amts- und Mandatsträgern ist zwar eine Eigenheit des deutschen Strafrechts (s.o., 1. Kap. B.II.1), aber funktional äquivalent zu einer einheitlichen Regelung.

670 So auch BT-Drs. 18/4350, 19. Dies liegt daran, dass er gem. Art. 15 Abs. 2 EUV auch Mitglied des Europäischen Rates ist.

671 BT-Drs. 18/4350, 19; *Walther*, Neues, WiJ 2015, 152, 153 f.

tionalen Institutionen hierzu nicht. Insofern ist es konsequent, den Europäischen Rat und den Rat aus dem Anwendungsbereich auszuschließen. Eine Ausnahme hiervon stellen zwei Mitglieder des Europäischen Rates dar: Der Präsident der Europäischen Kommission, der aber als Mitglied der Europäischen Kommission von § 11 Abs. 1 Nr. 2a lit. a StGB erfasst ist, sowie der Präsident des Europäischen Rates. Letzterer darf gem. Art. 15 Abs. 6 EUV kein einzelstaatliches Amt ausüben und kann daher nicht von den nationalen Amtsträgerbestechungsdelikten erfasst sein. Vor dem Vertrag von Lissabon war der Vorsitzende des Europäischen Rates eine inoffizielle Position, die nach einem turnusmäßigen Rotationsprinzip vergeben wurde; nun wird der Präsident vom Europäischen Rat gewählt (Art. 15 Abs. 5 EUV).

Er wird damit für und wegen eines EU-Organs iSd. Art. 13 Abs. 1 EUV tätig. Mangels Dauerplanstelle und Ernennungsurkunde ist er dabei aber kein Beamter iSv. § 11 Abs. 1 Nr. 2a lit. b Var. 1 StGB iVm. § 1a EU-Beamten-Statut. Er ist auch nicht sonstiger Bediensteter der EU gem. § 11 Abs. 1 Nr. 2a lit. b Var. 2 StGB, weil er nicht von der Union durch Vertrag eingestellt (Art. 1 Beschäftigungsbedingungen), sondern durch Wahl beauftragt ist.

V. § 11 Abs. 1 Nr. 2a lit. c StGB: Beauftragter

Nach der subsidiären Vorschrift des § 11 Abs. 1 Nr. 2a lit. c StGB ist darüber hinaus Europäischer Amtsträger, wer „mit der Wahrnehmung von Aufgaben der Europäischen Union oder von Aufgaben einer auf der Grundlage des Rechts der Europäischen Union geschaffenen Einrichtung beauftragt ist". Auch diese Definition bedarf einer unionsrechtlichen Bestimmung – und zwar sowohl hinsichtlich der Aufgabe als auch bezüglich der Beauftragung.[672] Der Regierungsentwurf ist bezüglich dieser Norm sehr klar und bestimmt sie wie folgt:

> „Es handelt sich dabei zum einen um eine Auffangbestimmung für – etwa im Rahmen von Werkverträgen – beauftragte Personen im Sinne des Unionsrechts, die funktionell Bediensteten gleichzustellen sind."[673]

---

672 So auch *Gaede*, Gutachten, S. 20; *Haak*, Bestechung, S. 213.
673 BT-Drs. 28/4350, 19.

Es können vom deutschen Recht abweichende Wertungen in den Begriff getragen werden: Während für die Bestellung eines (deutschen) Amtsträgers gem. § 11 Abs. 1 Nr. 2 lit. c StGB ein öffentlich-rechtlicher Bestellungsakt notwendig ist, kann hier (genauso wie schon zuvor beim IntBestG) eine formfreie einmalige Beauftragung ausreichen.

VI. Vorschlag einer Ergänzung des Strafanwendungsrechts

Im *Ersten Kapitel* ist uns die Asymmetrie des strafanwendungsrechtlichen Anknüpfungspunktes für den Täter und sein Gegenüber bei der EU-Bestechung aufgefallen (§ 5 Nr. 15 lit. b und d StGB).[674] Der Tatbestandszweck des Schutzes von EU-Institutionen kann wegen dieser limitierten Strafanwendung nicht umfassend realisiert werden. Möchte man mit dem BGH die „Strafbarkeit staatlicher Funktionsträger [...] auch bei transnationalen Bestechungshandlungen im europäischen Rechtsraum im Sinne umfassender und effektiver Verbrechensbekämpfung [...] gewährleisten"[675], so müssen Bestechungstaten gem. §§ 331 ff. iVm. §§ 11 Abs. 1 Nr. 2a StGB ganz ohne besonderen Inlandsbezug der deutschen Strafgewalt unterfallen.[676] Die Strafgewaltserstreckung innerhalb der EU stellt einen Sonderfall der extraterritorialen Rechtsanwendung dar, für den es wegen der Europäischen Integration und der besonderen Bedeutung der EU-Institutionen für das Inland keines gesonderten legitimierenden Anknüpfungspunktes bedarf.[677] Jurisdiktionskonflikte können mit den bereits bekannten Verfahren gelöst werden.[678] Eine doppelte Strafverfolgung ist wegen des auch unionsrechtlich anerkannten Grundsatzes ne bis in idem ausgeschlossen.[679]

---

674 S. o. unter 1. Kap. C; s. diesbzgl. auch die Anforderung des Art. 6 Abs. 1 lit. d Bestechungsprotokoll. Vgl. auch *Isfen*, Hybris, JZ 2016, 228, 230.

675 BGHSt 60, 266, 270.

676 So schon *Kubiciel/Spörl*, Gesetz, KPKp 4/2014, 6 f.

677 A.A. ggf. MüKo-*Ambos*, § 5 Rn. 40, der darauf hinweist, dass so „Friktionen mit dem völkerrechtlichen Nichteinmischungsgebot *a limine* vermieden werden".

678 Vgl. die Konsultationspflicht aus Rahmenbeschluss 2009/948/JI zur Vermeidung und Beilegung von Kompetenzkonflikten in Strafsachen, und dazu *Radtke*, Grundsatz, § 12 Rn. 21.

679 Art. 50 EUC, dem wg. Art. 6 Abs. 1 EUV Primärrechtsrang zukommt, *Esser*, Strafrecht, S. 142.

Viertes Kapitel: Ursache, Grund und Zweck der Auslandsbestechung ieS.

Die Tatbestandsrationalisierung mithilfe der Kategorien Ursache, Grund und Zweck soll nun auch für die Auslandsbestechungs ieS. fruchtbar gemacht werden. Das *Ersten Kapitel* hat gezeigt, wie viele Friktionen die Verweisungsnorm § 335a StGB sowohl im System der §§ 331 ff. StGB als auch im Strafanwendungsrecht verursacht. Diese sollen aufgelöst werden, um Auslegungsergebnisse formulieren zu können.

A. Ursache der Auslandsbestechung ieS.

Trigger für die intensivierte Kriminalisierung der Auslandsbestechung ieS. im Jahr 2015 war auch die gesellschaftliche Auseinandersetzung mit Korruption. In den nachfolgenden Ausführungen wird zunächst grundsätzlich gezeigt, wie Gesetzgebung von gesellschaftlichen Diskursen angestoßen werden kann (unter I.). Dabei geht es um die grundsätzliche Rolle von öffentlichen Meinungsbildungsprozessen für die Normgenese. Anschließend wird der konkrete Korruptionsdiskurs vor 2015 beleuchtet und seine Auswirkungen auf die Korruptionsgesetzgebung aufgezeigt (unter II.). Der globale sozio-politische Kontext, in dem die Tatbestandsschaffung des § 335a StGB steht, geht dabei weit über die aktuelle Situation des KorrBekG 2015 hinaus. Vor allem sofern der deutsche Strafgesetzgeber auf unterschiedliche internationale Instrumente reagiert, sind deshalb auch zu untersuchen: 1) die Ursprungssituation der verschiedenen verbindlichen internationalen Rechtsinstrumente sowie der internationalen Maßnahmen des Soft Laws wie Review-Mechanismen, die von vornherein nur auf rechtspolitischen Druck zielen[680] und 2) der Hintergrund der einzelnen einflussreichen nationalen Gesetze, namentlich des US-amerikanischen Foreign Corrupt Practices Act (FCPA)[681] sowie des UK Bribery Act 2010. Der Tatbestand ist vor diesem sozio-politischen und (völker-)rechtlichen

---

680 Zu den Review-Mechanismen der UN, OECD und Europarat: *Kubiciel*, Report, HRRS 14 (6/2013), 213, 214.

681 Deutschsprachige Fassung unter https://www.justice.gov/sites/default/files/criminal-fraud/legacy/2012/11/14/fcpa-german.pdf (zuletzt abgerufen am 8.10.2019).

Hintergrund zu (de-)komponieren, um Bedeutung und Gewicht der einzelnen Entwicklungen zu evaluieren und so das Grundverständnis der Auslandsbestechung ieS. im deutschen Kernstrafrecht zu verbessern. Dies liegt auch daran, dass die Analyse der Gesetzgebungsmaterialien von der Ursachenuntersuchung profitiert.

I. Gesellschaftlicher Diskurs und Strafgesetzgebung

Der Strafgesetzgeber lässt seinen Unternehmungsgeist häufig von aktuellen Meinungs-(bildungs-)prozessen anleiten.[682] Intensiv in der Gesellschaft diskutierte Fälle haben demnach nicht nur das Potenzial, sondern inzwischen mitunter sogar die Tendenz, Gesetzgebungsprozesse im Bereich des Strafrechts anzustoßen.[683] Dem begegnet die Strafrechtswissenschaft unter dem Schlagwort „Expansion des Strafrechts" mit Blick auf das ultima ratio-Prinzip überwiegend kritisch.[684] Eine genauere Untersuchung erfordert in diesem Zusammenhang die Ursächlichkeit von gesellschaftlichen Diskursen für die Strafgesetzgebung.

Dass gesellschaftliche Fragestellungen grundsätzlich am Beginn eines Gesetzgebungsprozesses stehen, ist eine Selbstverständlichkeit, denn: „Die Entstehung von Gesetzen ist ja im Grunde ein politischer, kein juristischer Vorgang."[685] Legislative Handlungen können also von der öffentlichen Meinung[686] nicht lediglich begleitet, sondern auch initiiert und gelenkt, d.h. gestaltet werden. Gerade der Diskurs um Strafrechtsnormen kann mit

---

682 Zum Strafrecht als Mittel der politischen Profilierung: *Kubiciel*, Flexibilisierung, S. 1083; *ders.*, Wissenschaft, S. 20 ff. mwN.

683 *Lackner*, FS Tröndle, S. 41, 41 f., anlässlich des 2. Gesetzes zur Bekämpfung der Wirtschaftskriminalität: Es dominiere heute „das strafrechtliche ad-hoc-Gesetz, das seine Entstehung konkreten Anlässen im politischen, gesellschaftlichen oder juristischen Bereich verdankt und keineswegs in allen Fällen wirklichen Regelungsbedarf befriedigt."

684 Zu den jüngst intensiv diskutierten „entbehrlichen Straftatbeständen": s. *Hoven*, Straftatbestände, ZStW 129 (2017), 334; *Kaspar*, Tatbestände, ZStW 129 (2017), 401; *Weigend*, Strafrecht, StV 10/2016, 1. Kritisch zum „reflexhaften Strafrecht" als „punitiven Populismus": *Frommel*, GS Weßlau, S. 495.

685 *Thierse*, Gesetzgebung, NVwZ 2005, 153, 155; s. auch: *Müller/Christensen*, Methodik I, Rn. 21: „Recht ist eine (im Rechtsstaat gesteigerte und charakteristisch artikulierte) Sonderform der Politik."; *Stern*, Staatsrecht I, S. 19: „In gewisser Hinsicht ist daher Recht Politik im Ruhestand."

686 Politik wird hier also als ein „Kampf" von gesellschaftlichen Meinungen und Wertungen verstanden, so auch: *Weber*, Staatssoziologie, S. 73.

Habermas als „Schauplatz kommunikativer Realität" verstanden werden, eine „durch Argumentation gekennzeichnete Form der Kommunikation [...], in der problematisch gewordene Geltungsansprüche zum Thema gemacht und auf ihre Berechtigung hin untersucht werden." Denn die Androhung staatlicher Strafen sollte im gesteigerten Maße von gesellschaftlichen Überzeugungen getragen sein, wie auch das BVerfG im Lissabon-Urteil feststellte:

> „Es ist eine grundlegende Entscheidung, in welchem Umfang und in welchen Bereichen ein politisches Gemeinwesen gerade das Mittel des Strafrechts [...] einsetzt. Eine Rechtsgemeinschaft gibt sich durch das Strafrecht einen in ihren Werten verankerten Verhaltenskodex, dessen Verletzung nach der geteilten Rechtsüberzeugung als so schwerwiegend und unerträglich für das Zusammenleben in der Gemeinschaft gewertet wird, dass sie Strafe erforderlich macht."[687]

Bei dem Diskurs, der dieser Entscheidungsfindung vorangeht, stehen sich Staat und Gesellschaft nicht antagonistisch gegenüber. Die Schaffung von Strafrechtsnormen wird zwar mitunter von Politikern als Instrumentarium für kostengünstige Politik missverstanden und deshalb als Reaktion auf Ereignisse angekündigt.[688] Dieser Kommunikationsakt ist jedoch keiner zwischen Staat und Bürgern im eigentlichen Sinne. Politiker sind nicht *der* Staat. Politische Mandatsträger sind lediglich mit einem gesellschaftlichen Vertretungsauftrag ausgestattete Personen.[689] Damit sind sie zwar dem Gemeinwohl verpflichtet. Das Gemeinwohl ist aber nicht essentialistisch, sollte also nicht als „gegeben" ontologisiert werden, sondern ist vielmehr aufgegebene Verhandlungssache und jeweiliges Zwischenergebnis eines kontinuierlichen Diskurses. Wenn die Mandatsträger aber einem Gemeinwohl verpflichtet sind, das erst durch einen Diskurs zu (re)generieren ist, so kann ihre Verpflichtung lediglich eine solche zum Diskurs sein. Diese Sicht schafft ein so egalitäres Verhältnis zwischen den politischen Mandatsträgern und den Bürgern, dass während des Meinungsbildungsprozesses – man könnte auch von einem Gesetzgebungsprozess iwS. sprechen – nicht sinnvollerweise zwischen Gesellschaft und Staat unterschieden werden kann. Hinsichtlich dieses Diskurses gilt nämlich zweierlei: Er ist einerseits gekennzeichnet durch stark ausgeprägte Partizipationsmöglichkeiten für die Bürger sowie andererseits durch einen schwachen Einfluss beste-

---

687 BVerfGE 123, 267, 408; vgl. hierzu: *Kubiciel*, Lissabon, GA 2010, 99.
688 Vgl. *Kubiciel*, Flexibilisierung, S. 1083; s. auch *Fletcher/Lööf*, EU, S. 194.
689 Zu den Mandatsträgern: 1. Kap. B.II.1.

hender Institutionen. In einer vitalen Demokratie ist dies unproblematisch, sind die Machtverhältnisse zwischen den verschiedenen mandatierten und nicht-mandatierten Personen doch über den Kreislauf von Verständigungs- und Festschreibungsprozess im Ausgleich: Im Gesetzgebungsprozess iwS. werden Normen erhandelt, im (parlamentarischen) Gesetzgebungsprozess ieS. werden sie festgeschrieben[690]. Missglückt der zweite Schritt, besteht spätestens zum Ende der Legislaturperiode die Möglichkeit zur Korrektur durch (Ab-)Wahl. Dergestalt idealisiert initiiert und kontrolliert der Diskurs die Strafgesetze und führt somit – mit Blick auf die Einschätzung des BVerfG – nur zu einer stärkeren Verwurzelung der Strafrechtsnormen in der Gesellschaft, die auf diesem Rechtsgebiet im Besonderen notwendig ist.

Demokratie erschöpft sich aber nicht in Wahlen und Abstimmungen.[691] Diese sind zwar essenzielles,[692] aber nicht exklusives Kennzeichen unserer Demokratie.[693] Differenzierter: Wahlen und Abstimmungen sind „unausweichliches sine qua non" der institutionellen Existenz von Demokratie.[694] In dem Wahlakt kann sich das Mitspracherecht der Bürger indes nicht erschöpfen, Demokratie ist „Regieren durch Diskussion"[695], ein Ausüben von „public reason"[696]. Der öffentliche Gebrauch von Vernunft durch Diskurse ist also materielle Lebensgrundlage von Demokratie.[697] Damit ist Partizipation auch abseits der klassischen Wege notwendig, um den durch

---

690 *Luhmann*, Positivität, S. 175, spricht in diesem Zusammenhang von Recht als „geronnener Politik" (zuvor schon *Grimm*, Recht, JuS 1969, 501, 502). Um im Bild zu bleiben: Hämostase ist reversibel, weil sich die Bedingungen für Politik und damit auch Recht in einem steten Wandel befinden.

691 *Sen*, Gerechtigkeit, S. 350; instruktiv *Stern*, Staatsrecht I, S. 461 ff. mwN.

692 BVerfGE 134, 25, 29 (Rn. 12): „Die Stimmabgabe bei der Wahl bildet dabei das wesentliche Element des Prozesses der Willensbildung vom Volk zu seinen Repräsentanten und ist damit die Grundlage der politischen Integration."

693 So auch *Sen*, Gerechtigkeit, S. 353.

694 *Huntington*, Wave, S. 9: „[...] a relatively simple task. [...] Elections, open, free, and fair, are the essence of democracy, the inescapable sine qua non." (Übersetzung CS); Huntington scheint sich allerdings auf dieses Demokratieverständnis zu beschränken.

695 „government by discussion", Begriff von *Walter Bagehot*, bekannt durch *John Stuart Mill*, siehe: *Sen*, Gerechtigkeit, S. 31. In diesem Sinne auch *Rawls*, Justice, S. 314 ff.

696 *Rawls*, Liberalism, S. 212 ff., passim; vgl. hierzu: *Larmore*, Reason, S. 368.

697 *Habermas*, Strukturwandel, S. 359, *ders.*, Faktizität, S. 432 ff., zu Habermas: *Rawls*, Liberalism, S. 1, 372 ff., 382; zu den Unterschieden zwischen den beiden: *Larmore*, Reason, S. 368, 381 f. Zu neueren Vertretern, s. *Sen*, Gerechtigkeit, S. 350 mwN.

den Wahlakt gesetzten Rahmen unserer Regierungsform zu füllen. Und so ist der Diskurs auch nach der Wahl weiter möglich: Der Bürger als Status activus kann sich in den politischen Prozess einbringen und so versuchen, die Staatswillensbildung zu beeinflussen. Die Freiheit des Mandats wird dadurch – sofern lediglich für Argumente geworben und keine Verführung mithilfe von Vorteilen iSd. § 108e StGB stattfindet – nicht eingeschränkt, solange an die politische Überzeugung („Gewissen") lediglich appelliert oder für Argumente geworben, der Mandatsträger aber nicht genötigt (§ 106 StGB) oder bestochen (§ 108e StGB) wird.[698]

Darüber hinaus ist das Repräsentieren von Sonderinteressen durch einzelne Abgeordnete nicht ausgeschlossen, weil eine Kollektivrepräsentation durch die Gesamtheit der Mandatsträger als Bundestag garantiert ist.[699] Art. 38 Abs. 1 S. 2 GG schützt insofern auch eine Kommunikation mit Mandatsträgern, die frei von staatlicher Einflussnahme ist.[700]

Wenngleich also der gesellschaftliche Diskurs notwendig ist und als Anstoßfaktor für Gesetzgebungsprozesse nicht problematisiert werden kann, so muss der einzelne Gesetzgebungsakt doch vom Parlament durch einen kollektivintentionalen Willensbildungsprozess verinnerlicht und im Anschluss demokratisch legitimiert verantwortet werden. Es existiert insofern, obwohl „alle Gewalt vom Volke" ausgeht, keine vollständige „Identität von Regierenden und Regierten"[701]. Diese Inkongruenz befreit den gesellschaftlichen Diskurs von formalen Zwängen, ein „Aufschrei" ist also genauso möglich wie Zerrbilder durch „Medienblasen";[702] das BVerfG fasst den Unterschied wie folgt:

---

698 Insofern sichern die §§ 106, 108e StGB die Freiheit des Mandats.

699 Zudem bildet sich „erst aus dem Zusammenwirken und dem Ausgleich der politischen Kräfte und Ideen der maßgebliche Volkswille", BVerfGE 5, 85, 233. Vgl. auch Sachs-*Magiera*, Art. 38 Rn. 45.

700 *Badura*, Staatsrecht, E Rn. 28.

701 So *Schmitt* auch mit Blick auf *Rousseau*, s. *Schmitt*, Parlamentarismus, S. 20. Hierzu: *Saage*, Demokratietheorien, S. 227.

702 Soziale Plattformen wie Facebook ermöglichen dabei eine weniger partei-, kommunal- oder auch schichtrückgebundene, also barrierefreiere Teilhabe am gesellschaftlichen Diskurs, sodass nicht nur Partikularinteressen mehr Gewicht erlangen, sondern diese durch mehr Diskursteilnehmer auch multiperspektivisch als Spontanreaktionen verhandelt werden können. *Strate*, GS Weßlau, S. 633, 638: „Die Chance sich *selbst* Aufklärung zu verschaffen, den stets gegenwärtigen Schleier der Desinformation zu zerreißen, war nie so groß wie heute." Dabei ergeben sich freilich neue Herausforderungen, wie etwa Informationsblasen und Fake News.

„Während die im gesellschaftlich-politischen Raum erfolgende Bildung der öffentlichen Meinung und die Vorformung der politischen Willensbildung des Volkes sich ungeregelt und durch alle verfassungsrechtlich begrenzten Kompetenzräume hindurch unter Mitbeteiligung aller lebendigen Kräfte nach dem Maße ihres tatsächlichen Gewichts und Einflusses vollziehen, ist das Tätigwerden als Staatsorgan – gleichgültig in welcher Form und mit welcher Wirkung es geschieht – im freiheitlich-demokratischen Rechtsstaat durch Kompetenznormen verfassungsrechtlich begrenzt."[703]

Das heißt: Volks- und Staatswille sind nur abstrakt identisch;[704] der politische Prozess der freien Willensbildung des Volkes kann also nicht verschmelzen mit den staatlich geordneten Institutionen und Verfahren und muss deshalb zunächst emanzipiert, d.h. ohne staatliches Intervenieren, heranwachsen.[705] Das Volk nimmt an der Staatswillensbildung durch das stark formalisierte Verfahren der Wahl oder Abstimmung teil. Insofern gilt mit *Badura*: „Die Demokratie ist demnach notwendig eine mittelbare oder repräsentative Demokratie".[706] An die Wahlen zur parlamentarischen Volksvertretung als staatsrechtlich maßgebliches Geschehen des Schutzes schließen sich dann die parlamentarischen Strafgesetzgebungsverfahren an, die dank ihrer Formalisierung zur Rationalisierung zwingen. Hierdurch können populistische Forderungen (einzelner Parlamentarier) relativiert werden.[707]

Obwohl der Diskurs als solcher weder Gesetzgebung noch Auslegung anzuleiten fähig ist, so ist es nichtsdestoweniger für die Politik von vitaler Bedeutung, gesellschaftliche Forderungen ernst zu nehmen und zuzulassen, dass sie in Bundestagsdebatten münden. Sie erfahren ihre Erdung sodann durch den Gesetzgebungsprozess ieS. und der damit verbundenen Fokussierung auf spezifische Kriminalisierungsgründe und -zwecke.[708]

Zusammenfassend zu den Gesellschaftsdiskursen als Ursache für die Tatbestandsschaffung lässt sich sagen: Es ist im ersten Schritt nicht besorgnis-

---

703 BVerfGE 8, 104, 115 f.
704 *Badura*, Staatsrecht, E Rn. 11.
705 *Badura*, Staatsrecht, D Rn. 10.
706 *Badura*, Staatsrecht, D Rn. 10; in gleicher Deutlichkeit auch *Böckenförde*, FS Eichenberger, S. 301, 313 f.
707 *Kubiciel*, Flexibilisierung, S. 1083. Hiervon zu unterscheiden ist die Kriminalisierungstendenz nach dem sog. „Fischer-Paradoxon", vgl. *Fischer*, § 261 Rn. 4c, hierzu: *Jahn/Brodowski*, Ultima Ratio-Prinzip, ZStW 129 (2017), 363, 365.
708 Insb. zu der Vereinheitlichung von Sozialmoral und Strafrecht als gesetzgeberisches Handlungsmotiv, unten unter B.V.

erregend, sondern begrüßenswert, wenn – wie *Zabel* konstatiert – „das Strafrecht kriminalpolitisch zunehmend mit einer Idee *weiträumiger sozialer Konfliktbewältigung* zusammengeschlossen wird".[709] Der gesellschaftliche Diskurs kann als Ursache einer Strafgesetzgebung keinesfalls perhorresziert werden; eine Sensibilität des Strafgesetzgebers auf gesellschaftliche Diskurse erscheint im Gegenteil vorteilhaft für die Akzeptanz rechtlicher Regelungen.[710] Die notwendige demokratische Legitimation erhält das Strafgesetz durch die Formalisierung des Gesetzgebungsprozesses sowie das Erfordernis einer Ergänzung der Kriminalisierungsursache um einen (von Gründen getragenen) Zweck. Der Diskurs kann insoweit nie Zielpunkt von Gesetzgebung bzw. Auslegung sein – indem man sich die historisch-kritische Dogmengeschichte vergegenwärtigt, den Kontext also explizit macht, lässt sich die Auslegung aber umgekehrt von Fehlschlüssen befreien.

II. Korruption als Grundübel

Korruptionsfälle wecken großes Interesse in der Gesellschaft und werden intensiv medial aufbereitet; hier werden also häufig gesellschaftliche Diskurse geführt.[711] Dies liegt auch im Assoziations- und Implikationsreichtum der Korruption begründet. Der Begriff „Korruption" ist etymologisch auf das Lateinische „corruptio", wörtlich übersetzt „mit einem Bruch", zurückzuführen. Zerbrochen werden kann nur, was vorher eins war. Aus christlicher Perspektive steht die als Zerstörung der Einheit verstandene Korruption am Beginn unserer Geschichte und belastet seit jeher.[712] Aber auch im weltlichen Kontext wird Korruption als 'Zerrüttung des Ideals' beschrieben und damit als „Grundübel" ausgemacht.[713] Tatsächlich zieht sich die Korruptionsdebatte durch die Geschichte.[714] Schon im antiken Rom wird die Korruption von Kaiser Augustus beklagt und als Grund für

---

709 *Zabel*, Strafgesetzgebung, ZRP 2016, 202, 203.
710 Hierzu vertieft, s.u. unter B.V.
711 *Kudlich/Oglakcioglu*, Wirtschaftsstrafrecht, § 11 Rn. 366.
712 Der Sündenfall verursachte den status corruptionis, der im Zentrum etwa der Theologie des Thomas' von Aquin und noch expliziter der von Luther steht, hierzu: *Schmoeckel*, Recht, S. 53 ff.; zu Luther: *Danz*, Theologie, S. 274 ff. Zur aktuellen römisch-katholischen Sicht auf Korruption: *Papst Franziskus*, Korruption und Sünde. Zur „Laizisierung der Korruption": *Engels*, Geschichte, S. 175 f.
713 Allerdings kritisch *Killias*, FS Schneider, S. 239, 239.
714 *Engels*, Geschichte, S. 167.

den Verfall Roms gesehen.[715] In den vormodernen Gesellschaften wurde der Vorwurf der Korruption häufig weniger gesellschaftskritisch denn eigennützig zur Verschaffung eigener Vorteile genutzt. Seit dem 18. Jahrhundert wurden Korruptionsrügen immer stärker funktionalisiert verwendet als Vergewisserung der eigenen Tugendhaftigkeit in Abgrenzung zu dem in öffentlichen Ämtern angeblich festzustellenden Sittenverfall.[716] Korruption wird hierbei häufig nur noch als gemeinschaftsschädliches Verhalten definiert.[717] Mit ihr wird immer auch gegen herrschende Wertevorstellungen verstoßen; Korruption ist unmoralisch.[718] Diese Sichtweise hat sich bis heute nicht nur gehalten, sie hat sich sogar noch intensiviert. Dies erklärt, warum Korruption zur „Leitvokabel der Gegenwartsdiagnostik" avancieren konnte.[719]

Neu ist, dass diese Debatte eine inländische Auseinandersetzung mit transnationalen Kosten und Nutzen ist. Notwendige Bedingung dafür ist ein Zusammenwirken der Staaten auf inter- bzw. supranationalem Level.[720] Grundbedingung für eine Kriminalisierung der Auslandsbestechung ist also zwangsläufig der Austausch zwischen verschiedenen Nationen mit jeweils eigenen Interessen. Für die USA etwa entstand die Notwendigkeit zur rechtlichen Erfassung der „Auslandsbestechung"[721] schon bald nach der Erklärung ihrer Unabhängigkeit von fremdländischer Herrschaft am 04.07.1776, wie *Lawrence Lessig* beschreibt:

> „At the time of the founding, the king of France had made it a practice to give expensive gifts to departing ambassadors when they had successfully negotiated a treaty. In 1780 he gave Arthur Lee a portrait of himself set in diamonds and fixed above a gold snuff box. In 1784 he gave Benjamin Franklin a similar portrait, also set in diamonds. The practice was common throughout Europe. During negotiations with Spain, for example, the king of Spain presented John Jay with a horse.

---

715 Vgl. *Krause*, Kriminalisierungsgeschichte, S. 85, 167; *Engels*, Geschichte, S. 174.
716 *Grüne*, Korruptionsforschung, S. 11, 30.
717 Vgl. *Friedrich*, Pathologie, S. 103 ff.
718 Vgl. hierzu 4. Kap. B.V.
719 *Grüne*, Korruptionsforschung, S. 11, 13.
720 *Meyer*, Strafrechtsgenese, S. 250.
721 Es handelt sich dabei um eine problematische Geschenkkultur. Die Reaktion hierauf ist immer noch in der US-amerikanischen Verfassung in Art. 1 Abs. 9 S. 8 enthalten: „[N]o Person holding any Office of Profit or Trust under [the United States], shall, without the Consent of the Congress, accept of any present, Emolument, Office, or Title, of any kind whatever, from any King, Prince, or foreign State."

Each of these gifts raised a reasonable concern: Would agents of the republic keep their loyalties clear if in the background they had in view these expected gifts from foreign kings? Would the promised or expected gift give them an extra push to close an agreement, even if (ever so slightly) against the interests of their nation?"[722]

Die für diesen Verbotsursprung notwendigen Ebenen von Staatlichkeit entstanden allerdings erst im 20. Jahrhundert, das deshalb nun als Startpunkt für die Untersuchung der Auslandsbestechung ieS. dienen soll.

1. 20. Jahrhundert: Der Beginn des transnationalen Strafrechts[723]

Die ersten transnationalen Interdependenzen werden traditionellerweise mit der Seidenstraße assoziiert,[724] über die schon zu vorchristlicher Zeit der Mittelmeerraum zu Handelszwecken mit Ostasien in einer vormodernen Struktur verbunden worden war.[725] Es dauerte aber lange, bis sich die folgende Überzeugung durchgesetzt hat: „Aux maux internationaux, il faut des remèdes internationaux."[726] Die eigentliche Entwicklung eines integrierten Systems mit der Notwendigkeit einer gemeinschaftlichen Reaktion auf systemschädliche Taten durchlief ihre erste Phase zwischen der industriellen Revolution und dem Ersten Weltkrieg, in der in spezifischen Feldern über den transkontinentalen Handel globale Verknüpfungen entstanden.[727]

War die protoglobalisierte Welt zu Beginn der Neuzeit[728] noch von einem Nationalchauvinismus und damit einhergehend von einem merkantilistischem Handelssystem geprägt, zeichnet sich die moderne Form der

---

722 *Lessig*, Republic, S. 18f.
723 Transnationales Strafrecht im hier verstandenen Sinne ist ein Rechtsgebiet des internationalen Strafrechts iwS, das die transnationalen bzw. vertragsgestützten Straftaten (sog. transnational crimes, treaty crimes bzw. crimes of international concern) behandelt, vgl.: *Boister*, Transnational, EJIL 14 (2003), 953 ff.; *Werle/Jeßberger*, Völkerstrafrecht, Rn. 146 ff. Zu den verschiedenen Dimensionen des „internationalen Strafrechts" schon *Liszt*, Grundsätze, ZStW 2 (1882), 50, 52 ff.
724 *Amin*, Reflections, S. 10, 10.
725 Hierzu mit Blick auf neuere archäologische Funde: *Hansen*, Silk Road, S. 3 ff., passim.
726 *Bluntschli*, Avis, S. 102, 105.
727 *Amin*, Reflections, S. 10, 10.
728 Der Begriff der Protoglobalisation geht zurück auf *A.G. Hopkins*, Globalization in World History.

Globalisierung durch ein ausgeprägteres Netzwerkbewusstsein aus.[729] Die zunächst philosophischen und schließlich auch politischen und gesellschaftlichen Umbrüche führten im ausgehenden 18. Jahrhundert nicht nur zur Etablierung souveräner Staaten[730], sondern auch zu einer gesteigerten Reflexion über die rechtliche Ausgestaltung der intergouvernementalen Beziehungen.[731] Nicht nur in den USA wird mit der „Nationalität" also auch die „Internationalität" entdeckt.[732] *Bentham* begründete den Begriff des internationalen Rechts 1789 in seinen Prinzipien von Recht und Moral: „The word 'international' is admittedly a new one, but I hope it will be understood well enough. It is meant as a better name for the so-called 'law of nations'."[733]

Das internationale Recht gelangte allerdings nicht unmittelbar zur Blüte, sodass auch die Kriminalisierung von transnationalen Bestechungstaten noch auf sich warten ließ. Zunächst ging es wissenschaftlich primär um eine Herausarbeitung der Unterschiede und Gemeinsamkeiten der nationalen Rechtsordnungen.[734] Das „lange 19. Jahrhundert"[735] stand dann auch noch sehr im Zeichen des nationalen Rechts und damit im Bemühen um ein legalistisch-monistisches System – eine für die deutsche Rechtswissenschaft strukturell wie funktional prägende Zeit.[736] Damals hielten sowohl die revolutionären Unruhen als auch die folgende Etablierung des bürgerlichen Gesellschaftsmodells die staatlichen Kräfte mit innenpoliti-

---

729 *Hackett*, Introduction, S. 12 ff.

730 „Deutschland" war freilich noch in Gestalt einer Kulturnation, nicht einer Staatsnation; Unterscheidung begründet von *Meinecke*, Weltbürgertum.

731 Im 18. und frühen 19. Jahrhundert bildete sich ein Kongresssystem heraus, das regelmäßig Vertreter der Großmächte versammelte. Diese Kongresse waren die Vorläufer der heutigen internationalen Organisationen, *Peters/Peter*, International Organizations, S. 170, 171 f.

732 *Tomassini*, Sicht, S. 147, 147.

733 *Bentham*, Introduction, Ch. 17, Para. 25.

734 „It's impossible that the laws of all nations, or even of any two nations, should coincide in all points, and anyway it's not desirable that they should. But there seem to be some leading points in respect of which the laws of all civilised nations might satisfactorily be the same.", *Bentham*, Introduction, Ch. 17, Para. 25. Das Kongresssystem wurde etwa wissenschaftlich erstmalig von *Georg Jellinek* mit seiner Schrift "Die Lehre von den Staatenverbindungen" im Jahr 1882 untersucht, *Peters/Peter*, International Organizations, S. 170, 175.

735 Begriff von *Eric Hobsbawm*, so deshalb auch der Sammeltitel seiner 2017 neuaufgelegten drei Bände „Europäische Revolution", „Die Blütezeit des Kapital", „Das Imperiale Zeitalter".

736 *Duve*, Internationalisierung, S. 167, 170.

schen Themen okkupiert.[737] Eine Anpassung des nationalen Rechts an die neuen gesellschaftlichen Gegebenheiten und damit eine Fokussierung auf das innerstaatliche Recht waren notwendig. Zudem erfuhren die Grundsätze staatlicher Souveränität sowie der Nichteinmischung in fremde Angelegenheiten starke Betonung.[738] Wenngleich die Modernisierung des Rechts auch unter Zuhilfenahme rechtsvergleichender Methodik vorangetrieben wurde,[739] so stand einer weitergehenden Internationalisierung des Rechts mit voranschreitendem Jahrhundert auch ein wachsender Nationalismus entgegen.[740] Am Ende des 19. Jahrhunderts war Deutschland außenpolitisch weitgehend isoliert. Dessen ungeachtet kam es zu einer Wahrnehmung von Interdependenzen zwischen den Staaten auch wegen des Aufkommens transnationaler Kriminalitätsformen; diese Erkenntnis lässt das Bedürfnis, gemeinsamen Problemen auch rechtlich gemeinsam entgegenzutreten, keimen. *Liszt* hat sich schon im Jahr 1882 für eine Internationalisierung des Strafrechts eingesetzt:[741]

„Soweit durch internationale Angriffe auf gewisse Rechtsgüter das Bedürfnis einer internationalen Abwehr erzeugt wird, sind internationale Vereinbarungen über gleichmäßigen strafrechtlichen Schutz dieser Rechtsgüter wünschenswert."[742]

Wenngleich *Liszt* in diesem Beitrag auch das Bestehen internationaler Rechtsgüter zaghaft andeutet, meint er: „[I]ch wage es nicht, diese Ansicht

---

737 Nichtsdestotrotz begann man auch dann schon die bestehenden bilateralen diplomatischen Beziehungen auszubauen zu anderen Formen der zwischenstaatlichen Kooperation, *Brownlie*, International Law, S. 675. Diese waren allerdings primär eurozentrisch geprägt, *Cassese*, International Law, S. 25 ff.; *Ipsen*, Völkerrecht, S. 25.

738 *Malcolm Shaw*, Art. International Law, in: Encyclopædia Britannica, online verfügbar unter https://www.britannica.com/topic/international-law (zuletzt abgerufen am 8.10.2019).

739 *Kubiciel*, Liszt, S. 229, 232.

740 *Vesting*, Rechtstheorie, Rn. 149 ff., weist darauf hin, dass sich im späten 19. Jahrhundert der Staatszentrismus im Recht deutlich zeigte: „der über Polizei und Militär verfügende Nationalstaat und sein ‚beliebiger Wille' [wurde] zur Quelle aller Rechtsgeltung/Gesetzgebung" (Rn. 151).

741 Bereits die von ihm mitgetragene Gründung der „Zeitschrift für das gesamte Strafrecht" stand im Zeichen einer internationalen Orientierung, *Wetzell*, Liszt, S. 207, 209. Seit 1882 finden sich hierin die Rubriken „Internationale Chronik" sowie „Ausländische Rundschau", darüber hinaus werden regelmäßig Artikel zum ausländischen Strafrecht publiziert.

742 *Liszt*, Grundsätze, ZStW 2 (1882), 50, 79.

zur Grundlage weiterer Auseinandersetzung zu machen."[743] Nichtsdestoweniger war trotz der damals noch bestehenden Zurückhaltung – die *Liszt*
selbst spätestens 1917 mit der Forderung nach einem „einheitliche[n] mit-
teleuropäischen Strafrecht" aufgibt[744] – der wissenschaftliche Startschuss
für ein internationalisiertes Strafrecht gefallen. Schon vor den beiden
Weltkriegen bestanden also Bestrebungen zur transnationalen Kriminalitätsbekämpfung, die sich insbesondere in transnationalen Netzwerken
zeigten[745] – allen voran die Internationale Kriminalistische Vereinigung
(IKV), die 1888 von *Liszt* maßgeblich initiiert wurde.[746] Während des Ersten Weltkrieges wurde der Idee eines vereinheitlichten Strafrechts dann
endgültig ihr utopischer Charakter genommen[747] und stattdessen als Mittel der Friedenssicherung anvisiert.[748] Das Erfordernis zur internationalen
Zusammenarbeit trat angesichts der katastrophalen Ausmaße dieser be-
waffneten Konflikte nun so offen zu Tage,[749] dass 1919 der Völkerbund ge-

---

743 *Liszt*, Grundsätze, ZStW 2 (1882), 50, 77.
744 *Liszt*, Strafrecht, ZStW 38 (1917), 1, 4 forderte schon eine „einheitliche Strafgesetzgebung für die Mittelmächte, als eine Aufgabe, nicht der unmittelbaren Gegenwart, wohl aber der allernächsten Zukunft". Hierzu sowie zu Liszts mono-
graphischem Entwurfes eines „mitteleuropäische[n] Staatenverband[s]" aus dem
Jahr 1914 vertieft: *Kubiciel*, Liszt, S. 229.
745 *Deflem*, Bureaucratization, LSR 34 (2000), 739.
746 *Wetzell*, Liszt, S. 207, 209.
747 Der Vereinheitlichungsgedanke schürte vor allem in der Weimarer Republik
auch Ängste, vgl. nur *Oswald Spenglers* Untergang des Abendlandes von 1922; zu
den sehr frühen pessimistischen Stimmen gehört *Paul Johann Anselm von Feuerbach*, s. *Kipper*, Feuerbach, S. 95 ff. mwN.
748 *Liszt*, Staatenverband, S. 5; *Gleispach*, Strafrechtsvergleichung, DStZ 3 (1916),
Sp. 107, 110; vgl. hierzu vertieft: *Kubiciel*, Liszt, S. 229, 233 ff. Große Hoffnungen setzte man dabei auf die nach der Zivilrechts- nun erwartete Strafrechtsreform, die von der „Frucht" der Rechtsvergleichung profitieren sollte (diesen
Geiste hatte auch schon die Gründung der ZStW geatmet), hierzu *Gleispach* geradezu euphorisch: „Die Strafrechtsreform könnte so gleichsam der Sturmbock
sein, in die bisher bestehenden Schranken der Rechtsgleichheit die erste große
Bresche zu schlagen. Ein neues Band umschlänge die treu verbündeten Staaten
und Völker." „[E]in Bild, das wahrlich würdig ist, unserer großen Zeit und hin-
zugehört zu der sonnigen Zukunft, die wir uns zu erkämpfen hoffen. Auf zur
Vereinheitlichung des Strafrechts!" (Sp. 116 f.).
749 In diesem Sinne auch Franklin Roosevelt, am 5.10.1937 in seiner Quarantäne-
Rede: „[...T]he people of the United States under modern conditions must, for
the sake of their own future, give thought to the rest of the world [...]. The
peace-loving nations must make a concerted effort in opposition to those violations of treaties and those ignorings of humane instincts which today are crea-

gründet wurde, 1945 die Vereinten Nationen[750]. Schließlich bestand auch das Völkerstrafrecht in den Nürnberger Prozessen seine Feuertaufe.[751] Diese Entwicklungen bereiteten den Boden für die Verständigung auf transnationales Strafrecht, also treaty crimes wie die durch internationale Rechtsinstrumente geformten Korruptionstatbestände.

2. Entwicklungshindernis Kalter Krieg

Eine weitergehende internationale Rechtsentwicklung wurde allerdings zunächst durch den Kalten Krieg[752] gehemmt – *Wilhelm Grewe*, Völkerrechtsprofessor, Diplomat (u.a. in Washington, D.C., sowie beim NATO-Rat) und Zeitzeuge, fasst die Situation unmittelbar nach dem Zweiten Weltkrieg wie folgt:

> „An die Stelle der beiden kooperierenden Führungsmächte traten nunmehr zwei rivalisierende, scharf antagonistische Hegemonialmächte, die zu Gravitationszentren zweier sich feindselig gegenüberstehender weltpolitischer Lager wurden. In der Gründung einer weltumspannenden Friedensorganisation, der Vereinten Nationen, hatte sich 1945 die Kooperationsbereitschaft dieser Supermächte erschöpft."[753]

Die Abwärtsspirale der diplomatischen Beziehungen während des Kalten Krieg hinderte globale Kooperationen aller Art, insbesondere institutionalisierte im Rahmen von internationalen Organisationen, und hemmte so

---

ting a state of international anarchy and instability from which there is no escape through mere isolation or neutrality.", online verfügbar unter http://teachingamericanhistory.org/library/document/quarantine-speech/ (zuletzt abgerufen am 8.10.2019).

750 Charta der Vereinten Nationen online verfügbar unter http://www.unric.org/de/charta (zuletzt abgerufen am 8.10.2019).

751 Grds. zu den Nürnberger Prozessen: *Cryer*, Introduction, S. 111 ff. Die Originaldokumente der Nürnberger Prozesse finden sich alle in digitalisierter Form unter http://avalon.law.yale.edu/subject_menus/imt.asp (zuletzt abgerufen am 8.10.2019). Zu der Bedeutung der Prozesse für die Rechtsentwicklung: *Heller*, Nuremberg, S. 369 ff.; *Simpson*, Conscience, S. 11, 14 f.; *Radbruch*, Vorwort, S. 5 f. US-Ankläger Taylor im Ärzte-Prozess: "It is our deep obligation to all peoples of the world to show why and how these things happened", online verfügbar unter http://nuremberg.law.harvard.edu (zuletzt abgerufen am 8.10.2019).

752 Der Begriff Kalter Krieg stammt von *George Orwell*, s. *Wedstadt*, Cold War, S. 3.

753 *Grewe*, Epochen, S. 750.

selbstverständlich auch die gemeinsame Rechtsentwicklung.[754] Die „fundamentale geistige und gesellschaftspolitische Konfrontation"[755] im Kampf der Supermächte um die Vorherrschaft führte dazu, dass sich „kein Fundament allgemein anerkannter sittlicher Normen und Werte gründen konnte"[756]. Gerade die im hohen Maße mit der Sozialmoral verquickten Bestechungsdelikte konnten so keine internationale Allianz für sich aufbringen.[757] Die strafrechtliche Behandlung der Korruption blieb also noch einige Zeit auf Taten innerhalb der jeweiligen nationalen Grenzen beschränkt, obwohl sich die Märkte – und mit ihnen die marktbezogene Kriminalität – zunehmend globalisierten. Ein (geeintes) Vorgehen gegen transnationale Wirtschaftskriminalität war aufgrund der außenpolitischen Umstände während des Kalten Krieges zunächst unmöglich. Die grundsätzlich bestehenden Hindernisse einer gemeinsamen außenpolitischen Rechtsgestaltung kumulierten in besonderer Weise im Bereich der Bekämpfung transnationaler Wirtschaftsdelikte: Zu sehr stand die Konfrontation zwischen den Wirtschaftssystemen Sozialismus und Kapitalismus im Vordergrund, als dass man – als Einzelstaat, im Staaten- oder Weltenverbund – gegen spezifisches wirtschaftliches Fehlverhalten hätte vorgehen können. In der DDR wurde z.B. gerade das Strafrecht als Mittel gegen das überwundene bzw. konkurrierende Wirtschaftssystem verstanden:

> „Es [das sozialistische Strafgesetzbuch, Anm. CS] dient im besonderen dem entschiedenen Kampf gegen die verbrecherischen Anschläge auf den Frieden und die Deutsche Demokratische Republik, die vom westdeutschen Imperialismus und seinen Verbündeten ausgehen und die Lebensgrundlagen unseres Volkes bedrohen. Es dient zugleich dem Kampf gegen Straftaten, die aus dem Fortwirken der Überreste der kapitalistischen Zeit erwachsen und durch feindliche Einflüsse und moralische Verfallserscheinungen aus den imperialistischen Staaten genährt werden. Damit gewährleistet das sozialistische Strafrecht den wirksamen Schutz der sozialistischen Staats- und Gesellschaftsordnung und der sozialistischen Gesetzlichkeit."[758]

---

754 *Stephan*, Impact, S. 141, 147; *Grewe*, Epochen, S. 754.
755 *Grewe*, Epochen, S. 752.
756 *Grewe*, Epochen, S. 757. Zustimmend: *Ziegler*, Völkerrechtsgeschichte, S. 216.
757 *Wouters/Ryngaert/Cloots*, Framework, MJIL 14 (2013), 1, 4.
758 Präambel des Strafgesetzbuches der Deutschen Demokratischen Republik in der Fassung vom 12.01.1968, GBl. 1968, S. 1 (zitiert nach *Vormbaum/Welp*, Strafgesetzbuch, S. 18). – Vertieft zur Präambel: *Rosenthal*, Strafrecht, S. 12 ff., der da-

Das Strafrecht wurde also instrumentalisiert im innenpolitischen Kampf gegen den Westen,[759] ihm wurde neben einer „Schutz- und Erziehungsfunktion" eine „primär nach außen gerichtete Funktion" beigemessen, „nämlich die friedensbedrohenden, konterrevolutionär-interventionistischen Umtriebe des westdeutschen Imperialismus gegen die souveräne Deutsche Demokratische Republik abzuwehren und zu zerschlagen".[760] Das DDR-Strafrecht kannte aber keinen transnationalen Anwendungsbereich, sondern war, spiegelbildlich zur Politik,[761] insbesondere auf innere Abläufe konzentriert. Die Extravertiertheit kam also vor allen Dingen in einer Anerkennung des Anderen zum Ausdruck, die zu einer Abschottung der DDR führte, die in einer Überbetonung eines politischen Elements in Delikten[762] sowie der politischen Delikte[763] ihren strafrechtlichen Ausdruck fand. In Bezug auf die Wirtschaftsstraftaten fand eine Abgrenzung gegen das feindliche System insbesondere vermittelt über die kriminologische Forschung statt, die die Kriminalitätsentwicklung im Sinne des Klassenkampfes deutete:

> „Gerade gegenwärtig erleben wir in allen imperialistischen Staaten der Welt, insbesondere aber in den USA und in Westdeutschland – den Zentren der Weltreaktion –, ein ungeheures Anschwellen der Kriminalität. Es hat seine allgemeinen Wurzeln im Fortschreiten der Fäulnis

---

rauf hinweist, dass eine solche „Charakter und Zielsetzung" von Gesetzen in der DDR „allgemein üblich" waren.

759 *Lieser*, Sowjetzonales Strafrecht, S. 63: „Das sowjetzonale Wirtschaftsstrafrecht dient der Unterdrückung des ‚Klassenfeindes'". *Fricke*, Politik, S. 269: „Der politische, obschon systembedingte Mißbrauch von Wirtschaftsstrafbestimmungen trat auch bei der Anwendung der […] Wirtschaftsstrafverordnung vom 23. September 1948 hervor, jedenfalls bis zu ihrer Änderung durch Verordnung vom 29. Oktober 1953." Nach dem Aufstand am 21. Juni 1953 fand die Ausrufung eines „neuen Kurses" durch *Hilde Benjamin* statt (S. 283), der aber auch keinen „grundsätzlichen Wandel in der Rechtsprechung der DDR" hervorrief: „Die Strafrechtsprechung blieb Mittel zum Zweck der Politik" (S. 284). Auch mit Blick auf das StGB von 1968 „konnte ein Bruch mit der vorausgegangen Strafgesetzgebung keinesfalls konstatiert werden" (S. 554).

760 *Renneberg*, Grundsätze, NJ 1967, 105, 105 f.; ähnlich: *Lekschas/Renneberg*, Lehren, NJ 1961, 76, 77.

761 *Stephan*, Impact, S. 141, 144.

762 *Gerats/Lekschas/Renneberg*, Lehrbuch DDR, S. 250: „Es gibt kein Verbrechen, dessen Wurzeln nicht in der Existenz der kapitalistischen Welt oder dem vom Kapitalismus hinterlassenen reaktionären, insbesondere politisch-ideologischen Erbe „zu suchen sind."; s. auch: *Melzer/Klotsch*, Grundfragen, NJ 1962, 208, 210 f.

763 *Vormbaum*, Strafrecht, S. 129 ff.; *Rosenthal*, Strafrecht, S. 7 f., passim.

des Kapitalismus [...]. Antikommunismus und Kapitalismus gehen ineinander über."[764]

„Die gegenüber dem kapitalistischen Deutschland unvergleichlich geringere Kriminalität steht in einer Reihe mit all den sozialistischen Eigenschaften, auf die wir heute schon mit Stolz verweisen können."[765]

Versteht man aber Kriminalität als „leibliches Kind", als das „unvermeidliche Produkt des Kapitalismus",[766] so ist der (spätere) Weg zu einer ehrlichen Reflexion der eigenen Kriminalitätslage verbaut. Die aggressive Terminologie[767] sowie der Klassencharakter des Strafrechts war während des Bestehens der DDR zwar Schwankungen ausgesetzt,[768] das Korruptionsproblem wurde jedoch bis zuletzt in Abrede gestellt.

Durch Unmöglichkeit der Verhandlungen im Verhältnis Ost-West kam es auch zu einer Hemmung im Westen, weil man gegenüber der rivalisierenden Weltmacht keine Schwäche im Wirtschaftssystem, die durch ein entschiedenes rechtspolitisches Vorgehen gegen Wirtschaftsdelikte offenbart worden wäre, eingestehen wollte. Wenngleich dieses Narrativ im westdeutschen Strafrechtsdiskurs weniger präsent war, so gab es auch hier innen- wie außenpolitische Gründe für eine Stagnation der transnationalen Kriminalisierung von Wirtschaftsdelikten:

In Westdeutschland wurde schon 1961 von *Terstegen*, der seinerzeit zu den „fruchtbarsten Wirtschaftskriminalisten" gezählt wurde,[769] angemahnt, dass es an Straftatbeständen im Bereich der „sog. ‚Weiße-Kragen-Kriminalität'" fehlte.[770] In Bezug auf die Bestechungsdelikte betraf dies damals schon im Besonderen den transnationalen Bereich, da die nationalen Bestechungsdelikte deutschlandweit ja schon seit dem Inkrafttreten des Reichsstrafgesetzbuches im Jahr 1872 bestanden.[771]

Das Kriminalisierungsdefizit war also frühzeitig bekannt. Ähnlich wie in den USA wurde die Schließung dieser Lücke aber auch in Deutschland

---

764 *Lekschas/Renneberg*, Lehren, NJ 1961, 76, 76.
765 *Harrland*, Gedanken, NJ 1960, 610, 613. Ähnlich auch S. 614: „Die Entwicklung der Kriminalität ist ein Gradmesser für die Qualität der Arbeit der staatlichen und gesellschaftlichen Organe, die den Prozeß der sozialistischen Umwälzung leiten und organisieren."
766 *Schejnin*, Kriminalität, NJ 1960, 220, 222.
767 *Raschka*, Justizpolitik, S. 89.
768 *Mahlmann*, Strafrechtswissenschaft, S. 145 ff., passim.
769 *Tiedemann*, Reform, ZRP 1970, 256, 257.
770 *Terstegen*, Weiße-Kragen-Kriminalität, S. 81, 104, 109.
771 Vgl. hierzu 1 Kap. B.III.1.a.

zunächst weder von legislativer noch von strafrechtswissenschaftlicher Seite forciert,[772] vielmehr überwog das Unbehagen im Umgang mit den „nichtgegenständlichen Intelligenztaten"[773], wenngleich doch auch das westdeutsche Strafrecht (spätestens seit der Diskussion um E62,[774] eigentlich jedoch schon jeher) vor einer Generalüberholung stand. Durch die innerdeutsche Teilung fand der Kalte Krieg innerhalb der eigenen Landesgrenzen statt, sodass der oben beschriebene Konflikt zwischen den beiden Wirtschaftssystemen eine besondere Brisanz entfaltete. Statt für die Kontrolle wirtschaftlichen Verhaltens eine Lösung über das StGB zu wählen, ging man den Weg über das 1968 eingeführte Ordungswidrigkeitenrecht,[775] dessen wesensmäßige Unterscheidung vom Strafrecht bis heute nicht geklärt ist, aber gemeinhin in einer Symbolik (Strafurteil als Unrechtsurteil) auszumachen versucht wird.[776] In der Zeit des Kalten Krieges waren Symbole indes von zentraler Bedeutung,[777] sodass davon auszugehen ist, dass mit Absicht auf eine moralische Herabsetzung der eigenen Staatsangehörigen verzichtet wurde. Eine Welle der strafrechtlichen Regulation hätte zudem auch dem Liberalismus widersprochen, der – auch rhetorisch vereinnahmt – den Gegenpol zum totalitären Überwachungsstaat der DDR bildete.[778]

Eine westdeutsche Verfolgung einer in der DDR begangenen Auslandsbestechung, beispielsweise wegen Bestechungszahlungen an DDR-Grenz-

---

772 *Engelhart*, Development, GLJ 15 (2014), 693, 695.

773 *Tiedemann*, Reform, ZRP 1970, 256, 258, über Wirtschaftsdelikte, der außerdem auf ihre mangelnde Integrationsfähigkeit mit Blick auf den „ – dogmengeschichtlich nachweisbar – am Modell der gegenständlichen Gewaltdelikte, insbesondere der Tötungsdelikte" entwickelten Allgemeinen Teil hinweist.

774 Strafrechtliche Sanktionen in der Wirtschaft waren hiervon weitestgehend ausgenommen: *Achenbach*, Entwicklung, Jura 2007, 342, 344 f. Zur Diskussion um die Große Strafrechtsreform: *Kubiciel*, Vergeltung, S. 217.

775 Vgl. *Achenbach*, Entwicklung, Jura 2007, 342, 344 ff; *Engelhart*, Development, GLJ 15 (2014), 693, 699.

776 *Wolf*, FS Frank II, S. 517, zum Übergang von ursprünglich schlicht „quantitativ" den Straftaten unterlegenen „Verwaltungsdelikten" hin zu einer „qualitativen Abscheidung des kriminellen vom polizeilichen Unrecht" (und zu ihrer strafrechtssystematischen und -dogmatischen Aufarbeitung). Mittlerweile scheint keiner der beiden Abgrenzungswege mehr die richtige Passform zu besitzen.

777 In der jüngsten Geschichtsforschung wird dabei in das symbolische, bislang bipolare, Kräftefeld zwischen Kommunismus und Kapitalismus auch der christlich-demokratisch-europäische Akteur „Abendland" als Symbolgeber eingeführt, *Forlenza*, Politics, Contemporary European History, 26 (2017), 261.

778 Die (sowjetische) Staatskontrolle als Gegenstand eines Schreckensszenarios war durch *Orwells* sehr erfolgreiche Dystopie war als Sorge allgemein verbreitet.

beamte zur ungehinderten Einfuhr verbotener Waren, wäre aus ganz unterschiedlichen Gründen zu verneinen gewesen – der offensichtlichste ist wohl, dass die Sowjetzone nicht als „Ausland" anerkannt war, sondern als Teil des Bundesgebietes betrachtet wurde.[779]

Gänzlich unabhängig davon hätte es Deutschlands außenpolitische Position gar nicht zugelassen, die transnationale Gesetzgebung, geschweige denn Rechtsdurchsetzung, voranzubringen. Zumindest in der unmittelbaren Nachkriegszeit wäre es darüber hinaus auch angesichts der beschränkten Ressourcen innenpolitisch schwierig gewesen, die Dringlichkeit einer grenzüberschreitenden Bestechungsbekämpfung darzulegen. Insbesondere in den 1960er und 70er Jahren war der Wiederaufbau der deutschen Wirtschaft zentral; die Verfolgung von Wirtschaftskriminalität, insbesondere in Form der Auslandsbestechung,[780] wäre da hinderlich gewesen.[781] Vor allem fehlte es aber auch an der Notwendigkeit, war Deutschland doch nicht nur politisch, sondern auch wirtschaftlich angeschlagen.

Im geteilten Nachkriegsdeutschland war es demnach sowohl außen- als auch innenpolitisch nur eingeschränkt geboten und möglich, sich transnational gegen Wirtschaftskriminalität einzusetzen.[782] Diese Situation hatte Bestand – wenngleich in schwindender Intensität – bis zur Verpflichtung zu internationalen Initiativen in den 90er Jahren.[783] Dann setzte sich sukzessive erst auf internationaler, dann auch auf nationaler Ebene die Überzeugung durch, dass bei transnationalem Wirtschafts- und Informations-

---

779   „Handlungen gegen ausländische Staaten" waren deshalb „Straftaten, die in beiden Teilen Deutschlands verfolgbar sind, deren Ausführung in der SBZ jedoch nach rechtsstaatlichen Grundsätzen in der Bundesrepublik nicht verfolgt werden darf", *Lieser*, Sowjetzonales Strafrecht, S. 104.

780   *Taschke*, Entwicklung, NZWiSt 2012, 9, 10, führt das Wirtschaftswunder sogar auf die Möglichkeit, im Ausland Bestechungsgelder zahlen zu können, zurück.

781   *Engelhart*, Development, GLJ 15 (2014), 693, 695. Wirtschaftliches Verhalten fand seine Regulierung allerdings in sich stetig mehrenden ordnungswidrigkeitenrechtlichen Vorschriften. Darüber hinaus muss klar sein, dass spätestens mittelfristig v.a. die Bestrafung von innerstaatlicher Wirtschaftskriminalität wichtig für einen funktionierenden Markt ist.

782   Die wesentliche Änderung durch das Erste und Zweite Gesetz zur Bekämpfung der Wirtschaftskriminalität, v. 29.7.1976, BGBl. I, S. 2034 und v. 15.5.1986, BGBl. I, S. 721, war eine Einführung des Versicherungsbetrugs, § 264 StGB, sowie der Computerkriminalität wie §§ 202a, 263a, 269, 270, 303a, 303b StGB, *Engelhart*, Development, GLJ 15 (2014), 693, 696; *Tiedemann*, Bekämpfung, JZ 41 (1986), 865, 868 ff.

783   Die unterschiedlichen Entwicklungen im Strafrecht haben in der DDR 1968, und in der Bundesrepublik 1975 ihren „vorläufigen Abschluß gefunden", *Sengenstedt*, Strafzwecke, S. I.

austausch sich auch rechtliche Reaktionen nicht auf das Inland beschränken dürfen, sondern ein supra- bzw. internationaler Umgang notwendig
sei.[784]

3. Entwicklungsbeschleuniger Kalter Krieg

Nach der Niederlage in der militärischen Auseinandersetzung in Vietnam,
der eine Stellvertreterrolle zum Kalten Krieg zugesprochen wurde, befan-
den sich die USA schon Ende der 60er Jahre in der Defensive; symptoma-
tisch hierfür war die schlechte Wirtschaftslage, die sich insbesondere in
einer steigenden Arbeitslosigkeit, Inflation, Handelsdefiziten sowie einer
US-Dollar-Abwertung zeigte.[785] In wirtschaftsfokussierten Publikationen
meist unterbelichtet bleibt der innenpolitische Einfluss der 68er Bewegung, die eine kritische Masse generierte, um das Establishment in Frage
zu stellen.[786] In der Folge der vom Watergate-Skandal ab 1972 provozier-
ten verheerenden Regierungskrise wurde das öffentliche Vertrauen stark
beschädigt.[787] Die nachfolgenden Ermittlungen der US Securities and Exchange Commission (SEC) enthüllten, dass alle großen US-Unternehmen
ihre Geschäfte mithilfe von Auslandsbestechung gemacht hatten.[788] Dies
wurde als großes sozialmoralisches, innen- sowie außenpolitisches, fiskus-
und anlegerfeindliches Problem aufgefasst, auf das mit Schlagkraft reagiert
werden sollte. Gerade für die Carter-Administration war ein drohender
Vertrauensschaden („moral damage") eine besondere Handlungsmotivati-
on,[789] sodass die Arbeiten am FCPA[790] nach Regierungsbildung hoch prio-

---

784 *Lutterbeck/Wilhelm*, Rechtsgüterschutz, S. 38.

785 *Berghoff*, Watergate, S. 7.

786 *Nye*, Roots, S. 1, 2: „In the early part of the 1970s, American power was limited
by introspective moral and social concerns in the aftermath of Vietnam and Watergate."

787 *Berghoff*, Watergate, S. 7, 8 ff.; vgl. *Kacmarek/Newman*, Arm, IO 65 (2011), 745,
751.

788 So klar *Berghoff*, Watergate, S. 7, 10.

789 *Gantz*, Globalizing, NJILB 18 (1998), 457, 459. Die moralische Integrität gehört
zum US-amerikanischen Selbstverständnis: *Martin*, Development, Resources &
Env't 14 (1999), 95, 96.

790 Anm.: Der FCPA wurde nunmehr als Reaktion auf eine Empfehlung der OECD
um eine Hilfslinie ergänzt: *Criminal Division of the DOJ/Enforcement Division of
the SEC*, Resource Guide (s.o. Fn. 299); zum Resource Guide: *Rose*, Norms,
S. 78.

ritär behandelt wurden.[791] Damit konnten Zweifel am amerikanischen System sowohl von innen als nach außen (mit jeweils wechselseitiger Wirkung) beschwichtigt werden; in den vorbereitenden Erwägungen zum FCPA zeigt sich, dass Kriminalisierungsgründe insbesondere die Verteidigung des marktwirtschaftlichen Systems sowie der außenpolitischen Position waren:[792]

"(...) concerned about the issue of questionable overseas payments both as a basic ethical problem and because well-publicized reports of such payments have tended to undermine public confidence in the entire corporate community and *in the market economy as a whole.*"[793]

"It is, in short, timely for our government to (...) seek (...) assistance which would clearly *enhance the strength of the capital markets of the free world.*"[794]

"[Anti-corruption laws are] a price that I would be quite happy to pay for the *difference in systems and morals* [...] with socialist countries"[795]

---

791 *Berghoff*, Watergate, S. 7, 15 (Hervorhebung CS).

792 In diesem Sinne auch schon der Abschlussbericht des vom House of Representatives eingesetzten Unterausschusses: US. House of Representatives, Unlawful Corporate Payments Act of 1977, Report No. 95-640 v. 28.9.1977, {5}: „Corporate bribery also creates severe foreign policy problems for the United States. The revelation of improper payments invariably tends to embarrass friendly governments, lower the esteem for the United States among the citizens of foreign nations, and lend credence to the suspicions sown by foreign opponents of the United States that American enterprises exert a corrupting influence on the political processes of their nations.", vgl. außerdem: Committee on Banking, Housing and Urban Affairs, United States Senate, Foreign Corrupt Practices and Domestic and Foreign Investment Improved Disclosure Acts of 1977, Report No. 95-114 v. 2.5.1977, S. 3: „These revelations have had severe adverse effects. Foreign governments friendly to the United States in Japan, Italy, and the Netherlands have come under intense pressure from their own people. The image of American democracy abroad has been tarnished. Confidence in the financial integrity of our corporations has been impaired. The efficient functioning of our capital markets as been hampered."

793 Chamber of Commerce of the United States, Statement on the Foreign Corrupt Practices Act of 1977 and the Domestic and Foreign Investment Improved Disclosure Act of 1977, in: Hearing Before the Committee on Banking, Housing and Urban Affairs, United States Senate, Foreign Corrupt Practices and Domestic and Foreign Investment Improved Disclosure Acts of 1977, First Session v. 16.3.1977, S. 185 (Hervorhebung CS).

794 *Hills* (Chairman Securities And Exchange Commission), in: ebd., S. 111, 115.

795 *Blumenthal* (Secretary of the Treasury), in: ebd., S. 66, 110 (Einfügung und Hervorhebung CS).

Mit der Kriminalisierung der Auslandsbestechung wurde sowohl auf den Watergate-Skandal als auch den Kalten Krieg reagiert.[796] Diese simultane Reputationsbehauptung fasst der US-amerikanische Rechtswissenschaftler *Andrew Spalding* wie folgt:

> „Taken together, these events exposed a degree of corruption in U.S. business and government that [...] tarnished the U.S. image abroad and weakened its standing in a bi-polar political struggle. To build and preserve critical alliances, the United States sought to announce to the world its intention to complement the highest standard of business ethics."[797]

Hier zeigt sich eine Parallele zum Civil Rights Movement, das in der Supreme Court Entscheidung *Brown v. Board of Education*[798] seinen prominentesten Ausdruck gefunden hat. Der anti-rassistischen Bewegung wurde erst nachgegeben, als das Ansehen der Regierung im In- und Ausland bereits Schaden genommen hatte und nur noch Verheerenderes verhindert werden konnte. Hier wollte man sich nicht nur gegen demagogische Angriffe der Sowjetunion behaupten, sondern sich zudem von dem als besonders unmoralisch wahrgenommen System absetzen.

Der FCPA war angesichts dessen nicht überraschend ein unilaterales Projekt der USA, das der angekratzten Supermacht die sozialmoralische, politische sowie wirtschaftliche Hegemonialstellung sichern helfen sollte. Dem Gesetzgebungsakt als solchem kam also stark expressiv-symbolische Bedeutung zu und er integrierte sich gut in den beginnenden Umbau der USA in Richtung eines nationalen Sicherheitsstaats[799] sowie in die ausdrucksstarke Innen- und Außenpolitik.[800] Kriminalisierungsursachen und -gründe nahmen immerhin einen so großen Raum ein, dass sich der FCPA

---

796 Ähnl.: *Spalding*, Sanctions, Florida Law Rev. 62 (2010), 351, 357; s. auch *Berghoff*, Watergate, S. 7, 16; *Brettel/Schneider*, Wirtschaftsstrafrecht, § 3 Rn. 551: „sichtbares Zeichen der Integrität westlicher Ökonomien".

797 *Spalding*, Sanctions, Florida Law Rev. 62 (2010), 351, 357 f.

798 Brown v. Board of Education, 347 US 483 (1954). Auch *Dworkin* lässt, nach einer Analyse zugrundeliegenden Prinzipien, seinen Idealrichter Herkules über den Fall entscheiden: *Dworkin*, Law's Empire, S. 355 ff., 379 ff.

799 *Dudziak*, Geopolitics, ASILP 105 (2011), 532, 536.

800 Überraschend bekannt kommt einem in diesem Zusammenhang die Aussage des US-amerikanischen Soziologen *Daniel Yankelovich* aus dem Jahr 1979 vor: „In its statements to the American public, the U.S. leadership blows hot and cold. The tone is rarely balanced, ambiguities are played down, subtlety is sacrificed to overstatement", *Yankelovich*, Farewell, Foreign Affairs 57 (1979), No. 3, Essay 12, unter IV.

mit seiner Schaffung durch den kommunikativen Akt schon erübrigt zu haben schien, ganz als habe sich der Tatbestandszweck also mit Tatbestandsschaffung schon erfüllt. Die sich anschließende Rechtsdurchsetzung blieb jedenfalls erwartbar hinter dem zuvor betriebenen rhetorischen Aufwand zurück: SEC und DOJ ermittelten kaum auf Grundlage des neugeschaffenen Gesetzes.[801] Die US-amerikanischen Unternehmen monierten dennoch den erlittenen Wettbewerbsnachteil im Vergleich zu anderen Ländern, die zur Auftragsakquise unproblematisch Bestechungsgelder an ausländische Amtsträger zahlen konnten.[802] In der Folge wurde der FCPA wieder entschärft.

Während sich bei den Bemühungen um Menschenrechte unmittelbar nach dem 2. Weltkrieg internationale Allianzen bildeten (manifest insbesondere durch die Menschenrechtserklärung von 1948), die auch im Kalten Krieg fortbestanden (Amnesty International erhielt 1977 den Friedensnobelpreis), blieb eine vergleichbare Entwicklung im Bereich des Wirtschaftsstrafrechts vollständig aus. Eine ähnlich lawinenartige Entwicklung wie in Bezug auf die Menschenrechte gab es lediglich hinsichtlich des Umweltschutzes: In der Bundesrepublik wurden 1980 mit dem 18. StÄG[803] schon Umweltdelikte ins StGB eingeführt, die – verstärkt durch die Selbstwahrnehmung als industriegesellschaftliche Risikogesellschaft sowie Unfälle wie Tschernobyl und dem Sandoz-Großbrand – zu einer gesamtgesellschaftlichen Debatte[804] führten, die ihren Abschluss im Zweiten Gesetz zur Bekämpfung der Umweltkriminalität[805] fand.[806] Ähnlich wie bei den Menschenrechten bat auch eine Profilierung im Umweltschutz die Möglichkeit, die moralische Überlegenheit gegenüber der sowjetischen Großmacht zu demonstrieren.[807] Der Preis für diese Führerschaft war denn

---

801 *Korte*, Einsatz, wistra 1999, 81, 81, wohl schon wegen des gefürchteten Wettbewerbsnachteil US-amerikanische Unternehmen.

802 Vgl. *Brettel/Schneider*, Wirtschaftsstrafrecht, § 3 Rn. 552.

803 18. Strafrechtsänderungsgesetz v. 28.03.1980, BGBl. I 373.

804 Zwischen 1980 und 1984 hatten sich die Strafanzeigen wegen Umweltdelikten schon verdoppelt, was *Tiedemann* auf die Lozierung der Tatbestände im StGB seit dem 18. StÄG und dem „wachsenden Umweltbewußtsei[n] der Bürger" zuschreibt, *Tiedemann*, Bekämpfung, JZ 41 (1986), 865, 866.

805 31. Strafrechtsänderungsgesetz v. 27.06.1994, BGBl. I S. 1440.

806 *Engelhart*, Development, GLJ 15 (2014), 693, 696 f.; *Achenbach*, Entwicklung, Jura 2007, 342, 347; *Kubiciel*, Wissenschaft, S. 259.

807 Zur Wichtigkeit des amerikanischen Moralismus im Kalten Krieg sowie der Unmöglichkeit, das schwer zu fassende sowjetische System durch Drohungen zu verändern, s. etwa: *Talbott*, Issues, S. 183, 183 ff. Zu dem sehr wechselmütigen

auch gering verglichen mit den aus den FCPA (potentiell) resultierenden Umsatzeinbußen für US-amerikanische Unternehmen.[808]

Im geteilten Deutschland sah man also wegen oder trotz dieser US-amerikanischen Entwicklung keine Notwendigkeit, die eigene Wirtschaft zu gefährden und sich an der Verfolgung transnationaler Bestechungstaten zu beteiligen. Im Gegenteil versicherten die Gerichte das Ausbleiben einer Untreuebestrafung im Zusammenhang mit der Zahlung von Bestechungsgeldern an ausländische Amtsträger;[809] 1985 verlautbarte der BGH noch dezidiert:

> „Von einem deutschen Unternehmer kann [...] nicht erwartet werden, daß er in den Ländern, in denen staatliche Aufträge nur durch Bestechung der zuständigen Staatsorgane zu erlangen sind, auf dieses Mittel völlig verzichtet und damit das Geschäft weniger gewissenhaften Konkurrenten überläßt."[810]

In dieses Bild passt auch die schon erwähnte mögliche steuerliche Absetzbarkeit von Auslandsbestechungszahlungen bis zur maßgeblichen Änderung der steuerrechtlichen Rechtslage durch das Steuerentlastungsgesetz 1999/2000/2002.[811]

Dem Kalten Krieg kommt insofern als Ursache eine ganz entscheidende Rolle bei der Entwicklung von Rechtsinstrumenten gegen transnationale Bestechungsdelikte zu – an dieser Stelle kann offenbleiben, ob er dabei selbst historischer Akteur (mit Januskopf) war oder als Kraft (die sowohl bremsend wie auch beschleunigend wirken kann) bzw. Hintergrund (der einen Bedeutungswandel erzeugen kann) gedacht werden muss.[812] Jedenfalls zeigt sich, dass die globalen sozio-politischen Ereignisse nicht ausge-

---

Verhalten der USA gegenüber und verglichen mit der Sowjetunion, s. auch: *Nye*, Preface, S. vii; *Stephan*, Impact, S. 141.

808 Die den Unternehmen auferlegten Kosten für die Einhaltung bestimmter Emissionsgrenzwerte sind sehr viel geringer als die Einbußen für nicht erlangte Aufträge in Ländern mit systematischer Korruption.

809 *Taschke*, Entwicklung, NZWiSt 2012, 9, 10.

810 BGH NJW 1985, 2405, 2406.

811 Vgl. *Rübenstahl*, Aspekte, S. 77; *Dannecker*, Verschärfung, S. 111, 129 ff., der darauf hinweist, dass „die steuerrechtliche Behandlung der Bestechung ein zentrales Moment der Korruptionsbekämpfung dar[stellt]" (129); so auch etwa in Australien und der Schweiz, *Kacmarek/Newman*, Arm, IO 65 (2011), 745, 751.

812 Zu den verschiedenen Rollen („grammatical elements") eines historischen Kontextes: *Burke*, Grammar, S. 3 ff.; hierzu auch *White*, Metahistory, S. 14 f. (insb. Fn. 8).

blendet werden können, sondern einen wesentlichen Teil zur Antikorruptionsentwicklung beigetragen haben.

4. Arbeit der internationalen Organisationen

In den 1990er Jahren setzte dann das ein, was *Kubiciel* als die "eindrucksvollst[e] Rechtsentwicklung des vergangenen Jahrhunderts" bezeichnet hat.[813] Auf Initiative der USA entwickelten alle wichtigen internationalen Organisationen innerhalb einer Dekade Antikorruptionsstrategien,[814] die mittels ihrer Ratifikation in Richtung auf die nationalen Strafrechtsordnungen bis heute enorme Strahlkraft entfalten. Wie rasant die Entwicklung war, die mittlerweile unter dem Schlagwort "compliance revolution"[815] verhandelt wird, zeigt etwa die noch hoffnungsarme Einschätzung der Vereinten Nationen beim Fünften Kongress zur Kriminalitätsprävention im Jahr 1975:

> „It has been suggested that as far as transnational financial crime is concerned, national legislation will never be sufficent [and] that some form of multinational securities and exchange commission may well be required. But the prospects for this kind of regulation do not seem good, at least in the near future."[816]

Dieser Pessimismus wurde durch die zwei Jahre später einsetzende Entwicklung mit dem FCPA abgeschwächt. Dennoch ist die US-amerikanische Treibkraft, die ihre Energie insbesondere aus der Sorge um die eigene Wettbewerbsfähigkeit zog, nicht so monokausal für die internationale Antikorruptionsbewegung gewesen, wie es die Amerikaner in einer Selbstbeschreibung im Resource Guide to the U.S. Foreign Corrupt Practices Act nahelegen:

> "In 1988, Congress [...] also requested that the President negotiate an international treaty with members of the Organisation for Economic Co-operation and Development (OECD) to prohibit bribery in inter-

---

813　*Kubiciel*, Korruptionsbekämpfung, ZStW 120 (2008), 429, 429.
814　Vgl. *Engelhart*, Development, GLJ 15 (2014), 693, 698.
815　Vgl. *Berghoff*, Watergate, S. 7, 9.
816　Fifth United Nations Congress on the Prevention of Crime and the Treatment of Offenders, Toronto, Canada, 1-12 September 1975: report prepared by the Secretariat, UN Pub. A/CONF.56/3, Ch. I, para. 31; hierzu auch *Kubiciel/Spörl*, Convention, S. 219.

national business transactions by many of the United States' major trading partners. Subsequent negotiations at the OECD culminated in the Convention on Combating Bribery of Foreign Officials in International Business Transactions (Anti-Bribery Convention), which, among other things, required parties to make it a crime to bribe foreign officials."[817]

Die internationalen Übereinkommen sind kein Diktat der USA, die – nachdem der Versuch einer Weltgestaltung durch den Gebrauch einer konfrontativen Hard Power zur zwangsweisen Durchsetzung der Übermacht missglückt ist – an diese Stelle eine Soft Power stellt, die ihren Willen mit Überzeugungsarbeit durchsetzt.[818] Eine amerikanische Vormachtstellung, die es erlauben würde, nach einer "America first"-Mentalität die internationale Rechtslage zu gestalten, ist nicht auszumachen.[819] Andernfalls wäre auch die zeitliche Differenz zwischen amerikanischem und internationalem Tätigwerden nicht zu erklären – schließlich bestand seit Schaffung des FCPAs zwei Dekaden lang ein (wirtschaftliches bzw. ethisches) amerikanisches Interesse an einer international vereinheitlichten Anti-Korruptionsinitiative. Vor allem aber ist das gemeinschaftliche Vorgehen gegen transnationale Bestechungsfälle keine ur-amerikanische Angelegenheit, sondern – wie oben gezeigt – auch ein europäisches Thema. Dass die amerikanischen Bemühungen in den 90er Jahren endlich Früchte tragen konnten, ist deshalb primär auf die durch die weltpolitischen Klimaänderungen gewandelte Interessenlage aller maßgeblich beteiligten Länder zurückzuführen. *Kubiciel* weist in diesem Zusammenhang insbesondere auf veränderte Moralvorstellungen hin, die eine gesellschaftliche Akzeptanz von Geschäftemacherei mit korrupten (afrikanischen) Diktatoren aus-

---

817 *Criminal Division of the DOJ/Enforcement Division of the SEC*, Resource Guide (s.o. Fn. 299), S. 3.

818 Diese, wenngleich in der Trump-Administration etwas aus der Mode geratenen, diplomatische Strategie der US wird insb. mit Politikwissenschaftler *Joseph Nye* in Verbindung gebracht, vgl. *Nye*, Soft Power. Zur deutschen Übersetzung des neuesten Werkes (Future of Power, New York 2011 – Macht im 21. Jahrhundert. Politische Strategien für ein Neues Zeitalter, München 2011): *Münkler*, Wenig Feinde, viele Freunde, in: Die Zeit Nr. 33/2011 v. 11.8.2011.

819 Anders wohl *Arzt*, Wissenschaftsbedarf, ZStW 111 (1999) 747, 769, der nicht nur die Internationalisierung als eine Amerikanisierung begreift, sondern auch die Europäisierung.

schlossen.[820] Hinzu kam, dass das Ende des Kalten Krieges überhaupt eine globale Kooperation ermöglichte.[821]

In der Folge wurde zunächst 1993 die NGO Transparency International (TI) gegründet. Ein noch größerer Meilenstein für die Antikorruptionsbewegung war allerdings die OECD Konvention,[822] die 1997 von allen Mitgliedstaaten unterschrieben wurde und nach vergleichsweise sehr kurzer Zeit schon 1999 in Kraft trat[823] – von da an bestand für die Mitgliedstaaten eine völkerrechtliche Verpflichtung zur Kriminalisierung der aktiven Auslandsbestechung.[824] Im Rahmen des Review-Mechanismus findet eine regelmäßige Überprüfung der Rechtslage mit anschließend veröffentlichten Empfehlungen statt, durch die der rechtspolitische Druck auf die Mitgliedstaaten regelmäßig aktualisiert wird.[825]

Pieth spricht zutreffend von einem „Katalysatoreffekt" der OECD-Initiative.[826] Auf internationaler Ebene zogen die Vereinten Nationen 2003 mit der UNCAC nach, die 2005 in Kraft trat und auch über ein Review-Instrumentarium verfügt.[827] Die UNCAC war, genauso wie die OECD Konvention, maßgeblich von dem UN Übereinkommen gegen grenzüberschreitende organisierte Kriminalität (UNTOC) geprägt, bei dessen Vorbereitung der Bedarf nach internationalen Bestechungsvorschriften ohne notwendigen Bezug zur organisierten Kriminalität festgestellt worden war.[828] Maß-

---

820 *Kubiciel*, Korruptionsbekämpfung, ZStW 120 (2008), 429, 433.

821 *Berghoff*, Watergate, S. 7, 19; Wie ungewiss diese Entwicklung noch 1992 war, zeigt der Task-Force-Bericht an die Trilaterale Kommission, *Nye/Biedenkopf/Shiina*, Globale Kooperation nach dem Ende des Kalten Krieges, der sich zwar für eine multilaterale Zusammenarbeit einsetzt, aber meint: „Tatsächlich ist mit dem Ende des Kalten Krieges die Wahrscheinlichkeit größer geworden, daß die Zentrifugalkräfte unter den trilateralen Ländern zunehmen." (S. XV).

822 *Engelhart*, Development, GLJ 15 (2014), 693, 698; *Kacmarek/Newman*, Arm, IO 65 (2011), 745, 752.

823 *Pieth*, Bestechungsübereinkommen, S. 11, 15: „beispiellose[s] Tempo". Grds. zum Normbildungsprozess innerhalb der OECD: *Meyer*, Strafrechtsgenese, S. 550 ff.

824 Art. 1 OECD-Konvention.

825 Zur „Soft-Law"-Methode der OECD zur „Entwicklung weltweiter Governance-Strukturen", *Pieth*, Bestechungsübereinkommen, S. 11, 15 ff., 23 f.

826 *Pieth*, Bestechungsübereinkommen, S. 11, 14.

827 Vertieft zu UNCAC: *Kubiciel/Spörl*, Convention, S. 219.

828 UNODC, Travaux Préparatoires on the Negotiations for the Elaboration of the United Nations Convention against Corruption (UN 2010), S. xxix ff.; a.A. *Pieth*, Bestechungsübereinkommen, S. 11, 14, der ausdrücklich einen unmittelbaren Zusammenhang zwischen den Arbeiten der OECD und den „jüngeren Initiativen" verneint.

geblich waren außerdem das Europaratsübereinkommen aus dem Jahr 1999[829] sowie die Instrumentarien der EU.[830]

5. Rolle der internationalen Initiativen?

Anlass der Gesetzgebung waren also auch das Bestehen internationaler Initiativen und Abkommen verbunden mit dem rechtspolitischen und gesellschaftlichen Druck, gegen Korruption effektiv vorzugehen. Die Bundesrepublik Deutschland hatte sich seit den 1990er Jahren verschiedenen internationalen Anti-Korruptionskonventionen verpflichtet, denen sie aber alsdann nicht (vollständig) genügte. Insbesondere in Bezug auf die Auslandsbestechung ieS. stand noch die Ratifikation des Europaratsübereinkommens aus.[831] Sie wurde deshalb vor allem von der GRECO mehrfach angemahnt, den völkerrechtlichen Verpflichtungen nachzukommen.[832]

Internationale Initiativen und Rechtsinstrumente hatten also ganz erhebliche Auswirkungen auf das deutsche Bestechungsrecht. Es drängt sich allerdings die Frage auf, welcher Art dieser Impetus war.

Schon die Gesetzesinitiativen zu EUBestG und IntBestG ist maßgeblich auf internationale Initiativen und Rechtsinstrumente zurückzuführen[833] – genauso wie die nachfolgenden Bemühungen, insbesondere das KorrBekG 2015. In den jeweiligen Regierungsentwürfen steht, dass die Gesetzesänderungen der Umsetzung der Rechtsinstrumente „dienen"[834] und *Wolf* schreibt etwa: „Seit dem Korruptionsbekämpfungsgesetz aus dem Jahre 1997 ist das deutsche Antikorruptionsstrafrecht im engeren Sinne ausschließlich auf Grund von Vorgaben aus völkerrechtlichen Instrumenten weiterentwickelt worden."[835]

---

829 Criminal Law Convention on Corruption v. 27.1.1999, ETS Nr. 173.

830 S. hierzu 3. Kap. C.I., vgl. auch unten unter 6.

831 EU Anti Corruption Report, Länderbericht Deutschland, S. 2. In Bezug auf das OECD-Übereinkommen hat die Bundesregierung anlässlich der G20-Treffen selbst von einer „Vorreiterrolle" Deutschlands gesprochen.

832 GRECO Evaluation Report on Germany on Incriminations, 4.12. 2009, Rn. 121; GRECO Third Evaluation Round, Interim Compliance Report on Germany, 19.10.2012, Rn 6. Vgl. im Einzelnen zum Anwendungsbereich der Konvention und den aus der OECD-Konvention resultierenden Pflichten der Mitgliedstaaten; vgl. auch *Kubiciel/Spörl*, Report, Business Compliance 02/2014, 5, 11; positive Lesart: *Dörrbecker/Stammler*, OECD, DB 2011, 1093,

833 Hierzu sogleich unter 6.

834 BT-Drs. 18/4350, 1; vgl. auch schon zuvor BT-Drs. 13/10428, 6.

835 *Wolf*, Internationalisierung, ZRP 2007, 44, 44.

Welche Rolle kommt also den in Bezug genommen Rechtsinstrumenten zu: Sind sie Ursache, Grund oder Zweck für § 335a iVm. §§ 331 ff. StGB? Wegen der internationalen Rechtsentwicklung als ausschlaggebendes Moment für die Kriminalisierung waren sie jedenfalls ursächlich. Zweifelhaft erscheint aber, dass das bloße Bestehen internationaler Antikorruptionsinstrumentarien auch als inhaltliche Erklärung für die Kriminalisierung der Auslandsbestechung ieS. heranzuziehen ist.

Richtig ist, dass die Instrumentarien eine Rechtspflicht begründen – diese besteht allerdings ausschließlich zwischen den Staaten! Innerstaatlichen kann die schiere Existenz völkerrechtlicher Verpflichtungen wegen der besonderen Bedeutung des Strafrechts nicht Zweck für „einen der intensivsten Eingriffe"[836] in die Rechte des Einzelnen sein.[837] Die Rechtsinstrumente von Europarat, OECD und UN gegen Korruption sind deshalb nicht, auch nicht mittelbar, *self-executing*, sondern bedürfen zweckgeleiteter Zustimmungsakte des innerstaatlichen Rechts, um Bindungswirkung für den einzelnen Bürger entfalten zu können.[838] Aus den internationalen Korruptionskonventionen folgt in Bezug auf die deutschen Staatsangehörigen noch keine materiale Notwendigkeit zum legislativen Tätigwerden in Deutschland, worauf *Schünemann* aus- und eindrücklich hinweist.[839] Zwar kommt dem Völkerrecht der Rang einfacher Gesetze zu (vgl. Art. 59 Abs. 2 S. 1 GG), allerdings nur, soweit alle übrigen verfassungsmäßigen Vorgaben für Bundesgesetze beachtet worden sind, sodass es für die innerstaatlichen Vollzugsakte insbesondere eines legitimen Tatbestandszwecks bedarf.[840] Ein Gesetz, das völkerrechtskonform, aber verfassungswidrig ist, kann bei einer Überprüfung durch das BVerfG keinen Bestand haben.

Bei der Transformation lediglich eines internationalen Rechtsinstruments kann sich der Tatbestandszweck aus ihm und seinen Materialien ergeben. In Betracht kommt also grundsätzlich, dass der Gesetzgeber sich den Zweck des Abkommens bei der Umsetzung zu eigen macht.[841] Dies ist im Fall des KorrBekG 2015 angesichts der Mannigfaltigkeit der umgesetzten internationalen Rechtsinstrumente jedoch ausgeschlossen.

Hinzu kommt, dass eine parlamentarische (wie auch wissenschaftliche) Befassung mit den internationalen Instrumentarien v.a. retrospektiv statt-

---

836 BVerfGE 123, 267, Rn. 355.
837 *Hoven*, Auslandsbestechung, S. 507; *Kubiciel*, Auslandsbestechung, S. 45, 48.
838 *Krajewski*, Völkerrecht, S. 110 f.
839 *Schünemann*, Bestrafung, S. 25, 37.
840 Zu den völkerrechtlichen Konsequenzen der Vollzugslehre: *Krajewski*, Völkerrecht, S. 111.
841 Grundsätzlich zur Zweckbestimmung, s.o., 2. Kap. C.V.2.

gefunden hat, d.h. nach Eingehen der völkerrechtlichen Verpflichtung. Der Tatbestandszweck der verschiedenen Initiativen ist deshalb zu trennen von dem des § 335a iVm. §§ 331 ff. StGB. Die allgemeine Aufbereitung des Kontextes ist dennoch aufschlussreich, weil sie den Rahmen der gesetzgeberischen Aktivitäten bildet.[842]

6. Deutschlands Umsetzung der internationalen Initiativen

Mit dem EUBestG wurden das Bestechungsprotokoll zum PIF-Übereinkommen sowie das EU-Übereinkommen umgesetzt.[843] Das IntBestG transferierte wesentliche Forderungen des OECD-Übereinkommens in das deutsche Strafrecht.[844] Des Weiteren wurden der Anwendungsbereich der §§ 331 ff. StGB durch § 2 IStGH-GleichstellungsG erweitert.[845]

Es fehlte allerdings noch an der Umsetzung des Strafrechtsübereinkommen des Europarates über Korruption, das Deutschland am 27.01.1999 unterzeichnet hatte.[846] Schon angesichts dessen erscheint die Ankündigung im Koalitionsvertrag von 2002 schlüssig: „Wir werden die Korruption ver-

---

842 Vgl. *Kaczmarek/Newman*, Arm, IO 65 (2011), 745, 764 f.

843 Das Protokoll vom 27. September 1996 zum Übereinkommen über den Schutz der finanziellen Interessen der EG (ABl. C 313 vom 23.12.1996, S. 1) sowie das EU-Übereinkommen vom 26. Mai 1997 über die Bekämpfung der Bestechung, an der Beamte der EG oder der Mitgliedstaaten der EU beteiligt sind (EU-Übereinkommen; ABl. C 195 vom 25.6.1997, S. 1) wurden beide mit dem EU-Bestechungsgesetz vom 10. September 1998 (EUBestG; BGBl. 1998 II S. 2340) umgesetzt. Hierzu und zum Folgenden: BT-Drs. 18/4350, 11 f.

844 Das OECD-Übereinkommen über die Bekämpfung der Bestechung ausländischer Amtsträger im internationalen Geschäftsverkehr vom 17. Dezember 1997 wurde mit dem Gesetz zur Bekämpfung internationaler Bestechung vom 10. September 1998 (IntBestG; BGBl. 1998 II S. 2327) umgesetzt.

845 Zur diesbezüglichen Umsetzung des das Römische Statut des Internationalen Strafgerichtshofes (IStGH) vom 17. Juli 1998. Gesetz über das Ruhen der Verfolgungsverjährung und die Gleichstellung der Richter und Bediensteten des Internationalen Strafgerichtshofes vom 21. Juni 2002 (IStGH-GleichstellungsG), BGBl. I S. 2144, 2162. Zudem wurde die Gemeinsame Maßnahme der EU betreffend die Bestechung im privaten Sektor v. 22.12.1998 (ABl. L 358 v. 31.12.1998, S. 2), durch eine Erweiterung des § 299 StGB auf den ausländischen Wettbewerb umgesetzt, Ausführungsgesetz vom 22. August 2002, BGBl. I S. 3387.

846 Strafrechtsübereinkommen des Europarats über Korruption, ETS Nr. 173.

stärkt bekämpfen."[847] Die Aussage blieb allerdings im Vertrag selbst konturen- und dann auch folgenlos. In der Folgezeit entstanden zwar weitere völkerrechtliche Verpflichtungen (Unterzeichnung der UNCAC am 09.12.2003,[848] Unterzeichnung des Zusatzprotokoll des Europaratsübereinkommens am 15.05.2003[849] sowie der EU-Rahmenbeschluss[850]); gesetzgeberische Aktivität wurde aber nicht entfaltet. Auch auf Landesebene wurde man des Erfordernisses einer Antikorruptionspolitik gewahr; den Unternehmungen mangelte es aber gleichermaßen an Enthusiasmus wie an Entschlossenheit.[851] 2005 wurde in Nordrhein-Westfalen das Antikorruptionsgesetz verabschiedet,[852] in Berlin das Korruptionsregistergesetz sowie das Gesetz zur Einführung und Führung eines Registers über korruptionsauffällige Unternehmen beschlossen[853] – beide beschränkten sich naturgemäß auf nationale Formen der Korruption, aber erfassten nicht die Kommunal und Kreisverwaltungen; das Berliner Gesetz war zudem in seiner Laufzeit beschränkt. Die bayerische Richtlinie zur Verhütung von Korruption in der öffentlichen Verwaltung hatte dann noch nicht einmal bindenden

---

847 Koalitionsvertrag der 15. Wahlperiode – Erneuerung, Gerechtigkeit, Nachhaltigkeit, S. 66, online verfügbar unter http://library.fes.de/pdf-files/bibliothek/do wnl/2002_koalitionsvertrag.pdf (zuletzt abgerufen am 8.10.2019). Es bleibt auch unklar, auf welche Formen der Korruption sich diese Aussage bezieht; die Einordnung in den Abschnitt „innere Sicherheit" lässt den Schluss zu, dass von vornherein die transnationale Gesetzgebung keine übergeordnete Rolle gespielt hat.
848 Übereinkommen der Vereinten Nationen vom 31. Oktober 2013 gegen Korruption. Zur Umsetzung wurde § 108e StGB erweitert, vgl. hierzu auch 1. Kap. B.II.1.
849 Zusatzprotokoll des Europarats zum Strafrechtsübereinkommen über Korruption, ETS Nr. 191, über die Strafbarkeit der Bestechung von in- und ausländischen Schiedsrichtern und Schöffen.
850 Rahmenbeschluss des Rates zur Bekämpfung der Bestechung im privaten Sektor v. 22.07.2003, ABl. L 192 vom 31.7.2003, S. 54.
851 Eine Übersicht über die Initiativen der Landesregierungen findet sich etwa bei: *Dolata*, Compliance, S. 48 f.
852 Gesetz zur Verbesserung der Korruptionsbekämpfung und zur Errichtung und Führung eines Vergaberegisters in Nordrhein-Westfalen (Korruptionsbekämpfungsgesetz - KorruptionsbG), GV. NRW v. 01.03.2005, S. 8
853 Gesetz zur Einrichtung und Führung eines Registers über korruptionsauffällige Unternehmen in Berlin (Korruptionsregistergesetz – KRG) v. 19.04.2006, GVBl. Berlin v. 30.05.2006, S. 358.

Charakter[854] und in Baden-Württemberg scheiterte die Petition Antikorruptionsgesetz sogar an einer fehlenden Mehrheit.[855]

Insgesamt kann man also in der ersten Dekade nach Startschuss der internationalen Initiativen wohl allenfalls ein erstes Bemühen konstatieren.

7. Rechtspolitischer Druck, legislative Lethargie

Im Koalitionsvertrag der 16. Wahlperiode (2005-2009) wurde das Thema Korruptionsbekämpfung nur im Zusammenhang mit der Entwicklungshilfe genannt.[856] Umso überraschender erscheint es, dass 2007 ein Referentenentwurf zur Novellierung des Korruptionsstrafrechts in den Bundestag eingebracht wurde. Tatsächlich erhöhte sich in der Zeit der rechtspolitische Druck, ausgeübt durch OECD, Europarat, UN, aber auch TI, sodass Deutschland in eine Rechtfertigungssituation gelangte.[857] Das Gesetzesvorhaben scheiterte dann jedoch nicht nur an der damals überwiegend kritischen Reaktion der Strafrechtswissenschaft, sondern vor allem an einem ausreichenden politischen Willen.[858] Es scheint, als hätten die internationalen Verpflichtungen zulängliche Wirkkraft entfaltet, um überhaupt einen Gesetzgebungsprozess in Gang zu bringen,[859] nicht aber, um ihn auch zu vollenden.

Für den darauffolgenden Koalitionsvertrag für die 17. Wahlperiode (2009-2013) war das Thema Korruption nicht viel wichtiger. Korruption

---

854 Bekanntmachung der Bayerischen Staatsregierung über die Richtlinie zur Verhütung und Bekämpfung von Korruption in der öffentlichen Verwaltung (Korruptionsbekämpfungsrichtlinie – KorruR) vom 13.04.2004 (AllMBl. S. 87, StAnz. Nr. 17, KWMBl. I S. 124), die durch Bekanntmachung vom 14.09.2010 (AllMBl. S. 243) geändert worden ist. S. *Dolata*, Compliance, S. 49.

855 Drs. 14/2825, 6. Petition 14/2344, 8: „Die vom Petenten genannten internationalen Verpflichtungen ergeben keine Notwendigkeit, dass Baden-Württemberg ein Anti-Korruptionsgesetz schafft".

856 Koalitionsvertrag der 16. Wahlperiode – Gemeinsam für Deutschland. Mit Mut und Menschlichkeit, S. 162, online verfügbar unter https://www.cdu.de/system/t df/media/dokumente/05_11_11_Koalitionsvertrag_Langfassung_navigierbar_0. pdf?file=1 (zuletzt abgerufen am 8.10.2019).

857 TI hatte sogleich den Koalitionsvertrag kritisiert: TI, Pressemitteilung v. 9.12.2005: Transparency Deutschland fordert die Ratifikation der UN-Konvention gegen Korruption in Deutschland.

858 *Kubiciel/Spörl*, Gesetz, KPKp 4/2014, 2, 4 f. mwN.

859 Deutschland wollte sich schließlich nach Maßgabe des Koalitionsvertrags als „verantwortungsvoller Partner in Europa und der Welt" präsentieren, Koalitionsvertrag der 16. Wahlperiode (s.o Fn. 856), Kapitel IX, S. 146 ff.

hatte keinen maßgeblichen Anteil an der Finanzkrise von 2008. Deshalb lag der Fokus der Regierungsbemühungen zunächst auch lediglich auf Konjunkturprogrammen, die den Finanzmarkt stabilisieren sollten.[860] Nur sehr vage heißt es darum:

> „Der Klimawandel, die Entwicklungsprobleme in vielen Regionen, der internationale Terrorismus und die Auswirkungen [der] internationalen Finanzmarkt- und Wirtschaftskrise machen deutlich, dass wir den großen Herausforderungen global nur gemeinsam wirksam begegnen können. [...] Wir stehen zu unserer Verantwortung in der Welt. Dabei setzen wir auf Kooperation und internationale Zusammenarbeit.“[861] „Wir verfolgen eine Wirtschaftspolitik, die auf Stetigkeit, Solidität und Verlässlichkeit ausgerichtet ist und mit der richtigen Ausrichtung aus Ordnungs-, Steuer-, und Innovationspolitik entschlossen handelt, auch international und auf europäischer Ebene.“[862]

Politische Mehrheiten für neue Regelungsmechanismen konnten so jedenfalls nicht gefunden werden. Der durch die internationalen Organisationen aufgebaute rechtspolitische Druck vermochte noch keinen Impetus zum legislativen Handeln zu generieren.

8. Kriminalisierung in Großbritannien

Mehr als 30 Jahre nach dem FCPA verabschiedete Großbritannien das nächste global einflussreichste nationale Antikorruptionsgesetz mit seinem UK Bribery Act 2010[863] – und führte damit den jahrhundertealten Rechtssatz der Magna Carta in die Gegenwart: „We will sell to no man [...] either justice or right“.

Auch mit Blick auf den Bribery Act stellt sich die Frage nach dem Tatbestandszweck. 2008 hatte die Law Commission[864] befunden, „The current

---

860 Begonnen hatten diese Bemühungen gegen die Rezession schon in der 16. Legislaturperiode.
861 Koalitionsvertrag zwischen CDU, CSU und FDP. 17. Legislaturperiode, S. 7.
862 Koalitionsvertrag zwischen CDU, CSU und FDP. 17. Legislaturperiode, S. 9 (Einfügung CS).
863 *Lord Neill of Bladen*, Hansard (HL), Deb, 27.11.2001, vol 629, cc183, 265: „almost a standing joke“.
864 Die Law Commission ist ein vom Parlament eingesetztes unabhängiges Organ für den Vorschlag von Rechtsreformen (konstituiert durch den Law Commission Act v. 15.6.1965).

law is both out-dated and in some instances unfit for purpose"[865] –mangels Angaben zu diesem die legislative Handlungsbedürftigkeit auslösenden Zweck vermag sich der Leser (außerhalb der Law Commission) den Sinngehalt dieser Aussage indes nicht zu erschließen. An anderer Stelle heißt es:

> „The international community (through the OECD) has decided to focus on this class of individuals [foreign public officials] as particularly vulnerable to bribery."[866]

Dieser sehr technische Erklärungsansatz lässt keinen Schluss auf das Kriminalisierungsziel zu. Der vom britischen Justizministerium veröffentliche Leitfaden zum UK Bribery Act[867] stellte dann noch vager fest: „Everone agrees bribery is wrong"[868] und suggeriert so, dass eine weitere Begründung nicht notwendig ist. Dies mag daran liegen, dass der UK Bribery Act zwar von großer internationaler Wirkmacht wegen seines enormen extraterritorialen Anwendungsbereichs ist, die Auslandsbestechung aber schon 2001 unter Strafe gestellt wurde.

Wir müssen also einen Schritt zurückgehen: Die Bestechungsdelikte (mit nationaler Reichweite) fanden sich ursprünglich im Public Bodies Corrupt Practices Act 1889, the Prevention of Corruption Act 1906, the Prevention of Corruption Act 1916 sowie im Common Law. Das Committee on Standards in Public Life, das als Antwort auf Sorgen um unmoralische (insbesondere korrupte) Verhaltensweisen im britischen öffentlichen Leben ins Leben gerufen worden war,[869] hat schon in seinem ersten Nolan Report 1995 gefordert, dass die Bestechungstatbestände in einem einzigen Gesetz kodifiziert werden sollten.[870] 1997 unterzeichnete die britische Regierung die OECD Konvention, eine Ratifizierung blieb allerdings erst einmal aus, was 2000 zu einer schlechten Bewertung durch die GRECO führ-

---

865 *Law Commission*, Reforming Bribery, Law Com. No. 313, 19/11/2008, S. xiii.
866 *Law Commission*, Reforming Bribery, Consultation Paper No 185, 2007, S. 104.
867 Sect. 9 UK Bribery Act machte es notwendig Korruptionspräventionsmaßnahmen für Unternehmen vorzuschlagen.
868 *Ministry of Justice*, The Bribery Act 2010. Guidance, S. 3.
869 *Doig*, Lynskey, JLS, 23 (1996), 36.
870 *Home Office*, The Prevention of Corruption: Consolidation and Amendment of the Prevention of Corruption Acts 1889-1906: A Government Statement, June 1997.

te.[871] Unverhofft wurde die Auslandsbestechung dann im Anti-Terrorism, Crime and Security Act (ATCASA) 2001 kriminalisiert.[872]

Die Verortung der Auslandsbestechung im Terrorismusgesetz überrascht, was der Law Commission offensichtlich bewusst war:

> „[…] the connection between the threat of terrorism and the need for the UK to satisfy its international bribery obligations is not immediately apparent […]"[873]

Wegen dieser Sachgebietsfremdheit ist die Rechtsübersichtlichkeit und damit -anwendung deutlich erschwert. Eine verkappte Form von Pragmatismus, der „einfach" eine Strafrechtsänderung mit einer anderen verknüpft und dabei en passant internationale Verpflichtungen ratifiziert,[874] wirkt deshalb als alleinige Erklärung für eine Kriminalisierung der Auslandsbestechung im ATCASA wenig überzeugend.[875] Zum Zeitpunkt der Verabschiedung von ATCASA war ein Korruptionsgesetz schon in Vorbereitung,[876] auf dessen Ausarbeitung zu warten, hätte keine großen legislativen Mühen bereitet, sondern diese wahrscheinlich wegen der Möglichkeit der Fokussierung auf ein Themengebiet sogar gemindert. Es hätte deshalb we-

---

871 *OECD*, UK, Review of Implementation of the Convention and 1997 Recommendation, Phase I Report, 1999, S. 24: „On the basis of the ample information provided, the Working Group is […] not in a position to determine that the U.K. laws are in compliance with the standards under the Convention. The Working Group urges the U.K. to enact appropriate legislation". GRECO sah sich dann selbst als Initiator der Veränderungen in Großbritannien: OECD, UK, Review of Implementation of the Convention and 1997 Recommendation Phase I BIS Report, 2003, S. 1; ähnlich: *Rose*, UK Bribery Act, ICLQ 61 (2012), 685 (vgl. aber auch 689); *Engelhart*, Bribery Act, ZStW 128 (2016), 882, 887, 930. Allerdings war schon zuvor beständig auf den Umsetzungsbedarf im Inland hingewiesen worden: *Gary Streeter*, in HC Deb, 19.01.2001, vol 375, cc21, 90.

872 Part 12, Sections 108-110 ATCASA (in Kraft seit dem 14.2.2002).

873 *The Law Commission*, Reforming Bribery, S. 63.

874 In diese Richtung gehend: *The Law Commission*, Reforming Bribery, S. 63

875 So auch *Oliver Letwin*, in Hansard (HC), Deb, 19.11.2001, vol 375, cc21, 40: „Part 12 is not an emergency measure. For a long time, Conservative and Liberal Democrat Members have called for legislation on bribery and corruption […]. I accept that the inclusion of the provisions constitutes an inelegance. However, it would be difficult for my party to oppose it given that we called for it."; *Douglas Hogg*, in Hansard (HC), Deb, 19.11.2001, vol 375, cc21, 94f.: „All those matters are important, but they are certainly not about terrorism, and yet we are subjecting them to a very tight timetable. […] That is offensive; indeed, it is a scandal." aaO, 99: „Their inclusion is absolutely nutty."

876 „Command Paper" der Regierung: *Home Office*, Raising standards and upholding integrity. The prevention of corruption, 06/2000 (Cm 4759).

sentlich mehr für eine gesonderte Regelung der Auslandsbestechung gesprochen: Warum hat man also nicht zugewartet, sondern ist stattdessen Terrorismus und Korruption gleichzeitig angegangen?[877]

Nach dem 11. September 2001 war die Angst vor Terrorismus groß; ATCASA sollte die schnelle und effektive Antwort darauf sein.[878] Man wollte gut gerüstet einsteigen, für das, was vom Weißen Haus noch am selben Tag als „war on terrorism" bezeichnet wurde und tatsächlich bei vielen Ängste vor einem etwaig beginnenden Dritten Weltkrieg auslöste.[879] In Großbritannien fand man mit ATCASA eine umfassende Lösung, die sogar das Problem der „international corruption" anging, von der man glaubte, dass sie „engenders the conditions that cause terrorism and allow it to flourish"[880] – oder dass sie zumindest „potentially linked to terrorism"[881] sei.[882] Im Grunde wurde damit also ein Ansatz, der sich z.B. in der UNCAC findet, ausgeweitet: Dort sollen die finanziellen Mittel frühzeitig eingefroren werden, um Korruption den Boden zu entziehen. ATCASA ging einen Schritt weiter und instrumentalisierte die Korruption, um den Terrorismus strafrechtlich wirksam zu adressieren.[883] Die Rechtfertigungskette für die Kriminalisierung wurde so um ein weiteres Kettenelement verlängert (Corruption – Freezing/Seizuring – Terrorism). Dabei passte die ohnehin verbreitete Kampfmetaphorik im Zusammenhang mit Bestechungsdelikten („fight against corruption", „combat bribery") gut zum ausgerufenen Terrorkrieg. So konnte die Auslandsbestechung als entfernte Verwandte des Terrorismus kriminalisiert werden.

---

877 Fragt auch *Richard Shepherd,* in Hansard (HC), Deb, 19.11.2001, vol 375, cc21, 40: „[…] let us consider part 12, which covers bribery and corruption. What is so urgent that it needs those provisions? What arises from 11 September that requires them?"

878 Vgl. die Hauptdebatte um ATCASA in den Commons, die in der zweiten Lesung stattfand, Hansard (HC), Deb, 19.11.2001, vol 375 cc21-118.

879 Vgl. nur *Thomas L. Friedman,* Foreign Affairs - World War III, in der NYT am 13.9.2001, online verfügbar unter http://www.nytimes.com/2001/09/13/opinion/foreign-affairs-world-war-iii.html?sec=&spon=&pagewanted=all (zuletzt abgerufen am 8.10.2019).

880 *Lord Rooker,* in: Hansard (HL), 27.11.2001, vol. 629, c. 152; vgl. auch *Baroness Whitaker,* Hansard (HL), Deb, 27.11.2001, vol 629, cc183, 204.

881 *Simon Hughes,* in Hansard (HC), Deb, 19.11.2001, vol 375 cc21, 57.

882 Gegen die schnelle Korruptionsgesetzgebung im Zusammenhang mit Terrorismus: *Lord Hylton,* Hansard (HL), Deb, 27.11.2001, vol 629, cc183, 242: Part 12 ATCASA „is in itself a victory for terrorism."

883 *Rose,* UK Bribery Act, ICLQ 61 (2012), 685, 689.

In Absehung der geringen Wahrscheinlichkeit einer konkreten Gefährdungssituation durch terroristische Anschläge stimulierte das allgemeine Angstklima also staatliche Eingriffe als notwendige Reaktion zur Abwehr eines zukünftigen Verletzungsschadens.[884] Unabhängig von der Bewertung des Ergebnisses einer so motivierten Gesetzgebung, ist ihre Ursache, wenn nicht erstaunlich, so doch zumindest bemerkenswert. Es ist der Versuch, staatlicherseits durch eine Kriminalisierung von mit dem Terrorismus allenfalls lose verbundenen Verhaltensweisen Ängste in der Gesellschaft auszuräumen.[885] Die strafrechtliche Erfassung der Auslandsbestechung wird so auf einen irrationalen Boden gestellt. An dieser Stelle zeigt sich abermals die Bedeutung der Unterscheidung von Ursache, Grund und Zweck: Wenngleich eine Kriminalisierung durch soziopolitische Umstände wie die Angst vor Terrorismus verursacht werden kann, so fehlt es ihr noch an der ausreichenden Rationalisierung, die sich in ihrer Qualifikation als Grund und Zweck offenbart. Dieser „Schnellschuss" gegen die Auslandsbestechung im ATCASA wurde dann durch eine umfassende und gründliche Kriminalisierung des UK Bribery Act 2010 einer dauerhaften Lösung zugeführt.[886] Der Bribery Act stellt die Auslandsbestechung weit über die völkerrechtlichen Verpflichtungen hinaus unter die britische Strafgewalt. Wenngleich der Zweck der einzelnen Tatbestände ungeklärt bleibt, so wurde die Bundesrepublik schon allein durch diese immense gesetzgeberische Aktivität unter Zugzwang gesetzt, endlich auch ihre Völkerrechtsversprechungen einzulösen.

9. KorrBekG 2015

Änderungen der Rechtslage wurden durch das gleichnamige Gesetz von 2015 bewirkt. Damit wurde auf Ermahnungen des EU Anti-Corruption Reports von 2014,[887] der GRECO[888] sowie deutschen Topmanagern reagiert,[889] die eine Ratifizierung des Europaratsabkommens und der UN-

---

884 Vgl. besonders prägnant die Aussage des damaligen US-Vize-Präsidenten Dick Cheney, der im November 2001 sagte: „If there is one percent chance [...] we have to treat it as certainty in terms of our response", zitiert nach *Suskind*, One Percent Doctrine, S. 62.

885 Hierzu, allerdings mit Blick auf die Menschenrechte: *Sen*, Gerechtigkeit, S. 396.

886 Hierzu schon oben unter Kap. 1 B.III.2.a.

887 Hierzu oben unter 3. Kap. A.II.

888 S.o. unter 5.

889 Vgl. HbWS- *Dannecker/Bülte*, 1. Kap., IV. Neuere Entwicklung, Rn. 104b.

CAC angemahnt hatten. Hinzu kam der Vorwurf der Doppelzüngigkeit: Deutschland hatte nun schon so oft von Entwicklungs- und Transitionsländern die Umsetzung der UNCAC gefordert, dass die Diskrepanz zum eigenen Zuwarten (gemeinsam mit Ländern wie Somalia und Afghanistan)[890] eine gewisse Peinlichkeit auslöste, die den Rechtfertigungsdruck nach außen und innen stetig erhöhte.[891] Kurzum: Die Auslandsbestechung war ein prominentes Thema.

a. Ökonomischer und sozio-politischer Kontext

Hinzu kam, dass die Griechenlandkrise ab 2010 offenbart hatte, welche unmittelbaren Auswirkungen ein korruptes System auch auf Deutschland haben könnte. Zum einen hatte die Krise im Rahmen der fortgeschrittenen EU-Integration gewährten Rettungspakete unmittelbare volkswirtschaftliche Effekte auf Deutschland als größtes Geberland. Zum anderen bestand die naheliegende Sorge um einen Dammbruch- und Importeffekt hinsichtlich der korruptiven Geschäftspraktiken transnational tätiger Unternehmen, hatte doch gerade Siemens mehrfach in ganz unterschiedlichen Sachverhalten in Griechenland umfangreiche Bestechungszahlungen vorgenommen.[892] Die Krise verstärkte deshalb die Rufe nach einem verbesserten Strafrechtsschutz.[893]

Die Angst vor dem „Virus der Korruption" dem „Krebsgeschwür", das sich ausbreitet, war schon seit den 90ern in aller Munde. Skandale in der Entwicklungshilfe (insb. unter Involvierung der Weltbank), aber auch das Bild (und später das belastbare Zahlenmaterial) von einem hohen Korruptionsniveau sowohl in Entwicklungsländern als auch in den Transistionsstaaten des ehemaligen Ostblocks intensivierte diese. Es setzte sich das Bewusstsein durch, dass Korruption nicht „normal", sondern „krank" sei. Überzeugende Antikorruptionsbemühungen wurden deshalb zur Bedin-

---

890 Vgl. *Kubiciel/Spörl*, Convention, S. 219, 222.

891 *Kubiciel*, Korruptionsbekämpfung, ZStW 120 (2008), 57, 62; zu den entsprechenden Gründen, unter B.

892 S. hierzu *Wolf*, Siemens-Korruptionsaffäre, S. 9, 11.

893 Im Koalitionsvertrag für die 18. Legislaturperiode (2013-2017) war die Bestechung Thema, allerdings nicht in ihrem internationalen Gewande, sondern nur in Bezug auf das Gesundheitssystem und als Ziel „transparenter Staat" hinsichtlich der Abgeordnetenbestechung, S. 7, 9. Zur Rolle der Strafrechtswissenschaft in Krisen: *Kubiciel*, Finanzkrise, KLJ 2013, 21; *Wohlers*, Finanzkrise ZStW 123 (2011), 791 mwN.

gung sowohl für die Zahlung von Entwicklungsgeldern als auch für die Aufnahme in supra- und internationalen Organisationen wie NATO und EU gemacht.[894] Teil dieses „effektiven Kampfes gegen Korruption", zu der gemeinhin auch eine „Sensibilisierung der Öffentlichkeit" gezählt wird, war dann auch eine Dämonisierung der Bestechungstaten durch die Sprache.[895] An die Beschreibung der Bestechungstaten als Krankheit schließt sich, topologisch stimmig, ihre Kriminalisierung als „Bekämpfung" an. Das geht soweit, dass sowohl in Deutschland als auch im Ausland die bildhafte Fassung der Strafrechtsgenese in Kampfesmetaphern verbreiteter ist als ihre neutrale Beschreibung. Die Kampfmetaphorik ist ohnehin wohlvertraut im Strafrecht, das häufig als „Schwert" oder „Waffe" bezeichnet wird,[896] in Bezug auf Bestechungsdelikte ist sie aber omnipräsent: In der „Korruptionsbekämpfung" kommt das Strafrecht „zum Einsatz".[897]

In ähnlichem Sprachduktus wurde in der DDR die Kriminalitätsgefahr durch Westdeutschland beschrieben:

> „Und schließlich hat [...] niemand gern vor seiner – im Gegensatz zu aller verlogenen westlichen Zweckpropaganda vom ‚Eisernen Vorhang' – offenen Haustür oder gar mitten im Haus (Westberlin!) eine Infektionsquelle. Bei allen Sicherheitsvorkehrungen bleibt die Gefahr der Ansteckung bestehen, solange der Infektionsherd nicht ausgeräumt ist."[898]

---

894 *Kubiciel*, Korruptionsbekämpfung, ZStW 120 (2008), 57, 62 ff.

895 Grds. zu der zentralen Rolle von Metaphern im Recht: *Winter*, Clearing. Instruktiv zu Metaphern im sozialen Leben: *Lakoff/Johnsen*, Metaphors; vgl. für eine neuere deutschsprachige Publikation: *L. Münkler*, Metaphern, Der Staat 55 (2016), S. 181.

896 BVerfGE 39, 1, 45 („schärfste [...] Waffe"), genauso BVerfGE 120, 224, 255; *Kubiciel*, Lissabon, GA 2010, 99, 108 („Das Strafrecht gilt als das schärfste Schwert im Rechtsarsenal des Staates."); *ders.*, Strafrechtswissenschaft, ZIS 12/2010, S. 742, 742; *Weigend*, FS Hirsch, S. 917, 918. Die Waffenmetaphorik findet sich auch bei *Welzel*, Strafrecht, S. 5 und sogar schon bei *Hobbes*, Rudiments, S. 75 f. („swort of justice").

897 So zeigen schon die Titel des KorrBekG 1997 und KorrBek 2015. Die Gewöhnung an die Metaphern ist schon so weit fortgeschritten, dass *Kubiciel* den Titel des KorrBekG 2015 als „farblos" bezeichnet hat, *Kubiciel*, Auslandsbestechung, S. 45, 45.

898 *Harrland*, Gedanken, NJ 1960, 610, 613.

Auch hier wird die mangelhafte Kriminalitätsbekämpfung schlechter Politik zugeschrieben[899] und versucht, durch manipulatorische Metaphern Distanz zu schaffen: Das Label „krank" erhalten immer nur die Anderen. Der symbolische Interaktionismus erlaubt es so, deren Korruption zur Selbstprofilierung zu nutzen.[900] *Humphreys* beobachtet insofern eine „performative und pädagogische Dimension", die eine „Moralgeschichte [...] zumindest auf rhetorischer Ebene transportiert".[901]

Dieses „Brüllen auf Papier" (Bentham)[902] löst spontane Aversionen gegen die starke implizite Suggestion durch den kriegerischen Subtext aus, der ungute Erinnerung an die Krankheits- und Seuchenmetaphern (der 20er Jahre gegen Juden, Banker, die amerikanische Kultur etc., im Amerika der 60er Jahre gegen Kommunisten, im England der 40er/50er Jahre gegen Enemy Aliens) weckt. Die eindringliche Adressierung des Sentiments schürt zudem den (irrationalen) Verdacht, dass hier ein Defizit auf analytischer Ebene ausgeglichen werden soll und so durch die gefühlsmäßige Überbetonung ein Gespräch außerhalb des rationalen Gleises erst möglich gemacht wird. Trotz dieser sich aufdrängenden Bedenken mag ein emotionaler Appell im Bestechungskontext funktional sein für ein „Awareness Raising", das bei einer strukturellen Korruption notwendiger Bestandteil eines effektiven Antikorruptionsprojekts ist.[903] Vor dem Hintergrund, dass Deutschland genauso wie zuvor die USA und Großbritannien vor einem gewissen Rechtfertigungsgrund stand, sich rechtspolitisch zu positionieren, erklärt sich der Sprachusus. Dieser Trigger lässt die Gesetzgebung als Ausdruck „politischer Emotionen" (Nussbaum)[904] im Rahmen eines „komplexen Kommunikationsprozesses"[905] erscheinen, indes erklären sich diese nur aus der Ursache heraus, die weder Grund noch Zweck der Krimi-

---

899 *Harrland*, Gedanken, NJ 1960, 610, 613: „Da die gesamte Strafverfolgung der militaristischen und revanchistischen Politik untergeordnet ist, bleibt für eine ernsthafte und wirkungsvolle Bekämpfung der Kriminalität kein Raum."

900 Zur Anti-Korruptionspropaganda, die den Nationalsozialisten zu ihrer Macht verhalf: *Angermund*, Corruption, S. 605, 617.

901 *Humphreys*, Theater, S. 8, 37.

902 *Bentham*, zitiert nach *Sen*, Gerechtigkeit, S. 383. Bentham kritisierte damit freilich die französische Erklärung der „Menschenrechte" 1789.

903 Vgl. *Meyer*, Strafrechtsgenese, S. 250. Insofern kommt der Gesetzgebung eine stark symbolische bzw. kommunikative Komponente zu, zum Unterschied: *Hassemer*, FS Roxin, S. 1001, 1012 f., dieser macht sich aber nur auf Ebene der Gründe bzw. des Zweckes bemerkbar.

904 *Nussbaum*, Politische Emotionen.

905 *Puppe*, FS Grünwald, S. 469, 494. Sie sieht grds. die Gefahr einer eklektischen Übernahme von kommunikationstheoretischen Paradigmen, die die strafrechts-

nalisierung ist. Wenngleich also stark im Ausdruck, kann sie weder als „Kind des Gesetzes" (Bentham) noch als „Eltern des Gesetzes" (Sen)[906] bezeichnet werden, sondern ist wegen ihrer Parallelschaltung zum Legislativakt ein „Bruder des Gesetzes".

b. Gesellschaftliche Debatte

Die sprachlich harte Fassung kann auch als Reaktion auf gesellschaftliche Fragen verstanden werden, also als eine Rückkoppelung der Politik an die Gesellschaft. Die angestrengt geführten Korruptionsdebatten sind „Artikulationsformen der Reflexivität", bei ihnen geht es um die Aktualisierung und Reformulierung von Gemeinwerten.[907] Dieses Ringen um die Verständigung auf eine gemeinsame Sozialmoral ist für die Gesellschaft ein ebenso wichtiger wie schwieriger Prozess:[908] Eine weiterhin zunehmend pluralistisch, global und wirtschaftlich ausgerichtete Gesellschaft begibt sich auf eine Identitätssuche, die sich kondensiert im Korruptionsdiskurs findet. Die verheerende Korruptionssituation in Griechenland wurde deshalb dazu genutzt, Themen wie Europäische Integration und Solidarität zu verhandeln und die eigene Lauterkeit, Integrität und Funktionalität zu betonen.

Bei den Korruptionsdebatten um inländische Fälle handelt es sich dementsprechend auch häufig um Stellvertreterkonflikte, die Gelegenheit bieten, die eigene Sozialmoral zu erproben und zu aktualisieren. Darüber hinaus zeigt das enorme öffentliche Interesse an den Fällen auch, dass der gesellschaftliche Druck steigt, Entscheidungsprozesse nicht zu eigenen Gunsten zu manipulieren.[909] Bei – zumindest gefühlt – immer weniger zur Verfügung stehenden Ressourcen ist der Einzelne stärker gefährdet, seine Belange notfalls auch mit Hilfe unmoralischen Verhaltens durchsetzen zu wollen – auf der anderen Seite erhöht sich auch das Bedürfnis der Gesellschaft nach einer gerechten, im Sinne einer nicht-korrupten, Güvertei-

---

dogmatischen Prinzipien aufweichen und so „mehr Schaden als Nutzen" bringen. Diese Gefahr besteht hier nicht, weil der Kommunikationsakt als solcher in der hiesigen Arbeit nur hinsichtlich der Ursache berücksichtigt wird.

906 *Sen*, Gesetzgebung, S. 390.
907 *Gupta*, Narrating, S. 173, 175.
908 So schon *Durkheim*, Arbeitsteilung; vgl. *Robinson/Murphy*, Greed, S. 17. Kritisch *Möllers*, Normen, S. 420 f.
909 *Kubiciel*, Korruptionsbekämpfung, ZStW 120 (2008), 429: „In einer Welt knapper Güter begegnen sich Menschen als Wettbewerber."

lung.[910] In dem intensiv geführten Korruptionsdiskurs scheint es also um mehr als nur die Auseinandersetzung mit einem Normbruch zu gehen, sodass Korruption von gesellschaftlichem Zentralinteresse ist.

Korruption wird denn auch häufig im Sinne jeglichen gemeinschafts-schädlichen Verhaltens verwendet. Steuerhinterziehung, Plagiate, Untreue, Bestechung – all das ist dann Korruption. Erkennt man in den Korruptionsdebatten einen auf der Metaebene befindlichen Sozialmoraldiskurs iSe. Selbstvergewisserungsprozesses, ist eine möglichst weitgehende Definition auf den ersten Blick sinnvoll. Sie birgt aber auch eine Gefahr. Das Problem einer solch breiten Begriffsfassung ist nämlich, dass die Korruption als ein omnipräsentes, hyperpotentes, nicht fass- und schon gar nicht eingrenzbares Wesen erscheint. Eine Dämonisierung der Korruption als eine „moderne Inkarnation des Bösen"[911] schafft eine große Distanz der inferioren Diskursteilnehmer zum infernalischen Gesprächsgegenstand. Eine weite Korruptionsdefinition kann als Ausdruck einer gewissen Kapitulation vor der Nicht-Differenzierbarkeit des Wirtschaftsstrafrechts verstanden werden. Für einen konstruktiven Gesellschaftsdiskurs wäre es allerdings sinnvoll, sich die Sicht der Rechtswissenschaft zu eigen zu machen und stärker zwischen den verschiedenen Korruptionsdelikten zu unterscheiden. Dessen ungeachtet ist der Diskurs als solcher nicht schädlich, weil, wie eingangs gezeigt, die Rationalisierung der Strafgesetzgebung und -gesetzesanwendung in der Unterscheidung von Gründen und Zwecken vor übereilten bzw. populistischen Gesetzen schützt. Es ist grundsätzlich notwendig, dass das rechtspolitische Klima offen ist für „Modethemen" von aktueller gesellschaftlicher Relevanz und der Strafgesetzgeber auf solche initiativ wird.[912] Inwiefern das Strafrecht tatsächlich auf sozialmoralische Rufe, die das Ergebnis gesellschaftlicher Diskurse sein können, reagiert, ist eine Frage, die sich um den möglichen materiellen Inhalt von Strafgesetzen dreht und damit als „Grund" zu verhandeln ist. An dieser Stelle ist lediglich von Relevanz, dass überhaupt ein Korruptionsdiskurs stattfindet, der anlässlich sämtlichen wirtschaftsbezogenen Fehlverhaltens

---

910 *Frommel*, GS Weßlau, S. 495, 503: „Vielen Menschen scheint ‚Moral' eine kritische Instanz zu sein gegen ‚Macht' und ‚Gier'."

911 Kritisch auch *Killias*, FS Schneider, S. 239, 239.

912 *Böckenförde*, FS Eichenberger, S. 301, 319 spricht insofern neben der formalen Repräsentation, in der die Demokratie ihren „Autorisations-, Legitimations- und Zurechnungszusammenhang" findet, von einer inhaltlichen Repräsentation durch einen Vermittlungsprozess, der „die Fähigkeit, Zustimmung und Folgebereitschaft zu bewirken" hervorruft. *Richter*, Symbolismus, S. 266, nennt dies eine „politisch wirksame Suche nach dem Symbolischen in der Demokratie".

geführt wird, sodass eine gesetzgeberische Reaktion hierin stets ihre Ursache finden kann – schließlich ist die politische Öffentlichkeit der „Resonanzboden für Probleme […], die vom politischen System bearbeitet werden müssen."[913]

III. Zusammenfassung

Rechtsnormen sind das Ergebnis eines Kreislaufes von Verständigung und Festschreibung. Gesellschaftsdiskurse gehören deshalb zur Gesetzgebung iwS. Hier können Gemeinwohlbelange verhandelt und soziale Normen formuliert werden. Moderne Informations- und Partizipationsformen, etwa mithilfe der sozialen Medien, können dabei nicht ausgeblendet werden. Insbesondere für das Gebiet des Strafrechts finden hier wesentliche Meinungsbildungsprozesse der Öffentlichkeit statt. Dass diese Diskurse bisweilen einseitig, oberflächlich und mitunter auch hysterisch geführt werden, wird durch die deutliche Versachlichung der Staats- gegenüber der Volkswillensbildung abgefedert. Den Gesellschaftsdiskursen als solchen kommt (zunächst) nur die Rolle als Kriminalisierungsursache zu. Im Rahmen dieser kann Strafgesetzgebung aber auch soziale Konfliktbewältigung bedeuten. Diese Erkenntnis ist insbesondere für die Korruptionsgesetzgebung wesentlich. Der gesellschaftliche Diskurs wird hier intensiv geführt, weil Korruption als „Grundübel" verstanden wird. Allerdings wird der Korruptionsvorwurf und auch die Korruptionsgesetzgebung häufig funktional eingesetzt. Bei der Beleuchtung des sozio-politischen Kontextes der Auslandsbestechung ieS. hat sich gezeigt, dass das Internationale aus dem Nationalen heraus erwachsen ist. Sowohl in den USA, Großbritannien und Deutschland wurden die Tatbestände zur Kriminalisierung der Auslandsbestechung als Reaktion auf primär nationale Bedürfnisse erlassen, die einen kämpferischen Auftritt des Gesetzgebers hervorriefen. Die USA standen bei Erlass des FCPA sowohl innen- als auch außenpolitisch unter großem Druck; die Auslandsbestechung erscheint angesichts dessen als rechtspolitisch kluger Schachzug nach dem Watergate-Skandal und im Kalten Krieg. In Großbritannien wurde die Auslandsbestechung nicht erst durch den UK Bribery Act 2010 unter Strafe gestellt. Dies geschah bereits im Jahr 2001 durch den Anti-Terrorism, Crime and Security Act (ATCA-SA) 2001 als unmittelbare Reaktion auf den Terroranschlag am 11. September 2001. In beiden Fällen konnten die Auslandsbestechungsgesetze

---

913 *Habermas*, Faktizität, S. 435, s. auch S. 399 ff.

schnelle Antworten auf Gesellschaftsdiskurse um grundsätzlichere Bedrohungen liefern, weil Korruption als „Übel" anerkannt ist.

Für die deutsche Gesetzgebung waren die verschiedenen internationalen Initiativen und Abkommen sicherlich ursächlich. Sie übten deutlichen rechtspolitischen Druck auf die Bundesrepublik aus. Angesichts der zeitlichen Verzögerung zwischen der Verpflichtung zu den europäischen und völkerrechtlichen Vorgaben und ihrer Umsetzung in nationales Recht erscheinen aber auch hier inländische Bedürfnisse ausschlaggebender. Das KorrBekG 2015 ist als Reaktion auf außen- und insbesondere innenpolitischen Druck im Kontext der Griechenlandkrise sowie eines Gesellschaftsdiskurses um aktuelle Fälle von Korruption im weitesten Sinne zu verstehen.

Beachtlich ist dabei der rhetorische Bellizismus, der sich in Deutschland sogar in den Gesetzestiteln „Gesetz zur Bekämpfung der Korruption" aus den Jahren 1997 und 2015 findet. Damit wird eine Kampfesstimmung, die sich auch im gesellschaftlichen Diskurs über „die" Korruption findet, aufgegriffen. Durch die kraftvolle Sprache wird die Gesetzgebung selbst deutlicher als sonst kommunikativer Akt zwischen Staat und Bürger. Allein die Kampfansage an die Korruption enthält jedoch weder eine Aussage über ihre Wirkungsweisen noch das Kriminalisierungsziel. Dies offenbaren erst Gründe und Zweck.

B. Grund der Auslandsbestechung ieS.

Der Grund für die konkrete Kriminalisierung der Auslandsbestechung ieS. ist der materielle Kontext des § 335a iVm. §§ 331 ff. StGB – d.h. die Motive, Interessen und Hoffnungen, die für den Tatbestand sprechen. Hierzu gehören insbesondere pauschale Entwicklungsanliegen sowie mittelbare und beiläufige Folgen.[914] In diesem Kapitel werden nur diejenigen Kriminalisierungsgründe besprochen, die nicht gleichzeitig als Tatbestandszweck in Betracht kommen. Gründe sind aber auch alle unter C. diskutierten Tatbestandszwecke, die sich als nicht zweckhaft herausstellen und deshalb lediglich intendierter Nebenzweck sind.

I. Praktisches Neuregelungsbedürfnis

Für die Neuregelung der Auslandsbestechung bestand wegen der Schwächen der vorherigen Rechtslage ein praktisches Bedürfnis. Die Auslandsbestechung war vor dem KorrBekG 2015 durch ihre stark fallgruppenorientierte und wenig systematisierte Regelung in den Nebengesetzen charakterisiert.[915] Dementsprechend benennt die Begründung des Regierungsentwurfes die Rechtsvereinfachung als ein Ziel. „[U]m eine bessere Übersichtlichkeit und Vereinheitlichung der Regelungen sicherzustellen,"[916] wurden die Vorschriften des Nebenstrafrechts (in IntBestG, EUBestG, NATO-Truppen-SchutzG, IStGH-GleichstellungsG)[917] in das Kernstrafrecht transferiert. Schließlich hatte der Bundesrat schon 2007 angemahnt:

> „Die Anwendung des Korruptionsstrafrechts wird dadurch erschwert, dass einschlägige Bestimmungen [...] außer im Strafgesetzbuch auch in verschiedenen Spezialgesetzen (vgl. etwa das Gesetz zur Bekämpfung internationaler Bestechung, das EU-Bestechungsgesetz sowie das Vierte Strafrechtsänderungsgesetz) enthalten sind. Aus systematischen

---

914 Zum Begriff des Grundes, s.o. unter 2. Kap.C.IV.

915 MüKo-*Korte*, § 331 Rn. 28; *Walther*, JURA 2010, 511, 519; *Wolf*, ZRP 2007, 44, 45.

916 BT-Drs. 18/4350, 15.

917 Zu diesen s. 1. Kap. B.I.; vgl. auch BT-Drs. 18/4350, 13.

Gründen und aus Gründen der Übersichtlichkeit erscheint es vorzugswürdig, diese Bestimmungen in das Strafgesetzbuch zu integrieren."[918]

Diesem Bedürfnis wurde mit dem § 335a StGB (wie auch mit der schon besprochenen Erweiterung des personellen Anwendungsbereichs der §§ 331-334 StGB auf Europäische Amtsträger) entsprochen. Solche formalen Gesichtspunkte sind freilich nicht auslegungsanleitend (also Tatbestandszweck), sondern erklären als materieller Grund lediglich die aktuelle Tatbestandsfassung. Die homogeneren Regelungen im Kernstrafrecht erhöhen dabei nicht nur Rechtsklarheit und (damit) Rechtssicherheit, sondern unterstreichen durch ihre exponierte Stellung in den strafrechtlichen Regelungen auch die Wichtigkeit der internationalen Korruptionsbekämpfung.[919] Dies kann nicht nur die Öffentlichkeit für die Auslandsbestechung sensibilisieren,[920] sondern soll – nach gesetzgeberischem Wunsch – auch die Ermittlungsbehörden und Gerichte über die Tatbestandsmäßigkeit des Handelns informieren.[921]

II. Reputation im Ausland

Im Ausland kriminalisierte und verfolgte Auslandsbestechungstaten, die von deutscher Seite unbeachtet bleiben würden, hätten eine starke kommunikative Wirkung. Die umfangreichen internationalen Rechtsinstrumente schaffen eine völkerrechtliche Kriminalisierungs- und Durchsetzungspflicht für die Bundesrepublik. Angesichts dessen wäre legislatorisches Nichtstun mehr als ein bloßes Unbeteiligtsein gewesen. Zweifel, ob und wie sehr sich die Bundesrepublik tatsächlich einer effektiven Antikorruptionsagenda verschrieben hat, wären berechtigt gewesen. Es hätte die deutsche Glaubwürdigkeit unterminiert und die Bundesrepublik außenpo-

---

918 BT-Drs. 14/8527, 104; ähnlich auch der Entwurf aus dem Jahr 2007: BT-Drs. 548/07, 12: „(schwer auffindbar[e]) Nebengesetze"; zur Kritik an Regelungen im Nebengesetz, s. auch schon oben unter 3. Kap. B.I.

919 *Kubiciel/Spörl*, Gesetz, KPKP 4/2014, 1, 21 f.; *Wolf*, Internationalisierung, ZRP 2007, 44, 45, der hervorhebt, dass es wichtig ist, die Auslandsbestechung nicht mehr mit „Minimallösungen" im Nebenstrafrecht zu regeln.

920 Hierzu etwas detaillierter unten unter B.V.4.

921 BT-Drs. 18/4350, 13: „[D]amit der Rechtsanwender problemlos davon Kenntnis erlangen kann". So auch *Meißner*, Bedienstete, StV 2007, 128; vgl. auch schon *Tiedemann*, Reform, ZRP 1970, 254, 260: Die Strafnormen des Nebenstrafrechts „bleiben sogar den Kriminalisten, den Staatsanwälten und der Strafgerichtsbarkeit weitgehend unbekannt."

litisch in eine „argumentativ ungünstig[e] Lage" versetzt,[922] rechtsstaatliche Strukturen mit einem starken Antikorruptionsregime von anderen Ländern zu fordern (etwa im Zusammenhang mit der EU-Osterweiterung[923] oder als Bedingung für Entwicklungshilfe[924]), selbst aber noch nicht einmal den eigenen völkerrechtlichen Verpflichtungen zu genügen. Das Ansehen der Bundesrepublik wird so vor Schaden bewahrt.[925]

Darüber hinaus bieten starke Auslandsbestechungstatbestände auch die Möglichkeit, international Einfluss zu nehmen. Der extensive Jurisdiktionsbereich des FCPA wurde dementsprechend schon dahingehend beschrieben, dass er den USA „de facto the role of policing the world" gibt.[926] Zu der Rolle einer verantwortlichen Supermacht passt eine solche Stellung als Weltpolizist. Kriminalpolitik ist also auch ein Mittel außenpolitischer Realpolitik.[927]

Gleichzeitig konnten mit der Tatbestandsschaffung die staatlichen Institutionen im Inland vor einem mittelbaren Schaden bewahrt werden: Jeder Täter einer transnationalen Korruptionstat mit Genuine Link zu Deutschland fordert die Strafverfolgungsbehörden heraus, sich gegen Korruption zu bekennen und damit die inländischen Institutionen vor einem *Folgeschaden* durch eine vermeidliche Solidarisierung zu bewahren. Durch den § 335a StGB kann jeder Verdacht einer gemeinsamen Sache mit den transnationalen Bestechungstätern von vornherein vermieden werden. Eine diesbezügliche Zielsetzung würde aber nicht den Kern des Unrechts (sondern nur ein zusätzliches Unrecht) adressieren und wäre deshalb nicht Tatbestandszweck, sondern nur Grund.[928]

---

922 *Hoven/Kubiciel*, Stellungnahme, KPKp 4/2016, 1, 4.
923 Vgl. zur doppelzüngigen Konditionalität von EU-Beitritten und Hilfeleistungen: *Kubiciel*, Korruptionsbekämpfung, ZStW 120 (2008), 429, 434 f.
924 Zur BMZ-Politik: *Fues/Welter*, Exportförderung, S. 148, 148. Als krasses Negativbeispiel kann die Weltbank genannt werden, die wegen ihrer Doppelmoral im Korruptionskontext einen enormen Reputationsverlust erlitten hat und sich seither besonders um die Integrität ihrer Förderprojekte bemüht.
925 Im Jahr 2012 wurde etwa die Nichtumsetzung der völkerrechtlichen Antikorruptionsverpflichtungen eine „Schande" genannt vom damaligen B90/Die Grünen-MdB *Jerzy Montag*, Plenarprotokoll 17/163, S. 19399, C.
926 *Berghoff*, Watergate, S. 7, 22.
927 *Kubiciel*, Unternehmensgeldbußen, NZWiSt 2016, 178, 180.
928 Hierzu oben unter 2. Kap.C.IV.

III. Die Rolle deutscher Verbände

1. Grund: Reputation deutscher Verbände

Deutsche Unternehmen haben – trotz des VW-Skandals – ein hohes globales Ansehen als „corporate leader", das mit strengen Antikorruptionsgesetzen vor einem moralischen Schaden bewahrt wird. Anders aber als zu Zeiten der FCPA-Schaffung steht dabei nicht so sehr die Verteidigung des Wirtschaftssystems als Ganzes,[929] sondern die Vertrauenswürdigkeit und Verlässlichkeit der deutschen Wirtschaftstätigkeiten im Fokus. Der Regierungsentwurf will „zur Verwirklichung des Ziels" beitragen, „in Deutschland gute Investitionsbedingungen zu schaffen."[930] Denn: „Dies stärkt das Vertrauen in den Wirtschaftsstandort Deutschland und leistet somit einen positiven Beitrag für eine nachhaltige Entwicklung."[931] Dass dies auch im Interesse deutscher Unternehmen ist, zeigt etwa die Forderung des Bundesverbandes der Deutschen Industrie e.V. (BDI) von einer Ratifizierung der UNCAC.[932] Der Ruf der Bundesrepublik als guter Wirtschaftsstandort sollte dementsprechend mit der Kriminalisierung der Auslandsbestechung verteidigt werden. Als intendierte Nebenfolge ist dies auch ein Tatbestandgrund des § 335a StGB. Ob daneben der Schutz des freien und fairen internationalen Wettbewerbs nicht nur Grund, sondern sogar tatbestandlicher Zweck ist, bleibt noch zu klären (hierzu unten unter C.IV).

2. Art der Regulierung: Verbände als Normadressat und -mittler

Die Auslandsbestechung adressiert nicht nur den spezifischen Täter. Die Schaffung und Existenz des Tatbestandes ist auch ein kommunikativer Akt an sämtliche potenzielle Täter und alle anderen Bürger. Diese werden aber mangels Detailkenntnis von wirtschaftsstrafrechtlichen Tatbeständen häufig nicht unmittelbar angesprochen, wie verhaltenspsychologische Studien

---

929 Hierzu oben, 4. Kap. A.II.3, s. auch: *Wolfson*, Statement, in: Hearing Before the Committee on Banking, Housing and Urban Affairs, United States Senate, Foreign Corrupt Practices and Domestic and Foreign Investment Improved Disclosure Acts of 1977, First Session v. 16.3.1977, S. 215.

930 BT-Drs. 18/4350, 15.

931 BT-Drs. 18/4350, 15.

932 Offener Brief des BDI zitiert von *Hoven*, Entwicklungen, NStZ 2015, 553: Die Nicht-Ratifizierung, so der BDI, „dem Ansehen der deutschen Wirtschaftsunternehmen in ihren Auslandsaktivitäten".

zeigen.[933] Dagegen können Verbände ihre Mitarbeiter mit Compliance Regularien gut normativ erreichen.[934] Gerade bei der Grand Corruption, die zum Großteil aus Unternehmen heraus begangen wird, birgt das ein großes Präventionspotenzial. Die Verbände können eine wichtige Rolle als Kommunikator der Auslandsbestechungstatbestände spielen.[935] Es sind daher Anreize für eine verstärkte Motivation zur Verhinderung von verbandsbezogenen Auslandsbestechungstaten zu schaffen.[936] Denkbar ist positiv eine Belohnung für Compliance Management Systeme und Internal Investigations und negativ ein effektives Verbandssanktionenrecht.[937] Diese Zweigleisigkeit der staatlichen Reaktionsmöglichkeiten würde es erlauben, zwischen kooperationswürdigen und sanktionsbedürftigen Verbänden zu unterscheiden.[938] Grundsätzlich erscheint eine gute Zusammenarbeit auf Grundlage eines Vertrauensverhältnisses zwischen Strafverfolgungsbehörden und Verbänden zentral, um § 335a StGB zu einer großen Wirkkraft zu verhelfen.[939] Für den dafür erforderlichen Kommunikationsprozess zwischen staatlichen Stellen und Verbänden bedarf es ausreichender personeller Ressourcen. Vor allem aber ist eine größere Transparenz und Verlässlichkeit auf beiden Seiten notwendig, die einerseits durch eine verstärkte Selbstregulierung der Verbände und andererseits durch die Of-

---

933 Vortrag von Kai Bussmann beim Kölner Kolloquium zur Auslandsbestechung am 19./20.02.2015, vgl. *Bussmann/Niemeczek/Vockrodt*, Korruption, S. 205, 218; *Robinson/Darley*, Criminal Law, OJLS 24 (2/2004), S. 173.

934 *Bussmann/Niemeczek/Vockrodt*, Korruption, S. 205, 218.

935 Hierbei könnte man anküpfen an die Identität der juristischen Person als eine *Personne Morale* (so der französische Rechtsterminus) bzw. als eine *Entia Moralia*, der eine besondere Wertbestimmtheit und Sinnhaftigkeit von Pufendorf zugeschrieben wurde, hierzu: *Landsberg*, Geschichte III.1, S. 14; *Welzel*, Naturrechtslehre, S. 26 f.; *Wolf*, Rechtsdenker, S. 292.

936 *Hodges*, Law, S. 153, der sich stark für eine „ex ante control" ausspricht. Die Weltbank beschreibt die Einbindung Privater wie folgt auf ihrer Homepage (http://www.worldbank.org/en/who-we-are, zuletzt abgerufen am 8.10.2019): „Today's development challenges can only be met if the private sector is part of the solution. But the public sector sets the groundwork to enable private investment and allow it to thrive."

937 Das sind Projekte, die bei der Umsetzung des aktuellen Koalitionsvertrages angegangen warden sollten, s. Koalitionsvertrag zwischen CDU, CSU und SPD. 19. Legislaturperiode, Berlin 2018, Ziff. 5895-5920.

938 *Hodges*, Law, S. 695.

939 Vgl. *Hodges*, Law, S. 302 ff.

fenlegung klarer Verfolgungs- und Verurteilungsrichtlinien erzielt werden könnte.[940]

IV. Reputation im Inland

Das Ansehen Deutschlands nach innen könnte unter Umständen ein relevantes inländisches Interesse sein, das von der Auslandsbestechung ieS. betroffen ist. *Pogge* hat aber deutlich herausgestrichen, wie sehr wir in der Bewertung von wirtschaftlichem Fehlverhalten innerhalb nationaler Grenzen denken:[941] Die meisten von uns lehnten ungerechte wirtschaftliche Verhältnisse etwa in Brasilien ab und stimmten zu, dass dort eine reiche Elite vermeidbare Armut und so ungebührlichen Schaden für viele erzeuge. Nichtsdestotrotz übertrügen nur wenige diese Schlüsse auf die globale Wirtschaftsordnung, die doch ungleich ungleicher sei. Diese auf nationale Besonderheiten fokussierte Sicht blendete den größeren ökonomischen und geopolitischen Kontext eines Landes aus und ignoriere globale Faktoren:[942] „[W]e see no connection between the international transaction and the domestic tyranny".[943] Einsichtsschwierigkeiten scheinen insbesondere da zu bestehen, wo die deutsche Wirtschaft – insbesondere die Marke „Made in Germany" – für ethisches Verhalten Einbußen erleiden könnte.[944]

---

940 *Hodges*, Law, S. 226 ff., 464 ff., 699. Kommunikation, nicht Krieg sollte das Verhältnis zwischen Strafverfolgungsbehörden und Unternehmen bestimmen; niemandem ist gedient mit Unternehmen in „Schildkröten-Formation [...] vergleichbar den gut ausgebildeten römischen Legionären unter Einsatz des Scutums", s. *Schneider*, Unternehmen, ZIS 9/2016, 626, 628.

941 *Pogge*, World Poverty, S. 145; vgl. auch *Spörl*, Leges, GLJ 1/17 (2016), 19, 24, mit Hinweis auf weitere Studien.

942 *Pogge*, World Poverty, S. 146 ff.: „popularity of explanatory nationalism" (S. 147).

943 *Pogge*, World Poverty, S. 147.

944 Dies zeigt etwa die deutsche Aufbereitung des VW-Abgasskandals, der hier immer wieder primär als „Wirtschaftskrieg" der USA gegen Deutschland bzw. Europa gedeutet wird. Die Schuldfrage wird dann zu Lasten der Amerikaner geklärt. Der VW-Skandal erscheint so als „Gefahr für deutsche Interessen" *wegen* der mangelnden Regierungsbeziehung und Öffentlichkeitsarbeit in Amerika sowie des US-amerikanischen Populismus, s. *Michael Werz*, USA und Deutschlands Autoindustrie, in: Der Tagesspiegel v. 06.01.2016, online abrufbar unter https://www.tagesspiegel.de/wirtschaft/usa-und-deutschlands-autoindustrie-der-v w-skandal-wird-zur-gefahr-fuer-deutsche-interessen/12798034.html (zuletzt abgerufen am 8.10.2019). Ein Mitglied der Bundesregierung wurde Anfang 2017 zitiert mit der Äußerung: „Wir Deutsche stehen wegen VW und der Ab-

Wenngleich also der Wirtschaftsstandort Deutschland geschützt werden soll (s.o., III.) und eine außenpolitische Solidarisierung mit transnationalen Wirtschaftstätern entgegen völkerrechtlicher Verpflichtungen abgelehnt wird (s.o., II), so muss die Sorge vor einem Reputationsschaden der Bundesrepublik im Inland (noch) nicht dominant sein.[945] Wegen der (noch geringen) sozialmoralischen Reichweite ist die inländische Reputation kein Kriminalisierungsgrund.

V. Vereinheitlichung von Sozialmoral und Recht?

Die Kriminalisierung der Auslandsbestechung stößt in Wirtschaftskreisen immer noch zuweilen auf den Widerstand: „Man kann da gar nicht anders Geschäfte machen!" Angespielt wird damit auf die *Jellinek*sche „normative Kraft des Faktischen", die aber, wie *Kargl* zutreffend feststellt, „in Wahrheit stets selbst das Produkt normierenden Verhaltens" ist.[946]

Daraus folgt: Die Auslandsbestechung wirft die Frage nach dem Verhältnis von Strafrecht und Sozialmoral neu auf. Vermag der Straftatbestand der Auslandsbestechung gesellschaftliche Überzeugungen zu formen? Sollte er ihnen umgekehrt genügen? Ich habe diese Frage schon an anderer Stelle zu beantworten versucht[947] und möchte deshalb im Folgenden nur in Kürze darauf eingehen.

---

gasaffäre am Pranger. [...] Was hier läuft, ist ein Wirtschaftskrieg", s. *Doll/ Wüpper*, „Was hier läuft, ist ein Wirtschaftskrieg", in: Welt v. 15.01.2017, online abrufbar unter https://www.welt.de/wirtschaft/article161161849/Was-hier-laeuft-ist-ein-Wirtschaftskrieg.html (zuletzt abgerufen am 8.10.2019).

945 Insofern ist *Brettel/Schneider*, Wirtschaftsstrafrecht, § 3 Rn. 551, zuzustimmen, die meinen: „Erweist sich ein ausländischer Amtsträger als käuflich, beeinträchtigt dies schließlich nicht das Ansehen des Staates, in dem das die Bestechungsgelder auskehrende Unternehmen ansässig ist."

946 *Kargl*, Handlung, S. 419.

947 *Spörl*, Leges, GLJ 1/17 (2016), 19.

1. Das Verhältnis von Sozialmoral und Recht

Welzels Auffassung vom Strafrecht als „Spiegel des Volkslebens" ist überholt.[948] Grundsätzlich ist eine Trennung zwischen Sozialmoral und Recht geboten und auch unvermeidbar. In einer pluralistischen Gesellschaft lassen sich kulturelle Wertvorstellungen nicht ungefiltert als eine Schablone für das Recht nutzen.[949] Sie sind deshalb nie Tatbestandszweck. Dennoch können gesellschaftliche Grundüberzeugungen Eingang in das Strafrecht erhalten.[950] Denn – wenngleich dem demokratisch legitimierten Gesetzgeber insofern keine rechtliche Verpflichtung obliegt[951] und seinen Entscheidungen ein ganz grundsätzlicher Geltungsanspruch zukommt[952] – so ist es gerade im Bereich des Strafrechts sinnvoll, eine Kongruenz mit der Sozialmoral anzustreben.[953] Die Auslandsbestechung stellt allerdings sowohl das Strafrecht als auch die Sozialmoral vor besondere Herausforderungen.

2. Sozialmoralisches Übermaß als Grund?

In der gesellschaftlichen Debatte ist „Korruption" ein schwer zu fassendes Konzept. Dies liegt auch daran, dass Bestechungstaten durch ihre persönliche Beziehungskomponente soziales Mimikry spielen können[954] und auch vermeintliche Sozialadäquanz zu Bewertungsunsicherheiten führen kann. Gleichzeitig werden mitunter sehr strenge Bewertungsmaßstäbe an Fälle

---

948 So auch *Kubiciel*, Rez. Meyer, GA 2015, 61, 61 Dies gilt genauso für *Max Ernst Mayers* Konzeption der Kulturnormen und *Erik Wolfs* soziale Kulturgüter, *Mayer*, Kulturnormen, S. 19 f.; *Wolf*, Typen, S. 8 f.; vgl. hierzu *Kubiciel*, Wissenschaft, S. 73, 196 f.; *Spörl*, Leges, GLJ 1/17 (2016), 19, 30 f. (Im Unterschied zu Mayer geht Wolf davon aus, dass die soziale Kulturgüter zunächst in Staatsgüter umgewandelt werden müssen, bevor sie zu Rechtsgütern werden können, *Wolf*, Typen, S. 9.)
949 Hierzu oben unter 2. Kap. C.IV,V.2.a
950 S. schon BVerfGE 123, 267, 408; vgl. *Roxin*, AT I, § 2, Rn. 37 ff.; vgl. auch *Valerius*, Kultur, S. 27 ff., passim.
951 Vgl. 2. Kap. C.V.
952 Die Grenze findet sich dort, wo ein unerträglicher Widerspruch zur Gerechtigkeit besteht, sodass „unrichtiges Recht" durch Gerechtigkeit ersetzt werden muss, *Radbruch*, Unrecht, Süddeutsche Juristenzeitung 1946, 105, 107. Heute positivrechtlich verankert in Art. 7 EMRK.
953 *Spörl*, Leges, GLJ 1/17 (2016), 19, 28, mit Hinweis auf BVerfGE 123, 267, 408.
954 *Luhmann* spricht in diesem Zusammenhang von „funktional-diffuse[n] Sonderbeziehungen", *Luhmann*, Rechtssoziologie, S. 283.

der „Korruption" angelegt. Das grundsätzliche Verhältnis der Gesellschaft zu wirtschaftsstrafrechtlichen Taten ist einfach nicht abschließend geklärt. Zudem führt auch, wie gerade gezeigt (IV.), der grenzüberschreitende Charakter der Auslandsbestechung zu sozialmoralischen Beschwerlichkeiten.

All diese gesellschaftlichen Rufe sind aber eher als Ausdruck der grundsätzlichen Auseinandersetzung mit der Auslandsbestechung und weniger als konkrete sozialmoralische Anliegen zu verstehen. Deshalb konnte der Gesetzgeber diesen Gesellschaftsdiskurs um die Auslandsbestechung auch lediglich als grundsätzlichen Anstoß für die Tatbestandsschaffungen nehmen (deshalb hierzu schon unter A.).

Grundsätzlich erscheint eine Reaktion auf die informellen Regeln der Sozialmoral aus rechtspraktischen und freiheitsrechtlichen Erwägungen vorteilhaft,[955] sodass darin ein bedeutsamer Kriminalisierungsgrund auszumachen ist. Im konkreten Fall scheidet dies aber angesichts des aufgezeigten Mangel an spezifischen sozialmoralischen Vorstellungen aus.

3. Sozialmoralisches Untermaß als Grund?

Die Sozialmoral ist umgekehrt kein Entwicklungsfeld des Strafrecht. Die Zwangswirkung, das vom Recht ausginge, wäre zu groß. *Franz von Liszts* Idee vom Strafrecht als „Kulturhebel" ist deshalb zu verwerfen. Sind nach gesetzgeberischer Auffassung bestimmte gesellschaftliche Werte rückständig, so darf und kann das Strafrecht allein sie nicht entwickeln. Eine „Wertebildung" ist deshalb nach deutschem Rechtsverständnis nie Tatbestandszweck.[956] Dessen ungeachtet kommt den Bestechungstatbeständen offensichtlich eine verhaltenssteuernde und erwartungssichernde Funktion zu. „Entsprechend ändert sich die gesellschaftsadäquate Form der Moral", meint *Luhmann*.[957] Dies darf der Gesetzgeber auch wollen; es bedarf obendrein aber eines anderweitigen Tatbestandszwecks. Ein sozialmoralisches Untermaß im Inland kann deshalb intendierte Nebenfolge sein – also ein Kriminalisierungsgrund.

---

955 *Kubiciel*, Wissenschaft, S. 196 f.; *Spörl*, Leges, GLJ 1/17 (2016), 19, 28; *Mayer*, Rechtsnormen, S. 10; *Augsberg*, Lesbarkeit, S. 180.

956 Dieses Zwangselement wird in anderen Rechtskulturen weniger kritisch gesehen; ein Professor der UC Berkeley meinte etwa im Gespräch mit mir: „I don't see your problem? Criminal law is all about shaping social morals!"

957 *Luhmann*, Rechtssoziologie, S. 284.

Der §§ 335a iVm. 331 ff. StGB kann jedoch nicht nur im Inland, sondern auch im Ausland die Sozialmoral beeinflussen. Hinsichtlich der Wirkung im Ausland lässt sich der Vorwurf des Moralimperialismus konstruieren. Dieses Thema wird später, nämlich bei der Erörterung der Entwicklungshilfe als Tatbestandszweck der Auslandsbestechung, behandelt.[958]

4. Art der Regulierung: Normierung im Kernstrafrecht

Für eine Wechselwirkung von Sozialmoral und Strafrecht auf dem Gebiet der Auslandsbestechung war eine Normierung im Kernstrafrecht notwendig. Andernfalls gelangt, mit *Tiedemann*, das „soziale Unwerturteil", das der Tatbestand zum Ausdruck bringt, „nicht in das Bewußtsein der Bevölkerung".[959] Er meint zutreffend, die Lozierung im Nebenstrafrecht „verhindert geradezu das *soziale Unwerturteil*, welches bereits als Voraussetzung für jede Bekämpfung der Wirtschaftskriminalität erwähnt wurde".[960] Mit Blick auf die erstrebte faktische Vereinheitlichung von Sozialmoral und Strafrecht waren die nebenstrafrechtlichen Regelungen daher in die §§ 331 ff. StGB zu transferieren.

VI. Zusammenfassung

Ein Grund für §§ 335a iVm. 331 ff. StGB war das praktische Neuregelungsbedürfnis. Man wollte vormals bestehende gesetzliche Schwächen durch rechtstechnische Verbesserungen beseitigen. Zudem dient die Regelung der deutschen Reputation im Ausland, weil sie das Engagement gegen Korruption unter Beweis stellt. Nach Jahren des Stillstandes hat die Bundesrepublik die völkerrechtlich gebotenen Strafgesetze für transnationale Bestechungstaten geschaffen. Gleichzeitig schützt die Norm den deutschen Wirtschaftsstandort. In diesem Zusammenhang wurde die Bedeutsamkeit der Verbände als Strafrechtsadressat und -mittler offenkundig. Es hat sich gezeigt, dass es für die effektive Verhinderung und Verfolgung der Auslandsbestechung im *hard law* einer Regelung der unternehmensinternen Untersuchungen und der Verbandssanktionen bedarf. Im *soft law* bietet eine erhöhte Regulierungsdichte sowohl von staatlicher als auch von priva-

---

958 S.u. unter C.II.
959 *Tiedemann*, Reform, ZRP 1970, 254, 260.
960 *Tiedemann*, Reform, ZRP 1970, 254, 260.

ter Seite Vorteile. Insgesamt erscheint eine gute Kommunikation zwischen staatlichen Stellen und Verbänden zentral.

Hinsichtlich der von der Auslandsbestechung neu aufgeworfenen Frage nach dem Verhältnis von Strafrecht und Sozialmoral wurde herausgestrichen, dass eine faktische Kongruenz erstrebenswert ist. Wenn immer diese inkongruent sind, kommt Sozialmoral als Kriminalisierungsgrund in Betracht. Ein sozialmoralisches Übermaß war hier mangels Konkretheit allerdings nur Kriminalisierungsursache, nicht -grund. Für ein sozialmoralisches Untermaß bestanden indes Anhaltspunkte – und zwar im In- und Ausland –, sodass insofern die Vereinheitlichung von Strafrecht und Sozialmoral als Grund nahelag. Unter diesem Gesichtspunkt war eine Regulierung der Auslandsbestechung im Kernstrafrecht auch sinnvoll.

C. Zweck der Auslandsbestechung ieS.

Dem neuen Korruptionsgesetz fehlt es an einer präzisen Beschreibung des Zweckes. In dem Regierungsentwurf beginnen die Ausführungen unter der Überschrift „Problem und Ziel" wie folgt:

> „Korruption macht heute nicht mehr vor den Grenzen von Staaten halt. *Deshalb* wurden von mehreren internationalen Organisationen Rechtsinstrumente erarbeitet, die insbesondere der Bekämpfung der grenzüberschreitenden und internationalen Korruption dienen und zu Umsetzungsbedarf im deutschen Strafrecht führen."[961]

Allein die Tatsache, dass transnationale Kriminalität besteht, erklärt jedoch nicht, wozu nun gegen die spezifische Kriminalitätsart mit nationalen strafrechtlichen Mitteln vorgegangen werden soll. In der Entwurfsbegründung heißt es dann auch weiter:

> „Die vorgeschlagene neue Vorschrift in § 335a StGB („Ausländische und internationale Bedienstete") dient dem *Zweck*, darüber hinaus [zusätzlich zu den sonstigen von §§ 331 ff. StGB erfassten Personengruppen] bestimmte Bedienstete und Richter ausländischer und internationaler Behörden und Gerichte in den Anwendungsbereich der §§ 331 ff. StGB einzubeziehen."[962]

Damit wird die Gleichstellungsbestimmung des § 335a StGB beschrieben, allerdings auch noch keine Aussage über ihren Kriminalisierungszweck getroffen. Andernfalls gälte: „Die Einbeziehung der ausländischen und internationalen Bediensteten *bezweckt* die Einbeziehung der ausländischen und internationalen Bediensteten." Ein solcher Selbstzweck des § 335a StGB wäre indes verfassungswidrig. Der Tatbestandszweck soll als „Herz" der Vorschrift zum einen ihre verfassungsrechtliche Daseinsberechtigung rechtfertigen und zum anderen die rechtspraktische Anwendung anleiten.[963] Die zitierte Passage darf deshalb lediglich als eine inhaltliche Umreißung des § 335a StGB verstanden werden.

An anderer Stelle lautet es in der Entwurfsbegründung:

> „Die Verhinderung und Bekämpfung der Korruption in allen Ausprägungen gehört zu den zentralen staatlichen Aufgaben."[964]

---

961 BT-Drs. 18/4350, 1 (Hervorhebung CS).
962 BT-Drs. 18/4350, 24 (Hervorhebung CS).
963 Hierzu vertieft: 2. Kap. C.V.
964 BT-Drs. 18/4350, 11.

Auch diese Aussage bleibt zunächst ohne weitere Begründung. Ist Korruption also um ihrer selbst willen zu kriminalisieren? Später findet sich die Konkretisierung:

> „Die effektive Bekämpfung grenzüberschreitender Korruption ist im Interesse der Sicherung des Vertrauens in die staatlichen und internationalen Institutionen, aber auch zur Erhaltung und zum Schutz des freien und fairen internationalen Wettbewerbs erforderlich."[965]

Wessen Vertrauen hier maßgeblich sein soll – das der deutschen Staatsbürger, der EU-Bürger oder gar der Weltgemeinschaft – wird nicht gesagt. Auch bleibt offen, ob die als schutzwürdig betrachteten „staatlichen" Institutionen nur deutsche oder auch ausländische sind. Spezifisch in Bezug auf § 335a StGB wird dann der Zweck wie folgt gefasst:

> „*Normzweck* der Bestechungsdelikte sind die Lauterkeit des öffentlichen Dienstes und das Vertrauen der Öffentlichkeit in diese Lauterkeit (Bundestagsdrucksache 13/5584, S. 16). Dies gilt – wenn auch eingeschränkt – auch für internationale Korruptionstaten."[966]

Dieser Zweckbestimmung mangelt es so sehr an Bestimmtheit, dass sie mehr Fragen aufwirft, als sie zu beantworten vermag. Insbesondere ist prima facie unklar, wie die „Einschränkung" verstanden werden soll. Wenngleich es der Entwurfsbegründung also etwas an rationaler Strukturierung mangelt,[967] versucht sich die Zweckfindung dennoch an den Gesetzgebungsmaterialien zu orientierten.[968] Im Folgenden werden deshalb die Motive, die sich in der Gesetzesbegründung finden lassen, als Tatbestandszweck erörtert: Die Korruptionsfreiheit (I.), Entwicklungshilfe (II.) Menschenrechte, Demokratie und Rechtsstaatlichkeit (III.), der freie und faire internationale Wettbewerb (IV.), die Lauterkeit internationaler (V.), ausländischer (VI.) und inländischer Institutionen (VII.) sowie diesbezügliches Vertrauen (VIII.).

---

965 BT-Drs. 18/4350, 11.
966 BT-Drs. 18/4350, 24.
967 Dies liegt vielleicht daran, dass die Symbolfunktion der Gesetzgebung so viel Raum eingenommen hat, s.o., A.III.
968 Vgl. 2. Kap. V.2.b.

I. Korruptionsfreiheit

Wenn Antikorruption zu den „zentralen staatlichen Aufgaben" gezählt wird, könnte man auf die Idee verfallen, den Tatbestandszweck schlicht als Sicherung von Korruptionsfreiheit zu bestimmen. Eine solche Definition wäre indes genauso systemfremd in der Strafrechtstheorie wie untauglich für die praktische Strafrechtsanwendung. Eine so entelechisch anmutende Strafzielbestimmung ist für das tatbestandliche Verständnis wenig hilfreich: Der Satz „Wir bestrafen XY, damit wir frei von XY sind," schafft keinen teleologischen Kontext, der z.B. geeignet ist, die „Pflichtwidrigkeit" der Diensthandlung in § 335a iVm. §§ 332, 334 StGB zu konkretisieren. Auch sonst beschränkt man sich nicht auf das Telos etwa der „Tötungsfreiheit", sondern bestimmt den tatbestandlichen Zweck konkret und positiv als z.B. „Leben".[969]

Für den § 335a StGB kommen deshalb nur spezifischere Zwecke wie etwa der Schutz des fairen und freien internationalen Wettbewerbs oder die Lauterkeit von Institutionen in Frage.

II. Entwicklungshilfe

Zur Verteidigung des § 335a StGB durch das KorrBekG 2015 wurde von dem damaligen Bundesjustizminister (und jetzigen Außenminister!) *Heiko Maas* die Entwicklungshilfe als Tatbestandszweck ins Feld geführt.[970] Dies geschah, etwas ungewöhnlich, in Form eines rechtswissenschaftlichen Aufsatzes und gehört damit nicht zu den für die Auslegung des gesetzgeberischen Willens zu berücksichtigenden Materialien.[971] Weil die Änderungen des Korruptionsstrafrechts allerdings schon im Wahlkampf unter dieser Flagge geführt worden waren, soll dieser Aspekt dennoch auch in dieser Arbeit Berücksichtigung finden.

Maas beginnt seinen Aufsatz, indem er sich dem Wesen des Strafrechts nähert: „Dieser Zweifel, dieses In-Frage-Stellen des eigenen Tuns, ist in keiner anderen Teildisziplin des Rechts so notwendig wie im Strafrecht."[972]

---

969 Vgl. hierzu mit Blick auf § 29 BtMG und §§ 17 Abs. 1, 18 TPG: *Roxin*, AT I, S. 18 f.

970 *Maas*, Staat, NStZ 2015, 305.

971 Hierzu oben unter 2. Kap. V.II.2.; s. auch *Simon*, Gesetzesauslegung, S. 276: „Nachträgliche Interpretationen, Versuche von Klarstellungen und sonstige Einflußnahmen können keine Beachtung finden."

972 *Maas*, Staat, NStZ 2015, 305, 305.

Dieser Zweifel scheint insbesondere da angebracht, wo das Strafrecht, wie von *Maas*, für die Entwicklungshilfe fruchtbar gemacht werden soll. In seinen Ausführungen hierzu setzt er sich mit der Kritik von *Kubiciel/Spörl* und *Schünemann* an den niedrigen Strafbarkeitsvoraussetzungen und der Nichtnennung des Tatbestandszweckes auseinander:

> „Ich meine, den Verflechtungen im Zeitalter der Globalisierung wird es [die Kritik, Anm. CS] jedenfalls nicht gerecht. Im Ergebnis lässt diese Ansicht die Länder, in denen Deutsche mit ihren Bestechungsgeldern die Verwaltung korrumpieren, mit den Folgen solcher Taten allein. Das kann so nicht richtig sein."[973]

Das ist eine eigenwillige Betrachtung, schließlich lässt die Bundesrepublik ja auch in anderen Bereichen die anderen Länder „allein" bei der einzelstaatlich-souveränen Strafverfolgung, die ja immerhin die Möglichkeit deutscher Rechtshilfe beinhaltet. Daran ändert der Schaden durch Korruption auch nichts, der allerdings von *Maas* mit viel Pathos vorgetragen wird:

> „Heute weiß jeder in der Welt, wie verheerend Korruption in Verwaltung und Justiz ist. Sie bedroht Rechtsstaatlichkeit, Demokratie und Wohlstand. Korruption schwächt den Staat und entzieht ihm die Legitimationsgrundlage. Das kann bis zur totalen Handlungsunfähigkeit, bis zum *failed state* reichen. Zugleich hemmt Korruption die wirtschaftliche Entwicklung und trägt zu andauernder Armut in den betroffenen Ländern bei."[974]

Maas liegt mit dieser Analyse[975] gewissermaßen im Trend, ist der Antikorruptionsdiskurs doch mittlerweile mit der Good Governance- und Development-Agenda eng verknüpft.[976] Dabei ist das Verhältnis zwischen Kor-

---

973 *Maas*, Staat, NStZ 2015, 305, 308; zustimmend *Hoven*, Auslandsbestechung, S. 536 ff.

974 *Maas*, Staat, NStZ 2015, 305, 308.

975 Wenngleich die geschilderten Schäden sicherlich auch und in gesteigertem Maße durch andere Verhaltensweisen deutscher Unternehmen im Ausland ausgelöst werden, die indes nicht strafbewehrt ist (z.B. die Ausbeutung von Rohstoffen).

976 *Humphreys*, Theater, Peripherie 32 (2012), 8, 19 weist darauf hin, dass Korruption nach der TI-Definition tatsächlich die „Kehrseite von Governance" ist. S. auch *Peters*, Korruption, JZ 2016, 217, 218, die hinweist auf *Human Rights Council*, The role of good governance in the promotion and protection of human rights v. 27.3.2008 (A/HRC/RES/7/11). Dieser betont: „the fight against corruption at all levels plays an important role in the promotion and protection of human rights" (Para. 10).

ruption und Entwicklung allerdings äußerst komplex. Zum einen können ausnahmsweise in Staaten mit stark ausgeprägten Unrechtsstrukturen Bestechungstaten die Möglichkeit bieten, gesetzliche oder tatsächliche Missstände zu umgehen.[977] Zum anderen beinhaltet die Beziehung zwischen Korruption und Entwicklung das Problem der umgekehrten Kausalität: *Mungiu-Pippidi* weist darauf hin, dass Korruption Entwicklung zwar verhindern möge, aber in Ländern mit einer sehr schwachen Volkswirtschaft, in denen Polizisten und Ärzte gar nicht oder nur unzureichend bezahlt werden, Bestechungsgelder zuallererst für eine ausreichende finanzielle Ausstattung der Institutionen sorgten.[978] Die verfassungsrechtliche Geeignetheit von Bestechungstatbeständen zur Entwicklungshilfe erscheint schon deshalb fragwürdig. Darüber hinaus bedeutet die Pönalisierung wegen gezahlter Bestechungsgelder im Ausland zur Verhinderung eines *Failed State* vor allem auf konkreter Ebene, nämlich für den bestraften Einzelnen, die Anvisierung eines sehr weitentfernten und äußerst mittelbaren Fernziels. Zudem wird die Verhinderung von Failed States als Maxime staatlichen Handelns nicht konsequent durchgehalten.[979] Insofern erscheint die Heranziehung dieses Ziels für die Begründung der Strafbarkeit der Auslandsbestechung auch als willkürlich. Zur verfassungsrechtlichen Rechtfertigung eines entsprechenden Kumulationsdeliktes[980] fehlt es deshalb schon an der Erforderlichkeit und erst recht an der Angemessenheit. Maas meint aber weiter:

> „Im Zeitalter der Globalisierung kann es uns aber nicht gleichgültig sein, wie Praxis und Realität aussehen. Die Auswirkungen gescheiterter Staaten und globaler Armut können sehr schnell auch Europa und damit Deutschland erreichen, zum Beispiel in Gestalt von Flüchtlingen. Die Bekämpfung von Korruption als Teil von *Good Governance*, also dem Aufbau guter Regierungsführung, ist daher eine ganz wichtige Aufgabe."[981]

---

977 Zur ausnahmsweisen „Funktionalität von Korruption" in Unrechtssystemen insb. *Friedrich*, Pathologie, S. 105, 128 ff.; z.B. zahlten *Oskar Schindler* und *Otto Weidt* Bestechungsgelder an NS-Funktionäre, um Juden zu schützen.

978 *Mungiu-Pippidi*, Quest, S. 2 f. In diesem Zusammenhang zur Janusköpfigkeit von Entwicklungsgeldern: *Eigen*, Nord-Süd-Gefälle, S. 155, 159. Beachte aber zur grds. Schädlichkeit der Bestechung von Strafverfolgungsorganen: *Rose-Ackerman/Palifka*, Corruption, S. 225 f. mwN.

979 Vgl. *Pogge*, World Poverty, S. 145.

980 Zum Kumulationsdelikt *Lagodny*, Strafrecht, S. 25 f.

981 *Maas*, Staat, NStZ 2015, 305, 308.

Das Argument überrascht[982] – insbesondere in einer Fachzeitschrift – durch Unsachlichkeit und kann daher nur *ad populum* verstanden werden. Korruption kann zweifellos verheerende Wirtschaftsfolgen haben – allgemeine Notsituationen wie Armut oder Arbeitslosigkeit sind als Gründe für eine Asylgewährung iSd. § 2 Abs. 1 AsylG iVm. Genfer Flüchtlingskonvention[983] aber ausgeschlossen.[984] Korruption schafft keine Flüchtlinge. Man fühlt sich insofern bei Maas' Rechtfertigung des Antikorruptionsgesetzes an die erstmalige Kriminalisierung der Auslandsbestechung in Großbritannien erinnert: Korruption wird als anerkanntes Übel mit einem anderen in der Gesellschaft als krisenhaft wahrgenommenen Übel (in Großbritannien damals: der Terror, heute bei uns: die Flüchtlinge) vermengt, um Letzteres mit einer Kriminalisierung von Bestechungstaten „bekämpfen" zu können.[985] Diese rhetorische Nebelkerze schürt Ängste und führt zu Konfusionen der behandelten Themen, ihrer Beziehung zueinander oder der zur Verfügung stehenden Handlungsoptionen. Sodann kommt Maas aber auch dazu, sich der Korruption im Spezifischeren zuzuwenden und den Tatbestandszweck aus seiner Perspektive zu beleuchten:

> „Indem wir auch die grenzüberschreitende Korruption unter Strafe stellen, schützen wir also gute Regierungsführung und nachhaltige Entwicklung weltweit. Korruption ist ein Fehlverhalten, das das Tageslicht scheut. Im betroffenen Ausland werden häufig gerade *wegen* der Korruption diejenigen nicht bestraft, die zu solchen Mitteln greifen. Deshalb gibt es gute Gründe dafür, hier in Deutschland mit dem Strafrecht zu handeln. Das liegt nicht nur im nationalen Interesse und ist auch keine nationale Anmaßung, im Gegenteil: Indem wir die Begehung solcher Taten im Ausland verhindern, übernehmen wir ein Stück internationale Verantwortung."[986]

In diesen Sätzen liegt der eigentliche Kern von Maas' Argumentation: Weil Korruption sowohl für Deutschland als auch für andere Länder ein Problem ist, muss sie unterbunden werden. Weil anderen Ländern das nicht gelingt, übernimmt die Bundesrepublik. Dass diese „stellvertretende Straf-

---

982 Allerdings wohl zustimmend *Hoven*, Auslandsbestechung, S. 538.
983 Abkommen über die Rechtsstellung der Flüchtlinge v. 28.7.1951.
984 *Bundesamt für Migration und Flüchtlinge*, Das Bundesamt in Zahlen 2016. Asyl, Migration und Integration, 2017, S. 44.
985 Zu Großbritannien, s.o. unter A.II.8. Eine vergleichbare Handlungsweise wurde auch für die USA festgestellt, s.o. unter A.II.3
986 *Maas*, Staat, NStZ 2015, 305, 308.

rechtspflege" (Hoven)[987] „keine nationale Anmaßung" (Maas)[988] sein soll, ist schwer verständlich. Ginge es um einen bilateralen Austausch auf Augenhöhe, könnte man das (freiwillige) Instrument der Rechtshilfe in Form einer „Hilfe zur Selbsthilfe" als Option für die Tatortländer stärken. Hierzu müssten auch die Ressourcen der deutschen Staatsanwaltschaften erhöht werden; bei dem Kölner Kolloquium zur Wirtschaftskriminalität „Das Verbot der Auslandsbestechung" wurde von Ermittlerkreisen insbesondere auf die mangelnden Englischkenntnisse einiger Strafverfolger hingewiesen.[989] Darüber hinaus seien Instrumentarien wie die Gründung gemeinsamer internationaler Ermittlungsgruppen, das europäische justizielle Netz, Eurojust o.Ä. nicht hinreichend bekannt.[990] All diese Entwicklungsfelder wären zunächst von deutscher Seite zu bestellen, kann es doch mit *Maas* „[i]m Zeitalter der Globalisierung […] nicht gleichgültig sein, wie Praxis und Realität aussehen."[991]

Vor allem aber geht die Kriminalisierung der Auslandsbestechung zur Entwicklungshilfe von der Prämisse aus, dass Korruption ausschließlich ein Problem von Ländern der Peripherie wäre, die der humanitären wie wirtschaftlichen Entwicklung bedürfen. Das Narrativ, Korruption möglichst weit weg von Deutschland zu verorten, d.h. geographisch am liebsten in den globalen Süden zu verschieben, war bis in die Mitte der 1990er Jahre beliebt,[992] ist aber schon angesichts der zahlreichen quantitativen und qualitativen Korruptionsstudien überholt.[993] Beim letzten Corruption Perception Index von Transparency International aus dem Jahr 2017 landete beispielsweise Frankreich auf Platz 23, weit hinter Hong Kong (13) und Singapur (6); Spanien (42) nahm einen Platz hinter Barbados (25), Chile (26), Katar (29) und Botswana (34) ein und Italien (54) und Griechenland (59) landeten nur knapp vor Kuba (62).[994] Wenngleich sich die Korruptionssituation in Deutschland (Platz 12) weitaus vorteilhafter darstellt als in

987 *Hoven*, Auslandsbestechung, S. 543 ff.
988 *Maas*, Staat, NStZ 2015, 305, 308.
989 *Spörl/Prömper*, Diskussionsbericht, S. 261, 265.
990 *Spörl/Prömper*, Diskussionsbericht, S. 261, 262, 265.
991 *Maas*, Staat, NStZ 2015, 305, 308.
992 Hierzu *Kubiciel*, Rechtsentwicklung, ZStW 120 (2008), 429, 430 f.; vgl. auch *Eigen*, Nord-Süd-Gefälle, S. 155.
993 *Eigen*, Nord-Süd-Gefälle, S. 155, 159 ff. weist in diesem Zusammenhang auch auf „die fast gezielte Strategie der Bestechung des Südens durch den Norden hin".
994 *Transparency International*, Corruption Perception Index 2017, online verfügbar unter: https://www.transparency.org/news/feature/corruption_perceptions_index_2017#table (zuletzt abgerufen am 8.10.2019).

den genannten Ländern, so zeigt sich doch, dass eine Distanzierung von den bestehenden Herausforderungen unangebracht ist und das falsche Signal setzt. In den letzten OECD-Erhebungen zur Auslandsbestechung 2014 wurde festgestellt, dass in fast der Hälfte aller Auslandsbestechungsfälle Amtsträger aus Ländern mit hohem (22 %) oder sehr hohem (21 %) Entwicklungsniveau involviert waren.[995] Die Bundesrepublik selbst hat mit dem KorrBekG 2015 erst sehr spät ihre europäischen und internationalen Antikorruptionsverpflichtungen erfüllt.[996] Hinzu kommt, dass sich bis jetzt an der unzureichenden Kriminalisierung der Abgeordnetenbestechung in § 108e StGB und Art. 2 § 2 IntBestG zeigt,[997] dass der legislative Wille zum entschiedenen Vorgehen gegen Bestechungstaten mangels intrinsischer Kraft noch nicht zur vollen Blüte gelangen konnte. Dies würde die Überzeugungskraft eines etwaigen Tatbestandszweckes „Entwicklungshilfe" in Bezug auf außereuropäische Bestechungsdelikte schmälern.

Im Übrigen birgt das Ziel von Good Governance bzw. Entwicklungshilfe die Gefahr, „missionarisch"[998] zu wirken. Nämlich so, als würde ein linearer Prozess der Wirtschafts-, Gesellschafts- und Staatsentwicklung suggeriert werden,[999] auf dem wir schon das *Advanced Level* erreicht haben, und nun in der Position sind, nicht nur *Cheat Codes* zu verraten, sondern sogar per Remote-Desktop-Zugriff das Spiel für andere Länder durchzuklicken. Neben den, hier nicht weiter zu erörternden, moralisch-sozialanthropologischen Bedenken könnten hiergegen auch rechtspraktische wie -theoretische Einwände vorgebracht werden: Die praktische Erfahrung hat gezeigt, dass es eine „one size fits all"-Lösung nicht gibt. Darüber hinaus erscheint eine von außen oktroyierte Strafverfolgung schon aus freiheitstheoretischen Gründen wenig vielversprechend.[1000] Strafrecht kann, wie schon gezeigt, nicht als „Hebel" zur Veränderung gesellschaftlicher Verhältnisse

---

995 *OECD*, OECD Foreign Bribery Report 2014. An Analysis of the Crime of Bribery of Foreign Public Officials, S. 8: „levels of human development". Vgl. aber zur Korruptionsanfälligkeit von Entwicklungshilfeprojekten: OECD, The Detection of Foreign Bribery 2017, S. 114 ff.

996 Zu der Entwicklung, s.o. A.II.9. im Detail. Zum Verhältnis von Weltordnung und Entwicklung in Bezug auf die Auslandsbestechung, vgl. auch *Pogge*, International Law, Leiden Journal of International Law, 18 (2005), 717, 735 ff.

997 *Hoven*, Entwicklungen, NStZ 2015, 553; *Kubiciel/Hoven*, Bestechung, NK 2014, 339; vgl. hierzu auch oben, 1. Kap. B.II.1.

998 *Fues/Welter*, Exportförderung, S. 148.

999 Kritisch zum Narrativ der Modernisierung: *Humphreys*, Theater, Peripherie 32 (2012), 8, 11, 13 f.

1000 *Spörl*, Leges, GLJ 1/17 (2016), 19, 27 ff.

eingesetzt werden.[1001] Wenngleich Korruption nicht als Kultureigenheit angesehen werden kann,[1002] so ist ein Eingriff von außen auf die ausländische Strafverfolgungspraxis doch schwierig mit dem Gedanken der Entwicklungshilfe in Einklang zu bringen. Wenn es darum ginge Good Governance und *nachhaltige* Entwicklung in anderen Ländern zu betreiben und sichern, müssten die dortigen Ressourcen ganz entschieden mit eingebunden werden.[1003] Die Entwicklung einer Zivilgesellschaft bedarf einer Opposition und freier Medien, die eine kritische Masse entstehen lassen.[1004] Durch die Verantwortungsübernahme Deutschlands in den Auslandsbestechungsfällen werden die ausländischen Kräfte und Strukturen zu wenig gefördert und gefordert.[1005] Vielmehr liest sich Maas' Stellungnahme dann wie eine Resignation der ausländischen Strafverfolgungs- und Entwicklungskräfte. Folglich verspräche Entwicklungshilfe kein effektiver Tatbestandszweck zu sein.

Insofern und vor allem ist unklar, worin die Entwicklungshilfe überhaupt bestehen sollte. Maas gibt zur Erklärung diesbezüglich nur etwas kontextlos an: „Korruption ist ein Fehlverhalten, das das Tageslicht scheut." Es ist also völlig ungewiss, welche konkreten Zielsetzungen sich dahinter verbergen sollen. Entwicklungshilfe kann im Zusammenhang mit der Pönalisierung von Bestechungshandlungen darin bestehen, dass man moralischen Beistand leistet, dass man die Demokratie, Menschenrechte oder Rechtsstaatlichkeit in einem anderen Land fördert, ausländische staatlichen Institutionen und das Vertrauen (der deutschen, der dorti-

---

1001 Hierzu oben unter B.V.

1002 Eindringlich *Böse*, Rechtsgut, ZIS 4/2018, 119, 125.

1003 Erfolgreicher erscheinen „Collective Actions" der in einem Land tätigen Unternehmen, hierzu *Spörl/Prömper*, Tagungsbericht, ZIS 6/2015, 358, 358 f.; unter diesem Gesichtspunkt ein Unternehmensstrafrecht fordernd: *Kubiciel*, Menschenrechte, KPKP 5/2016, 10 f. Die UN-Guiding Principles on Business and Human Rights (UNGP) haben neben Menschenrechte auch Korruption im Blick, genauso die darauf aufbauende EU-Richtlinie (vgl. Art. 20 Abs. 1 lit. g RL 2013/34/EU) und die OECD Guidelines for Multinational Enterprises (2011), vgl. *Kroker*, Menschenrechte, CCZ 2015, 120; *Peters*, Menschenrechte, S. 92 ff.

1004 *Mungiu-Pippidi*, Quest, S. 177 ff., 183 ff.

1005 Zu den Herausforderungen für richtige Entwicklungshilfe: *Acemoglu/Robinson*, Nations, S. 450 ff. *Humphreys* erkennt in der Entwicklungshilfe, zu der bei ihm auch die Korruptionsbekämpfung gehört, eine „quasi-paternalistische Beziehung" zwischen aktiv-mündigem Geber („Träger von Wissen und Expertise") und passiv-kindlichem Nehmer, die kolonialistische Züge trägt, *Humphreys*, Theater, Peripherie 32 (2012), 8, 12. Zum Vorwurf des Imperialismus s. auch *Spörl*, Leges, GLJ 1/17 (2016), 19.

gen oder aller Bürger) darin stärkt oder die ausländische Strafverfolgung und -durchsetzung unterstützt.[1006] Entwicklungshilfe erscheint damit als vages Zielbündel, das einen strafrechtlichen Tatbestand nicht zu rechtfertigen vermag.

Die nachfolgend diskutierten (konkreteren) Zwecke „Demokratie, Menschenrechte und Rechtsstaatlichkeit", „Wettbewerb" und „ausländischer Institutionenschutz" können aber auch im Zusammenhang mit Entwicklungshilfe gedacht werden.

III. Demokratie, Rechtsstaatlichkeit und Menschenrechte

Demokratie, Rechtsstaatlichkeit und Menschenrechte werden im Korruptionskontext auf internationaler[1007] und nationaler[1008] Ebene immer wieder in Bezug genommen. Die Antikorruptionsgesetze bekommen hierdurch ein besonderes Gewicht; *Nestler* fasst das wie folgt:

> „[M]it der Gleichsetzung von Korruption und Menschenrechtsverletzungen ist eine Metapher gefunden, die es erlaubt, Korruption *ideologisch* als globales Anliegen zu definieren, das kaum noch mit Hinweis auf dahinterstehende kapitalistisch-imperialistische Interessen zurückgewiesen werden kann."[1009]

1006 Gegen den Tatbestandszweck „Unterstützung der ausländischen Strafverfolgung und -durchsetzung" spricht schon das mildere und bei verständigem Einsatz auch gleich effektive Mittel der Rechtshilfe, sodass ein diesbezüglicher Straftatbestand mangels Erforderlichkeit verfassungswidrig wäre und deshalb hier nicht weiter besprochen wird.

1007 Bei den Vereinten Nationen arbeitete parallel zu den Vorbereitungen an UN-CAC die Commission of Human Rights, s. *Traveaux Préparatoires*, S. xix. S. auch *Human Rights Council*, The role of good governance in the promotion and protection of human rights v. 27.3.2008 (A/HRC/RES/7/11). Die Verbindung von Korruption und Menschenrechten wird etwa auch durch die OECD hergestellt, vgl. etwa die OECD Guidelines for Multinational Enterprises (2011), hierzu: *Peters*, Menschenrechte, S. 92 ff.; *Kasolowsky/Voland*, OECD-Leitsätze NZG 2014, 1288.

1008 Zur gesetzgeberischen Inbezugnahme unten unter C.III.3.; s. außerdem zur sozialen Funktion des § 335a StGB hinsichtlich allgemeiner menschenrechtlicher Schutzpflichten: *Böse*, Rechtsgut, ZIS 4/2018, 119.

1009 *Nestler*, Amtsträgerkorruption, StV 2009, 314, 314 (Hervorhebung dort).

Ob Demokratie, Rechtsstaatlichkeit und Menschenrechte nicht nur Überzeugungskraft, sondern auch Tatbestandwirkung als Zweck des § 335a StGB entfalten, soll nun geklärt werden.

1. Faktische Konnexität

Demokratie und Rechtsstaatlichkeit leiden v.a. unter systemischer Grand Corruption, Menschenrechte können dagegen auch schon kurzfristig und durch Petty Corruption betroffen sein.[1010] Setzt ein bestochener Amtsträger z.B. bei Bauarbeiten oder in Fabriken Sicherheitsstandards bzw. das Verbot von Kinderarbeit nicht durch, vernachlässigt er nicht nur seine Amtspflichten, sondern verletzt auch seine menschenrechtlichen Schutzpflichten durch Unterlassen.[1011] Darüber hinaus können Amtsträger auch Menschenrechte im Wege aktiven Tuns beeinträchtigen, so etwa, wenn sich der kanadische Amtsträger auf Grund von Bestechungszahlungen dazu verleiten lässt, das von kanadischen Ureinwohnern genutzte Land zu verkaufen, und der ethnischen Minderheit so die Möglichkeit nimmt, die Bodenressourcen für Zwecke der eigenen Kultur zu nutzen.[1012] Insgesamt können also alle drei Verpflichtungsdimensionen der Menschenrechte – „to respect, to protect and to fulfill"[1013] (Achtungs-, Schutz- und Erfüllungspflicht) – in Folge von Bestechungszahlungen an in- und ausländi-

---

1010 Vgl. auch *Böse*, Rechtsgut, ZIS 4/2018, 119, 127: individuelle Menschenrechtsverletzung und strukturelle -gefährdung. Für eine Untersuchung von Korruptionstaten, die wegen ihrer Auswirkungen Verbrechen gegen die Menschlichkeit darstellen: *Bantekas*, Corruption, Journal of International Criminal Justice 3/2006, 466. Zu den Begriffen Petty und Grand Corruption, s. *Rose-Ackerman/Palifka*, Corruption, S. 11.

1011 Vgl. *Schmid*, Taking, S. 262 ff.

1012 Verletzung von Art. 27 Nr. 1 Allgemeine Erklärung der Menschenrechte, hierzu: Office of the United Nations High Commissioner for Human Rights, General Comment No. 23, CCPR/C/21/Rev. 1/Add.5, Para. 7. Fall von *Schmid*, Taking, S. 264 f.

1013 „The obligation to respect means that States must refrain from interfering with or curtailing the enjoyment of human rights. The obligation to protect requires States to protect individuals and groups against human rights abuses. The obligation to fulfil means that States must take positive action to facilitate the enjoyment of basic human rights. At the individual level, while we are entitled our human rights, we should also respect the human rights of others.", Office of the United Nations High Commissioner for Human Rights, online verfügbar unter: http://www.ohchr.org/EN/Issues/Pages/WhatareHumanRights.aspx (zuletzt abgerufen am 8.10.2019).

sche Amtsträger verletzt sein.[1014] Insofern ist eine faktische Verknüpfung von Menschenrechten und Korruption in einigen Fallkonstellationen gegeben.

2. Menschenrechte als sekundäre Normenordnung

Anne Peters hat angesichts dieser zu beobachtenden Parallelität der Sachverhalte ein „Menschenrechts-Mainstreaming der Korruptionsbekämpfung" vorgeschlagen, also eine menschenrechtliche Ausrichtung des Korruptionsrechts. Sie schreibt: „In der Rechtsanwendung impliziert dies die menschenrechtskonforme Auslegung aller Korruptions-Tatbestandsnormen."[1015] Legt man eine solche Sichtweise zugrunde, würden die Straftatbestände hier besonders augenfällig als sekundäre Normordnung eine bestehende Ordnung sichern.[1016] Eine Setzung der Menschenrechte als Tatbestandszweck würde nämlich bedeuten, dass der jeweilige Straftatbestand akzessorisch zu *den* Menschenrechten wäre. Damit würden *alle* menschenrechtlichen Pflichten in die Straftatbestände inkorporiert werden und so deren Verhaltensbefehle schärfen. Eine Vielzahl z.T. sehr weiter Normen würde so zur Auslegung der relativ konkreten Bestechungstatbestände herangezogen werden. Verglichen mit anderen akzessorischen Tatbeständen, insbesondere solchen des Wirtschafts- und Umweltstrafrechts, würde es § 335a iVm. §§ 331 ff. StGB dann nicht durch erst durch die Tatbestandsfassung, sondern bereits durch die geschützte primäre Normenordnung an (verfassungsrechtlich bedeutsamer)[1017] Kontur mangeln. Denn die Menschenrechte als primäre Normenordnung schützen nicht einen Gesamt-

---

1014 Vertieft: *Peters*, Korruption, JZ 2016, 217, 219, die insb. den Unterschied zwischen einer bloßen Unterminierung und einer echten Rechtsverletzung von Menschenrechten herausarbeitet. Vgl. auch *Schmid*, Taking, S. 262 ff. Darüber hinaus kann Amtsträgerbestechung auch verhindern, dass Menschenrechtsverletzungen gerichtlich aufgearbeitet werden können, UN OHCHR, Guiding Principles on Business and Human Rights, 2011, S. 27, vgl. auch S. 5, 28 f., online verfügbar unter http://www.ohchr.org/Documents/Publications/GuidingP rinciplesBusinessHR_EN.pdf (zuletzt abgerufen am 8.10.2019).

1015 *Peters*, Korruption, JZ 2016, 217, 226. Im Kern ihres Aufsatzes beschäftigt sich Peters allerdings mit der Makroebene, also der Frage, ob ein Staat selbst durch die mangelnde Einführung, Anwendung und Durchsetzung wirksamer Antikorruptionsmaßnahmen Menschenrechte verletzt.

1016 Grds.: *Kubiciel*, Wissenschaft, S. 181.

1017 Zur verfassungsrechtlichen Komponente des Tatbestandszwecks, s.o. unter 2. Kap. C.V.

zweck, sondern singuläre Zwecke unterschiedlichster Art.[1018] In dem Bestechungskontext relevante Menschenrechte beinhalten institutionelle Ga-
rantien wie Gesundheit[1019] und Bildung[1020], aber auch Gleichheits- und
Freiheitsmenschenrechte, die darüber hinaus auch noch unterschiedliche
Status betreffen, wie die Ungleichbehandlung in öffentlicher Auftragsvergabe[1021], keinen gleichen Zugang zu öffentlichen Ämtern[1022], den Stim-
menkauf[1023] und die Ernennung abhängiger Richter.[1024] Die Auslegung
wäre im jeweiligen Fall an dem (einschlägigen) Zweck des einschlägigen
Menschenrechts zu orientieren.[1025] Dies ließe sich für die Rechtsanwendung nur unter großem Aufwand und mit geringer Aussicht auf Erkennt-
nisgewinne operationalisieren. Außerhalb des sicheren Anwendungsbereichs von § 335a iVm. §§ 331 ff. StGB wären nur Fälle ohne jede menschenrechtliche Implikation, also etwa solche des Facilitation Payments[1026]
sowie der Kleinstkorruption ohne beachtliche Außen- bzw. Präzedenzwir-
kung. In vielen Sachverhaltskonstellationen bliebe es hingegen wegen
ihrer ausschließlichen Fernwirkung auf Menschenrechte ungewiss, welche
Bestechungshandlungen tatsächlich Menschenrechtsverletzungen kausal
und objektiv zurechenbar hervorgerufen haben.[1027]

1018 Im Übrigen werden Menschenrechte z.T. primär als ethische denn als rechtli-
che Pflichten formuliert, so etwa: *Beitz*, Human Rights, American Political
Science Review, 95 (2001), 269: „primarily the role of a moral touchstone";
Sen, Gerechtigkeit, S. 388 ff.

1019 Artt. 2 Abs. 1, 12 des Internationalen Pakts über wirtschaftliche, soziale und
kulturelle Rechte (IPbpR, auch UN-Zivilpakt), im GG ggf. aus Art. 2 Abs. 2
S. 1 Alt. 2 GG, hierzu Sachs-*Murswiek/Rixen*, Art. 2 Rn. 150.

1020 Artt. 2 Abs. 1, 13 IPbpR, im deutschen Grundrechtekatalog: Art. 2 Abs. 1 GG,
vgl. Sachs-*Murswiek/Rixen*, Art. 2 Rn. 111.

1021 Art. 26 IPbpR, vgl. Art. 3 Abs. 1 GG.

1022 Art. 25 lit. c IPbpR, vgl. auch Art. 33 Abs. 2 GG.

1023 Art. 25 IPbpR, vgl. auch Art. 38 Abs. 1 S. 1 GG.

1024 Art. 14 IPbpR, vgl. auch Art. 97 Abs. 1 GG. Zu den durch Korruption betroffenen Menschenrechten: *Peters*, Korruption, JZ 2017, 217, 218 f.

1025 Vgl. in Bezug auf den Zweck umweltrechtlicher Regulierungen für § 325
StGB: *Kubiciel*, Wissenschaft, S. 275 f.

1026 Allerdings wäre hier schon die Tatbestandsmäßigkeit hinsichtlich der Dienst-
pflichtverletzung fraglich; ablehnend: *Kubiciel*, Facilitation Payments, ZIS
2015, 473. Diese allerdings für das deutsche Strafrecht fordernd: *OECD*, Phase
3 Report on Implementing the OECD Anti-Bribery Convention in Germany,
2011, Para. 56.

1027 *Peters*, Korruption, JZ 2016, 217, 221.

3. Gesetzgeberische Inbezugnahme

§ 335a StGB dient nach der Begründung des Regierungsentwurfes insbesondere der Umsetzung des Europaratsübereinkommens,[1028] das der Entwurf wie folgt umreißt: „Zielsetzung des Europarats [ist es], Demokratie, Rechtsstaatlichkeit und Menschenrechte zu schützen".[1029] Problematisch ist hieran zuallererst, dass der offizielle Explanatory Report des Europaratsübereinkommens zwar Good Governance und das Vertrauen der Öffentlichkeit in die Lauterkeit demokratischer Institutionen nennt, als eigentliches Anliegen aber den Schutz des fairen Wettbewerbs formuliert.[1030] Insofern liegt also ein Verständnisfehler des Gesetzgebers vor, der die grundsätzliche Frage aufwirft, ob bei der Umsetzung eines völkerrechtlichen Vertrages das vom Gesetzgeber angegebene, aber missverstandene Telos für die Auslegung maßgeblich ist oder der tatsächliche verfolgte Zweck des Übereinkommens. Anders gewendet: Ist der bei der Umsetzung verfolgte Zweck oder der Zweck des umgesetzten Rechtsinstruments maßgeblich?[1031] Diese Frage erinnert vage an die Quelle-Entscheidung des BGH, der damals zugunsten des internationalen Rechtsinstruments optierte.[1032] Eine Antwort muss hier allerdings nicht gegeben werden, wie sich nun zeigt.

1028 Allerdings bleiben die schon umgesetzten völkerrechtlichen Verpflichtungen fortbestehen, sodass der Schwerpunkt auf dem Europaratsübereinkommen weiterer Klärung bedürfte. Angesichts der Tatsache, dass die Zielsetzung des Europaratsübereinkommens nicht weiterverfolgt werden wird (s. hierzu sogleich), kann das Verhältnis der verschiedenen Rechtsinstrumente untereinander hier aber offenbleiben.

1029 BT-Drs. 18/4350, 12 (Einfügung CS).

1030 *CoE*, Explanatory Report to the Criminal Law Convention on Corruption, ETS 173, Rn. 47 ff., s. auch *Kubiciel*, Auslandsbestechung, S. 45, 50.

1031 Vgl 2. Kap. V.2.

1032 BGHZ 179, 27, hierzu statt aller: *Lorenz*, Rechtsfortbildung; vgl. auch *ders.*, Reichweite, NJW 2009, 1633; *Pfeiffer*, Auslegung, NJW 2009, 412. Angesichts der offensichtlich bestehenden Unterschiede zwischen den Fällen (Privatrecht vs. Strafrecht; EU-Richtlinie vs. Europaratsübereinkommen) drängt sich allerdings die Frage nach der Übertragbarkeit der BGH-Entscheidung auf die hiesige Konstellation auf.

4. Unbrauchbarkeit als Tatbestandszweck

„Demokratie, Rechtsstaatlichkeit und Menschenrechte" sind – ähnlich wie auch schon die Entwicklungshilfe – schlicht ein Konglomerat aus verschiedenen Einzelzwecken,[1033] das nicht sinnvoll zu einem (für die Auslegung funktionalen) Tatbestandszweck zusammengefasst werden kann.[1034] Darüber hinaus werden Menschenrechte, Demokratie und Rechtsstaatlichkeit im Rest der Gesetzesbegründung nicht genannt und scheinen deshalb für den Gesetzgeber schon gar nicht handlungsleitend gewesen zu sein. Diesem Narrativ kommt, auch angesichts der Inkongruenz mit dem Europaratsübereinkommen, wohl primär eine rhetorische Funktion zu. Durch die wirkungsvolle Sprache wurde der Gesetzesentwurf einer intuitiven Zustimmung noch leichter zugänglich gemacht.[1035] Die „performative oder pädagogische Funktion" eines solchen Sprachgebrauchs soll nicht in Abrede gestellt werden,[1036] sie hat aber hier mit dem Spezifikum des Rechts nichts zu tun und kann deshalb viel schlanker im allgemeinen politischen Diskurs hergestellt werden – ohne jemanden zu bestrafen. Das Reden vom Tatbestandszweck muss hiervon getrennt werden. In Bezug auf den *Zweck* der Auslandsbestechung spielen Menschenrechte, Demokratie und Rechtsstaatlichkeit deshalb keine Rolle.

IV. Wettbewerb

Das IntBestG aus dem Jahr 1998 war das Gesetz zur Umsetzung der OECD-Konvention und benannte, in Übereinstimmung mit dem Übereinkommen,[1037] in seiner Begründung als Tatbestandszweck den „Schutz offener und wettbewerblich strukturierter Märkte vor den negativen Auswir-

---

1033 Ungeklärt ist hierbei u.a., „wie Menschenrechte unterschiedlichen Typs gegeneinander abzuwägen sind, wie ihre Forderungen miteinander verknüpft werden können und wie Menschenrechtsansprüche vereinbar sind mit Rücksichten auf andere Werte, die ebenfalls ethische Beachtung finden", *Sen*, Gerechtigkeit, S. 414.

1034 Zum Nebeneinander mehrerer Zwecke, s.o. unter 2. Kap. V.II.2.e.

1035 Vgl. auf internationaler Ebene zum „Rechtsstaatlichkeits-Theater", das auch mit dem Mittel der Korruption inszeniert wird (S. 20): *Humphreys*, Theater, Peripherie 32 (2012), 8, 9 f., 36: „Wer könnte gegen Rechtsstaatlichkeit argumentieren?"

1036 *Humphreys*, Theater, Peripherie 32 (2012), 8, 37; s. auch oben unter A.III.

1037 *Zerbes*, Article 1 OECD, S. 58, 67.

kungen der Korruption"[1038]. Als „Institution der Weltgesellschaft"[1039] ist der internationale Wettbewerb für die globale Wirtschaftsentwicklung von enormer Bedeutung; seine Integrität liegt aber auch im besonderen Interesse Deutschlands und seiner Unternehmen. In diesem Sinne wird der wirtschaftliche Wettbewerb auch in der Gesetzesbegründung des Korr-BekG 2015 in Bezug genommen:

> „Da Korruptionstaten zu hohen Schäden in der Wirtschaft führen, kann insbesondere die Erweiterung des Straftatbestandes der Bestechlichkeit und Bestechung im geschäftlichen Verkehr (§ 299 StGB) dazu beitragen, dass Schäden und damit auch Kosten für die Wirtschaft vermieden werden."[1040]

Dem lässt sich indes keine klare Aussage hinsichtlich des § 335a StGB entnehmen. Immerhin lässt das Adverb „insbesondere" den Schluss zu, dass der Wettbewerbsschutz *auch* Zweck der Auslandsbestechung sein könnte.

Die Entwurfsbegründung bespricht den Wettbewerb im Zweckkontext und ergänzt dabei einen weiteren Aspekt:

> „Die effektive Bekämpfung grenzüberschreitender Korruption ist im Interesse der Sicherung des Vertrauens in die staatlichen und internationalen Institutionen, aber auch zur Erhaltung und zum Schutz des freien und fairen internationalen Wettbewerbs erforderlich. Daher unterstützt die Bundesrepublik Deutschland die Schaffung internationaler Rechtsinstrumente zur Bekämpfung der Korruption nachdrücklich. Um möglichst gleiche Wettbewerbsbedingungen für alle Unternehmen im Weltmarkt zu schaffen, ist ein koordiniertes Vorgehen der Staatengemeinschaft gegen Korruption erforderlich."[1041]

Der Schwerpunkt dieser Aussage ist nicht ganz eindeutig; eingangs wird der Eindruck erweckt, er liege auf dem Vertrauensschutz in Bezug auf Institutionen (Wettbewerb nur „auch" geschützt), schließlich scheint der Wettbewerbsschutz im Vordergrund zu stehen. Angesichts der Tatsache, dass das Europaratsübereinkommen, das mit der Neuschaffung des § 335a

---

1038 BT-Drs. 13/10428, 1. Insofern orientierte sich das IntBestG auch an dem Zweck des FCPA, s. *Dann*, Bestechung, S. 227, 228 f.; oben unter II.3. Allerdings war auch der Tatbestandszweck bis zuletzt Gegenstand einer Kontroverse, *Kubiciel/Spörl*, Gesetz, KPKp 4/2014, 29; vgl. auch *Korte*, Straftatbestände, S. 63, 64 f.

1039 *Kubiciel*, Auslandsbestechung, S. 45, 50.

1040 BT-Drs. 18/4350, 15.

1041 BT-Drs. 18/4350, 11.

StGB umgesetzt werden sollte, auch den Wettbewerbsschutz als zentrales Anliegen formuliert,[1042] ist der Schutz des fairen und freien internationalen Wettbewerbs zumindest ein mögliches Ziel des § 335a StGB.

1. Schutz des Wettbewerbs als Tatbestandszweck?

Wurde etwa in Bezug auf das Gesetz gegen den unlauteren Wettbewerb ehedem moniert

> „[…] Ziel dieser Regelung ist Ordnung, Sicherheit und Lauterkeit im geschäftlichen Verkehr. Damit ist aber noch nicht gesagt, zu wessen Nutzen diese Regelung überhaupt und in welcher Form getroffen wird. Diese letztere ist aber doch die Frage nach dem Schutzgegenstand, nämlich ob die Persönlichkeit, das Unternehmen oder irgend ein anderes Gut vom Gesetzgeber als gefährdet betrachtet wird, so dass er diese Regelung traf",[1043]

so muss nun Klarheit darüber bestehen, dass das Sprechen vom „Wettbewerbsschutz" eine verkürzte Darstellung von dahinterstehenden gesellschaftlichen und individuellen Interessen ist,[1044] genauso wie auch beim überindividuellen Schutzgut der „Umwelt". Auf diese Weise wird der im modernen Staat ganz wesentliche transpersonale Bereich des nichtgegenständlichen Marktes in den strafgesetzlichen Blick genommen, der bei Bestechungshandlungen zweifach betroffen ist:

> „Schädigung überindividueller Werte und Interessen, also der Wirtschaft selbst, des Wirtschaftsablaufs und des Wettbewerbs, aber zum anderen auch um Angriffe auf die durch solche Begriffe und Institutionen zusammengefaßte Vielzahl anonymer Einzelner, vor allem der Konkurrenten und Verbraucher, die vom Täter nicht individuell, sondern über ein diffuses Marktgeschehen angegriffen werden."[1045]

Der faire und freie internationale Wettbewerb ist ein zumindest zweideutiger Begriff, der sowohl individualistisch als die chancengleiche Konkurrenzsituation zwischen Marktteilnehmern oder aber auch sozio-institutio-

---

1042 Siehe hierzu oben unter III.
1043 *Jäger*, Wohl, S. 28 f.
1044 *Tiedemann*, Wettbewerb, S. 8 f.; zum Wettbewerb als „mediatisiertes Zwischenrechtsgut" auch *Mölders*, Bestechung, S. 118 f. mwN.
1045 *Tiedemann*, Reform, ZRP 1970, 256, 259.

nell als manipulationsfreier Leistungswettbewerb iSe. Grundprinzips der deutschen Wirtschaftsverfassung[1046] verstanden werden kann.

Im Folgenden wird die Verfassungsmäßigkeit des Wettbewerbs als Tatbestandszweck (a.) sowie die positiven Nebenfolgen des Wettbewerbschutzes (b.) erörtert, bevor die gerade beschriebene Zweideutigkeit bzw. -dimensionalität des Wettbewerbsschutzes vertieft behandelt wird (hierzu unter 2. und 3.).

a. Verfassungsmäßigkeit

(1) Gesetzgeberische Kompetenz

Gegen den Schutz des Marktes mit strafrechtlichen Mitteln wird vorgebracht, dass die offenen und wettbewerblich strukturierten Märkte kein „naturwüchsig vorgegebenes Staatsziel"[1047] seien. Dagegen sagt *Tiedemann*:

> „In einer marktwirtschaftlichen Ordnung des Produktions- und Verteilungsprozesses sind Wettbewerbsdelikte die gleichsam natürliche systemimmanente Folge der verfassungsrechtlichen und wirtschaftspolitischen Grundentscheidung für die Volkswirtschaft."

Inwieweit aus dieser Beobachtung eine Verpflichtung des Gesetzgebers erwächst, ein bestimmtes Wirtschaftssystem strafrechtlich zu schützen, mag dahinstehen. Jedenfalls obliegt dem Gesetzgeber die vorgelagerte Wahl der Tatbestandszwecke im verfassungsrechtlich gesetzten Rahmen, sodass ihm nicht lediglich bei der Ausgestaltung des strafrechtlichen Schutzniveaus für bestimmte Zwecke ein Einschätzungsspielraum zukommt.[1048]

(2) Bestimmtheit

Bei dem wirtschaftlichen Wettbewerb als strafrechtlichen Tatbestandszweck handelt es sich auch nicht um ein „offenes, nicht determiniertes System"[1049], sondern um ein hinreichend bestimmtes Konzept, das sowohl

---

1046 Hierzu: *Badura*, Wirtschaftsverfassung, S. 10 ff., 15.

1047 *Bernsmann/Gatzweiler*, Verteidigung, S. 115.

1048 Hierzu oben unter: 2. Kap. C.V.1.

1049 So *Dreher/Kulka*, Wettbewerbs- und Kartellrecht, S. 631 grds. zum Wettbewerb; ähnlich: *Lüderssen*, Symbiose, StV 1997, 318, 320.

die kumulierten Interessen der einzelnen Marktbeteiligten für ihre wirtschaftliche Handlungsfreiheit iSv. Art. 2 Abs. 1 GG als auch den Wettbewerb in seiner gesamtgesellschaftlichen Funktion als kollektive Institution erfasst. Der Begriff muss nicht in seiner Allgemeinheit weiter geschärft werden, es würde genügen festzustellen, dass er im Tatbestandskontext von § 335a iVm. §§ 331 ff. StGB eine Schwerkraft hat, die ihm eine ausreichende verfassungsrechtliche Erdung verliehe. Der Versuch einer solchen Eruierung würde bei Festlegung auf den Wettbewerb als Tatbestandszweck im Weiteren unternommen werden.

(3) Ungeeignetheit des § 335a StGB

Mangels Geeignetheit könnte der Straftatbestand zum Zwecke des Wettbewerbsschutzes allerdings verfassungswidrig sein.[1050] Es wird nämlich immer wieder darauf hingewiesen, dass die US-amerikanischen Unternehmen Wettbewerbsnachteile durch die strengeren Regelungen des FCPA erlitten.[1051] Wenn dies also hieße, dass der Wettbewerb durch § 335a iVm. §§ 331 ff. StGB nicht Schutz, sondern Schaden erführe, dann würde der Auslandsbestechungtatbestand die Erreichung des Zwecks „Wettbewerbsschutz" weder kausal bewirken noch auch nur fördern.

Dass Unternehmen nicht mehr durch Bestechungszahlungen Aufträge abschließen können, führt indes nicht schon zu einer generellen Beeinträchtigung der fairen Wettbewerbsbedingungen für alle auf dem Weltmarkt. Damit ist nur einer bestimmten Art des Zustandekommens eines Vertragsschlusses, die den Kauf einer unlauteren Bevorzugung im geschäftlichen Verkehr beinhaltet, der Boden entzogen. Davon profitiert im Grundsatz der freie internationale Wettbewerb als Institution. Dies ist gerade im Bereich der Auslandsbestechung von besonderer Bedeutsamkeit, hat die OECD doch herausgefunden, dass Auslandsbestechung meistens in der wettbewerblich wichtigen Situation der öffentlichen Vergabeverfahren auftritt (57 %).[1052] Eine Kriminalisierung nützt damit auch dem ganz konkreten Projekt, um das konkurriert wird. Die Auswahlkriterien verschieben sich andernfalls von solchen wie Qualität der angebotenen Leistung, seinen Kosten, dem Preis-Leistungs-Verhältnis sowie vielleicht Dauer der

---

1050 Hierzu oben, 2. Kap. C.V.2.
1051 Vgl. oben A.II.3.
1052 OECD, OECD Foreign Bribery Report 2014. An Analysis of the Crime of Bribery of Foreign Public Officials, S. 8. Hierzu auch *Hodges*, Law, S. 341.

Durchführung und Einbindung sowie Aufbau der bestehenden Infrastrukturen hin zu der schlichten Frage des entscheidenden Amtsträgers: Welcher Anbieter zahlt mir mehr? Dass derjenige auch der Beste ist, ist völlig offen. Wahrscheinlich ist allerdings, dass es einer der größten Anbieter ist: Diese verfügen über die erforderliche finanzielle Potenz, um in ausreichende Vorschussleistungen gehen zu können. Insgesamt unterminiert die Auslandsbestechung also Entscheidungsprozesse und verhindert ein effizientes Marktergebnis. Dagegen wird durch die faire Auftragsvergabe in den konkreten Projekten einer Monopolisierung des Weltmarktes entgegengesteuert und ein freier Wettbewerb ermöglicht.

Zudem zeigt schon der Blick auf die USA, dass die die Wettbewerbsnachteile auslösende rechtliche Heterogenität der Kriminalisierung durch die extraterritoriale Rechtsanwendung der nationalen Gesetze bzw. ihre nachträgliche Einbettung in internationale Konventionen und nationale Gesetze anderer Länder eingeebnet ist. In Deutschland steht der § 335a StGB von vornherein in engem Zusammenhang mit den internationalen Rechtsinstrumenten, sodass die Gefahr einer Ungleichbehandlung von deutschen Unternehmen nur sehr eingeschränkt besteht. Hierfür spricht auch der Aufruf der Wirtschaft vor dem KorrBekG 2015, in Deutschland schärfere Antikorruptionsgesetze im Einklang mit den völkerrechtlichen Vorgaben zu installieren.[1053] Nicht die Kriminalisierung der Auslandsbestechung wurde hier als Wettbewerbsnachteil wahrgenommen (wie einst bei dem unilateralen Vorgehen der Amerikaner), sondern ihr Ausbleiben. Sicherlich berichten deutsche Unternehmensvertreter, dass sie sich aus korruptionsaffinen Ländern mit ihren Geschäften zurückgezogen haben, so wie etwa die Deutsche Bahn nach den Korruptionsvorwürfen 2013 aus Griechenland, Algerien, Libyen, Ruanda und Thailand.[1054] Damit hat man eine unternehmerische Entscheidung für eine Auftragsakquise ohne hohe Korruptionsrisiken getroffen. Damit entsagen sich solche Unternehmen auch erhöhter Transaktionskosten durch Bestechungsgeldzahlungen und entscheiden sich für die Möglichkeit zu mehr Innovation. Dies führt nicht nur zu nachhaltigem Wettbewerb, sondern kann das betreffende Unternehmen selbst auch mittel- und langfristig wettbewerbsfähig halten.

1053 Hierzu B.III.1.

1054 *Süddeutsche Zeitung*, Korruption im Ausland. Deutsche Bahn sagt Griechenland ade, 18.6.2013, online verfügbar unter http://www.sueddeutsche.de/wirtschaft/korruption-im-ausland-deutsche-bahn-sagt-griechenland-ade-1.1699072 (zuletzt abgerufen am 8.10.2019).

Unternehmen, die weiterhin in korruptionsbelasteten Ländern Geschäfte machen, befinden sich häufig in einem „Prisoners' Dilemma",[1055] in dem Unternehmensvertreter zu Bestechungszahlungen genötigt werden. Hier schafft die Kriminalisierung der Auslandsbestechung einen Ausweg. Die Strafbewährung der Bestechungszahlungen bietet den Unternehmen eine „Ausrede", um Bestechungszahlungen zu verweigern. Auch insofern wird der freie und internationale Wettbewerb geschützt.

Aus dem Gesagten folgt, dass § 335a StGB den „Wettbewerbsschutz" zumindest fördern kann. Deshalb wäre der Tatbestand der Auslandsbestechung ieS. für diesen Zweck nicht mangels Geeignetheit verfassungswidrig.

(4) Gemeinschaftsgut

Schließlich ist der wirtschaftliche Wettbewerb als „Schutz elementarer Werte des Gemeinschaftslebens, auf die Sicherung der Grundlagen einer geordneten Gesellschaft und die Bewahrung wichtiger Gemeinschaftsbelange"[1056] ein verfassungsmäßiger Zweck. Zwar heißt es in dem am 1.11.2017 veröffentlichten Positionspapier „Für einen fairen Welthandel" von Transparency International, ver.di. und Anderen in Bezug auf den globalen Wettbewerb:

> „Handel und Handelsliberalisierungen sind kein Wert an sich – sie müssen den Menschen und ihren Lebensbedingungen dienen."[1057]

Aber das BVerfG hat die verfassungsrechtlichen Anforderungen an einen legitimen Zweck in der Vergangenheit denkbar niedrig gesteckt.[1058] Im Übrigen liegen keine Anhaltspunkte für eine „Menschenferne" der Wirtschaft vor, vielmehr ist der wirtschaftliche Leistungswettbewerb gerade in

---

1055 *Eigen*, Nord-Süd-Gefälle, S. 155, 166 f.

1056 BVerfGE 120, 224, 256 (unter Auslassung der in Bezug genommenen Entscheidungen).

1057 Transparency International Deutschland, BOLW, ver.di, DNR, Deutscher Kulturrat, Akademie der Künste, Verbraucherzentrale Bundesverband, BUND, Für einen fairen Welthandel, Ein Konzept für eine alternative Handelspolitik der kritischen Mitglieder des TTIP-Beirats im Bundeswirtschaftsministerium, online verfügbar unter https://www.transparency.de/fileadmin/Redaktion/Akt uelles/Pressemitteilungen_verlinkte_PDFs/17-11-01_Fuer_einen_fairen_Welth andel_-_TTIP_Beirat.pdf (zuletzt abgerufen am 8.10.2019).

1058 Vgl. hierzu 2. Kap. V.2.

der Bundesrepublik als Industrienation wegen der Steigerung der allgemeinen Wohlfahrt von so herausragender sozialer Bedeutung, dass seine Manipulationsfreiheit zu der „Daseinsbedingung personaler Freiheit"[1059] zählt. Der unlautere Wettbewerb enthält schon auf sprachlicher Ebene den Bezug auf ein soziales Ideal, lässt sich „unlauter" doch als das Gegenteil von „lauter" mit Blick auf das Althochdeutsche „lūttar" etymologisieren, das rein und klar, auch im Sinne von aufrichtig, rein und unverfälscht, bedeutet.[1060] Damit liegt bei unlauteren Handlungen der Schwerpunkt des Vorwurfes auf dem Bruch sozialer Normen[1061] und damit, zumindest im ersten Zugriff, auf dem Schutz eines Kollektivinteresses für ein freiheitliches, demokratisches Zusammenleben. Angesichts der beständig hohen Signifikanz des globalen Wirtschaftswettbewerbs kann hierfür grundsätzlich auch das Strafrecht employiert werden:

> „[A]t a time when the economy takes on a global dimension and economic actors engage in fierce competition to dominate the emerging markets, certain well-established practices are unacceptable to companies. Recent events have aroused almost universal feelings of inequality and injustice, justifying stricter sanctions."[1062]

Gerade die aktuelle Finanzkrise hat noch einmal bestätigt, wie sehr gesellschaftliches und wirtschaftliches Wohlergehen Hand in Hand gehen. Über den engen Zusammenhang zwischen Auslandsbestechung und weltweitem wirtschaftlichen Wettbewerb bestand schon bei Erlass des FCPA Klarheit[1063] – wenngleich damals vielleicht noch nicht die ganze Wucht der Wettbewerbsschädigung auch durch die Kriminalisierung selbst erfasst wurde.[1064] „Levelling the playing field" ist auch ein zentrales Anliegen der OECD-Antikorruptionsmaßnahmen und war so von Beginn an auch ein

---

1059 *Kubiciel*, Wissenschaft, S. 125, 171, passim.

1060 *Grimm/Grimm*, Dt. Wörterbuch, XII, Sp. 378, 381.

1061 *Isay*, Rechtsgut, bestimmte insofern stimmig als Rechtsgut des Gesetzes gegen unlauteren Wettbewerb 1930 noch „das Berufsethos des Gewerbes" (S. 60) bzw. „Schutz der guten Sitten des Wettbewerbes" (S. 62).

1062 *Dejemeppe*, Corruption Cases, S. 161, 161.

1063 Vgl. oben unter A.II.

1064 Foreign Corrupt Practices Act Of 1977 and the Domestic And Foreign Investment Improve Disclosure: Hearing before the Committee on Banking, Housing, and Urban Affairs, US Senate, 95th Congress, 1st Session on S. 305 v. 16.03.1977, Secretary Blumenthal, S. 110: "I think that the reason why we compete effectively with socialist countries is, again, because our products and what we have to offer are what is needed and wanted, and what they have to offer frequently is not as much in demand or does not have the same standards

Anliegen der globalen Kriminalisierung der Auslandsbestechung.[1065] Dies liegt sicherlich weniger an dem Wettbewerb als solchen als an den vielen positiven Nebeneffekten, die seine Manipulationsfreiheit mit sich bringt.

Gegen die Verfassungsmäßigkeit, den freien und internationalen Wettbewerb mittels des Tatbestands der Auslandsbestechung ieS. zu schützen, können deshalb keine durchgreifenden Bedenken geäußert werden.

b. Nebenfolgen des Wettbewerbsschutzes

Der Wettbewerbsschutz würde außerdem eine Reihe von Nebenfolgen bewirken. Zunächst ist er für die konkurrierenden Unternehmen von Bedeutung – und zwar auch für die größeren, die sich die durch die notwendigen Bestechungszahlungen erhöhten Transaktionskosten leisten könnten. Laut OECD im Jahr 2014 beläuft sich die Höhe der Bestechungsgelder durchschnittlich auf 10,9 % des gesamten Transaktionswertes.[1066] Diese Kosten bedeuten also eine enorme wirtschaftliche Belastung für die Unternehmen. Insofern schreiben *Sommer* und *Schmitz*, dass bei dem Wettbewerbsschutz „Profitmaximierung ohnehin der Primärzweck" sei.[1067] In diese Richtung gehend äußern sich auch die beiden US-amerikanischen Anwälte *Loughman* und *Sibery*:

> "At the end of the day, most international businesses benefit significantly from less corruption. They can focus their efforts on selling a good product or service and not on greasing the right palm."[1068]

Von einer so erhöhten Qualität profitieren dann sogar die Verbraucher. Angesichts dieser beiden Aspekte kann man den Wettbewerbsschutz – trotz der schon beschriebenen möglichen kurzfristigen Umsatzeinbußen

---

of quality. So I would say that the problem you raised [competitive disadvantage through the FCPA, Anm. CS] is not a major competitive factor, and this criminalization proposal would not change the situation in any material way". Anders sahen dies Kritiker, die versuchten mit Hinweis auf bestehende ausreichende Gesetze die Kriminalisierung abzuwenden, etwa: *J. Jefferson Steats*, in: Chamber of Commerce of the United States of America, Statement On The Foreign Corrupt Practices Act Of 1977 and the Domestic And Foreign Investment Improve Disclosure Act Of 1977, 23.3.1977, S. 185, 186.

1065 *Nagel*, Entwicklung, S. 120.
1066 OECD, OECD Foreign Bribery Report 2014. An Analysis of the Crime of Bribery of Foreign Public Officials, S. 3, 8.
1067 *Sommer/Schmitz*, Korruptionsstrafrecht, S. 134.
1068 *Loughman/Sibery*, Corruption, S. 6

bei den eigenen nationalen Unternehmen wegen eines Rückzuges aus korruptionsaffinen Geschäften oder Ländern im Falle einer unilateralen Kriminalisierung – mit *Münkel* als „Selbstbeschränkung im eigenen Interesse" bezeichnen.[1069] Zudem führt die Lauterkeit des globalen Wettbewerbs mittel- und langfristig international zu sozialen, politischen und wirtschaftlichen Verbesserungen. Ein manipulationsfreier Wettbewerb kann auch Entwicklungs- und Schwellenländern zu Gute kommen, weil er zur Einhaltung von Menschenrechtsstandards und der Durchsetzung von Infrastrukturmaßnahmen beitragen kann. Im Übrigen schließt sich eine Koppelung dieser Schutzgüter schon wegen der dargelegten Unbrauchbarkeit von Demokratie, Menschenrechten, Rechtsstaatlichkeit und Entwicklungshilfe als Tatbestandszwecke aus. Zu den dort bereits geäußerten Einwänden hinsichtlich Unbestimmtheit und Vagheit kommt, dass die Verbindung zum Wettbewerb in der Regel allenfalls mittelbar und langfristig ist.[1070]

2. Schutz individueller Chancengleichheit

Gegen die Wettbewerbsfairness als tatbestandlichen Zweck wird vorgebracht, dass nicht alle Schmiergeldzahlungen im internationalen Verkehr auch wettbewerbsschädigend seien.[1071] Insbesondere wird dabei auf Bestechungshandlungen in drei Fallkonstellationen verwiesen: Solchen 1) aus einer Monopolstellung heraus,[1072] 2) als bester Anbieter, 3) in korruptiv so hoffnungslos verzerrten Märkten, dass alle Anbieter zu Bestechungszahlungen genötigt werden. Wenngleich die Evidenz dieser Fälle in Bezug auf ihre fehlende konkrete Wettbewerbsschädigung feststeht, so kann der Hin-

---

1069 *Münkel*, Bestechung, S. 42, in Bezug auf die OECD-Konvention.

1070 Eine Kumulation ist also rglm. nicht nachzuweisen, Ausn. stellen lediglich solche Fälle dar, in denen bspw. wegen Bestechungszahlungen Sicherheitsstandards nicht eingehalten oder mit einer öff. Ausschreibung verbunden notw. Infrastrukturprojekte nicht durchgeführt werden. Angesichts der tatbestandlichen Weite der Auslandsbestechung ieS. hätte man erwarten dürfen, dass der Gesetzgeber *positiv* Stellung genommen hätte, wenn er den Sachbereich der Norm im Verhältnis zur vorher geltenden Bestimmung so drastisch hätte einschränken wollen. Die Vermeidung von Menschenrechtsverletzungen und Entwicklungshindernissen wären deshalb auch bei einem Wettbewerbszweck nur tatbestandliche Fernziele, an denen sich die Auslegung nicht zu orientieren hätte, also positive Nebeneffekte.

1071 So etwa *Kubiciel*, Auslandsbestechung, S. 45, 51.

1072 So auch *Bernsmann/Gatzweiler*, Verteidigung, S. 115.

weis auf sie doch nicht genügen, um das Telos, mithilfe dessen diese Sachverhalte ja erst als tatbestandlich zu qualifizieren wären, festzustellen. Im Übrigen könnten die genannten Fallkonstellationen wegen ihrer abstrakten Wettbewerbsschädigung tatbestandlich erfasst sein. Ferner ist es möglich, dass auch ein schon korruptiv vor-verzerrter Markt durch Bestechungshandlungen weiter oder stärker verzerrt wird. Zudem kann auch von Schmiergeldern eines Monopolisten oder Besten ein Dammbrucheffekt in Bezug auf andere Geschäfte, Geschäftszweige oder auch Länder ausgehen, sodass auch diese für den internationalen Wettbewerb generell gefährlich sind. Der Straftatbestand der Auslandsbestechung könnte in all diesen Situationen das Schutzniveau erhöhen, sodass der strafrechtliche Schutz der individuellen Chancengleichheit[1073] grundsätzlich möglich erscheint.

3. Schutz des Wettbewerbs als Institution

Denkbar ist außerdem ein tatbestandlicher Schutz des wirtschaftlichen Leistungswettbewerbs als sozio-institutionelle Einrichtung. Die Frage, ob die Institution des freien Wettbewerbs grundsätzlich mit rechtlichen Mitteln zu schützen ist, wird heute kaum noch gestellt – so eindeutig erscheint die Antwort darauf. Die neoklassische Ökonomie der 1950er/1960er Jahre ging noch davon aus, dass der Markt keines wie auch immer gearteteten Schutzes bedürfe: Marktwirtschaftliche Systeme seien aus sich heraus funktional; die „invisible hands" würden Selbstoptimierungsprozesse in Gang setzen, an deren Ende eine Allokation der Kosten als effizientes Marktergebnis stünde. Folglich wurde in einer Einmischung von außen (also etwa mit Mitteln des Rechts) die Gefahr gesehen, die Vollkommenheit der Märkte ins Ungleichgewicht zu bringen, sodass sie grundsätzlich abgelehnt wurde. Spätestens die Wirtschaftskrisen der 1970er Jahre offenbarten dann jedoch die Schwächen der Neoklassik. Kleinere Ungleichheiten konnte das marktwirtschaftliche System selbst ausgleichen, einer einmal entstandenen Schieflage vermochte es jedoch nichts entgegenzusetzen. Es fehlte schlicht an verfügbaren Handlungsanweisungen zur Reaktion auf ein solches Ungleichgewicht, setzt die neoklassische Theorie doch einzig auf die selbstregulativen Mechanismen des Marktes. Um *Market failures*

1073 Im Sinne einer „concurrence déloyale", die im frz. Wettbewerbsrechts begrifflich das Fehlverhalten in Bezug auf Andere, die sich als kumulierte Individualinteressen denken lassen, in den Fokus rückt.

wie eine einseitig verteilte Marktmacht, etwa bei einem (korruptiv erlangten) Monopol, auf nationaler und internationaler Ebene entgegenzuwirken, bedarf es also Regulationen. Im Grundsatz ist es daher sinnvoll, das Recht zum Schutz des fairen Wettbewerbs einzusetzen.

Hoven weist bei ihrer Erörterung des wirtschaftlichen Institutionenschutzes als Tatbestandszweck auf die Unterschiede zwischen Sport und Wirtschaft hin: „Während ein authentischer Sieg im sportlichen Wettkampf einen fairen Vergleich der Teilnehmer notwendig voraussetzt, sind die Akteure der Wirtschaft keinen ähnlichen Ansprüchen an das Zustandekommen ihrer Erfolge unterworfen."[1074] Anders gewendet hieße dies, dass sich im Sport das Zielbündel „Sieg und Fair Play" fände, während es in der Wirtschaft einzig um den „Sieg" ginge. Doch zeigen die weitverbreiteten Doping-Fälle, dass es auch im Sport primär um Medaillen und Trophäen gehen kann. Umgekehrt findet in der Wirtschaft eine Priorisierung von Fair Play gegenüber der Auftragsakquise statt, wenn Unternehmen etwa anspruchsvolle Compliance-Programme installieren oder sich aus korruptionsaffinen Geschäftsbereichen zurückziehen. Die Unterschiede zwischen den beiden Bereichen sind auf prinzipieller Ebene also viel geringer als ihre Gemeinsamkeiten.[1075] Kommerzialisiert ist der Sport genauso auf das Wohlwollen der Fans bzw. Zuschauer angewiesen wie ein globales DAX-Unternehmen auf die Aktionäre bzw. Bürger. Beide Fälle werden (von außen) Rechtsregeln unterworfen und in beiden Fällen liegt dies im (inneren) nicht-altruistischen, sondern ureigenen Interesse der Akteure an Selbstschutz: Genauso wie alle Sportler einen Vorteil aus einem fairen Kräftemessen ziehen, der keine Gesundheitsschädigungen durch leistungssteigernde Substanzen von ihnen verlangt, so haben alle Unternehmen ein Interesse an einem manipulationsfreien Leistungswettbewerb, der ihnen keine erhöhten Transaktionskosten durch Bestechungsgelder abverlangt. Der sportliche wie auch der wirtschaftliche Wettbewerb erleidet ungerechte Verzerrungen durch unilaterale Manipulationen, die den anderen Bewerbern aufgrund innerer oder äußerer Hürden nicht zustehen.

Angesichts einer solchen nicht vollständig erreichten Wettbewerbsfairness hält Hoven „den Verzicht auf Regulierungen für vorzugswürdig". Dem käme es indes gleich, bei der Tour de France den Einsatz von anabolen Steroiden und Erythropoietin zuzulassen, weil in der Vergangenheit systematisches Doping im Radrennsport festgestellt und dem Anschein

---

1074 *Hoven*, Auslandsbestechung, S. 513.
1075 Anders *Hoven*, Auslandsbestechung, S. 513, die die Fairness als Prinzip des Sports, nicht aber des Wettbewerbs beschreibt.

nach bislang nicht dauerhaft und effektiv unterbunden werden konnte. Im Übrigen ist auch unklar, wo der erforderliche Schwellenwert für einen Abbruch der StGB-gewordenen Antikorruptionsbemühungen liegen sollte: Wäre es schon zu viel, wenn ein einziges Land die internationalen Konventionen nicht zufriedenstellend umsetzt oder ist dies erst bei einer bestimmten Anzahl von Ländern bzw. einem Grenzwert an betroffener Wirtschaftsleistung der Fall? Wann läge überhaupt eine solche unzureichende Durchsetzung von Bestechungsverboten vor? Der Blick auf den Gesundheitssektor offenbart, wie verheerend eine Resignation vor einer schlechten Rechtslage in anderen Ländern wäre: Müssen dann nicht beispielsweise arzneimittelrechtliche Bestimmungen wegen Nichteinhaltung und Fälschungen von importierten Medikamenten abgeschafft werden? Oder auch Organspenderegelungen in Deutschland gestrichen werden, weil es wohlhabenden Deutschen möglich ist, illegal im In- oder legal im Ausland Organe zu kaufen? Statt zu resignieren, wird das wettbewerbswidrige Verhalten hier jedoch als Impetus für intensivierte Bemühungen um Fairness genutzt. Ähnlich tut dies auch der Pariser Wirtschaftsintellektuellenzirkel um *Piketty* in Bezug auf Steueroasen mit der Forderung u.a. nach Sanktionen gegen unkooperative Staaten.[1076] Eine vergleichbare Wirkung entfalten die harten Strafen, die in den USA von SEC und DoJ für Auslandsbestechungen verhängt werden. Angesichts dessen besteht, trotz *Trumps* Stellungnahme zum FCPA als „horrible law and it should be changed" im Jahr 2012, Grund zur Hoffnung auch auf dem Gebiet der Korruptionsbekämpfung.[1077] Schließlich sind die z.T. hohen Millionenbeträge, die von den Unternehmen wegen Auslandsbestechungen gezahlt werden müssen, sowohl fiskalisch interessant, aber auch eine Möglichkeit zur realpolitischen Gestaltung.[1078] Mit Blick darauf ist es auch für Deutschland sinnvoll, das Engagement in den Antikorruptionsbemühungen zu erhöhen. Dies gilt trotz und gerade mit Blick auf die Rückbewegung der letzten Jahre weg von einer Intensivierung internationaler Kooperationen hin zu mehr

---

1076 *Zucman*, Hidden Wealth, S. 75 ff.; *Piketty*, Capital, S. 523.
1077 Trump im Interview mit CNBC am 15.5.2012, online verfügbar unter: https://www.cnbc.com/video/2012/05/15/trump-dimons-woes-zuckerbergs-prenuptial.html?play=1 (ab Minute 14, zuletzt abgerufen am 8.10.2019); hierzu auch: *Savage*, Sessions Vows to Enforce an Anti-Bribery Law Trump Ridiculed, in: New York Times v. 24.4.2017, online verfügbar unter https://www.nytimes.com/2017/04/24/us/politics/jeff-sessions-anti-bribery.html (zuletzt abgerufen am 8.10.2019).
1078 *Kubiciel*, Flexibilisierung, S. 1083.

Nationalstaatlichkeit.[1079] *Hovens* Forderung, ein internationales Korruptionsgericht einzurichten, um so Ungerechtigkeiten bei der Strafdurchsetzung zu vermeiden,[1080] verdient selbstverständlich Beifall. Es müsste allerdings sichergestellt sein, dass ein solches Gericht nicht selbst laufend Ungerechtigkeiten produziert wegen einer hoffnungslosen Überbelastung seiner Ressourcen. Auch angesichts der aktuellen weltpolitischen Stimmung ist die Einrichtung eines solchen Gerichtes eher als Fernziel einzustufen. Bis zu seiner Erreichung sollte die machtpolitische Leerstelle durch die Betonung des Nationalen von Deutschland genutzt werden, um die internationalen Wettbewerbsbedingungen zu verbessern.

Dies ist insbesondere deshalb von großem Interesse, weil der internationale wirtschaftliche Wettbewerb eine Institution ist, die wegen ihrer gesellschaftlichen und wirtschaftlichen Bedeutung mit Blick auf die allgemeine Wohlfahrt und als Basis der sozialen Marktwirtschaft[1081] ein auch strafrechtlich besonders schützenswertes Gut ist.

4. Gegenargumente

Im Ergebnis spricht nichtsdestoweniger doch mehr gegen den § 335a iVm. §§ 331 ff. StGB als abstraktes Gefährdungsdelikt zum Schutz offener und wettbewerblich strukturierter Märkte bzw. des freien und fairen Wettbewerbs.[1082]

Gegen den Wettbewerbsschutz als konkreten Tatbestandszweck sind zahlreiche Argumente anzuführen: Nach der Gesetzesbegründung war das gesetzgeberische Handeln nicht ausschließlich, sondern nur „auch" wegen des Schutzes des freien und fairen internationalen Wettbewerbs erforderlich.[1083] Diese Sprachfassung deutet eher auf einen mittelbar bzw. nachrangig intendierten Schutz hin,[1084] der nach hiesiger Terminologie nicht als

---

1079 *Michaels*, Brexit, GLJ 17 (2016), 51, 51: „The most successful transnational movement today is, ironically, nationalism."

1080 *Hoven*, Auslandsbestechung, S. 552 ff.

1081 *Heuking/Coelln*, Neuregelung, BB 6/2016, 323, 325.

1082 Gewünscht wird er dennoch, etwa vom BDI, Gutachten, S. 6, online verfügbar unter: http://www.bundesgerichtshof.de/SharedDocs/Downloads/DE/Bibliothe k/Gesetzesmaterialien/18_wp/Korruption_Bekaempfung/stellung_bdi_refe.pdf ?__blob=publicationFile (zuletzt abgerufen am 8.10.2019).

1083 BT-Drs. 18/4350, 11.

1084 So auch *Maas*, Staat, NStZ 2005, 305, 307: „nicht vorrangig"; zustimmend: *Haak*, Bestechung, S. 181.

auslegungsrelevanter Tatbestandszweck, sondern nur als Grund zu qualifizieren wäre.[1085] Zweitens spricht die systematische Verortung in den §§ 331 ff. StGB unter der Überschrift „Straftaten im Amt" gegen einen völlig andersartigen Zweck.[1086] Eine Zuordnung nur aufgrund einer technisch-tatbestandliche Nähe ohne wesensmäßig-teleologische Zugehörigkeit erscheint abwegig. Deshalb wäre bei dem tatbestandlichen Anliegen des Wettbewerbsschutzes eine Lozierung im 26. Abschnitt „Straftaten gegen den Wettbewerb" angezeigt gewesen.[1087] Drittens kann auch der Bezug auf UNCAC (und das Europaratsübereinkommen)[1088] als Zeichen gegen einen intendierten Wettbewerbsschutz gelesen werden.[1089] Viertens sind nach gesetzgeberischer Wertung zur Entscheidung über Auslandsbestechungstaten auch nicht immer besondere Kenntnisse des Wirtschaftslebens erforderlich, wie sich aus der lediglich bedingten Zuständigkeit der Wirtschaftsstrafkammer gem. § 74c Abs. 1 S. 1 Nr. 6 GVG ergibt. Bei Wettbewerbsschutz wären Kenntnisse des Wirtschaftslebens zur Aburteilung aber ausnahmslos notwendig und hätten deshalb, wie bei den Bestechungstaten im geschäftlichen Verkehr gem. § 74c Abs. 1 S. 1 Nr. 5a GVG, auch zu einer ausschließlichen Zuständigkeit der Wirtschaftsstrafkammer führen müssen.[1090] Fünftens ist gegen den ehemaligen Tatbestandszweck des Wettbewerbsschutzes einzuwenden, dass der nunmehr erweiterte Geltungsbereich der Gleichstellungsnorm nach ihrer neuen Fassung in § 335a StGB auch die passive Bestechung in Bezug nimmt.[1091] Dass Privatpersonen, die im internationalen Wettbewerb Geschäfte treiben, diesem gesteigert verpflichtet sind, leuchtet unmittelbar ein – dass aber ausländische Amtsträger der deutschen Strafgewalt unterworfen werden sollen, um die

---

1085 Hierzu oben unter 2. Kap. C.IV. und V.2.e.

1086 Vgl. *Kubiciel/Spörl*, Gesetz, KPKP 4/2014, 29. A.A. MüKo-*Korte*, 3. Aufl. 2019, § 331 Rn. 11, der für den Wettbewerbsschutz als Telos plädiert.

1087 *Haak*, Bestechung, S. 183. Dies gilt inbesondere angesichts der Tatsache, dass schon der Art. 2 § 1 IntBestG iVm. § 334 StGB wurde als „Hybride" bezeichnet wurde, *Münkel*, Bestechung, S. 44 mit Hinweis auf *Sommer*, Korruptionsstrafrecht, Rn. 330 „merkwürdige Mischung der im Prinzip inkompatiblen Regelungen des § 334 StGB und § 299 StGB mit internationalem Bezug".

1088 Zu den Bedenken hiergegen schon eingangs.

1089 So *Hoven*, Auslandsbestechung, S. 512.

1090 Umgekehrt ließe sich aus einer Zuständigkeit der Wirtschaftsstrafkammer nicht auf den Wettbewerbsschutz rückschließen. De lege ferenda wäre (trotz anderweitigen Tatbestandszwecks) wegen der hohen Sachverhaltskomplexität eine ausschließliche Zuständigkeit gem. § 74c Abs. 1 S. 2 Nr. 5a GVG für Auslandsbestechungstaten sogar begrüßenswert.

1091 *Haak*, Bestechung, S. 183, allerdings ohne weite Begründung.

Institution Weltmarkt zu schützen (nicht aber die Institution, der sie unmittelbar angehören) wäre eine Ungereimtheit. Schließlich ist der Blick auf die Vorgängerregelung im IntBestG aufschlussreich: Die nach Art. 2 § 1 IntBestG iVm § 334 StGB vorausgesetzte Absicht, sich oder einem Dritten einen Auftrag oder einen unbilligen Vorteil im internationalen geschäftlichen Verkehr zu verschaffen oder zu sichern, wurde aus dem tatbestandlichen Programm genommen.[1092] Durch den Wegfall der überschießenden Innentendenz als Strafbarkeitsvoraussetzung ist auch die Notwendigkeit eines Wettbewerbskontextes der Bestechungshandlung entfallen. Eine Operation mit dem Schutz des freien und fairen Wettbewerbs als Tatbestandszweck würde es deshalb notwendig machen, den neugeschaffenen Wortlaut in Richtung des ehemaligen Wortlautes teleologisch zu reduzieren. Ein solches Vorgehen erscheint auch deshalb verfehlt, weil im Art. 2 § 2 IntBestG der Wettbewerbsbezug im subjektiven Tatbestand erhalten geblieben ist.

Folglich ist der Schutz des Wettbewerbs lediglich als vom Gesetzgeber intendierter positiver Nebeneffekt ein Grund für die Kriminalisierung der Auslandsbestechung.[1093] Die Chancengleichheit zwischen Mitbewerbern ist aber nicht Zweck des § 335a StGB, sodass seine Auslegung auch nicht daran zu orientieren ist. Deshalb ist vor allem eine teleologische Reduktion auf Handlungen im internationalen geschäftlichen Verkehr abzulehnen. De lege lata ist die Verweisung in § 335a Abs. 1 StGB folglich gerade nicht mehr auf Bestechungshandlungen gem. §§ 331 ff. StGB zu beschränken, die die Chancengleichheit zwischen Mitbewerbern (abstrakt) beeinträchtigen.

5. Wege für einen wettbewerbsschützenden Tatbestand

Bei Überlegungen zur Rechtslage de lege ferenda wäre es angesichts der dargelegten Argumente für ein (verstärktes) Engagement Deutschlands auf dem Gebiet der Auslandsbestechung ieS. im Wettbewerbsbereich jedoch sinnvoll, die insofern überzeugende Vorgängervorschrift des Art. 2 § 1 Int-

---

1092 *Altenburg*, Gesetzentwurf, CB 5/2015, 143, 147; *Brockhaus/Haak*, Änderungen, HRRS 5/2015, 218, 222, Fn. 73; *Haak*, Bestechung, S. 183.

1093 Weil der internationale geschäftliche Verkehr auf diese Weise mittelbar geschützt ist, liegt kein Verstoß gegen das OECD-Übereinkommen vor. So auch *Haak*, Bestechung, S. 183, vgl. *Münkel*, Bestechung, S. 38. Zum Schutzzweck des Übereinkommens statt aller: *Pieth*, Introduction, S. 3, 14 f., 31; *ders.*, Realitäten, S. 191, 193; vgl. auch *Horrer*, Bestechung, S. 45; *Haak*, Bestechung, S. 67.

BestG wieder zu reaktivieren und daran anknüpfend einen Straftatbestand der Auslandsbestechung ieS. im Kernstrafrecht zu schaffen.[1094] Hierbei sollte man sich jedoch auf die aktive Seite beschränken: Zum einen inhaltlich wegen der schon beschriebenen mangelnden „Zuständigkeit" der ausländischen Amtsträger für den internationalen geschäftlichen Verkehr, zum anderen aber auch, um eine Inkongruenz von Strafdrohung und Strafdurchsetzung zu vermeiden. Der deutschen Strafgewalt ist normalerweise der Zugriff auf ausländische Amtsträger verwehrt. Sie dennoch tatbestandlich zu erfassen, ist zwar Zeichen einer umfassenden Antikorruptionsagenda der Bundesrepublik,[1095] die in Tatbestandsform auch Verhaltensideale für ausländische Amtsträger deklariert. Mangels Durchsetzbarkeit bestünde allerdings die Gefahr, dass die strafrechtliche Erfassung der Auslandsbestechung zu Best Practices mit Empfehlungscharakter für ausländische Amtsträger verkäme. Ein solches, rein symbolisches, Strafrecht könnte also die Glaubwürdigkeit deutscher Strafgesetze als zwingend einzuhaltende soziale Normen unterminieren.[1096] Umgekehrt drohen diplomatische Verstimmungen: Die Erfassung der *passiven* Auslandsbestechung ieS. durch das StGB könnte als Ausdruck von Hybris des deutschen Strafgesetzgebers gegenüber dem Ausland missverstanden werden, wenn man die internationalen Vorgaben für die Bundesrepublik unbeachtet ließe.

Die Kriminalisierung der *aktiven* Auslandsbestechung ieS. im internationalen geschäftlichen Verkehr erscheint dagegen mit Blick auf die Bedeutsamkeit des internationalen Wettbewerbs für die Bundesrepublik in so besonderem Maße schützenswert, dass sogar eine tatbestandliche Erweiterung auf die Fälle der Klimapflege und Dankeschön-Zahlungen angezeigt ist. Handeln deutsche oder Europäische Amtsträger, sind bereits de lege lata Zuwendungen für künftige Diensthandlungen strafbar. Dies ist auch sinnvoll, weil eine Zuwendung im Nachgang der (pflichtwidrigen) Diensthandlung die Wettbewerbsbedingungen im geschäftlichen Verkehr genauso verfälschen kann wie eine vorherige. Gleiches gilt aber auch für internationale Sachverhalte. Es ist deshalb wohl als kriminalpolitischer Kompromiss im Anfangsstadium der internationalen Antikorruptionsentwicklung

---

1094 So schon *Hoven*, Auslandsbestechung, S. 548 ff.

1095 *Hoven*, Auslandsbestechung, S. 549.

1096 *Isfen*, Hybris, JZ 2016, 228, 236, der das Strafrecht deshalb als „zahnlosen (Papier-)Tiger" beschreibt und darauf hinweist: „Respekt hat man vor bissigen Raubkatzen." Eine verhaltenssteuernde Wirkung auf ausländische Amtsträger ist hier so fernliegend, dass kein „Schwächeanfall" der Normadressaten erwartet werden kann, sodass auch mit *Hörnle*, FS Neumann, S. 593, 597 f., das symbolische Strafrecht hier ganz ausnw. ein Problem darstellen muss.

zu verstehen, dass das OECD-Übereinkommen Dankeschön-Zahlungen nicht in das tatbestandliche Programm aufgenommen hat. Da kein Sachargument für eine Restriktion auf Vorabzuwendungen gegenüber ausländischen Amtsträgern zu finden ist, sollte diese deshalb unter Strafe gestellt werden. Faire Bedingungen für die Wettbewerber können auch schon durch das „Anfüttern" und die „Klimapflege" von Amtsträgern verhindert werden.[1097] Ein wettbewerbsschützender Tatbestand müsste deshalb auf das Erfordernis der Pflichtwidrigkeit verzichten und auch die bloße Vorteilsgewährung erfassen.

V. Internationaler Institutionenschutz

Nicht nur bei der EU-Bestechung, sondern auch hinsichtlich der Auslandsbestechung ieS. kommt der Schutz von Institutionen als Tatbestandszweck in Betracht. Dabei ist zwischen den internationalen, ausländischen und deutschen Institutionen zu unterschieden. Hier zunächst zu den internationalen Institutionen (zu den ausländischen Institutionen in diesem Kapitel unter VI., zu den deutschen Institutionen unter VII.): Diese sind Gegenstand von § 335a StGB durch die Gleichstellung von Bediensteten, Soldaten und Richter internationaler Institutionen in Abs. 1 Nr. 1 Alt. 2, Nr. 2 lit. b, lit. c Alt. 2, Abs. 2 und Abs. 3. Hinsichtlich dieser internationalen Bediensteten iwS. könnte eine vergleichbare Interessenlage zu der EU-Bestechung bestehen, was den Schutz internationaler Institutionen durch § 335a iVm. §§ 331 ff. StGB nahelegt.

1. Internationale Bedienstete im Überblick

In Bezug auf internationale Institutionen erfasst § 335a StGB die Bediensteten internationaler Organisationen iSv. § 335a Abs. 1 Nr. 2 lit. b StGB sowie Mitglieder internationaler Gerichte gem. Abs. 1 Nr. 1 Alt. 2, Soldaten, die beauftragt sind, Aufgaben einer internationalen Organisation wahrzu-

---

1097 Zum sog. Anfüttern mwN: *Friedhoff*, Vorteilsannahme, S. 36 ff.; Beispielsfälle bei *Bott/Hiéramente*, Ausschluss, NStZ 2015, 121, 126. Vehement eine a.A. wegen der „Harmlosigkeit dieser Verhaltensweisen" vertretend: *Stächelin*, Strafgesetzgebung, S. 310 ff., 316 (allerdings mit Blick das Rechtsgut der Lauterkeit der Amtsführung von deutschen Amtsträgern). S. auch *Hoven*, Auslandsbestechung, S. 69.

nehmen, gem. Nr. 2 lit. c Alt. 2, Angehörige des Internationalen Strafgerichtshofes iSv. Abs. 2 und in Deutschland stationierte Soldaten der NATO-Vertragsstaaten gem. Abs. 3.

Mit *Frank Meyer* sind internationale Organisationen zu definieren als „durch multilateralen völkerrechtlichen Vertrag geschaffene mitgliedschaftlich strukturierte, auf Dauer angelegte institutionelle Zusammenschlüsse von Völkerrechtssubjekten (üblicherweise Staaten), deren Gründungsvertrag (Satzung oder Charta) Organe, Ziele, Leitprinzipien und Prinzipienordnungen, Willensbildungsprozesse und Kompetenzen zur Bewältigung ihrer Aufgaben festlegt."[1098] Zu den internationalen Organisationen zählen beispielsweise die Vereinten Nationen, die OECD und die Weltbank. Internationale privatwirtschaftliche Organisationen sind genauso wenig erfasst wie Nichtregierungsorganisationen, also etwa IOC, FIFA und das Internationale Rote Kreuz.[1099] Die EU stellt eine internationale Organisation iSd. Vorschrift dar. Folglich sind Europäische Amtsträger auch internationale Amtsträger. Insofern sind §§ 331 ff. iVm. 11 Abs. 1 Nr. 2a StGB leges speciales, sodass für die Europäischen Amtsträger insbesondere keine Strafbarkeitsbeschränkung auf künftige Diensthandlungen besteht.

2. Genuin inländisches Interesse

Die Bundesrepublik hat ein eigenes nationales Interesse an der Lauterkeit der internationalen Organisationen. Zur Veranschaulichung soll ein Beispiel dienen, das *Franz von Liszt* schon im Jahr 1882 bemühte: Ein genuin internationales Rechtsgut kann man sich als Haus auf der Grenze vorstellen, das den Staaten gleichermaßen „gehört" und das sie deshalb auch gleichermaßen pflegen. Das sind etwa internationale Wasserstraßen oder heute der internationale Flugverkehr sowie der globale Aktienmarkt.[1100] Zu diesen in „Eigentümergemeinschaft verwalteten" Rechtsgütern zählen aber auch die EU-Institutionen[1101] bzw. die internationalen Organisationen iSd. § 335a Abs. 1 Nr. 2 lit. b StGB. Die Bundesrepublik hat ein unmittelbar ei-

---

1098 *Meyer*, Strafrechtsgenese, S. 53.
1099 Mit weiteren Bsp: MüKo-*Korte*, 3. Aufl. 2019, § 335a Rn. 30 ff.; s. auch NK-*Kuhlen* § 335a Rn. 47; Leitner/Rosenau-*Gaede* § 335a Rn. 13; *Pieth/Zerbes*, Sportverbände, ZIS 9/2016, 619, 620 f.
1100 *Liszt*, Grundsätze, ZStW 2 (1882), 50, 76 f.
1101 Hierzu oben, 3. Kap.C.II.

genes Interesse an der Funktionalität und Integrität dieser Institutionen, schließlich hat sie sich freiwillig in ihrer Autonomie zugunsten dieser Organisationen beschränkt und teilweise sogar Hoheitsrechte an diese abgegeben.[1102] Zweifelsohne besteht allein durch die Mitgliedschaft in diesen internationalen Organisationen keine Einmischung in fremde Hoheitsinteressen.[1103]

3. Tatbestandszweck und Auslegungsgrundsatz

Insgesamt lässt sich die Kriminalisierung in Bezug auf die internationalen Bediensteten, Soldaten und Richter in § 335a Abs. 1 Nr. 1 Alt. 2, Nr. 2 lit. b, lit. c Alt. 2, Abs. 2 und Abs. 3 StGB ohne Weiteres mit dem Tatbestandszweck der Integrität der internationalen Institutionen erklären. Hieran ist dann auch die jeweilige Auslegung zu orientieren. Dies hat zur Konsequenz, dass sich die persönliche Eigenschaft des internationalen Bediensteten nicht nach deutschem Recht, sondern nach Völkerrecht bestimmt.

4. Die konkrete tatbestandliche Reichweite

Die Reichweite des § 335a Abs. 1 Nr. 1 Alt. 2, Nr. 2 lit. b, lit. c Alt. 2, Abs. 2 und Abs. 3 StGB soll anhand des folgenden Beispiels illustriert werden:

Fall: *Eine deutsche UNESCO-Mitarbeiterin U ist an dem Auswahlprozess für die Tempelregion Chettinad im südindischen Tamil Nadu als neues Weltkulturerbe beteiligt. In Chettinad trifft sie sich mit einer britischen Tempeleigentümerin B. B hat in einen der Tempel investiert und ihn in ein Luxushotel umgebaut, das sich nun rentieren soll. B bietet U deshalb an, mit Freunden für zwei Wochen in dem umgebauten Luxushotel umsonst „das Leben zu genießen" und sich „auf Grundlage dieser Erfahrung" für eine Statusvergabe als Weltkulturerbe einzusetzen. U lehnt ab und erstattet Anzeige bei den deutschen Strafverfolgungsbehörden.*

1102 Zur Übertragungen von Hoheitsrechten: Maunz/Dürig-*Calliess*, Art. 24 Rn. 38 ff. mwN. (84. EL 8/2018)

1103 *Haak*, Bestechung, S. 192; s. auch *Androulakis*, Globalisierung, S. 403. Anders als Haak meint, äußert auch *Schünemann*, Gesetzesentwurf, ZRP 2015, 68, 71, der sich mit den ausländischen Amtsträgern iSv. § 335a Abs. 1 Nr. 2 lit. a StGB beschäftigt, insofern keine a.A.

Nachdem mit dem KorrBekG 2015 geänderten deutschen internationalen Strafrecht fällt dieser Fall unter die deutsche Strafgerichtsbarkeit. § 5 Nr. 15 lit. d StGB erfasst Bestechungshandlungen gegenüber einer nach § 335a StGB gleichgestellten Person, die zur Zeit der Tat Deutsche ist. Das ist hier die UNESCO-Mitarbeiterin U als Bedienstete einer internationalen Organisation mit deutscher Staatsangehörigkeit. Das deutsche Strafrecht wäre folglich nicht anwendbar, wenn die UN-Bedienstete Nicaraguanerin oder Niederländerin gewesen wäre. Für die Britin mag eine Anklage der deutschen Staatsanwaltschaft in diesem Fall überraschend sein, weil für sie der Bezug zu Deutschland durch die Staatsangehörigkeit der UN-Bediensteten u.U. nicht ersichtlich war. Dies ist aber auch nicht notwendig, da das anwendbare Strafrecht selbstverständlich nicht vom Vorsatz umfasst sein muss.

Mit einer Anklage ist in diesem Fall auch zu rechnen, weil das Verhalten tatbestandsmäßig iSd. § 335a Abs. 1 Nr. 2 iVm. § 334 Abs. 1, 3 Nr. 2 StGB ist. § 335a StGB setzt, anders als noch Art. 2 § 1 IntBestG, nicht mehr die Absicht voraus, sich oder einem Dritten einen Auftrag oder einen unbilligen Vorteil im internationalen geschäftlichen Verkehr zu verschaffen oder zu sichern, sodass der fehlende Wettbewerbsbezug für die Strafbarkeit unschädlich ist. Die Auswahl eines Weltkulturerbes ist darüber hinaus eine künftige Ermessensentscheidung, hinsichtlich derer Bs (bedingter) Vorsatz, die U durch das Anbieten des Hotelaufenthalts mit Freunden in ihrer Entscheidung zu beeinflussen, dem Pflichtwidrigkeitserfordernis des § 334 StGB genügt. Dass es tatsächlich zu keiner (pflichtwidrigen) Diensthandlung der U gekommen ist, ist nach der klarstellenden Regelung des § 334 Abs. 3 Nr. 2 StGB irrelevant.[1104] Es liegt deshalb keine (im Falle des § 335a Abs. 1 StGB straflose) Vorteilsgewährung vor, sondern ein tatbestandsmäßiges Verhalten nach §§ 335a Abs. 1 Nr. 2 lit. b iVm. 334 Abs. 1, 3 Nr. 2 StGB.

Entsprechendes gilt überzeugend mit Blick auf die Soldaten einer internationalen Organisation sowie die Mitglieder eines internationalen Gerichts, die gem. § 335a Abs. 1 Nr. 1 Alt. 2 bzw. Nr. 2 lit. c Alt. 2 StGB für die Anwendung der §§ 331 Abs. 2, 333 Abs. 2, 332, 334 (ggf. iVm. 335) StGB einem sonstigen Amtsträger gleichgestellt sind.[1105] Auch hier ist es

---

1104 *Fischer*, § 334 Rn. 8.

1105 Die Gleichstellung erfolgt nicht mehr (wie früher in Art. 2 § 1 Nr. 3 IntBestG) mit einem deutschen Soldaten, weil diesbezüglich im Kernstrafrecht nur die aktive Seite in § 334 Abs. 1 StGB erfasst ist; passive Bestechungstaten sind in § 48 Abs. 1, 2 WStG normiert.

für das Zusammenleben der Menschen unerträglich, wenn die Integrität der internationalen Organisationen bzw. der internationalen Gerichte, die Hoheitsrechte für Deutschland ausüben, verletzt wird. Dies gilt wegen der staatlichen Ermächtigung zum unmittelbaren rechtlichen Durchgriff auf den Einzelnen insbesondere für NATO und IStGH.[1106] NATO-Soldaten können sich deshalb nach §§ 335a StGB iVm. §§ 332, 333 Abs. 1 und 3, 334 StGB, ggf. mit § 335 StGB, strafbar machen, Mitglieder des IStGH nach § 335a iVm §§ 331-335 StGB. Für diese Personengruppen gilt der grundsätzliche Verweis in § 335a Abs. 1 Nr. 1 Alt. 2 bzw. Nr. 2 lit. c Alt. 2 StGB sowie zusätzlich der Sonderverweis in § 335a Abs. 3 Nr. 1 StGB[1107] bzw. § 335a Abs. 2 Nr. 1 StGB. Damit wird weitergehend – d.h. wie bei der EU-Bestechung – durch § 335a Abs. 2 und 3 StGB, bei Mitgliedern bzw. Bediensteten des IStGH sowie bei Soldaten und Bediensteten von in Deutschland stationierten NATO-Vertragsstaaten auf das Pflichtwidrigkeitserfordernis verzichtet. Es genügt also die bloße Gewährung (und bei Abs. 2 auch Annahme) von Vorteilen, allerdings muss diese – anders als bei der EU-Bestechung – auf künftige Diensthandlungen bezogen sein. Diese Sonderregelungen wurden mit dem KorrBekG 2015 aus § 2 IStGH-GleichstellungsG bzw. § 1 Abs. 2 Nr. 10 NATO-Truppen-SchutzG in das Kernstrafrecht überführt.[1108] Die Beschränkung auf künftige Handlungen ist indes nicht zu erklären; genauso wenig das zusätzliche Pflichtwidrigkeitserfordernis bei Mitgliedern internationaler Gerichte. Wenn deutsche Hoheitsgewalt iSd. Art. 24 Abs. 1 GG auf internationale Ebene übertragen wird, muss sie im gleichen Maße geschützt werden wie auch auf der supranationalen Ebene der EU.

1106 Zum BVerfG-Kriterium der Durchgriffswirkung auf den Einzelnen: Maunz/Dürig-*Calliess*, Art. 24 Rn. 44 (84. EL 8/2018). Vgl. auch Sachs-*Streinz*, Art. 24 Rn. 30, 34 ff.

1107 Dass die NATO nach dem BVerfG nicht mehr als zwischenstaatliche Organisation iSd. Art. 24 Abs. 1 GG einzuordnen ist, sondern als System gegenseitiger kollektiver Sicherheit iSd. Art. 24 Abs. 2 GG (hierzu Maunz/Dürig-*Calliess*, Art. 24 Rn. 43 [84. EL 8/2018]) steht dem nicht entgegen, weil sie dennoch eine internationale Organisation iSd. § 335a StGB ist, BT-Drs. 18/4350, 26. Der § 335a StGB ist lex specialis zum NATO-Truppen-SchutzG.

1108 BT-Drs. 18/4350, 13.

5. Folgen für das Strafanwendungsrecht

Im Hinblick auf das Strafanwendungsrecht gelten für die internationalen Amtsträger iwS. Besonderheiten, die bislang unterbeleuchtet geblieben sind. Der internationale Institutionenschutz steht zwar im nationalen Interesse, ist aber weder ein ausländisches noch nationales Rechtsgut, sondern ist ein international geschütztes Rechtsgut. Damit findet § 5 Nr. 15 StGB, der nationale Taten mit besonderem Inlandsbezug erfasst, keine Anwendung. § 5 StGB setzt voraus, dass ein nationales Rechtsgut durch eine Tat im Ausland betroffen ist. § 6 StGB hingegen regelt das Strafanwendungsrecht für Auslandstaten gegen international geschützte Rechtsgüter und ordnet für sie das Weltrechtsprinzip an.[1109] Nach diesem Grundsatz wird die deutsche Strafgewalt auch auf Taten gegen Rechtsgüter ausgedehnt, „deren Schutz im gemeinsamen Interesse der Staatengemeinschaft liegt, um Verfolgungsdefizite im Tatortstaat zu überwinden und im Interesse der internationalen Staatengemeinschaft einen effektiven strafrechtlichen Schutz dieser Rechtsgüter zu gewährleisten"[1110]. Für Auslandsbestechungstaten im Kontext der internationalen Institutionen (§ 335a Abs. 1 Nr. 1 Alt. 2, Nr. 2 lit. b, lit. c Alt. 2, Abs. 2 und Abs. 3 StGB) offenbaren schon die internationalen Rechtsinstrumente einen hinreichenden internationalen Konsens iSd. § 6 Nr. 9 StGB. Nach Wortlaut und Telos der Norm bedarf es hier insbesondere keines weiteren Inlandsbezugs iSd. § 5 StGB, weil wegen der „grenzüberschreitenden Gefährlichkeit grundsätzlich auch Inlandstaten berührt" sind.[1111] Schließlich handelt es sich bei einer Bestechungstat unter Involvierung von internationalen Institutionen um eine Tat gegen die Völkerrechtsgemeinschaft.[1112] Es besteht deshalb kein Interventionsverbot in einer nationalstaatlichen *domaine reservé*, „da das Interesse an der Ahndung der Tat das nationale Strafverfolgungsinteresse dieser Staaten transzendentiert" (Kreß).[1113]

Fall: Die Kasachin K ist beruflich für das usbekische Unternehmen U in China und besticht dort verschiedene Weltbankmitarbeiterinnen, damit U ein mit Entwicklungsgeldern bezahltes Infrastrukturprojekt

---

1109 Zum Weltrechtspflegeprinzip: *Kreß*, Völkerstrafrecht, ZStW 114 (2002), 818, 828 f.; *Weigend*, FS Eser, S. 955.
1110 Zuletzt BGHSt 61, 290, 293 f.; s. auch vgl. nur BVerfG, NJW 2001, 1848, 1852.
1111 BGHSt 61, 290, 294.
1112 Vgl. hierzu auch 1. Kap. B.III.1.
1113 Grds. *Kreß*, Völkerstrafrecht, ZStW 114 (2002), 818, 837.

gewinnt. K hält sich danach für mehrere Monate in der Bundesrepublik auf und wird dort auch verhaftet.

§ 6 Nr. 9 StGB eröffnet die deutsche Strafverfolgung über das Prinzip der Weltrechtspflege. Im Sinne des internationalen Solidaritätsgedankens hinsichtlich internationaler Institutionen, denen Deutschland angehört, sowie zur Vermeidung sicherer Zuflucht in Deutschland (safe harbour), ist die deutsche Jurisdiktion im vorliegenden Fall auch kriminalpolitisch geboten. Hinzu kommt, dass Deutschland weder Auslieferungsverkehr mit Kasachstan noch China unterhält, sodass sich die Möglichkeit der Ausübung deutscher Strafgewalt auch aus dem aut-dedere-aut-iudicare-Grundsatz ergibt.[1114]

Dessen ungeachtet besteht die Möglichkeit der Absehung von der Verfolgung einer Auslandstat. § 153c StPO bietet eine prozessuale Lösung für eine effektive Ressourcenallokation[1115] auch bei der Auslandsbestechung unter Involvierung von internationalen Bediensteten iwS. Die praktischen Hürden bei der Ermittlungsarbeit erscheinen allerdings nicht immer allzu hoch: In Bezug auf die Weltbank bietet sich etwa eine Zusammenarbeit mit dem unabhängig operierenden Vizepräsidialamt für Integrität (Integrity Vice Presidency of the World Bank Group) an, das über weltweite Jurisdiktion verfügt und innerhalb von max. 12-18 Monaten umfassende Berichte zu Korruptionsvorwürfen erstellt, die auch sonst schwer ermittelbare Informationen zu z.B. Zahlungswegen und Empfängerpersonen benennen, und den nationalen Behörden zur Verfügung stellt.[1116] Im vorliegenden Fall wäre von einer Einstellung gem. § 153c StPO deshalb Abstand zu nehmen und K strafrechtlich zu verfolgen.

1114 Vgl. Art. 17 Abs. 3 Europaratsübereinkommen, hierzu auch: MüKo-*Ambos*, § 6 Rn. 26.

1115 BGHSt 61, 290, 295: „Ressourcenschonung". S. auch *Eser*, FS Meyer-Goßner, S. 3, 25. Dazu dass, „die inländische Strafjustiz durch eine ‚weltweite' Verfolgung von Straftaten ‚überfordert'" sein könnte und ihre Ressourcen so nicht sinnvoll einsetzt: *Eser*, aaO., S. 3, 8, 31; konkret hinsichtlich Bestechungstaten unter Involvierung ausländischer (!) Amtsträger, *Hoven*, Auslandsbestechung, S. 543, Fn. 220. Zu Einstellungsmöglichkeiten s. auch unten unter IX.5.

1116 http://www.worldbank.org/en/about/unit/integrity-vice-presidency#2 (zuletzt abgerufen am 8.10.2019).

VI. Ausländischer Institutionenschutz

In der Entwurfsbegründung wird der Schutz ausländischer staatlicher Institutionen genannt. Bei der EU-Bestechung muss, wie oben gezeigt, der Schutz der Lauterkeit von EU-Institutionen als Tatbestandszweck angenommen werden. Bei der Auslandsbestechung ieS. läge ein entsprechender Schutzzweck hinsichtlich ausländischer Institutionen nahe. Schon in Bezug auf das IntBestG wurde er diskutiert;[1117] in Bezug auf § 335a StGB wird er prominent vertreten.[1118]

Das Grundproblem ist das Folgende: Während die Bundesrepublik als EU-Mitgliedstaat den europäischen Staatenverbund[1119] nicht nur in seinem essentialen und finanziellen Bestehen co-konstituiert, besteht eine vergleichbare Verbindung in Bezug auf andere Staaten (sowohl inner- als auch außerhalb der EU) nicht. Deutschland ist in andere Staaten nicht organisatorisch eingegliedert, sodass auf sie auch keine Hoheitsrechte übertragen werden (können). Damit könnte es im Umkehrschluss auch an einem verfassungsgemäßen Zweck fehlen, um in die Freiheitsrechte von Auslandsbestechungstätern mit Geld- und Freiheitsstrafen einzugreifen.

Jedenfalls sind bei dem Schutz ausländischer Institutionen offensichtlich verschiedene Interessen betroffen. Um zu entscheiden, welche § 335a iVm. §§ 331 ff. StGB legitimerweise schützen kann, sollen zunächst die verschiedenen Interessen abgeschichtet und zugeordnet werden: In Betracht kommen solche der Völkergemeinschaft („globales Interesse", unter: I.), des ausländischen Staates (II.) sowie der Bundesrepublik Deutschland (III.).

1. Institutionenschutz im globalen Interesse

Der Schutz staatlicher Institutionen führt sowohl national als auch international zu Stabilität, die notwendige Voraussetzung für menschenrechtliche, soziale, politische und wirtschaftliche Prosperität ist.[1120] Institutionen-

---

1117 *Mölders*, Bestechung, S. 166; *Nagel*, Entwicklung, S. 146; vgl. auch *Schünemann*, Strafrecht, GA 2003, 299, 309; *Zieschang*, EU-Bestechungsgesetz, NJW 1999, 105, 107.

1118 *Hoven*, Auslandsbestechung, S. 524 ff., 548. *Brockhaus/Haak*, Änderungen, HRRS 5/2015, 218, 222; *Haak*, Bestechung, S. 184 ff.

1119 Zum Begriff: BVerfGE 123, 267, 348.

1120 Zur nationalen Destabilisierung: vgl. *Acemoglu/Robinson*, Nations, S. 372, passim.

schutz ist deshalb im globalen Interesse. Nichtsdestotrotz ist nicht jeder Bestechungsgeber oder -nehmer ein „Feind aller“, seine Tat ist nicht unmittelbar *erga omnes* gerichtet.[1121] Dies ist sie nur dann, wenn die Staatengemeinschaft als Ganze betroffen ist, etwa bei einer Bestechungstat unter Involvierung eines Bediensteten der Vereinten Nationen.[1122]

Wesensverschieden sind dagegen nationalstaatliche Institutionen, die ohne Beteiligung und nicht im primären Interesse von anderen Ländern operieren. Es ist also zwischen den verschiedenen von § 335a StGB in Bezug genommenen Institutionen zu differenzieren. Die staatlichen Institutionen nützen lediglich dem jeweiligen nationalen Gemeinwohl unmittelbar, der internationalen Staatengemeinschaft dagegen mittelbar. Bildlich gesprochen gilt deshalb noch einmal in Anlehnung an *Liszt*:[1123] Es gibt keinen „Weltpalast“, sodass ein Mitbestimmungsrecht von Zweit- und Drittstaaten grundsätzlich ausgeschlossen ist. Vielmehr hat jeder Staat hier sein eigenes Haus, aber alle Staaten haben das Gleiche, weshalb man sich gegenseitig schützt und gemeinsam agiert:

> „Durch internationale Angriffe kann eine internationale Solidarität der nationalen Interessen entstehen, und durch das an sich nationale Rechtsgut zu einem internationalen – wenigstens in einem gewissen Sinne – werden.“[1124]

Die von *Liszt* beschriebene Solidarität der nationalen Interessen besteht hinsichtlich der transnationalen Korruptionstaten. Die verschiedenen internationalen Rechtsinstrumente sind Ausdruck eines globalen Interesses am Schutz nationalstaatlicher Institutionen. Das Aktionsprogramm des Europarates gegen Korruption führt etwa ausdrücklich "reasons of general international solidarity"[1125] für eine Kriminalisierung der Auslandsbestechung an. Zweifel an einer gemeinsamen Entwicklung von einem Institutionenschutz bestehen insofern also nicht. In erster Linie sind die Staaten jeweils selbst verantwortlich, ihre „Häuser“ zu schützen und im Grundsatz muss dieser nationale Schutz auch international ausreichend sein, um wei-

---

1121 Insofern unterscheidet er sich vom Piraten auf internationalen Gewässern, hierzu *Heller-Roazen*, Feind, S. 11.

1122 Vgl. hierzu soeben unter V.

1123 *Liszt*, Grundsätze, ZStW 2 (1882), 50, 76 f.

1124 *Liszt*, Grundsätze, ZStW 2 (1882), 50, 77. Es drängt sich an dieser Stelle eine Parallelität zu der Formulierung im Regierungsentwurf auf, nachdem der Normzweck der §§ 331 ff. StGB ja „– wenn auch eingeschränkt – auch für internationale Korruptionstaten“ gilt.

1125 *CoE*, Programme of Action against Corruption, GMC (96) 95, S. 31.

tergehende Strafverfolgungen aus dem Ausland überflüssig zu machen. Allerdings führen Harmonisierungsschwierigkeiten, insbesondere bei der Rechtsdurchsetzung, zu fortbestehender Ungleichheit im Schutzniveau.[1126] Wenngleich internationale Kooperationen sich über die letzten zwei Dekaden substantiell verbessert haben, bleibt die Strafverfolgung überwiegend national konzipiert.[1127] Die Wertungsunterschiede und Divergenzen zwischen den nationalen Strafgesetzen und ihrer Anwendung bestehen weiter. Angesichts dessen ist es im globalen Interesse, Staaten durch eine stellvertretende Strafrechtspflege[1128] im besonderen Maße zu helfen, wenn ihnen beispielsweise die Strafverfolgungskapazitäten fehlen.

> „Soweit durch die in den verschiedenen Staaten bestehenden Bestimmungen für strafrechtlichen Schutz der nationalen Rechtsgüter [...] gegen internationale Angriffe in genügender Weise Sorge getroffen ist, sind besondere internationale Vereinbarungen (also abgesehen von Rechtshilfeverträgen) durchaus überflüssig. Sie werden aber notwendig, sobald es an strafrechtlichem Schutz in einzelnen Staaten gänzlich fehlt oder derselbe als ungenügend erscheint. Dabei darf nicht übersehen werden, daß eine gewisse Übereinstimmung sowohl in der Begriffsbestimmung der strafbaren Handlung als auch in den Strafdrohungen notwendig ist, wenn den überall sich gleichenden Angriffen mit überall gleicher Energie entgegengetreten werden soll."[1129]

Geradezu hellseherisch skizzierte *Liszt* so schon am Ende des 19. Jahrhunderts die internationalen Rechtsinstrumente, die das 20. und 21. Jahrhundert bestimmen sollten. Insbesondere durch die internationalen Konventionen in den Bereichen der Korruption und der organisierten Kriminalität ist die Integrität staatlicher Institutionen als Schutzgut auf internationaler Ebene allgemein konsentiert. Diese wird umso intensiver geschützt, je mehr Bestechungshandlungen strafrechtlich erfasst sind. Eine (deutsche) Kriminalisierung und Pönalisierung der Auslandsbestechung ieS. mit möglichst weiter extraterritorialer Jurisdiktion ist deshalb im globalen Interesse.

1126 S. nur letzter CPI von TI (hierzu oben unter C.II.); vgl. *Kubiciel/Spörl*, Convention, S. 219, 241.

1127 *Dejemeppe*, Corruption Cases, S. 170.

1128 Zum Prinzip der stellvertretenden Strafrechtspflege: *Letzien*, Korruption, S. 272 f.

1129 *Liszt*, Grundsätze, ZStW 2 (1882), 50, 77.

2. Institutionenschutz im ausländischen Interesse

Wesentlicher Kritikpunkt an § 335a iVm. §§ 331 ff. StGB ist die mangelnde völkerrechtliche Legitimität angesichts einer nichtbestehenden Vereinbarkeit mit ausländischen Interessen. Im Folgenden wird zunächst dargelegt, warum diese Kritik im Grundsatz nicht durchgreift, und sodann der bestehende Ausnahmefall lösungsorientiert besprochen.

a. Tatsächlich hilfreich und rechtlich möglich

Der effektive und umfassende Schutz staatlicher Institutionen ist grundsätzlich im Interesse eines jeden Staates.[1130] Auch ein deutsches Verbot der Auslandsbestechungs könnte insofern für ausländische Staaten Vorteile bieten. Für einen Staat sind seine Institutionen, so betonte schon *Weber*, von herausragender Bedeutung.[1131] In jüngerer Zeit haben vor allem *Acemoglu* und *Robinson* die Wichtigkeit von Institutionen für Bestehen und Entwicklung von Staaten in ihrem Bestseller „Why nations fail" herausgestrichen:

> „Nations fail today because their extractive economic institutions do not create the incentives needed for people to save, invest, and innovate."[1132]

Wenn ausbeuterische Institutionen Failing States produzieren, ist im Umkehrschluss der Institutionenschutz im Kern Staatsschutz.[1133] Von den Institutionen hängt mit dem jeweiligen Staat auch das Wohl seiner Bürger ab.[1134] Insofern kann ausländischer Institutionenschutz tatsächlich im ersten Zugriff als Hilfe zu Good Governance verstanden werden.[1135]

1130 Hierzu 1. Kap. B.IIII.
1131 *Weber*, Wirtschaft, S. 29, hierzu oben 1. Kap. B.III.1.a.
1132 *Acemoglu/Robinson*, Nations, S. 372.
1133 Schon deshalb verfängt der Vorwurf Gaedes, ausländischer Institutionenschutz sei „Selbstzweck", nicht, *Gaede*, Gutachten, S. 24.
1134 Siehe nur *Acemoglu/Robinson*, Nations, S. 376, 398: „Extractive institutions that expropriate and impoverish the people and block economic development are quite common in Africa, Asia, and South America. [...] These institutions keep poor countries poor and prevent them from embarking on a path to economic growth."
1135 Siehe hierzu oben unter C.II.

An dieser Sicht könnte indes als problematisch auszusetzen sein, dass sie sehr voraussetzungsreich angesichts des unklaren Verhältnisses zwischen der Auslandsbestechung und Schäden an ausländischen Institutionen operiert. Es ist schon nicht vollständig klar, dass Korruption iwS. im direkten Zusammenhang mit „extractive institutions" steht. Zwar führen *Acemoglu* und *Robinson* immer wieder „corruption" als Beispiel für ausbeuterische staatliche Institutionen an,[1136] ihr alleiniger oder auch nur primärer Verursachungsbeitrag für schlechte staatliche Institution wird allerdings weder dar- noch überhaupt nahegelegt.[1137] Nicht nur andere Faktoren, sondern auch andere Kriminalitätsformen wie etwa Geldwäsche und organisierte Kriminalität beeinflussen die Legitimität und Entwicklung eines Staates.[1138] Bestechungstaten, die wiederum nur einen kleinen Teil der Korruption iwS. ausmachen,[1139] wirken also allenfalls zu einem geringen Teil erodierend auf staatliche Institutionen. Dies betonen auch *Rose-Ackerman* und *Palifka* im Zusammenhang mit Korruptionswahrnehmungsindizes:

> „Cross-country indices tell us something about dysfunctions in state/ society relations, but little about the details. [...] The level of bribe is not the critical variable in any case."[1140]

Für Auslandsbestechungstaten nach §§ 335a Abs. 1 Nr. 2 lit. a iVm §§ 331 ff. StGB als kleinem Ausschnitt aller Bestechungstaten ieS. gilt dies selbstverständlich nochmals gesteigert. Sie können deshalb nur zu einem geringen Teil ausländischen Institutionen schaden. Dennoch ist natürlich anzunehmen, dass die Kriminalisierung der Auslandsbestechung ieS. für ausländische Institutionen von Nutzen sein kann. Hinsichtlich der eingeschränkten Kausalität von kriminalisiertem Verhalten und angenommenem Schaden liegt hier deshalb insbesondere kein „falscher Zweck" von verfassungsrechtlicher Relevanz vor (hierzu oben im *Zweiten Kapitel,* V.II.d.). Der Tatbestand ist als eingesetztes Mittel zur Zweckerreichung nicht schon dann untauglich, wenn gewichtige Anhaltspunkte für eine wahrscheinliche Gefahr der Primärnormen vorliegen. Dem Gesetzgeber kommt schließlich eine grundsätzliche Einschätzungsprärogative zu, in de-

---

1136 *Acemoglu/Robinson*, Nations, S. 2, 7 f., 324, 385, 452.

1137 *Acemoglu/Robinson*, Nations, S. 368: „One could call this corruption, but it is just a symptom of the institutional malaise in Zimbabwe." Zum Problem der umgekehrten Kausalität zwischen Institutionenschutz und Entwicklung schon oben unter C.II.

1138 Zu Letzteren vgl. *Rose-Achermann/Palifka*, Corruption, S. 505.

1139 Siehe oben unter 1. Kap. A.

1140 *Rose-Ackerman/Palifka*, Corruption, S. 21.

ren Rahmen er auch bestimmen kann, ob die verfassungsrechtliche Geeignetheit eines Straftatbestandes hinsichtlich eines Zweckes besteht. Hierfür muss nach Auffassung des Gesetzgebers „zwischen der verbotenen Handlung und dem Schutzgut eine aufgrund allgemeiner Erfahrungssätze feststellbare Kausalbeziehung" bestehen.[1141] Fällt diesbezüglich der Nachweis der Schadenstauglichkeit schwer, weil – wie etwa im hiesigen Fall des Institutionenschutzes – eine ganze Reihe sozialer, wirtschaftlicher, (welt)politischer und sozialpsychologischer Umstände mitbestimmend sind, so ist ein strafgesetzgeberisches Tätigwerden dennoch nicht unmöglich.[1142] Die Komplexität eines Zusammenhangs kann nicht per se zur Aufgabe des Strafrechts als Mittel zur Sicherung einer Normordnung führen.

Im Übrigen wäre der Institutionenschutz sogar im Interesse jener Länder ohne schutzwürdige staatliche Institutionen wie etwa Syrien und dem Kongo.[1143] Versteht man den ausländischen Institutionenschutz auch in dem von *Maas* anvisierten Sinne einer Entwicklungshilfe,[1144] könnte der „Schutz" von Institutionen nicht ihre Existenz voraussetzen, sondern müsste weit verstanden auch ihren Aufbau umfassen. Insofern wäre nicht die Institution, sondern die *Möglichkeit einer Institution* geschützt. An dieser Stelle soll auch noch nicht berücksichtigt werden, dass ein solch breiter Schutz aus praktischen, strafrechts- und freiheitstheoretischen Gründen zweifelhaft erscheint.[1145] Im Grundsatz wäre der ausändische Institutionenschutz also tatsächlich hilfreich.

Nur ausnahmsweise kann der Institutionenschutz durch die Bundesrepublik nicht im ausländischen Interesse sein, wenn unter Verletzung des völkerrechtlichen Nichteinmischungsgrundsatzes die ausländische Souveränität unterminiert wird.

Dies gilt keinesfalls für die Kriminalisierung und Bestrafung der aktiven Bestechungstaten, wie sie etwa das OECD-Übereinkommen (und einst das IntBestG) mit seinem Prinzip des „kollektiven Unilateralismus"[1146] vorsieht. Selbst bei extraterritorialer Rechtsanwendung wird hier nicht (un-

---

1141 *Hörnle*, Verhalten, S. 37.
1142 *Hörnle*, Verhalten, S. 37.
1143 Auf diese weist *Kubiciel*, Auslandsbestechung, S. 42, 53, hin.
1144 Hierzu oben unter C.II.
1145 S. hierzu oben unter B.V.; vgl. *Spörl*, Leges, GLJ 1/17 (2016), 19, 27 ff.
1146 *Pieth*, Introduction, S. 3, 34 f.

mittelbar)[1147] durch deutsche Strafrechtsnormen in die Handlungsabläufe ausländischer Verwaltungen interveniert.[1148]

Ein Eingriff in ausländische Hoheitsinteressen ist allerdings hinsichtlich der passiven Bestechungtaten denkbar.[1149] Angesichts der global weitestgehend reziproken Vereinbarung von Antikorruptionsgesetzen und anderweitigen -maßnahmen stellt dies allerdings im Grundsatz kein Problem dar.[1150] Die Vereinten Nationen haben insgesamt 193 Mitgliedstaaten,[1151] allein von ihnen haben sich 181 der UNCAC verpflichtet[1152] und damit Art. 16 UNCAC zugestimmt. Die darin enthaltene Multilateralität des Verwaltungsschutzes beinhaltet zwangsläufig, dass man auch ausländische Staaten berechtigt, die Lauterkeit der inländischen Verwaltung strafrechtlich zu schützen.[1153] Es stimmt also, dass „der Schutz eines ausländischen Rechtsguts grundsätzlich Sache des betroffenen Staates" ist (Möhrenschlager)[1154] und „dass die Lauterkeit des öffentlichen Dienstes in, sagen wir, Vietnam allein ein Rechtsgut des vietnamesischen Staates und der vietnamesischen Gesellschaft ist, das weder den deutschen Gesetzgeber noch die

---

1147 Mittelbar kann sich die Kriminalisierung auf die ausländische Verwaltung auswirken, wenn sie für deutsche Staatsangehörige Anreize für ein verändertes Verhalten gegenüber ausländischen Amtsträgern setzt.

1148 *Haak*, Bestechung, S. 188; mit Blick auf das IntBestG: *Androulakis*, Globalisierung, S. 401, 407: „nur im Ausnahmefall Bedenken" *Münkel*, Bestechung, S. 36; *Kubli*, Grenzüberschreitende Korruption, S. 151.

1149 So der Vorwurf von *Schünemann*, Niedergang, ZRP 2015, 68, 71; kritisch auch: *Gaede*, Gutachten, S. 24 f.; *Hoven*, Auslandsbestechung, S. 89 f.; *Isfen*, Hybris, JZ 2016, 228, 233 f.; *Tinkl*, Strafbarkeit, wistra 2006, 126, 127; *Walther*, Korruptionsstrafrecht, Jura 2010, 511, 520. Vgl. zudem *Zieschang*, EU-Bestechungsgesetz, NJW 1999, 105, 107.

1150 Vgl. *Wolf*, Beitrag, S. 73; *Spörl*, Leges, GLJ 1/17 (2016), 19; vgl. auch unten unter b.

1151 Die Vereinten Nationen sind die größte und mächtigste intergouvernementale Organisation, der die allermeisten Staaten angehören; zu den Nicht-UN-Mitgliedstaaten gehören etwa: die Cook Inseln, der Kosovo, Nord-Zypern, Palästina, Taiwan, Vatikanstadt.

1152 Insgesamt hat die Konvention 186 Mitglieder, zu UN-Mitgliedstaaten treten zusätzlich noch z.B. die EU und die Cook Inseln. Unterzeichnet wurde UNCAC von 140 Staaten (u.a. von Barbados und Syrien, die die Konvention aber noch nicht ratifiziert haben), Stand 26.6.2018, online verfügbar unter: http://www.unodc.org/unodc/en/corruption/ratification-status.html (zuletzt abgerufen am 8.10.2019).

1153 So auch *Haak*, Bestechung, S. 190.

1154 *Möhrenschlager*, Vorhaben, JZ 1996, 822, 831 mit Hinweis auf BT-Drs. 13/642, 1.

deutsche Strafjustiz von Haus aus etwas angeht" (Schünemann)[1155]. Hinsichtlich der Auslandsbestechung liegt aber in Gestalt der UNCAC eine völkerrechtliche Legitimation für einen Schutz der ausländischen Institutionen von anderen Mitgliedstaaten vor.

Angesichts der Tatsache, dass es also grundsätzlich im ausländischen Interesse zu stehen scheint, einen Institutionenschutz von Seiten der Bundesrepublik vermittelt durch § 335a iVm §§ 331 ff. StGB zu betreiben, ist die Kriminalisierung der Auslandsbestechung ieS. zum Zwecke des ausländischen Institutionenschutzes nicht von vornherein als ungeeignet ausgeschlossen.

b. Auch kein Völkerrechtsverstoß

Der § 335a StGB kann auf den ersten Blick als Einmischung in die staatlichen Angelegenheiten anderer Länder verstanden werden. Der völkerrechtliche Nichteinmischungsgrundsatz besagt indes, dass „sich grundsätzlich kein Staat die Kompetenz anmaßen darf, in die inneren Angelegenheiten eines fremden Völkerrechtssubjekts einzugreifen" (Eser)[1156]. Isoliert betrachtet enthält der deutsche Tatbestand der Auslandsbestechung eine Missbilligung von Auslandsbestechungstaten unabhängig von Tatort und Staatsangehörigkeit des Täters. Ein Staat muss sich aber grundsätzlich keine Missbilligung seiner Amtsträger gefallen lassen, wenn diese in dem staatlichen Verwaltungsapparat als innere Angelegenheit nach den von ihm gesetzten Regeln handeln.[1157] Es besteht ein Selbstbestimmungsrecht der Staaten, seine Hoheitssphäre zu regeln und Verletzungen selbst zu verfolgen. Eine extraterritoriale „jurisdiction to prescribe" bedarf also einer positiven völkerrechtlichen Ermächtigung.[1158] Diese kann zum Beispiel in den internationalen Rechtsinstrumenten ersehen werden.[1159] Im ausländischen Interesse und deshalb völkerrechtskonform ist der § 335a StGB also für die Staaten, die sich entsprechend völkerrechtlich (insbesondere der

---

1155 *Schünemann*, Gesetzentwurf, ZRP 2015, 68, 71.

1156 *Eser*, FS Meyer-Goßner, S. 3, 20. Hierzu schon *Liszt*, Völkerrecht, S. 36.

1157 Sehr grundsätzlich und kritisch hierzu: *Weigend*, FS Eser, S. 955, 962. Zum Grundsatz „par in parem non habet imperium" auch *Böse*, Rechtsgut, ZIS 4/2018, 119, 124.

1158 *Kreß*, Völkerstrafrecht, ZStW 114 (2002), 818, 830 ff.; a.A. *Böse*, Rechtsgut, ZIS 4/2018, 119, 123.

1159 Vgl. *Kreß*, Völkerstrafrecht, ZStW 114 (2002), 818, 832.

UNCAC) verpflichtet haben. Jedenfalls[1160] für die zwölf UN-Mitgliedstaaten, die UNCAC weder ratifiziert noch unterschrieben haben, gilt indes dies nicht. Zu ihnen gehören: Andorra, Eritrea, Monaco, Nord-Korea, Samoa und Tonga.[1161] Diese Entscheidung ist ernst zu nehmen: Es ist deshalb grundsätzlich ein Verstoß gegen den völkerrechtlichen Nichteinmischungsgrundsatz, Bestechungstaten unter Involvierung von Amtsträgern dieser Länder tatbestandlich zu erfassen.[1162] Diese haben zwischenstaatlich nicht das Eindringen in ihre Souveränitätssphäre legitimiert.[1163]

Hier hilft auch nicht die Erwägung *Gaedes*, dass „internationale Vertragstexte [...] das Völkerrecht zugunsten der Verfolgung zu prägen *suchen*"[1164]: Diese Staaten haben sich ja gerade nicht völkerrechtlich verpflichten wollen. *Haak* stützt sogar die Konformität mit dem Nichteinmischungsgrundsatz auf diesen Gedanken und äußert folgende Rechtseinschätzung:

> „Man sollte dem Gesetzgeber zugutehalten, dass es mit Sicherheit nicht sein Ziel war, in völkerrechtlich bedenklicher Weise in die staatlichen Belange auswärtiger Staaten einzugreifen."[1165]

Dass und inwiefern diese Erwägung für die völkerrechtliche Legitimität des Tatbestandes relevant sein könnte, ist indes nicht auszumachen. Dass § 335a Abs. Nr. 2 lit. a StGB auch die Amtsträger jener Staaten erfasst, die keinem ausländischen Schutz ihrer Institutionen zugestimmt haben, kann völkerrechtlich jedenfalls nicht mit einem Goodwill des Gesetzgebers gerechtfertigt werden.

1160 *Haak*, Bestechung, S. 190 f., sieht einen konkludenten Widerspruch auch bei den Staaten, die UNCAC unzureichend ratifiziert haben (etwa die Mongolei, die weder die aktive noch die passive Auslandsbestechung kriminalisiert hat). Er übersieht dabei, dass dieser Widerspruch für die Völkergemeinschaft nicht relevant sein kann, weil die nach außen in der Ratifikationsurkunde feierlich kommunizierte Zustimmung mit dem Inhalt des völkerrechtlichen Vertrags eine innerstaatliche Bindungswirkung gewährleistet (*Schweitzer/Dederer*, Staatsrecht III, Rn. 350). Ein innerstaatliches Zurückbleiben hinter den völkerrechtlichen Vorgaben ist völkerrechtswidrig; nicht das Verhalten anderer Staaten auf Grundlage der völkerrechtlichen Verständigung.

1161 Stand 26.6.2018, s. Fn. 1152. Zu den Nicht-UN-Mitgliedstaaten, s.o.

1162 *Horrer*, Bestechung, S. 230 sieht grds. den ausländischen Institutionenschutz mit „unauflösbaren Konflikten mit der Souveränität" behaftet.

1163 *Schünemann*, Strafrecht, GA 2003, 299, 309.

1164 *Gaede*, Gutachten, S. 25 [Hervorhebung dort], der sich so gegen eine „imperialistische Zielsetzung" wendet.

1165 *Haak*, Bestechung, S. 191.

Eine völkerrechtskonforme Einengung des Anwendungsbereichs von § 335a Abs. 1 Nr. 2 lit. a iVm. §§ 331 ff. StGB erübrigt sich trotz der zunächst ggf. übergriffig wirkenden Tatbestandsfassung, weil das (vorrangig zu prüfende) deutsche Strafanwendungsrecht – auch verglichen mit etwa dem US-amerikanischen oder britischen –[1166] sehr enge Grenzen setzt. Die Strafbarkeit eines ausländischen Amtsträgers wegen Bestechlichkeit nach deutschem Strafrecht kommt v.a. gem. § 5 Nr. 15 lit. a StGB in Betracht, wenn der Täter Deutscher ist.[1167] Wenngleich in den meisten Staaten grundsätzlich nur eigene Staatsangehörige Amtsträger sind,[1168] so sind einschlägige Ausnahmen doch denkbar.[1169] Dies hat bereits der BGH-Fall zum portugiesischen Honorarkonsuls gezeigt.[1170] Die Konstellation ist auch möglich bei ausländischen Amtsträgern von UNCAC-Nicht-Mitgliedstaaten.[1171] Mangels völkerrechtlicher Verpflichtung haben diese Staaten einer Strafverfolgung nicht zugestimmt, dennoch können sie sich nicht auf den Nichteinmischungsgrundsatz berufen, weil die Strafbarkeit eines deutschen Staatsangehörigen nach deutschem Strafrecht einen ausreichenden legitimierenden Inlandsbezug darstellt.[1172] Dass das Strafanwendungsprinzip der stellvertretenden Strafrechtspflege die Strafbarkeit der Tat am Tatort vorsieht, steht dem nicht entgegen.[1173] Aufgrund des völkerrechtlich anerkannten aktiven Personalitätsprinzips als Genuine Link könnte die Einmischung der Heimatsstaaten in die Angelegenheiten ihrer Staatsangehörigen weder Überraschung noch Widerspruch hervorrufen.

1166 Vgl. hierzu oben, 1. Kap. C.

1167 Zu den Fällen § 5 Nr. 15 lit. b-d StGB, s.o. 1. Kap. C.II. und III.

1168 In den USA müssen selbst Praktikanten am DoJ die US-amerikanische Staatsangehörigkeit besitzen, https://www.justice.gov/crt/volunteer-and-paid-student-internships (zuletzt abgerufen am 8.10.2019).

1169 Für Deutschland, vgl. etwa § 7 BeamtStG/BBG, die persönliche Ernennungsvoraussetzung ist auch erfüllt, wenn man aus einem EU-Mitgliedstaat bzw. Island, Norwegen und Liechtenstein oder der Schweiz stammt. In Deutschland kann man sogar Beamter werden, wenn bei der Berufung von Hochschullehrerinnen und -lehrern ein dringendes dienstliches Interesse besteht oder andere wichtige Gründe vorliegen, § 7 Abs. 3 Nr. 1 und 2 BeamtStG.

1170 BGHSt. 60, 266, hierzu insb. *Heinrich*, Anmerkung, JZ 2016, 265.

1171 Wenngleich Deutsche zwar nicht Honorarkonsuln sind in Ländern wie Nord-Korea und Somalia sind, so doch bspw. in Andorra.

1172 Hierzu schon oben unter 1. Kap. C.II.1.

1173 *Letzien*, Korruption, S. 272 f.; darauf abstellend auch *Hoven*, Auslandsbestechung, S. 99.

3. Institutionenschutz im inländischen Interesse

Vor allem aber hängt der Schutz ausländischer staatlicher Institutionen von der „gesellschaftlichen Bedeutung und Funktion", also der „Wichtigkeit für die Gesellschaft" ab.[1174] Die wesentliche Bezugsgröße ist hierbei grundsätzlich nicht die ausländische oder internationale, sondern die inländische Gesellschaft.[1175] Ein „ausländisches Rechtsgut" bricht die bestehende nationale Gemeinwohlbindung staatlichen Handelns auf und darf deshalb nicht vom deutschen Strafrecht in Bezug genommen werden, solange es nicht gleichzeitig inländischen Interessen dient.[1176] Der BGH hat nämlich 2014 ausdrücklich in einer Entscheidung zum § 265b StGB festgestellt:

> „Tatbestände, die ausschließlich dem Schutz kollektiver Rechtsgüter dienen, erfassen grundsätzlich nur inländische Interessen, was eine transnationale Erweiterung des strafrechtlichen Schutzes allerdings nicht von vorneherein ausschließt [...]"[1177]

Verfassungsrechtlich betrachtet kann das gar nicht anders sein: Kollektive Rechtsgüter sind grundsätzlich solche, die dem Schutz des Sozialstaatsprinzips (iVm. dem Gleichheitssatz) unterfallen. Die Sozialstaatlichkeit gehört wegen der Inbezugnahme des Art. 20 Abs. 1 GG in Art. 79 Abs. 3 GG zu den fundamentalen Staatsstrukturprinzipien. Es ist Ausdruck von einem „Zusammengehörigkeitsgefühl" im Staat,[1178] das dem Einzelnen u.a. die Teilhabe an öffentlichen Einrichtungen und anderen Kollektivrechtsgütern gewährt. Dies sind innerstaatliche Interessen, die von dem Sozialstaatsprinzip als Verfassungsgrundlage des deutschen Staates geschützt werden. Als Interpretationsmaßstab für Grundrechte kann es den Eingriff in Freiheitsrechte, wie etwa den durch einen strafrechtlichen Tatbestand, rechtfertigen.[1179] Steht der Kollektivzweck des Tatbestandes dagegen nicht im inländischen Interesse, so kann er grundsätzlich auch keine verfassungsrechtliche Rechtfertigung erfahren.

1174 *Hassemer*, Theorie, S. 74.

1175 *Deiters*, GS Weßlau, S. 51, 60. Grds.: *Roxin*, Strafrecht AT I, S. 16.

1176 *Kubiciel*, Auslandsbestechung, S. 45, 55 mwN.; *Androulakis*, Globalisierung, S. 402. *Papathanasiou*, Amtsträgerkorruption, wistra 2016, 175, 177, geht (deshalb?) von einer Verfassungswidrigkeit eines etwaigen Tatbestandszwecks „ausländischer Institutionenschutz" aus.

1177 BGHSt 60, 15, 26.

1178 *Gröpl*, Staatsrecht I, S. 174.

1179 Grds. *Voßkuhle/Wischmeyer*, Sozialstaatsprinzip, JuS 8/2015, 693, 694.

a. Grundsatz: Kein inländisches Interesse

Die Funktionalität ausländischer Verwaltungsstrukturen ist für die Bundesrepublik nicht unmittelbar von Belang. *Weigend* fasst diesen Umstand unverblümt wie folgt:

> „Die Lauterkeit des öffentlichen Dienstes in anderen Staaten ist als solche für die deutsche Justiz nicht von gesteigertem Interesse [...].“[1180]

Schünemann nennt den ausländischen Institutionenschutz deshalb auch „unsinnig“.[1181] *Kubiciel* denkt an, das inländische Interesse kommunitaristisch herzuleiten, und verweist dabei zunächst darauf, dass die Auslandsbestechung ieS. dem Selbstverständnis der Bunderepublik zuwiderläuft.[1182] Allerdings verwirft er diesen Gedanken richtigerweise mit Hinweis darauf, dass die inhaltlich und territorial universale Werteverteidigung dem deutschen Straf(verfahrens)recht fremd sei.[1183]

In Betracht kommt allerdings, dass ein inländisches Interesse vermittelt besteht.[1184] Für ein solches Interesse kämen dem ersten Anschein nach auch die oben diskutierten Gründe in Betracht, insbesondere die internationale Reputation der Bundesrepublik sowie der deutschen Unternehmen nach außen und innen.[1185] Sie waren zwar Bedürfnisse und Motivationen für den Tatbestand, sie vermögen allerdings nur die Normsituation und nicht die Norm selbst zu erklären.[1186] Sie sind deshalb gerade keine Tatbestandszwecke und können auch nicht den defektiven Tatbestandszweck „ausländische Institutionen“ heilen.

b. Ausnahme: Institutionen von EU-Mitgliedstaaten

Die Globalisierung verschränkt die nationalen Interessen im fortlaufenden Maße. Die Bundesrepublik ist, wie gerade gezeigt, von der Integrität der

---

1180 *Weigend*, FS Jakobs, S. 747, 762. Er ergänzt: „und sie [die Lauterkeit des öffentlichen Dienstes in anderen Staaten] ist es auch nicht für die Gremien wie OECD und UN, die sich um die die globale Vereinheitlichung von Korruptionsvorschriften bemühen.“
1181 *Schünemann*, Strafrecht, GA 2003, 299, 309.
1182 *Kubiciel*, Auslandsbestechung, S. 45, 55.
1183 *Kubiciel*, Auslandsbestechung, S. 45, 56.
1184 So auch die Idee von *Isfen*, Hybris, JZ 2016, 228, 234.
1185 B.II.-IV.
1186 Grds. zum Grund: 2. Kap. C.IV.

ausländischen Verwaltung grundsätzlich nicht so unmittelbar betroffen, dass es im genuin nationalen Interesse wäre, Schutzmaßnahmen strafrechtlicher Art zu ergreifen. Dies gilt freilich nicht für jene Fälle der Auslandsbestechung ieS., die Institutionen von EU-Mitgliedstaaten unterminieren. In Bezug auf das EU-Ausland besteht nämlich ein ganz ausgeprägtes deutsches Interesse an der Integrität der ausländischen Institutionen.[1187] Dies hat etwa die griechische Staatsschuldenkrise, die das KorrBekG 2015 mitverursacht hat,[1188] gezeigt. Die Bestechung griechischer Amtsträger durch deutsche Unternehmen, wie etwa in den Fällen *Siemens* oder *Ferrostaal*, hat die wirtschaftliche Destabilisierung Griechenlands mitbefördert und in der Folge auch eine erhebliche Gefahr für den deutschen Fiskus bedeutet.[1189] Im EU-Ausland leidet ausnahmsweise die deutsche Volkswirtschaft mit der ausländischen Institution gemeinsam an den Korruptionstaten iSd. § 335a iVm. §§ 331 ff. StGB.[1190]

Neben diesem wirtschaftlichen Eigeninteresse besteht auch ein eigenes deutsches Interesse an der Lauterkeit der individuellen Verwaltungsordnungen der EU-Mitgliedstaaten. Die starken kulturellen, politischen, wirtschaftlichen, administrativen und (straf-)rechtlichen Verflechtungen der EU-Mitgliedstaaten bewirken einen Nächstenschutz.[1191] Diese Solidarität verursacht also eine „regionale Ausdehnung des Schutzes von Auslandsinteressen" (Pieth),[1192] die zugleich inländische Interessen sind. Dementsprechend ist die neu geschaffene Europäische Staatsanwaltschaft[1193] nicht nur für Straftaten zu Lasten der finanziellen Interessen der EU zuständig, son-

---

1187 Zum staatlichen Institutionenschutz als Gemeinschaftsaufgabe innerhalb der EU: *Pieth*, Harmonisierung, ZStW 109 (1997), 756, 772.

1188 Hierzu oben unter A.9.

1189 So auch *Hoven*, Auslandsbestechung, S. 538 f.

1190 Keine Ausnahme macht Schünemann für das EU-Ausland, *Schünemann*, Auslandsbestechung, S. 25, 40 f. *Kubiciel*, Finanzkrise, KLJ 2013, 21, 25, wies 2013 außerdem auf die Gefahr hin, „dass sich die Finanzkrise in Europa verschärft und auf Deutschland überspringt."

1191 Vgl. *Androulakis*, Globalisierung, S. 393. In diesem Sinne auch schon der Erläuternde Bericht zum Bestechungsübereinkommen, ABl. Nr. C 361 v. 15.12.1998, S. 1, 12.

1192 *Pieth*, Harmonisierung, ZStW 109 (1997), 756, 768.

1193 *Consilium Europa*, Pressemitteilung v. 08.06.2017, online abrufbar unter: http://www.consilium.europa.eu/de/press/press-releases/2017/06/08/eppo/ (zuletzt abgerufen 8.10.2019); Europäische Kommission, Vertretung in Deutschland, Pressemitteilung v. 05.10.2017, online abrufbar unter https://ec.europa.eu/germany/news/20171005-europaeische-staatsanwaltschaft_de (zuletzt abgerufen am 8.10.2019). Hierzu instruktiv: *Brodowski*, Europäische Staatsanwaltschaft, StV 2017, 684.

dern auch etwa für den grenzüberschreitenden Mehrwertsteuerbetrug. Hinsichtlich dessen wird allein die innerstaatlichen Institution der einzelnen Mitgliedstaaten geschützt. Diese handeln primär in eigenem Interesse (die meisten Mittel fließen ihnen ja zu), aber auch im europäischen. Die EU wird teilweise über einen Anteil am Mehrwertsteueraufkommen finanziert, das innerhalb eines durch die Mehrwertsteuersystemrichtlinie recht intensiv harmonisierten Rahmens generiert wird. Die Verhinderung von Mehrwertsteuerbetrug ist dabei nicht nur im Interesse des betroffenen Mitgliedstaates, der Staatengemeinschaft insgesamt, sondern auch der anderen Mitgliedstaaten. Weil die Fehlbeträge am EU-Bedarf durch die Beiträge der Mitgliedstaaten geschultert werden, hat die Bundesrepublik ein Interesse daran, ein rein ausländisches Institutionsdefizit mit eigenen strafrechtlichen Mitteln zu kompensieren.

Darüber hinaus kann auch die (wirtschaftliche) Instabilität, die von Straftaten in EU-Mitgliedstaaten ausgeht, jeden einzelnen Mitgliedstaaten sehr hart treffen. Das deutsche Interesse an einer effektiven Rechtsdurchsetzung im EU-Ausland ist deshalb je nach Delikt stark ausgeprägt. Jedenfalls hinsichtlich der transnationalen Bestechungsdelikte sind mit den ausländischen immer auch inländische Interessen betroffen.[1194]

Außerhalb der EU kann tatbestandlich nicht zentral auf zwischenstaatliche Solidarität abgestellt werden. Zwar kann Solidarität auch außerhalb einer supranationalen Struktur zugesagt oder gewährt werden – entweder unabhängig oder sogar im Rahmen von Antikorruptionsinstrumentarien wie etwa mit dem Europaratsübereinkommen geschehen.[1195] Dieser transnationale Zusammenhalt hat dann ggf. völkerrechtliche oder auch nur politische Verbindlichkeit und kann zur Umsetzung internationaler Rechtsinstrumente verpflichten. Sie befreit aber nicht von der verfassungsrechtlichen Vorgabe, dass das pönalisierte Verhalten „in besonderer Weise sozial-

---

1194 Deshalb liegt auch kein „Traditionsbruch", *Androulakis*, Globalisierung, S. 393, vor.

1195 *CoE*, Explanatory Report to the Criminal Law Convention on Corruption, ETS 173, Nr. 49: „Article 5 seeks to demonstrate the solidarity of the community of States against corruption, whenever it occurs. The message is clear: corruption is a serious criminal offence that could be prosecuted by all Contracting Parties [...]. Again, the aim is not only to protect free competition but the confidence of citizens in democratic institutions and the rule of law." Hierzu auch *Kubiciel*, Auslandsbestechung, S. 45, 52 ff. Solidarität ist aber entgegen der dort vertretenen Ansicht nicht vom Merkmal der Reziprozität abhängig: Der Stärkere kann mit dem Schwächeren gerade auch dann solidarisch sein, wenn sich Letzterer nicht (im gleichen Maße) revanchieren kann.

schädlich und für das geordnete Zusammenleben der Menschen unerträglich, seine Verhinderung daher besonders dringlich" ist.[1196] Die zwischenstaatliche Solidarität wird indes nicht durch die Auslandsbestechung ieS. verletzt (, sondern allenfalls erprobt). Hinter der zwischenstaatlichen Solidarität muss also auch ein tatsächliches, nicht bloß völkerrechtliches, deutsches Interesse an einer ausländischen Verwaltungsstruktur stehen, das die transnationalen Bestechungsdelikte für das Zusammenleben der Menschen unerträglich erscheinen lässt.[1197] Instanzgerichte können für diese Entscheidung auf das formale Kriterium der EU-Mitgliedschaft abstellen. Innerhalb des Staatenverbundes besteht eine reziproke Solidarität, deren Wirksamkeit aufgrund des unvergleichbar engen wirtschaftlichen, politischen und rechtlichen Staatenzusammenschlusses im nationalen Interesse ist.

4. Zwischenergebnis

An einem ausländischen Institutionenschutz durch transnationale Bestechungsdelikte iSd. § 335a Abs. 1 Abs. 1 Nr. 1 Alt. 1, Nr. 2 lit. a, lit. c Alt. 1 iVm. §§ 331 ff. StGB besteht ein internationales und ausländisches Interesse. Im Hinblick auf die EU-Mitgliedstaaten kann aber darüber hinaus das notwendige inländische Interesse bejaht werden. Deshalb ist der Integritätsschutz von Institutionen anderer EU-Mitgliedstaaten Tatbestandszweck. Der ausländische Institutionenschutz ist also, möchte man mit dem Gesetzgeber formulieren, „wenn auch eingeschränkt"[1198] Tatbestandszweck der Auslandsbestechung ieS. ist, nämlich nicht hinsichtlich aller Länder, sondern nur solcher der EU.

1196 BVerfGE 120, 224, 240; genauso BVerfGE 96, 10, 25; vgl. auch BVerfGE 88, 203, 257.
1197 Vgl. auch *Seelmann*, Solidarität, S, 35, 36: Das „Verständnis, welches das Strafrecht insgesamt zu einer Anstalt zur Durchsetzung gesellschaftlicher Solidarität erklären würde, dürfte allerdings den Solidaritätsbegriff derart überstrapazieren, dass er jegliche Bedeutung verlöre."
1198 BT-Drs, 18/4350, 27.

VII. Inländischer Institutionenschutz

1. Gesetzgeberischer Wille

Die Gesetzesbegründung legt tatsächlich den inländischen Institutionenschutz am nächsten. Wenn es dort heißt:

> „Normzweck der Bestechungsdelikte sind die Lauterkeit des öffentlichen Dienstes und das Vertrauen der Öffentlichkeit in diese Lauterkeit (Bundestagsdrucksache 13/5584, S. 16). Dies gilt – wenn auch eingeschränkt – auch für internationale Korruptionstaten",

ist first and foremost die inländische Situation für die Auslandsbestechung ieS. in Bezug genommen. Denn in dem zitierten Gesetzesentwurf wird der Normzweck nationaler Korruptionstaten besprochen, der ausschließlich die inländischen Institutionen betrifft.

Des Weiteren spricht auch die systematische Verortung von § 335a StGB in dem Abschnitt über die Straftaten im Amt sowie die strafanwendungsrechtliche Erfassung in § 5 Nr. 15 StGB, der (hauptsächlich) Ausdruck des Schutzprinzips ist, für einen Schutz der inländischen Institutionen nach dem Willen des Gesetzgebers.

2. Kausaler Gefährdungsschaden

Teilweise wird behauptet, die inländischen Institutionen nähmen durch die Auslandsbestechung ieS. keinen Schaden, sodass ein diesbezüglicher Tatbestandszweck ausscheide.[1199] Das kann nicht überzeugen.[1200] Angesichts der fortgeschrittenen Globalisierung schadet es inländischen Institutionen, wenn etwa in Deutschland ein ausländischer Amtsträger bestochen wird oder Deutsche im Ausland ausländische Amtsträger bestechen.[1201]

Die Auslandsbestechung ieS. gefährdet inländische Institutionen durch einen zu befürchtenden Dammbrucheffekt. Ist der Respekt vor staatlichen Institutionen soweit herabgesunken, dass sogar eine dienstliche Pflichtwid-

---

1199 S. hierzu oben unter VI.2.a; a.A. wohl *Münkel*, Bestechung, S. 33: „zu weit gegriffen", „bedürfte [...] des Nachweises", „zweifelhaft":, s. auch *Hoven*, Auslandsbestechung, S. 521 f.
1200 So auch *Kubiciel/Spörl*, Gesetz, KPKp 4/2014; *Kubiciel*, Auslandsbestechung, S. 45, 55 ff.
1201 Zum Strafanwendungsrecht für den § 335a StGB: s.o. 1. Kap. C.

rigkeit erkauft wird, leidet die Lauterkeit der staatlichen Einrichtungen insgesamt. Durch die Globalisierung besteht eine Interdependenz der Ordnungen,[1202] sodass ein institutioneller Brandherd grundsätzlich die Gefahr einer Ausbreitung in sich trägt.[1203] Staatliche Grenzen sind keine „Brandschneisen" für transnationale Kriminalität. Vielmehr eskaliert sie dynamisch, sodass grundsätzlich jede Auslandsbestechung iSd. § 335a Abs. 1 iVm. §§ 331 ff. StGB kumulativ kausal deutschen Staatsinstitutionen einen Gefährdungsschaden zufügt. Für diesen Schadensnachweis kommt dem Strafgesetzgeber eine Einschätzungsprärogative im Rahmen einer Plausibilitätsprüfung zu.[1204] Die Lauterkeit von inländischen staatlichen Institutionen ist multifaktoriell bedingt und kann nicht allein wegen der Komplexität der Strukturen ohne strafrechtlichen Schutz stehen müssen. Tatsächlich ist das Enjambement durchaus plausibel:

„In der einen Abteilung, die für internationale Staatsaufträge zuständig ist, darf bestochen werden, ja wird von der Firmenleitung erwartet, daß im Interesse der Firma bestochen wird, in der nationalen Akquisitionsabteilung soll nicht bestochen werden. Das ist nicht nur ein Wertungswiderspruch, sondern auch ein Handlungswiderspruch, den auszuhalten man sich in der Praxis sicherlich schwertut."[1205]

Diese janusköpfige Unterscheidung wurde durch die Kriminalisierung der Auslandsbestechung ieS. aufgegeben. Die verhaltenssteuernde Zielsetzung der nationalen Bestechungstatbestände kann so unter Vermeidung von Inkonsistenzen und Inkonsequenzen ihre Wirkung entfalten.[1206] Negativbeispiele werden vom StGB erfasst und können so nicht mehr zur Verhaltensorientierung dienen. Stattdessen wird der deutsche Verwaltungsapparat standhaft und beharrlich gegen korruptive Einflüsse auch transnationaler Art verteidigt. Damit ist der Gesetzgeber seiner Verpflichtung aus dem Sozialstaatsprinzip, Art. 20 Abs. 1 GG, in Verbindung mit dem Gleichheitssatz gem. Art. 3 Abs. 1 GG nachgekommen. Der Einzelne hat einen Anspruch auf gleichberechtigte Teilhabe an staatlichen Einrichtungen, was bedeutet, dass der Staat diese öffentlichen Einrichtungen nicht nur schaffen, sondern ggf. auch ihren Erhalt (strafrechtlich) schützen muss. Denn

---

1202 *Kubiciel*, Auslandsbestechung, S. 45, 57, mit Hinweis auf *Walter Eucken*.
1203 Zu der Ausnahme unten unter IX.
1204 S. hierzu oben unter 2. Kap. C.V.2.d.
1205 *Ostendorf*, Bekämpfung, NJW 1999, 615, 617.
1206 *Kubiciel*, Auslandsbestechung, S. 45, 56 f.; *Ostendorf*, Bekämpfung, NJW 1999, 615, 617.

einen gleichen Zugang zu Einrichtungen haben Bürger nur dann, wenn die Integrität der Einrichtungen gewahrt wird. Der Gesetzgeber ist deshalb sogar durch das Untermaßgebot verpflichtet, inländische Institutionen zu schützen, wenn er nach seiner Plausibilitätsprüfung zu dem Ergebnis gelangt, dass die Auslandsbestechung inländischen Institutionen schadet.

Umgekehrt ist der einzelne ausländische Amtsträger angesichts der Globalisierung auch einem über seinem Heimatstaat hinausgehenden Gemeinwohl verpflichtet.[1207] Der globalisierte Staat wird so nicht als Zweck, sondern als Bedingung für ein gutes Miteinander gedacht. Das In-den-Händen-Halten von Staatsgewalt erfordert im transnationalen Kontext Regelbewusstsein und Pflichtentreue über den eigenen nationalen Bereich hinaus, weil hier auch gravierende Schäden jenseits der heimischen Grenzen entstehen können. Amtsträger haben deshalb in transnationalen Konstellationen eine doppelt verstärkte Pflicht zu Lauterkeit: Dem eigenen Staat und Volk gegenüber und aber auch dem ausländischen. Die Amtsträger leiten ihre besondere Pflichtenposition dann zwar nicht von der ausländischen Gemeinschaft ab, aber die Bürger ihres Heimatstaates, denen sie verpflichtet sind, sind auch an einer integren Verwaltung interessiert.[1208] An Amtsträger werden dabei, auch verglichen mit Akteuren aus der Privatwirtschaft, gesteigerte Integritätserwartungen gerichtet, sodass die staatliche Sonderstellung auch in der transnationalen Welt behauptet werden kann.[1209] So lässt sich die Souveränität der Staaten auch in der Völkergemeinschaft leben.

Der Schutz inländischer Institutionen ist Tatbestandszweck der Auslandsbestechung außerhalb der EU. Dies gilt auch angesichts der fehlenden Überzeugungskraft der besprochenen anderen Ansätze. Es stellt kein Hindernis dar, dass der Schutz inländischer Institutionen ein sehr abstrakter Tatbestandszweck ist. Vergleichen mit den diskutierten Zwecken wie etwa den Menschenrechten oder der Entwicklungshilfe ist er sogar relativ konkret und damit der auch für die Rechtspraxis beste Zweck.

Die Konsequenzen für die Auslegung werden besprochen, nachdem geklärt ist, ob zusätzlich das Vertrauen der Öffentlichkeit in die lauteren inländischen Institutionen geschützt ist.

1207 Im Folgenden werden die Erkenntnisse aus dem *Ersten Kapitel* (insb. B.III.) verarbeitet.

1208 S.o., VI.2.

1209 Hierzu 1. Kap. B.III.2.c.

VIII. Vertrauen

Gerade wenn man in den Bestechungsdelikten den Staat als sich selbst setzenden Ordnungsgeber ersieht (hierzu im *Ersten Kapitel*, B.III.2.c.), liegt ein tatbestandlicher Vertrauensschutz nahe. In den Tatbeständen definiert sich der Staat selbst und bestraft folglich Negierungen seiner selbst. Die damit kommunizierte Konsequenz ist, dass man auf die staatlichen Institutionen vertrauen kann. Auch der Schutz von Vertrauen ist also Ausdruck einer Rechtsbindung der öffentlichen Gewalt.[1210] Ist es aber über einen intendierten Nebenzweck hinaus auch Tatbestandszweck der Bestechungsdelikte, das Vertrauen in staatliche Institutionen zu schützen?

Dafür spricht, dass auch vom Gesetzgeber das Vertrauen ausdrücklich mit in Bezug genommen wurde:

> „Die effektive Bekämpfung grenzüberschreitender Korruption ist im Interesse der Sicherung des Vertrauens in die staatlichen und internationalen Institutionen […] erforderlich."[1211]

Der Vertrauensschutz würde dann neben dem Institutionenschutz den Tatbestandszweck co-konstituieren. Wenn Vertrauen als Tatbestandszweck angenommen wird, dann wird es zumeist nicht als alleinstehendes Rechtsgut, sondern als Appendix eines Hauptrechtsguts konzipiert. Für die Bestechungsdelikte heißt es dementsprechend, die §§ 331 ff. StGB schützten die „Lauterkeit des öffentlichen Dienstes und das Vertrauen der Allgemeinheit in sie" (BGH).[1212] *Hefendehl* spricht deshalb von einer „Vertrauenskompo-

---

1210 *Schwarz*, Vertrauensschutz, S. 558, in historischer Perspektive auf das Strafrecht: S. 56 ff.

1211 BT-Drs. 18/4350, 11.

1212 BGH NStZ 1985, 497, 499. Tlw. wird das Vertrauen auch als primärer Tatbestandszweck gefasst (insb. v. d. Rspr.), idR. aber als gesteigerte Form einer nach außen und innen integren Institution verstanden. Vgl. insg. BGHSt 15, 88, 96 f.; 30, 46, 48; 47, 22, 25; BGH BGH StV 1997, 129; BGH NStZ 2000, 589, 590; BGH NJW 2001, 2558, 2559; NStZ-RR 2005, 266, 267. *Fischer*, § 331 Rn. 2; ähnl. *Lackner/Kühl*, § 331 Rn. 1; SchSch-*Heine/Eisele*, Vor §§ 331 ff. Rn. 1; *Altenburg*, Gesetzentwurf, CB 5/2015, 143, 147; Leitner/Rosenau-*Gaede*, § 331 Rn. 2; LK-*Sowada*, Vor § 331, Rn. 34 ff.; MüKo-*Korte*, 3. Aufl. 2019, § 331 Rn. 8; SK-*Stein/Deiters*, Vor § 331 Rn. 5 ff.; *Wentzell*, Tatbestandsproblematik, S. 80 ff. *Schünemann*, Gesetzentwurf, ZRP 2015, 68, 71 vertritt, anders als von *Haak* behauptet, nicht diese Meinung, hält er doch die Auslandsbestechung ieS. insgesamt für obsolet. Er hat aber die Fallgruppe der „vergeistigten Zwischenrechtsgüter", zu denen die §§ 331 ff. StGB wegen ihrer Vertrauenskomponente als erster benannt; hierzu *Roxin*, Strafrecht AT I, § 11 Rn. 161.

nente bei den kollektiven Rechtsgütern".[1213] Grundsätzlich ist eine solche Kombination zweier Zwecke möglich (s. im *Zweiten Kapitel*, C.V.2.e).

Hefendehl verteidigt den tatbestandlichen Vertrauensschutz mit der Überlegung, dass es der „Annahme durch die Gesellschaft" bedürfe, „sonst würde es sich nicht mehr um ein Gut im wahrsten Sinne des Wortes handeln."[1214] Es gelte: „[D]en Amtsträgern in den Behörden muss man vertrauen, denn ansonsten würde man nicht mehr zu ihnen gehen oder sie permanent bestehen."[1215]

Erstgenannte Gefahr ist wohl zu vernachlässigen,[1216] letztgenannte Gefahr ist von der Lauterkeit der Institutionen mitumfasst.[1217] Sonst müsste man auch bei unstreitig eindimensionalen Tatbestandszwecken wie beispielsweise der körperlichen Integrität das Vertrauen hierein mitschützen.[1218]

Gegen einen (nicht lediglich reflexhaften) Vertrauensschutz bei den Bestechungsdelikten spricht zudem, dass der Zusatz einer Vertrauenskomponente als „sozialpsychologisches Faktum" (Kubiciel/Hoven)[1219] schwer justiziabel ist. Vorrangig verspricht der zusätzliche Schutz von Vertrauen aber keinen Gerechtigkeits- oder auch nur Erkenntnisgewinn:[1220] In der Regel wird das Vertrauen in eine Institution durch einzelne Taten nicht verletzt

---

1213 *Hefendehl*, GS Weßlau, S. 577, 586. S. auch *ders.*, Kollektive Rechtsgüter, S. 124: „Vertrauen als Rechtsgutsbestandteil".

1214 *Hefendehl*, GS Weßlau, S. 577, 586, ähnlich *Loos*, FS Welzel, S. 879, 890: „Abnahmebereitschaft des Publikums". SK-Stein/*Deiters* Vor § 331 Rn. 9 und SchSch-*Heine/Eisele* Vor. §§ 331 ff. Rn. 1: „äußere Funktionsbedingungen"; Androulakis, Globalisierung, S. 39: „unausbleibliche Konsequenz einer eventuellen Offenbarung der Transaktionsbeziehung an die Öffentlichkeit".

1215 *Hefendehl*, GS Weßlau, S. 577, 586.

1216 *Böse*, Rechtsgut, ZIS 4/2018, 119, 120: „Kehrseite faktischer Normgeltung".

1217 Die meisten Diensthandlungen von Amtsträgern stehen im Bedarfsfall nicht lediglich optional zur Verfügung, man denke an Baugenehmigungen, Passanträge, Eheschließungen etc. Damit geht es lediglich um Bereiche, in denen die Behörden mit Bürgern zumindest in gewisser Weise kooperieren, wie etwa bei der Anzeige von Straftaten.

1218 Die entsprechende Begründung wäre dann, dass man sich ohne Vertrauen in die körperliche Unversehtheit der Interaktion mit anderen gänzlich verschließen oder eine Spirale immer stärker eskalierender Gewalt entfachen würde.

1219 *Kubiciel/Hoven*, Bestechung, NK 2014, 339, 342 f.

1220 So auch *Seelmann*: „unverhältnismäßig großer semantischer Aufwand", in *Brandt/Hoentzsch/Maatz/Schulenburg*, 3. Sitzung, S. 303, 305.

sein[1221] – was allerdings einer Bestrafung nicht im Wege stehen soll.[1222] Es muss deshalb wohl als ein abstraktes Annex-Gefährdungsrechtsgut verstanden werden,[1223] das bei einem Angriff auf die Lauterkeit staatlicher Institutionen immer mitbetroffen ist.[1224] Die bloße Feststellung, dass durch ein tatbestandliches Verhalten das also normativ zu verstehende Vertrauen der Öffentlichkeit[1225] abstrakt gefährdet wurde, ist indes verzichtbar.[1226] Der besondere Unrechtsgehalt der Tat kommt schon durch den tatbestandsmäßigen Beitrag zur Unlauterkeit der staatlichen Aufgabenwahrnehmung zum Ausdruck. Außerdem erscheint die Annahme einer Vertrauenserschütterung gerade durch Bestechungstaten besonders unplausibel, weil diese wegen ihrer Geheimheit nie unmittelbar zu einer Vertrauenserosion führen, sondern immer erst durch ihre Entdeckung und Verfolgung.[1227]

Vertrauen in staatliche Institutionen ist selbstverständlich von herausragender Bedeutung für Funktionalität und Integrität von Staatlichkeit.[1228] Nicht nur die „parlamentarische Demokratie basiert auf dem Vertrauen

---

1221 So die „Schwellentheorie", hierzu grds. *Luhmann*, Vertrauen, S. 96 f., aus spezifisch strafrechtlicher Perspektive: *Hefendehl*, Kollektive Rechtsgüter, S. 130 f.; a.A. anscheinend das Europaratsübereinkommen, Explanatory Report, Para. 39.

1222 Ablehnend auch *Rüdiger*, Schutzinteresse, S. 258 f., die hierfür wohl zwischen (verletztem) personellem und (geschütztem) kollektivem Vertrauen differenziert.

1223 In diese Richtung wohl auch *Gössel/Dölling*, Strafrecht BT 1, S. 686. Anders *Kindhäuser*, BT 1, S. 467: „Verletzungsdelikt", wohl auch *Hefendehl*, GS Weßlau, S. 577, 586.

1224 So wohl auch *Wentzell*, Tatbestandsproblematik, S. 83, 85. Anders: *Kubiciel*, Facilitation, ZIS 2015, 473, 475; *Münkel*, Bestechung, S. 39 f., die davon ausgehen, dass in Ländern mit korrupten Verwaltungsstrukturen schon kein Vertrauen in die Lauterkeit der Dienstausübung besteht.

1225 Für ein normatives Verständnis des intendierten Vertrauens auch *Hoven*, Auslandsbestechung, S. 77.

1226 Schließlich hängt das Vertrauen maßgeblich von der Richtigkeit iSe. Regelgebundenheit administrativer Prozesse ab (und nicht etwa von dem jeweiligen Entscheidungsergebnis) ab: See *Tyler*, Public Trust, Behav. Sci. & L. 19 (2001), 215, 215: „procedural justice based model of public evaluation".

1227 In diese Richtung auch *Ransiek*, Strafrecht, StV 1996, 446, 450; andeutungsweise auch bei *Hassemer*, Basis, wistra 5/2009, 169, 169 f. Es kann kaum ins Gewicht fallen, dass der Vertrauensverlust „in gewissem Ausmaß bereits unter den Transaktionsbeteiligten selbst eintreten" kann, so aber *Androulakis*, Globalisierung, S. 39.

1228 Nach *Schwarz* ist Vertrauen „Konsequenz des Leistungs-und Interventionsstaates" (S. 28) und „*Conditio sine qua non* des freiheitlich demokratischen Rechtsstaates" (S. 43), *Schwarz*, Vertrauensschutz. Vgl. auch BGHSt 15, 88, 96 f.

des Volkes" (BVerfG im Diätenurteil),[1229] auch Subsysteme wie das Wirtschafts- und Finanzsystem sind davon abhängig.[1230] Dessen ungeachtet kann es für die Strafbarkeit nicht ausschlaggebend auf die Wahrnehmung der Öffentlichkeit ankommen: Der Staat hat seine Institutionen zu garantieren, unabhängig von einem bestehenden Vertrauen in diese.[1231] Letzteres kann nur durch eine längerfristig durchgesetzte Lauterkeit aufgebaut werden und ist als Ergebnis eines Entwicklungs- und Kommunikationsprozesses von einer Sinfonie kognitiver und emotionaler Faktoren abhängig, die nur teilweise steuer- und beeinflussbar sind.[1232] Wenngleich Korruption und öffentliches Vertrauen wohl in einem gewissen Zusammenhang zu stehen scheinen,[1233] kann die vage Hoffnung auf einen Vertrauensschutz durch die §§ 331 ff. StGB allenfalls eine intendierte Nebenfolge des Tatbestandes sein.[1234]

Es kann deshalb an dieser Stelle dahinstehen, wessen Vertrauen bei einem inländischen Institutionenschutz des § 335a Abs. 1 iVm §§ 331 ff.

1229 BVerfGE 40, 296, 327, hierzu: *Aaken*, Recht, ZaöRV 2005, 407, 407 f.; s. auch *Nye*, Introduction, S. 1, 4.

1230 Vertrauen als „business value" im historischen Überblick bei *Hodges*, Law, S. 677 ff.

1231 *Ransiek*, Strafrecht, StV 1996, 446, 450; *Kindhäuser*, BT 1, S. 467. Der Sache nach so schon BGHSt 15, 88, 96f. Deshalb passt die strafbefreiende Genehmigung gem. §§ 331 Abs. 3, 333 Abs. 3 StGB gut zum Institutionenschutz, aber schlechter zum Vertrauensschutz, *Walther*, Korruptionsstrafrecht, Jura 2010, 511, 513.

1232 Vgl. *Nye*, Introduction, S. 1. Jedenfalls stehen Recht und Vertrauen in einem reziproken Verhältnis zueinander, hierzu *Wischmeyer*, Trust, GLJ 3/17 (2016), 339, 348. Als historisch zugrundeliegendes Verhältnis bejaht auch von *Luhmann*, Vertrauen, S. 44.

1233 „Trust and corruption appear to be opposite social forces." *Kretschmer, Martin*: Trust and Corruption: Escalating Social Practices?, S. 3, online verfügbar unter: http://eprints.bournemouth.ac.uk/3013/1/kretschmer_trust_corruption.pdf (zuletzt abgerufen am 8.10.2019); s. auch *Androulakis*, Globalisierung, S. 39 und *Hoven*, Auslandsbestechung, S. 236 mwN. Es gilt aber mit *Luhmann*, Vertrauen, S. 41: „Nur in sehr einfachen Sozialsystemen, die kaum eigene Strukturprobleme haben und so klein sind, daß alle Teilnehmer miteinander vertraut sind, ist jedoch eine annähernde Kongruenz von Recht und Vertrauen möglich." Er folgert: „Deshalb muss die Rechtsordnung sich in der Anwendung des Vertrauensprinzips Selbstbeschränkungen auferlegen, um nicht besser ausformulierte konstruktive Errungenschaften zu gefährden." (S. 43 f.).

1234 So auch *Gössel/Dölling*, Strafrecht BT 1, S. 686.

StGB geschützt wäre: Das der deutschen oder der ausländischen Öffentlichkeit.[1235]

1235 Diese Frage wurde schon in Bezug auf das IntBestG diskutiert, *Münkel*, Bestechung, S. 33, und auch mit Blick auf das KorrBekG 2015 gestellt, s. *Walther*, Neues, WiJ 2015, 152, 155. *Haak*, Bestechung, S. 182, argumentiert für einen ausländischen Vertrauensschutz mit folgender Überlegung: „Auf das Vertrauen der deutschen Öffentlichkeit abzustellen, würde jedoch zu anderen, ähnlich schwer zu lösenden Problemen führen."

D. Zwischen- und Auslegungsergebnis

Der Tatbestandszweck des § 335a StGB ist nicht einheitlich zu bestimmen. Vielmehr gilt: 1) Sind Bestechungsnehmer oder -geber internationale Bedienstete, ist die Lauterkeit der internationalen Institutionen tatbestandlich geschützt. 2) Agieren ausländische Bedienstete von EU-Mitgliedstaaten, ist die Integrität der jeweiligen ausländischen Verwaltung Tatbestandszweck. 3) Werden aber ausländische Bedienstete außerhalb der EU bestochen, so ist Telos der Schutz inländischer Institutionen. Die Folgen für die Rechtsanwendung werden nun ausgelotet.

1. Teleologische Reduktion

Der Institutionenschutz macht § 335a iVm. §§ 331 ff. StGB zu einem abstrakten Gefährdungsrechtsgut, das nur dann nicht betroffen ist, wenn eine Gefährdung nach der tatsächlichen Lage absolut ausgeschlossen ist.[1236] Grundsätzlich folgt also schon aus dem Handlungsunwert die Strafbarkeit.[1237] Eine restriktive Auslegung ist lediglich in Fällen angezeigt, in denen ein Effekt auf die Reinheit einer der geschützten Verwaltungsapparate von vornherein undenkbar ist. Im Falle des § 335a Abs. 1 iVm. §§ 331 ff. StGB ist insbesondere bei Ländern mit völlig korrupten staatlichen Institutionen eine auch nur abstrakte Gefährdung der deutschen Amtsführung abwegig. Hier wird keine Büchse der Pandora geöffnet. Bestechungshandlungen von oder gegenüber ausländischen Amtsträgern dieser Institutionen setzt die Hemmschwelle für unlauteres Verhalten von oder gegenüber deutschen Institutionen nicht herab, indem falsches Verhalten gelernt wird. Vielmehr wird bei einem ausgeprägten Gefälle an Rechtsstaatlichkeit eine Differenzierungsleistung hinsichtlich der betroffenen staatlichen Verwaltungsapparate durch die transnational agierenden Personen durchaus erbracht.[1238] Insofern muss die Auslandsbestechung ieS. restriktiv ausgelegt werden.[1239] Dies gilt auch, weil es nicht Aufgabe

---

1236 Vgl. BGHSt 26, 121, 124 f. zur schweren Brandstiftung.
1237 Vgl. *Roxin*, Strafrecht AT I, § 11 Rn. 161.
1238 *Hoven*, Auslandsbestechung, S. 521 f.
1239 Zum selben Ergebnis käme man wohl auch, wenn man als Tatbestandszweck die Lauterkeit ausländischer Institutionen annähme: Institutionen, die schon gar nicht lauter sind, können nicht als (prä-existentes) Rechtsgut strafrechtlich geschützt werden. Zur Überforderung des Strafrechts bei dem Schaffen, nicht Schützen von Rechtsgütern, vgl. B.V.1

des Strafrechts ist, gesellschaftliche und sozialmoralische Veränderungen zu initiieren.[1240] Gegen eine weit verbreitete Sozialadäquanz im Ausland kann das Verbot der Auslandsbestechung im Inland wohl kaum durchgesetzt werden.[1241]

Ob Bestechungstaten unter Beteiligung ausländischer Institutionen wegen ihrer Unlauterkeit und den Umständen der Tatbegehung inländische Institutionen nicht gefährden, ist einzelfallabhängig unter Berücksichtigung aller Gegebenheiten zu entscheiden. Kriterien hierfür können sein: Das Korruptionsniveau in einem Land, die wirtschaftlichen, politischen und kulturellen Verflechtungen zu Deutschland, die Kriminalisierung der Tat im Ausland, die Tat- und Täternähe zu Deutschland. Ist die Tat also etwa im Heimatland des Amtsträgers (trotz völkerrechtlicher Verpflichtung) nicht unter Strafe gestellt, spricht einiges dafür, von einer „Materialverschiedenheit" der ausländischen und inländischen Institutionen auszugehen, die einen Dammbrucheffekt unwahrscheinlich macht. Der Tatbestand muss insofern teleologisch reduziert werden.[1242]

2. Strafanwendungsrecht

Schützt § 335a Abs. 1 iVm. §§ 331 ff. StGB die inländischen Verwaltungsstrukturen, dann führen tatbestandsmäßige Handlungen grundsätzlich zu einem inländischen Gefährdungserfolg nach § 9 StGB, sodass gem. § 3 StGB das deutsche Strafrecht eigentlich immer Anwendung finden müsste (und nicht nur in den Fällen des § 7 Abs. 2 Nr. 1 und des § 5 Nr. 13 sowie Nr. 15 StGB). Allerdings sind die deutschen Verwaltungsstrukturen nur bei einem Anknüpfungspunkt zu Deutschland bedroht. Ein solcher Anknüpfungspunkt wird von den speziellen Strafanwendungsvorschriften zu

---

1240 *Kubiciel*, Auslandsbestechung, S. 42, 53; *ders.*, Rez. Meyer, GA 2005, 61, 62; s. auch vertieft oben unter B.V.1.

1241 *Horrer*, Bestechung, S. 252 f.; *Isfen*, Hybris, JZ 2016, 228, 236; *Schünemann*, Strafrecht, GA 2003, 299, 309: „unsinnig". A.A. *Böse*, Rechtsgut, ZIS 4/2018, 119, 124 ff., der vorschlägt „bereits vorhandene Ansätze einer Gesetzesbindung durch einen flankierenden strafrechtlichen Schutz zu ergänzen" (S. 128). Wieder anders MüKo-*Korte*, 3. Aufl. 2019, § 335a Rn. 2, der auch „Unrechtsstaaten" tatbestandlich erfassen will, aber auf Ebene des Strafanwendungsrechts eine Einstellung gem. §§ 153, 153a StPO vorschlägt, wenn „deutsche Interessen nur gering oder gar nicht betroffen sind" (Rn. 60).

1242 Es bedarf insofern also keiner neuen Tatbestandsfassung wie *Hoven*, Auslandsbestechung, S. 550, sie vorschlägt.

den Taten im Amt (nach §§ 331 ff. StGB) vorausgesetzt. Man kann also entweder sagen, dass die inländischen Institutionen ohne Genuine Link nicht abstrakt gefährdet sind (Tatbestandslösung) oder § 3 iVm. § 9 Abs. 1 Alt. 3 StGB hinsichtlich des Taterfolgs hinter den anderen Strafanwendungsvorschriften zurücktreten (Strafanwendungslösung). Beide Lösungen sind praktisch sinnvoll, weil die Auslandsbestechung ieS. ohne hinreichenden Inlandsbezug in der absoluten Mehrzahl der Fälle nicht durchsetzbar ist. Eine vereinzelte Verfolgung würde aufgrund ihrer Zufälligkeit den Eindruck eines besonders schwachen Institutionenschutzes hinterlassen und so das Anliegen des Tatbestandes auf Durchsetzungsebene untergraben.

3. § 335a Abs. 1 Nr. 2 lit. a StGB: Ausländischer Amtsträger

Welche Rechtsordnung das Vorliegen eines ausländischen Amtsträgers determiniert, hat der Gesetzgeber ungeklärt gelassen.[1243] Zur Bestimmung des ausländischen Bediensteten kommen drei verschiedene Anknüpfungspunkte in Betracht: das ausländische Recht als Heimatrecht des Amtsträgers, das deutsche Recht als Heimatrecht des Gerichts sowie das internationale Recht, das man wegen seines enormen Einflusses auf das KorrBekG 2015 auch als „Heimatrecht des § 335a StGB" bezeichnen könnte. Die ausländische, deutsche und autonome Begriffsbestimmung können jeweils miteinander kombiniert werden – und so entweder selektiv oder kumulativ zur Anwendung gebracht werden.[1244]

Zweifel an dem Auslegungsmaßstab entstehen insbesondere dadurch, dass das KorrBekG 2015 mit der Schaffung des § 335a StGB verschiedensten völkerrechtlichen Vorgaben genügen wollte. Neben den schon zuvor erfüllten Vorgaben von OECD (und EU) sollten nunmehr auch UNCAC und Europaratsübereinkommen entsprochen werden.[1245] Gleichzeitig wurden die Regelung im EUBestG hinsichtlich ausländischer Amtsträger

---

1243 Kritisierend u.a.: *Brockhaus/Haak*, Änderungen, HRRS 2015, 218, 221; *Dann*, Reform, NJW 2016, 203, 206; *Kubiciel/Spörl*, Gesetz, KPKp 4/2014, 2, 23.

1244 Eine alternative Anwendung wird nur vereinzelt vertreten (*Kappel/Junkers*, Strafbarkeit, NZWiSt 2016, 382, 386). Sie würde den internationalen Rechtsinstrumenten vollständig Rechnung tragen und die Institutionen am umfangreichsten schützen. Angesichts der Weite jeder einzelnen Regelung würde sich die Gleichstellungsvorschrift des § 335a StGB dann aber von der Regelung in § 11 Abs. 1 Nr. 2 StGB deutlich entfernen und viel Rechtsunsicherheit schaffen (zu Blanketttatbeständen s. sogleich).

1245 BT-Drs. 18/4350, 25.

von EU-Mitgliedstaaten und die im IntBestG hinsichtlich ausländischer Amtsträger von Nicht-EU-Mitgliedstaaten in § 335a StGB zusammengeführt. Der Gesetzgeber meint insofern:

> „Die Gleichstellungsvorschrift in Buchstabe a entspricht inhaltlich dem bisherigen Artikel 2 § 1 Nummer 2 Buchstabe a und b IntBestG und umfasst auch die von Artikel 2 § 1 Absatz 1 Nummer 2 Buchstabe a EUBestG erfassten Amtsträger eines anderen Mit- gliedstaates der Europäischen Union."[1246]

Diese Aussage ist völlig unklar. Es erschließt sich nicht, wie die beiden unterschiedlichen Maßstäbe der bisherigen Rechtsprechung der Amtsträgerbegriffe in IntBestG und EUBestG zur Auslegung einer nunmehr einheitlichen Regelung überdauern können.

a. Die auslandsakzessorische Auslegung und die Zwei-Stufen-Prüfung des BGH

Die bereits vor der Rechtsänderung 2015 im EUBestG umgesetzten EU-Rechtsinstrumente, das EU-Protokoll zum PIF-Übereinkommen[1247] und das EU-Bestechungsübereinkommen,[1248] sehen wie das nun umgesetzte Europaratsübereinkommen eine Auslegung nach ausländischem Recht vor; die Anwendung des ausländischen Rechts kann allerdings auf solche Bestimmungen beschränkt werden, die mit dem innerstaatlichen Recht in Einklang stehen.[1249]

Mit Blick auf das EUBestG hat der BGH einen zweistufigen Amtsträgerbegriffs vertreten: Im ersten Schritt wird der Begriff des Amtsträgers nach dem Heimatrecht des Betreffenden ausgelegt, im zweiten Schritt nach

---

1246 BT-Drs. 18/4350, 24.
1247 S. Protokoll der Mitgliedstaaten der Europäischen Union zum Übereinkommen über den Schutz der finanziellen Interessen der Europäischen Gemeinschaft nach dem Rechtsakt des Rates der Europäischen Union vom 27. September 1996, ABl. EG C 313/1, Art. 1, s. BT-Drs. 13/10424, 8 und Erläuternder Bericht zu dem Protokoll, ABl. EG 1998 C 11/5, unter II, Art. 1 Nr. 1.4.
1248 Übereinkommen vom 26. Mai 1997 über die Bekämpfung der Bestechung, an der Beamte der Europäischen Gemeinschaften oder der Mitgliedstaaten der Europäischen Union beteiligt sind, ABl. C 195/2. Wenngleich dieses Übereinkommen damals noch nicht in Kraft getreten war, sollten die Verpflichtungen daraus schon umgesetzt werden, s. BT-Drs. 13/10424, 8.
1249 BGHSt 60, 266, 272 f.

deutschem Recht.[1250] In seiner detailreichen Erklärung stützte sich der BGH insbesondere auf den Wortlaut in Art. 2 § 1 Abs. 1 Nr. 2 lit. a HS 2 EUBestG a.F.[1251] Der erfasste lediglich denjenigen Amtsträger eines anderen EU-Mitgliedstaates, „soweit seine Stellung einem Amtsträger im Sinne des § 11 Abs. 1 Nr. 2 des Strafgesetzbuches entspricht". Dieser Halbsatz ist durch das KorrBekG 2015 weggefallen. Vor allem aber wurde die Regelung des EUBestG hinsichtlich der Amtsträger eines anderen EU-Mitgliedstaates in den § 335a StGB überführt. Ob dennoch an der Zwei-Stufen-Prüfung festgehalten werden kann, ist zu erörtern.[1252]

(1) Amtsträger außerhalb der EU

Jedenfalls scheidet eine ausschließliche Bestimmung nach ausländischem Recht aus. Denn dies würde – so auch der BGH in seiner Siemens-Entscheidung – „zur Schaffung eines Blanketttatbestands führen, dessen Ausfüllung allein dem jeweiligen ausländischen Gesetzgeber überantwortet wäre."[1253]

Ein Verweis auf ausländische Amtsträgerdefinitionen könnte nicht exkulpiert und, mit *Hoven*, als „bewusste Anerkennung der organisatorischen und behördlichen Grundsätze eines anderen Staates" gelesen werden.[1254] Ein „bewusstes" Billigen käme nur in Kenntnis des – häufig sehr komplexen – Amtsträgerbegriffs *jedes einzelnen* Staates in Betracht. Aber einen solchen Wissensstand wollte und hatte der Gesetzgeber niemals. Hinzu kommt, dass ausländische Rechtsänderung jederzeit möglich sind und nicht in der Hand unseres nationalen Gesetzgebers liegen. Damit würden bei einer Inbezugnahme der ausländischen Amtsträgerbegriffe durch § 335a StGB die Bestimmung von Tragweite und Anwendungsbereich des Tatbestands ins Ausland delegiert – dies wäre der klassische Fall eines Blanketttatbestandes! Hier würde der nationale Gesetzgeber seiner originären Aufgabe als Legislative nicht gerecht und das Bestimmtheitsgebot des

---

1250 BGHSt 60, 266 zur Amtsträgerstellung eines portugiesischen Honorarkonsuls.
1251 BGHSt 60, 266, 271 (Rn. 21).
1252 Keine abschließened Klärung des Auslegungsmaßstabs durch BGH wistra 2019, 190, 198.
1253 BGHSt 52, 323, 345.
1254 *Hoven*, Auslandsbestechung, S. 64.

Art. 103 Abs. 2 GG verletzen.[1255] Eine Fremdrechtsanwendung[1256] würde große Schwierigkeiten hinsichtlich der Vorhersehbarkeit von Strafe und damit der Rechtssicherheit aufwerfen.[1257] Deshalb muss – so das BVerfG ausdrücklich in seiner Untreue-Entscheidung – „der Gesetzgeber im Bereich der Grundrechtsausübung [zu der die Strafgesetzgebung zählt, Anm. CS] alle wesentlichen Entscheidungen selbst treffen".[1258]

Neben diesen verfassungsrechtlichen Erwägungen spricht vor allem auch das Telos gegen eine Anwendung des ausländischen Rechts. Es ist mit dem Zweck des inländischen Institutionenschutzes nicht vereinbar, die Amtsträgereigenschaft allein nach ausländischem Recht zu bestimmen. Denn die inländischen Institutionen erleiden keinen Schaden, wenn nach inländischer Wertung (d.h. § 11 Abs. 1 Nr. 2 StGB entsprechend bzw. autonome Begriffsbestimmung) gar kein ausländischer Amtsträger betroffen ist. Es wäre zwar möglich, in all diesen Fällen eine teleologische Reduktion des Tatbestandes vorzunehmen; eine solche Lösung erscheint aber wenig elegant und kaum mit den gesetzgeberischen Vorstellungen zu vereinbaren.

Das Heimatrecht des ausländischen Amtsträgers kann deshalb nicht (allein) zur Begriffsbestimmung herangezogen werden.

(2) Amtsträger innerhalb der EU

Agieren dagegen ausländische Bedienstete oder Beauftragte von EU-Mitgliedstaaten als Bestechungsnehmer, ist die Integrität der jeweiligen ausländischen Verwaltung als dann einschlägiger Tatbestandszweck durchaus betroffen – und zwar unabhängig von einer entsprechenden Wertung im deutschen Strafrecht oder im Völkerrecht. Für einen umfassenden Schutz dieser Institutionen wäre es deshalb sogar notwendig, das ausländische Heimatrecht des „Amtsträgers" direkt anzuwenden. Allerdings bestehen gegen eine dementsprechende Blankettstrafbarkeit auf das nationalstaatliche Recht anderer EU-Mitgliedstaaten in gleicher Weise die schon vorge-

---

1255 BGHSt 52, 323, 345; 60, 266, 274; *Kubiciel/Spörl*, Gesetz, KPKp 4/2014, 23 f.; *Saliger/Gaede*, Ächtung, HRRS 2008, 57, 63 mwN.; *Schuster/Rübenstahl*, Probleme, wistra 2008, 201, 207.

1256 Zum Begriff der Fremdrechtsanwendung: *Konzelmann*, Fremdrechtsanwendung, S. 1.

1257 *Mosiek*, Fremdrechtsanwendung, StV 2008, 94; *Saliger/Gaede*, Ächtung, HRRS 2008, 57, 64; vgl. auch *Tinkl*, Strafbarkeit, wistra 2006, 126, 128.

1258 BVerfGE NStZ 2010, 626.

brachten verfassungsrechtlichen Bedenken. Hinsichtlich des Bestimmt-heitsgebotes macht es keinen Unterschied, ob auf Recht innerhalb oder au-ßerhalb der EU verwiesen wird: Die nationale Legislative ist in beiden Fäl-len ohne Entscheidungsmacht.

Zu „retten" wäre die Anwendung ausländischen Rechts über die zusätz-liche Bedingung einer Amtsträgerstellung, die der eines deutschen Amts-trägers gem. § 11 Abs. 1 Nr. 2 StGB entspricht. Ein solches Erfordernis kann dem jetzigen Gesetzestext indes nicht entnommen werden. Durch das KorrBekG ist die frühere Entsprechungsklausel, an die sich die Prü-fung nach deutschem Recht knüpfte, ja gerade entfallen. Der Gesetzgeber hat sich also, in Kenntnis der BGH-Rechtsprechung und damit ganz be-wusst, gegen eine Korrektur des Amtsträgerbegriffs nach deutschen Maß-stäben entschieden.[1259] Einer Zwei-Stufen-Prüfung, wie sie der BGH bisher vertreten hat, ist damit endgültig der Boden entzogen.[1260]

(3) Zwischenergebnis

Bei der Auslegung des § 335a StGB kann de lege lata weder allein das aus-ländische Recht den personellen Anwendungsbereich der Norm bestim-men, noch lässt sich nach dem Wegfall der Entsprechensklausel an der Zwei-Stufen-Theorie des BGH festhalten. Dies gilt unabhängig davon, ob der Vorteilsnehmer „Amtsträger" eines Mitgliedstaats der EU ist oder nicht.

b. Die selektive Begriffsbestimmung

Eine selektive Auslegung, die auf Grundlage der zwingenden völkerrechtli-chen Minimalvorgaben bei der (aktiven) Bestechung ausländischer Amts-träger im internationalen Geschäftsverkehr die autonome Begriffsbestim-mung aus OECD-Übereinkommen und UNCAC gelten lässt[1261] und im

---

1259 Vgl. auch BGHSt 52, 323, 345; so auch *Kubiciel/Spörl*, Gesetz, KPKp 4/2014, 23.
1260 Zuvor vertreten von MüKo-*Korte*, 1. Aufl. 2006, § 334 Rn. 7, sowie von dem Generalbundesanwalt im Siemens-Verfahren, s. hierzu BGHSt 52, 323, 345.
1261 OECD und Vereinte Nationen sehen eine autonome Begriffsbestimmung (Art. 1 Nr. 4 lit. a OECD-Übereinkommen; Art. 2 lit. b UNCAC) nur für die aktive Bestechung zwingend vor (Art. 1 Nr. 1 OECD-Übereinkommen; Art. 16 Abs. 1 UNCAC). Zwar gilt die Definition auch für die passive Bestechung, die

Übrigen von einer Verweisung auf das ausländische Recht ausgeht,[1262] muss mit denselben Erwägungen abgelehnt werden.[1263] Im letzten Fall wird ja auch bei der selektiven Definition das ausländische Recht ohne Steuerungs- und Entscheidungsmöglichkeit durch den originär zuständigen deutschen Gesetzgeber und unter Verstoß gegen das verfassungsrechtlich normierte Bestimmtheitsgebot direkt angewendet. Zudem ist die selektive Auslegung in der Rechtsanwendung sehr kompliziert und deshalb nicht praktikabel.[1264] Eine solche Differenzierungsnotwendigkeit findet auch keine Stütze im Gesetz: Eine Regelung, die lediglich die aktive Bestechung im internationalen Geschäftsverkehr betrifft, wurde mit Streichung des Art. 2 § 1 IntBestG ja gerade aufgegeben. Es ist wenig sachgerecht, die nunmehr einheitliche Regelung in § 335a Abs. 1 S. 2 lit. a StGB durch die unterschiedlichen Begriffsbestimmungen der selektiven Auslegung wieder „aufzusprengen". Hinzu kommt, dass die Konventionen nicht in ein Rangverhältnis gebracht werden können: Die Begriffsbestimmungen in OECD-Übereinkommen und UNCAC gelten nicht vorrangig als lex specialis und das Europaratsübereinkommen als Auffangtatbestand für alle übrigen Fälle.[1265] Die selektive Begriffsbestimmung, die sich den Anschein besonderer Völkerrechtsfreundlichkeit gibt, begibt sich in diesem entscheidenden Punkt also in Konflikt mit dem Völkerrecht.

Umsetzung von Art. 16 Abs. 2 UNCAC ist aber nicht obligatorisch, vgl. *Kubiciel/Spörl*, Convention, S. 219.

1262 *Hoven*, Auslandsbestechung, S. 67; zuvor hatte *Nestler*, Amtsträgerkorruption, StV 2009, 313, 318 diese Idee eines *„gespaltenen* Amtsträgerbegriffes" entwickelt, aber wohl wieder verworfen.

1263 Eine solche „1:1-Umsetzung" war von dem Gesetzgeber auch nicht gewollt, *Korte*, FS Fischer, S. 401, 408.

1264 In einem gemeinsamen Strafverfahren gegen Bestechungsnehmer und -geber könnten dann unterschiedliche Amtsträgerbegriffe zur Anwendung kommen, die – bei sonst jeweils tatbestandsmäßigem Verhalten – bei dem einen zu einem Freispruch und bei dem anderen zu einer Strafbarkeit führen, s. *Nestler*, Amtsträgerkorruption, StV 2009, 313, 318.

1265 So schon *Kubiciel/Spörl*, Gesetz, KPKp 4/2014, 23; eine solche Rangordnung wird allerdings von *Hoven*, Auslandsbestechung, S. 66 ff., die in der Hauptsache eine alternative Auslegung vorschlägt, auch nicht anvisiert.

c. Die autonome Prüfung

OECD-Übereinkommen und UNCAC sehen beide eine autonome Begriffsbestimmung vor.[1266] Insofern identisch mit der OECD definieren die Vereinten Nationen einen ausländischen Amtsträger als eine Person, die in einem anderen Staat durch Ernennung oder Wahl ein Amt im Bereich der Gesetzgebung, Exekutive, Verwaltung oder Justiz innehat, und eine Person, die für einen anderen Staat einschließlich einer Behörde oder eines öffentlichen Unternehmens eine öffentliche Aufgabe wahrnimmt (Art. 2 lit. b UNCAC; Art. 1 Nr. 4 lit. a OECD-Übereinkommen).

Für eine solche Begriffsbestimmung spricht insbesondere die Siemens-Entscheidung, in der der BGH ein autonome Auslegung auf Grundlage des OECD-Übereinkommens vorgenommen hat, sodass das jeweilige Heimatrecht unbeachtet blieb.[1267] Der damals angewendete Art. 2 § 1 Nr. 2 lit. a IntBestG ist mittlerweile in § 335a Abs. 1 Nr. 2 lit. a StGB überführt.[1268]

d. Die kumulative Prüfung

Eine kumulative Prüfung aller internationalen Rechtsinstrumente liegt mit Blick auf die Gesetzesbegründung nahe. In der Begründung heißt es hinsichtlich des § 335a Abs. 1 Nr. 2 lit. a StGB:

> „Der Personenkreis, für den die Gleichstellung gilt, wird [...] nach den Vorgaben [...] des OECD-Übereinkommens, [...] des Europarat-Übereinkommens und [...] des VN-Übereinkommens definiert."[1269]

Eine gemeinsame Definition des Amtsträgers durch die verschiedenen internationalen Rechtsinstrumente könnte auf zwei unterschiedlichen Wegen realisiert werden: Entweder durch eine „neue Zwei-Stufen-Prüfung"

1266 S. hierzu soeben, Fn. 1261. Wenn die OECD Working Group on Bribery nun in der Phase 4-Evaluierung den Begriff des Amtsträgers als Follow-up-Thema benennt (*OECD*, Phase 4 Report: Germany v. 14.6.2018, Recommendations Nr. 10 lit. c, S. 88), dann richtet sich ihre Befürchtung tatsächlich nur auf eine Einengung des Begriffs durch zusätzliche Merkmale neben den autonom formulierten.

1267 BGHSt 52, 323; vgl. auch die Wasserwerfer-Entscheidung, BGH NStZ 2014, 469, 472.

1268 In diese Richtung auch BGH wistra 2019, 190, 197 f.

1269 BT-Drs. 18/4350, 25.

(1. autonome, 2. ausländische Rechtsordnung) oder, in Kombination der beiden Ansätze der bisherigen Rechtsprechung, durch eine Drei-Stufen-Prüfung (autonome Prüfung *plus* bisherige Zwei-Stufen-Prüfung, d.h. 1. autonome, 2. ausländische, 3. deutsche Rechtsordnung).[1270] In beiden Spielarten genügt die kumulative Anwendung allen Rechtsvorgaben – und gleichzeitig keiner. Jede Definition entfaltet nur bei Deckungsgleichheit mit der/n anderen Geltungskraft, sodass der kleinste gemeinsame Nenner der unterschiedlichen Begriffsbestimmungen den ausländischen Amtsträger definieren würde. Damit würde die einzelne Bestimmung vor allem negativ wirken: Personen, die nach nur einer Definition kein ausländischer Amtsträger sind, würden aus dem personellen Geltungsbereich des § 335a StGB fallen.

Für die kumulative Anwendung spricht die ausgeprägte Rechtssicherheit und Vorhersehbarkeit. Man müsste lediglich mit einer der Begriffsbestimmungen vertraut sein, um den maximalen Anwendungsbereich der Verweisungsnorm in personeller Hinsicht zu kennen. Zudem würde zum Ausdruck gebracht werden, dass man sich allen internationalen Rechtsinstrumente gleichermaßen verpflichtet fühlt und, wenngleich man nicht allen zur Gänze entspricht, auch keines vollständig übergeht.

e. Ergebnis

Sowohl die selektive als auch die auslandsakzessorische Auslegung scheiden nach dem bisher Gesagten aus; dagegen erscheinen die kumulative und die autonome Begriffsbestimmung beide überzeugend. Die Verfasserin selbst hat zunächst für die kumulative Anwendung von ausländischem und internationalen Recht plädiert.[1271]

Seit der Prüfung des § 335a StGB durch das Europaratsgremium GRECO im Jahr 2016 erscheint eine Bestimmung nach ausländischem Recht allerdings verzichtbar. In dem Zweiten Umsetzungsbericht zu Deutschland

---

1270 Nach dem bisher Gesagten muss eine solche Drei-Stufen-Prüfung allerdings ausscheiden: Im Gegensatz zur vormaligen Regelung im Art. 2 § 1 Abs. 1 Nr. 2 lit. a EUBestG enthält der § 335a Abs. 1 Nr. 2 lit. a StGB gerade keine Entsprechungsregelung mehr, an die sich eine Prüfung nach deutschem Recht anschließen könnte, s.o. unter C.IX.3.a.(2). *Nestler* merkt zudem an, dass eine Auslegung nach deutschem Recht durch einen schlichten Verweis auf § 11 Abs. 1 Nr. 2 realisierbar gewesen wäre, s. *Nestler*, Amtsträgerkorruption, StV 2009, 313, 318.

1271 *Kubiciel/Spörl*, Gesetz, KPKp 4/2014, 22 ff.

2016 (3. Evaluierungsrunde) wurde die fehlende Entsprechung einer Begriffsbestimmung wie sie das Europaratsübereinkommen vorsieht nicht moniert – und damit wohl gebilligt.[1272] Damals war die Vieldeutigkeit des Wortlautes (und der Gesetzesbegründung) allseits bekannt. Damit wurde die Billigung im Angesicht der Deutungsmöglichkeit getroffen, das ausländische Recht bei der gerichtlichen Bestimmung des § 335a Abs. 1 Nr. 2 lit. a StGB nicht zu berücksichtigen. Für GRECO scheint eine ausschließlich autonome Prüfung daher im Einklang mit dem Europaratsübereinkommen zu stehen. Eine kumulative Auslegung ist nicht (mehr) geboten, um dem Europaratsübereinkommen Anerkennung zu zollen.

Angesichts des anderweitigen Wortlauts des Europaratsübereinkommens war diese Wertung nicht unbedingt vorhersehbar, im Nachhinein erscheint sie aber unter zweierlei Gesichtspunkten verständlich: Zum einen wird die autonome Definition, die von einer besonderen Weite geprägt ist, die ausländische Begriffsbestimmung in der Regel umfassen. Am ehesten wird sie eine weitere Begriffsbestimmung als das Heimatrecht des ausländischen Amtsträgers vorsehen. Eine daraus resultierende „Überponitivität" des § 335a Abs. 1 Nr. 2 lit. a iVm. §§ 332 und 334 StGB verstieße nicht gegen das Europaratsübereinkommen, weil dieses, wie alle internationalen Rechtsinstrumente gegen Korruption, eine Ausweitung der Strafbarkeit anstrebt.[1273] Zum anderen gilt: Sollte die autonome Bestimmung ausnahmsweise einmal eine tatbestandliche Verengung herbeiführen – wie im Siemens-Fall, als der BGH auf Grundlage des OECD-Übereinkommens, die Amtsträgerschaft entgegen der italienischrechtlichen Wertung verneinte – steht dies auch im Einklang mit dem Europaratsübereinkommen. Schließlich bestimmt sein Art. 1 lit. c, dass „in the case of proceedings involving a public official of another State, the prosecuting State may apply the definition of public official only insofar as that definition is compatible with its national law". OECD-Übereinkommen und UNCAC wurden durch ihre Umsetzung in die nationale Rechtsordnung Teil des innerstaatlichen Rechts (vgl. Art. 59 Abs. 2 GG). Unabhängig von den weltweit unterschiedlichen Bestimmungen des Verhältnisses zwischen nationalem und internationalem Recht ist die Inkorporation von internationalem Recht in die innerstaatliche Rechtsordnung kein deutsches Spezifikum. Die Öffnung für nationale Besonderheiten in Art. 1 lit. c des Europaratsübereinkommens bedeutet damit auch eine Öffnung für nationale Begriffsver-

---

1272 Bericht GrecoRC3(2016)5, s. insb. Rn. 16, der sich mit dem § 335a Abs. 1 StGB beschäftigt. Hierzu auch *Korte*, FS Fischer, S. 401, 412.
1273 Vgl. die Präambel des Europaratsübereinkommens (insb. Punkte 3 und 4).

ständnisse, die den vorangegangenen Antikorruptionsmaßnahmen folgen. Dass sich das Europaratsübereinkommen in einer Linie mit diesen Maßnahmen versteht, lässt sich auch seiner Präambel entnehmen.[1274] Daher kann die vom Europarechtsübereinkommen vorgesehene Heimatrecht-Definition des ausländischen Amtsträgers durch die Bestimmungen von OECD und UNCAC beschränkt werden.[1275]

Vor allem spricht nach den Untersuchungsergebnissen dieser Arbeit das Folgende für eine ausschließliche Anwendung der autonomen Definition der ausländischen Amtsträger: Tatbestandszweck der Auslandsbestechung ist außerhalb der EU der inländische Institutionenschutz. Hier kann die ausländische Begriffsbestimmung (auf objektiver Tatbestandsebene) keine Rolle spielen.[1276] Entscheidend ist ausschließlich, ob die deutschen Institutionen durch eine Bestechungstat gefährdet werden. Das ist immer dann der Fall, wenn nach der – vom deutschen Recht anerkannten – völkerrechtlichen Begriffsbestimmung ein ausländischer Amtsträger bestechlich ist bzw. bestochen wird. Andernfalls erlebt das von der völkerrechtlichen Begriffsbestimmung geprägte deutsche Rechtsverständnis hinsichtlich der Integrität von staatlichen Institutionen gar kein Störgefühl. Wenn also lediglich das Heimatsrecht des Bestechungsnehmers und noch nicht einmal die sehr weite autonome Definition zu dem Ergebnis kommt, dass eine Institution betroffen ist, steht keine Erosion inländischer Institutionen zu befürchten. Es ist dann Sache des ausländischen Staates, seine Institutionen zu schützen.

Der Schutz ausländischer Institutionen ist allerdings Tatbestandszweck bei Bestechungstaten von und gegenüber Amtsträgern eines EU-Mitgliedstaates – sodass hier eine ausländische Begriffsbestimmung nicht schon wegen teleologischer Erwägungen ausscheiden muss. Allerdings sind die inner- und außereuropäischen ausländischen Amtsträger gerade nicht mehr getrennt voneinander geregelt. Systematisch drängt sich also eine gemeinsame Definition auf. Ohnehin kommt die auslandsakzessorische Auslegung sowie die Zwei-Stufen-Prüfung aus den genannten verfassungsrecht-

---

1274 Hier werden die Instrumentarien von OECD und UN u.a. ausdrücklich genannt, s. Präambel des Europaratsübereinkommens ETS. Nr. 173, Punkt 6.

1275 Es ist deshalb nur im Ergebnis richtig, dass „die Entwurfsbegründung insofern [hinsichtlich des Verweis auf das Europaratsübereinkommen, Anm. CS] besser ignoriert werden" sollte, *Schuster/Rübenstahl*, Probleme, wistra 2008, 201, 207.

1276 Bei einer abweichenden Fehlinterpretation handeln sowohl der ausländische Amtsträger als auch der Bestechungsgeber idR. in Kenntnis der objektiven Tatumstände (und mithin vorsätzlich), sodass allenfalls ein schuldausschließender Subsumtionsirrtum gem. § 17 StGB in Betracht kommt.

lichen und gesetzeshistorischen Gründen nicht in Betracht.[1277] Wenngleich also hinsichtlich Ersterer die ausländischen und bzgl. Letzterer die inländischen Institutionen geschützt sind, so ist eine einheitliche Begriffsbestimmung vorzugswürdig. Dies ist dann jene nach der autonomen Definition der OECD-Konvention.[1278] Art. 2 § 1 Nr. 2 lit. a EUBestG wurde an die Sprachfassung des Art. 2 § 1 Nr. 2 lit. a IntBestG angepasst, sodass die diesbezüglich Auslegung der Rechtsprechung auch für den § 335a Abs. 1 Nr. 2 lit. a StGB gilt. Hätte der Gesetzgeber einen von der Rechtsprechung abweichenden Amtsträgerbegriff anvisiert, hätte er sich dazu geäußert. Im Gegenteil deutet die Begründung eher auf eine Kontinuität des Begriffes hin.[1279]

Demnach ist der ausländische Amtsträger wie folgt zu definieren: Ausländischer Bediensteter gem. § 335a Abs. 1 Nr. 2 lit. a Alt. 1 StGB ist eine Person, die in einem ausländischen Staat durch Ernennung oder Wahl ein Amt im Bereich der Verwaltung innehat und der ausländische Beauftragte gem. § 335a Abs. 1 Nr. 2 lit. a Alt. 2 StGB ist eine Person, die beauftragt ist, öffentliche Aufgaben für einen ausländischen Staat einschließlich einer Behörde oder eines öffentlichen Unternehmens wahrzunehmen.[1280]

4. Pflichtwidrigkeit

Die Frage danach, welche Pflichtenmaßstab für die Strafbarkeit nach §§ 335a Abs. 1 iVm. §§ 332, 334 StGB gilt, ist diffiziler zu beantworten. Hier kommt grundsätzlich auch eine autonome Bestimmung nach der UNCAC in Betracht.[1281] Diese ist aber angesichts ihrer schlichten Forderung zur unparteilichen Amtsausübung unterkomplex. Im Ergebnis würde die Orientierung an dieser Definition das Pflichtwidrigkeitserfordernis und damit die vom Gesetzgeber geschaffene feine Abstufung der Strafbar-

---

1277 S.o. unter C.IX.3.a.
1278 So sehr überzeugend auch *Korte*, FS Fischer, S. 401; s. auch MüKo-*Korte*, 3. Aufl. 2019, § 335a Rn. 21 ff.
1279 BT-Drs. 18/4350, 24 f.
1280 Wortlaut des § 335a Abs. 1 Nr. 2 lit. a StGB, ergänzt mit der insoweit wortgleichen Begriffsbestimmung in Art. 1 Nr. 4 lit. a OECD-Übereinkommen und Art. 2 lit. b UNCAC (Übersetzung in BGBl. III, v. 13.03.2006, Nr. 47); vgl. auch BGHSt 52, 323 (Rn. 66). „Person[en] […] der Justiz" sind von § 335a Abs. 1 Nr. 1 StGB erfasst; „Person[en] […] der Gesetzgebung" von Art. 2 § 2 IntBestG.
1281 Vgl. UNODC, Legislative Guide, 2. Aufl. 2015, S. 67; *Dann*, Reform, NJW 2016, 203, 206.

keit der verschiedenen Personengruppen im § 335a StGB wieder einstampfen. Im Übrigen wird der Täter der Auslandsbestechung ja gerade wegen einer Missachtung des Regeln des ausländischen Verwaltungsapparates, die auch der inländische Verwaltung schadet, bestraft. Angesichts dessen ist eine Auslegung nach dem ausländischen Recht so wie sie der BGH 2014 in seiner Wasserwerfer-Entscheidung vorgenommen hat, stichhaltig. Darin führt er wie folgt aus:

> „Um die Pflichtwidrigkeit der zugesagten künftigen Diensthandlung nach diesem Maßstab beurteilen zu können, bedarf es aber regelmäßig keiner bis in die Einzelheiten gehenden Beschreibung der konkreten Pflichtenstellung des betroffenen ausländischen Amtsträgers nach den beamtenrechtlichen oder ähnlichen maßgeblichen Rechtsvorschriften des ausländischen Staates. Es genügt grundsätzlich eine Heranziehung der rechtlichen Rahmenbedingungen des ausländischen Staates, die die Aufgaben des bestochenen Amtsträgers zum Gegenstand haben. Dabei kommt den von dem ausländischen Staat im Zusammenhang mit der Bekämpfung der Korruption übernommenen völkerrechtlichen Verpflichtungen und deren Umsetzungen im nationalen Recht zumindest indizielle Bedeutung für die Beurteilung der Pflichtwidrigkeit der Diensthandlungen der konkret betroffenen Amtsträger zu.“[1282]

Im innereuropäischen Kontext wird die Bestimmung der Pflichtwidrigkeit nach ausländischem Recht regelmäßig leicht fallen. Angesichts des Schutzes der ausländischen Institutionen ist der jeweilige ausländische Pflichtenmaßstab dabei sehr ernst zu nehmen. Im außereuropäischen Kontext sind jedoch nur die „rechtlichen Rahmenbedingungen des ausländischen Staates" mit Blick auf die völkerrechtlichen Verpflichtungen von Bedeutung; eine detaillierte Rechtsprüfung ist nicht angezeigt. Jedenfalls ist auf die Wertungen des deutschen Rechts abzustellen, weil abwegige Pflichtenregelung im Ausland keinen deutschen strafrechtlichen Schutz verdienen. Zur Illustration folgender

> **Fall:** Der deutsche Hochschullehrer H ist „abenteuerlustig und sozialanthropologisch interessiert" und bucht deshalb eine geführte Studienreise nach Nordkorea. Vor Ort ist er als „teilnehmender Beobachter" um eine gute Dokumentation der kulturellen wie politischen Eigen-

---

1282 BGH NStZ 2014, 469, 473; s. auch *Böse*, Rechtsgut, ZIS 4/2018, 119, 125 ff. mit Hinweis auf § 73 S. 1 IRG und dem ordre public-Vorbehalt.

heiten bemüht; dabei ist er von dem Wunsch bestimmt, seinen Kollegen in der Heimat ein möglichst akkurates Bild zu zeichnen. Zu diesem Zweck reißt er auch ein Propagandaplakat ab und verstaut es in seinem Koffer. Bei der Ausreise wird sein Gepäck untersucht, wobei der nordkoreanische Beamte B das Propagandaplakat findet. Dieser informiert ihn über die Strafrechtswidrigkeit seines Verhaltens, woraufhin H ihm 50 USD gibt, um einem nordkoreanischen Strafverfahren zu entgehen. B nimmt das Geld an und winkt H durch. Wieder zu Hause, erzählt H in der Fakultät von den Geschehnissen. In der Folge informiert ein Kollege von H die deutschen Strafverfolgungsbehörden.

Der nordkoreanische Beamte B fällt ohnehin nicht unter die deutsche Strafgewalt, weil die Tathandlung nicht in Deutschland vorgenommen wurde (§ 3 StGB) und er auch nicht Deutscher ist (§ 5 Nr. 15 lit. a StGB). Für den H als Deutschen findet dagegen das deutsche Strafrecht gem. § 5 Nr. 15 lit. a StGB Anwendung. Weil es sich um einen Fall der aktiven Bestechung handelt, wäre es auch mit Blick auf den Nichteinmischungsgrundsatz nicht völkerrechtswidrig, den H zu bestrafen.[1283] Dennoch wäre eine Pönalisierung wegen Bestechung gem. §§ 335a Abs. 1 Nr. 2 lit. a iVm. 334 StGB aus deutscher Sicht völlig absurd.

Insofern zeigt sich die Richtigkeit, den inländischen Institutionenschutz als Tatbestandszweck anzunehmen. Nordkorea ist ein hochkorruptes Land (TI CPI: Platz 171),[1284] sodass eine Gefährdung deutscher Verwaltungsstrukturen durch Bestechungszahlungen gegenüber nordkoreanischen Amtsträgern von vornherein ausgeschlossen ist. Darüber hinaus müsste die Diensthandlung auch nach deutschem Rechtsverständnis pflichtwidrig sein. Eine Pflichtwidrigkeit des Passierenlassens wegen des Transports eines Plakats über eine Staatsgrenze ist aus deutscher Sicht offenkundig ausgeschlossen.

5. Einstellungsmöglichkeiten

Grundsätzlich kommt bei der Auslandsbestechung ein Absehen von der Verfolgung gem. § 153c StPO in Betracht. Geht man vom inländischen Institutionenschutz als Tatbestandszweck der Auslandsbestechung aus, muss § 153c StPO tatsächlich nur – wie vom Gesetzgeber anvisiert – in „Extrem-

---

1283 S.o. unter VI.3.
1284 *Transparency International*, Corruption Perception Index 2017 (s.o. Fn. 994).

situationen"[1285] greifen und nicht im Regelfall. Alle Fälle, die nicht im Stande sind, den inländischen Verwaltungsapparat auch nur abstrakt zu gefährden, sind ohnehin aus dem tatbestandlichen Programm ausgeschlossen.

Hinzu kommt die Einstellungsmöglichkeit unter Auflagen und Weisungen. § 153a StPO ist in der Praxis für Auslandsbestechungstaten weit verbreitet; insbesondere wird nicht nur in Bagatellfällen von der Verfolgung abgesehen.[1286] *Hovens* Untersuchung zeigt, dass sowohl Staatsanwaltschaft als auch Verteidigung sehr bereitwillig von dieser Möglichkeit der Verfahrenseinstellung Gebrauch machen.[1287] Auflagen und Weisungen können allerdings nach § 153a Abs. 1 StPO nur erteilt werden, „wenn diese geeignet sind, das öffentliche Interesse an der Strafverfolgung zu beseitigen". Das öffentliche Interesse ist zwar grundsätzlich „eine *black box* mit ziemlich unbekanntem Inhalt" (Weigend).[1288] Angesichts des Tatbestandszwecks des § 335a StGB muss das Bestehen eines gesteigerten öffentlichen Interesses allerdings grundsätzlich angenommen werden, sodass sich eine Verfahrensbeendigung gem. § 153a StPO hier regelmäßig verbietet. Die betroffenen staatlichen Institutionen sind ja in besonderem Maße „Grundlagen eines geordneten Zusammenlebens",[1289] sodass die „gesellschaftlich organisiert[e] Reaktion auf die durch den Verdachtsfall eingetretene Störung des Rechtsfriedens" (Weßlau)[1290] besonders gravierend ausfallen muss.

Soll die Verfahrenseinstellung nicht nur für die unmittelbaren Verfahrensbeteiligte eine „Win-Win-Situation"[1291] sein, sondern mit Blick auf das „öffentliche Interesse an der Strafverfolgung" insbesondere der Allgemeinheit dienen, so darf § 153a StPO tatsächlich erst angewendet werden bei einem ausermittelten Sachverhalt und nach angemessener Berücksichtigung aller Aspekte für und gegen ein öffentliches Interesse an der Erteilung von Auflagen und Weisungen zur Einstellung. Für ein öffentliches Interesse kann auch der enorme wirtschaftliche und zeitliche Aufwand einer vollumfänglichen Verfahrensdurchführung bei Auslandsbestechungstaten sprechen.[1292] Ob dieses allerdings durch die freiwilligen Leis-

---

1285 BT-Drs. 18/4350, 26.
1286 *Hoven*, Auslandsbestechung, S. 459.
1287 *Hoven*, Auslandsbestechung, S. 452 ff., 456 ff.
1288 *Weigend*, GS Weßlau, 413, 415.
1289 BVerfGE 88, 203, 257.
1290 SK-StPO-*Weßlau/Deiters*, § 153a Rn. 27.
1291 *Hoven*, Auslandsbestechung, S. 461.
1292 MüKoStPO-*Peters*, § 153a Rn. 11.

tungen des Beschuldigten kompensiert werden kann, ist insbesondere unter Achtung des gewichtigen öffentlichen Transparenzinteresses an und nach Bestechungstaten zu entscheiden. Dies ist nicht nur wegen des Tatbestandszwecks, sondern auch wegen der Kommunikationsfunktion des Strafverfahrens selbst als besonders hoch einzustufen. Bestechungstaten unterminieren auch durch ihre Geheimheit die Integrität der staatlichen Institutionen. Umgekehrt kann nach Bekanntwerden einer Bestechungstat ein öffentliches Strafverfahren, das staatliche Entscheidungsprozesse aufarbeitet und transparent macht, dazu beitragen, dass sich der Verdacht eines undurchsichtigen Staatsapparates nicht erhärtet.

Im Ergebnis sollte die Einstellungspraxis eine Steuerung erfahren. Hierbei ist wegen seiner großen praktischen Bedeutung insbesondere § 153a StPO in den Blick zu nehmen. Eine Regulierung ließe sich durch eine Änderung der Richtlinien für das Strafverfahren und das Bußgeldverfahren (RiStBV) erzielen. Für die Einstellung nach § 153c Abs. 3 StPO enthält Abschnitt 95 RiStBV eine amtliche Anmerkung bezüglich des OECD-Übereinkommens.[1293] Es wird vorgeschlagen, künftig eine Regelung in der RiStBV zu § 153a StPO aufzunehmen, in der konkrete Einstellungskriterien für die Auslandsbestechung formuliert werden. So könnte die Ressourcenallokation effektiviert und eine gleichmäßige Berücksichtigung des öffentlichen Interesses an einer transparenten Verfahrensdurchführung garantiert werden. Zudem würden Einstellungskriterien die sehr unterschiedliche Strafverfolgungspraxis vereinheitlichen, somit Ungerechtigkeiten bei der Verfahrensbeendigung reduzieren und gleichzeitig die Rechtssicherheit erhöhen. Deshalb könnte eine solche RiStBV-Regelung auch bei der fortlaufende Evaluierung der deutschen Anti-Korruptionsbemühungen im Rahmen der verschiedenen internationalen Prüfmechanismen positive Erwähnung finden.

1293 Ermittlungsverfahren und Strafverfolgung dürfen nach Art. 5 OECD-Übereinkommen nicht von Erwägungen nationalen wirtschaftlichen Interesses, Einflussmöglichkeiten auf die Beziehungen zu einem anderen Staat oder der Identität der beteiligten natürlichen oder juristischen Personen beeinflusst werden; s. MüKo-*Korte*, 3. Aufl. 2019, § 335a Rn. 59, mit Hinweis auf den OECD-Phase-3-Bericht, Empfehlung 4d (S. 83), online abrufbar unter http://www.oecd.or g/investment/anti-bribery/anti-briberyconvention/48967037.pdf (zuletzt abgerufen am 8.10.2019).

6. Vorschlag einer Ergänzung des Strafanwendungsrechts

Wir haben gesehen, dass Sachverhaltskonstellationen ohne Genuine Link zu Deutschland nicht der deutschen Strafgewalt unterfallen. Das sind auch Fälle, an denen deutsche Unternehmen beteiligt sind und die darüber einen starken Inlandsbezug aufweisen, sodass sie die inländischen Institutionen gefährden können. Deutsche Unternehmen diffundieren die Verantwortlichkeiten dabei stark und nehmen dann Bestechungshandlungen außerhalb Deutschlands vor. Dies sind teilweise erpressungsähnliche oder sogar -gleiche Situationen. Um ihnen zu entgehen, können *Collective Actions* von den betroffenen Unternehmen gebildet werden. Es hat sich aber auch gezeigt, dass die Strafbarkeit von Bestechungshandlungen eine überzeugende „Argumentationshilfe" zur Vermeidung solcher Zahlungen ist. Sind deutsche Unternehmen betroffen, sollte das nun zu erwartende Verbandssanktionenrecht diesbezüglich fruchtbar gemacht werden.

§ 5 Nr. 15 lit. a StGB ist deshalb ergänzend zu formulieren als:

> „Das deutsche Strafrecht gilt unabhängig vom Recht des Tatorts, für folgende Taten, die im Ausland begangen werden: [...]
> 15. Straftaten im Amt nach den §§ 331 bis 337, wenn
> a) der Täter zur Zeit der Tat Deutscher ist oder Angestellter eines Unternehmens mit Sitz in Deutschland bzw. einer Unterorganisation eines Unternehmens mit Sitz in Deutschland."

Eine solche Regelung würde das deutsche Strafrecht in sinnvollem Maße auf jene internationale Korruptionstaten ausweiten, die eine Erosion des inländischen Verwaltungsapparates befürchten lassen.

Zusammenfassung

A. *Die dogmatische Struktur der Auslandsbestechung*

Gesetzessystematisch wird zwischen den verschiedenen Arten der Bestechungsdelikte in den §§ 331 ff. StGB, §§ 299 ff. StGB und § 108e StGB klar unterschieden. Charakteristisch für die Auslandsbestechung, die im Abschnitt der Straftaten im Amt verortet ist, ist daher das Handeln im öffentlichen Bereich (im Unterschied zum privatwirtschaftlichen) und das eines Amtsträgers (im Unterschied zu einem Mandatsträger). Das wesentliche Distinktionsmerkmal der §§ 331 ff. StGB ist somit das *Public Office*. Der Amtsträger ist Träger staatlicher Macht, die vom Volk ausgeht und dem Volk verpflichtet ist (vgl. Art. 20 Abs. 2 GG). Diese Macht wird durch Bestechungstaten missbraucht. Deshalb können die Amtsträgerbestechungsdelikte als „Delikte gegen die Bürger" verstanden werden. Ohne Kenntnis des Tatbestandszwecks konnte zunächst nicht geklärt werden, ob und wie sich die Auslandsbestechung mit dieser Beschreibung vertrug. Nunmehr steht fest, dass die Bestechungstat von oder gegenüber einem Europäischen Amtsträger iSd. § 11 Abs. 1 Nr. 2a StGB den europäischen Institutionenschutz bezweckt und daher ein Delikt gegen *alle* Staatsangehörigen von EU-Mitgliedstaaten ist. Außerhalb der EU kann die Auslandsbestechung ieS. gem. § 335a iVm. §§ 331 ff. StGB auch dem inländischen Public Office schaden und ist dann wegen des Tatbestandszwecks „inländischer Institutionenschutz" zu bestrafen. Die Auslandsbestechung richtet sich nämlich *immer* im Herkunftsland des ausländischen Amtsträgers gegen die dortige Bevölkerung (und ist deshalb dort auch strafrechtlich erfasst) und bei einer „Dammbruchgefahr" *zusätzlich* im Inland gegen die inländische Öffentlichkeit. Schon wegen dieser Gefahr tragen deutsche Staatsangehörige auch im Ausland die Verantwortung, staatliche Macht nicht zu unterminieren. Umgekehrt werden durch das verschärfte Strafrecht neben den deutschen und europäischen auch ausländische Amtsträger gesteigerten Integritätserwartungen unterworfen, sodass die staatliche Sonderstellung gegenüber der Privatwirtschaft auch bei weltweiten Verflechtungen von Wirtschaft, Politik und Kultur behauptet wird. In diesem Sinne antwortet die Gleichstellungsvorschrift § 335a StGB auf ein globalisiertes Leben und Arbeiten mit zahlreichen sozialen, wirtschaftlichen und politischen Wechselbeziehungen.

B. Die Toolbox

Die Betrachtung der Auslandsbestechung hat ergeben, dass es eines grundsätzlichen Schemas zur Strukturierung von Argumenten bedarf. Zur Rationalisierung von Tatbeständen erscheint es sinnvoll, zwischen Ursache, Grund und Zweck zu differenzieren: Die Ursachen bieten nur den Anstoß zu Gesetzgebungsvorhaben; die Gründe sind erwünschte Nebenfolgen einer Regelung; der Tatbestandszweck ist Wesenskern der Norm und kann als solcher auslegungsrelevant sein. Mithilfe dieser schlichten Unterscheidung zwischen sozio-politischem Bedeutungszusammenhang der Vorschrift, rechtspolitischen Erfordernissen und Bestrebungen sowie dem eigentlichen Kriminalisierungsziel lassen sich die verschiedenen Argumentationsebenen gut auseinanderhalten. Sie kann deshalb nicht nur ganz grundsätzlich der Rechtsanwendung helfen, Auslegungsergebnisse zu formulieren – sie kann auch zukünftige Gesetzgebung sinnvoll anleiten.

C. Ursache, Grund und Zweck der EU-Bestechung

Ursache für die Kriminalisierung der EU-Bestechung ist der rechtspolitische Druck der verschiedenen internationalen Initiativen gegen Korruption. Eine besondere Rolle für das KorrBekG 2015 spielte der EU-Antikorruptionsbericht aus dem Jahr 2014. Für die EU-Bestechung im Besonderen bestand jedoch kein weitergehender gesetzgeberischer Handlungsbedarf aus völkerrechtlichen Verpflichtungen.

Grund war zum einen eine rechtstechnische Verbesserung durch eine Anpassung des Wortlauts an die Rechtslage nach dem Vertrag von Lissabon, eine Normierung im Kernstrafrecht sowie die Auflösung der Doppelerfassung ausländischer Amtsträger von EU-Mitgliedstaaten durch unterschiedliche Tatbestände der Auslandsbestechung (vormals Art. 2 § 1 Nr. 2 lit. a EUBestG und Art. 2 § 1 Nr. 2 lit. a IntBestG). Inhaltliche Motivation für die EU-Bestechung war zum anderen die fortgeschrittene „Integrationsstufe im Rahmen der Europäischen Union"[1294]. Die Auslandsbestechung ist hier, anders als bei internationalen Bediensteten, nicht lediglich nationale Angelegenheit der verschiedenen Mitgliedstaaten, sondern auch die des supranationalen Staatenverbundes selbst. Im Unterschied zu ausländischen Bediensteten üben die Europäischen Amtsträger iSd. § 11 Abs. 1 Nr. 2a StGB von der Bundesrepublik übertragene Staatsgewalt aus. Ange-

---

[1294] BT-Drs. 18/4350, 17.

sichts der vielfältigen und umfangreichen Übertragung staatlicher Gewalt auf die europäische Ebene waren die Europäischen Amtsträger daher besonders strafrechtlich zu schützen und zu verpflichten. Dies gilt auch mit Blick auf die EU-Rechtsetzungskompetenz gem. Art. 83 AEUV für Korruption als Bereich der besonders schweren und grenzüberschreitenden Kriminalität, der von den Mitgliedstaaten allein nur unzureichend adressiert werden kann. Das Strafrecht gehört zu den für die Mitgliedstaaten besonders sensiblen Bereichen staatlicher Souveränität, sodass hier weitere Rechtsangleichungen zu verhindern waren.

Tatbestandszweck der EU-Bestechung gem. §§ 331 ff. iVm. § 11 Abs. 1 Nr. 2a StGB ist der Schutz der EU-Institutionen; nicht lediglich der ihrer finanziellen Interessen. Letzteres wird zwar von der PIF-Richtlinie und dem Bestechungsprotokoll zum PIF-Übereinkommen[1295] nahegelegt, weil sie sich explizit auf solche Bestechungshandlungen beschränken, die die finanziellen Interessen der Union (wahrscheinlich) schädigen.[1296] Für den deutschen Gesetzgeber war der Schutz des europäischen Haushalts indes lediglich intendierte Nebenfolge, wie sich aus dem Regierungsentwurf klar ergibt.[1297] In den Abschnitt „Straftaten im Amt" fügt sich ein institutionenschützender Tatbestand ohnehin besser ein: Ansonsten wäre der Europäische Amtsträger einerseits formell vollständig in dieses System aufgenommen worden, andererseits hätte die Kriminalisierung aber materiell einen völlig anderen Zweck verfolgt. Der Schutz der EU-Institutionen ist daher Tatbestandszweck der EU-Bestechung. Schließlich ist es ein legitimer öffentlicher Zweck, die schutzbedürftigen und -fähigen Institutionen der EU strafrechtlich vor Bestechungshandlungen zu schützen.

Wegen dieses Tatbestandszwecks bestimmt sich allein nach EU-Recht die Amtsträgereigenschaft iSd. § 11 Abs. 1 Nr. 2a StGB und die Pflichtwidrigkeit gem. §§ 332, 334 StGB. EU-Beamter gem. § 11 Abs. 1 Nr. 2a lit. b StGB ist daher „wer bei einem der Organe der durch eine Urkunde der Anstellungsbehörde dieses Organs nach den Vorschriften des Statuts unter Einweisung in eine Dauerplanstelle zum Beamten ernannt worden ist"

1295 Übereinkommen vom 26.7.1995 zum Schutz der finanziellen Interessen der Europäischen Gemeinschaften, ABl. C 316 vom 27.11.1995, S. 48-57. Vgl. insb. die Präambel zum Ersten Protokoll des PIF-Übereinkommens, ABl. C 313 v. 23.10.1996, S. 1-10.

1296 Faktisch war die die Beschädigung oder Gefährdung von EU-Vermögen immer schon eine Pflichtverletzung iSd. §§ 332 und 334 StGB. § 3 des Umsetzungsgesetzes v. 19.6.2019 zur neuen PIF-RL ist daher lediglich deklaratorischer Natur, s. Fn. 622.

1297 BT-Drs. 18/4350, 23.

(Art. 1a Abs. 1 EU-Beamten-Statut). Ein sonstiger Bediensteter der EU iSv. § 11 Abs. 1 Nr. 2a lit. b Var. 2 StGB ist, wer von der EU durch Vertrag eingestellt wird (Art. 1 der Beschäftigungsbedingungen für die sonstigen Bediensteten der Europäischen Union). Unter Berücksichtigung der europarechtlichen Besonderheiten gehören zu den Mitgliedern eines EU-Gerichts gem. § 11 Abs. 1 Nr. 2a lit. a StGB nicht nur die EuGH-Richter, sondern auch die ihnen gem. Artt. 252 ff. AEUV gleichgestellten Generalanwälte. Europäischer Amtsträger gem. § 11 Abs. 1 Nr. 2a lit. c StGB sind alle „beauftragte[n] Personen im Sinne des Unionsrechts"[1298] – hierfür genügt, anders als für den (deutschen) Amtsträger gem. § 11 Abs. 1 Nr. 2 lit. c StGB, eine formfreie einmalige Beauftragung.

Der Blick auf den Tatbestandszweck offenbart eine Schutzlücke der EU-Bestechung: Der Präsident des Europäischen Rates wird für und wegen eines EU-Organs iSd. Art. 13 Abs. 1 EUV tätig. Mangels Dauerplanstelle und Ernennungsurkunde ist er aber kein Beamter iSv. § 11 Abs. 1 Nr. 2a lit. b Var. 1 StGB iVm. § 1a EU-Beamten-Statut. Er ist auch nicht sonstiger Bediensteter der EU gem. § 11 Abs. 1 Nr. 2a lit. b Var. 2 StGB, weil er nicht von der Union durch Vertrag eingestellt (Art. 1 Beschäftigungsbedingungen), sondern durch Wahl beauftragt ist. Der Präsident des Europäischen Rates sollte deshalb de lege ferenda in § 11 Abs. 1 Nr. 2a lit. a StGB aufgenommen werden.

Zudem ist es sinnvoll die Asymmetrie der Strafanwendung für Täter und Gegenüber der EU-Bestechung gem. § 5 Nr. 15 lit. b und d StGB aufzuheben. Wenn man die europäischen Institutionen umfassend durch die §§ 331 ff. StGB schützen möchte, darf ein besonderer Inlandsbezug der Tat keine Voraussetzung für die deutsche Strafanwendung sein.

D. Ursache, Grund und Zweck der Auslandsbestechung ieS.

Das KorrBekG 2015 ist als Reaktion auf außen- und insbesondere innenpolitischen Druck im Kontext der Griechenlandkrise sowie eines Gesellschaftsdiskurses um aktuelle Fälle von Korruption im weitesten Sinne zu verstehen. Hier zeigt sich eine Parallele zu der Kriminalisierung der Auslandsbestechung in den USA, bei der nach innen und außen im Kontext von Watergate und Kaltem Krieg um Glaubwürdigkeit gerungen wurde. In Großbritannien wurde die Auslandsbestechung erstmalig als Reaktion auf den 11. September unter Strafe gestellt, als die Handlungsfähigkeit im

---

1298 BT-Drs. 28/4350, 19.

In- und Ausland unter Beweis zu stellen war. Die Auslandbestechung erscheint so als Krisenüberwinder. Insofern lässt sich ein Vergleich zu der Entwicklung der Menschenrechte anstellen; der Hohe Kommissar der Vereinten Nationen für Menschenrechte *Zeid Ra'ad Al Hussein* sagte beim 15th Annual International Human Rights Colloquium 2017:

> „[W]hen we go back in history, whenever the cause of human rights has made a leap forward, that leap was generally in response to crisis."[1299]

Aus dieser Kriminalisierungsursache erklärt sich die verwendete Kampfmetaphorik etwa im Titel „Gesetz zur *Bekämpfung* der Korruption". Die bildhafte Sprache lässt das Gesetz als symbolisches Phänomen erscheinen, das die Kommunikativität des Gesetzgebungsaktes selbst betont.

Grund für die Schaffung des § 335a iVm. §§ 331 ff. StGB war ein praktisches Neuregelungsbedürfnis. Zuvor war die Auslandsbestechung unsystematisch in verschiedenen Nebengesetzen geregelt. Die Verortung im Kernstrafrecht verhilft zu mehr Rechtsklarheit und (damit) Rechtssicherheit. Zudem kommt durch die Stellung im Strafgesetzbuch zum Ausdruck, dass der Bundesrepublik die internationalen Antikorruptionsbemühungen ein großes Anliegen sind. Hier wurde Kriminalpolitik zum Mittel der Außenpolitik. Korruption bietet sich für eine derartige Instrumentalisierung an, weil sie als besonders unmoralisch gilt und auch wirtschaftlich bedeutsam ist. Die Tatbestandsschaffung diente insbesondere der politischen Reputation im Ausland. Gleichzeitig sollte der Ruf als guter Wirtschaftsstandort verteidigt werden. Starke Auslandsbestechungsgesetze schützen die Vertrauenswürdigkeit und Verlässlichkeit deutscher Wirtschaftstätigkeiten im Ausland. Hierfür müssen deutsche Verbände allerdings auch ihre Aufgabe als Adressat und Mittler von Strafnormen wahrnehmen. In diesem Zusammenhang besteht weiterhin Handlungsbedarf im *Hard Law* und im *Soft Law*. Schließlich hat sich gezeigt, dass die Normierung der Auslandsbestechung grundsätzlich auch als Reaktion auf zu fördernde oder fordernde sozialmoralische Wertvorstellungen eingesetzt werden kann.

Tatbestandszweck der Auslandsbestechung ieS. ist hinsichtlich der internationalen Bediensteten, Soldaten und Richter iSv. § 335a Abs. 1 Nr. 1 Alt. 2, Nr. 2 lit. b, lit. c Alt. 2, Abs. 2 und Abs. 3 StGB der internationale Institutionenschutz. Es besteht ein gleichermaßen internationales wie inlän-

---

[1299] Rede am 6.10.2017: Human Rights Today: Crisis or Transition, online verfügbar unter: http://www.ohchr.org/EN/NewsEvents/Pages/DisplayNews.aspx?NewsID=22203&LangID=E (zuletzt abgerufen am 8.10.2019).

disches Interesse an der Integrität der internationalen Institutionen. Insofern existiert eine vergleichbare Interessenlage wie bei der EU-Bestechung. Angesichts dessen ist nicht zu erklären, warum lediglich Bestechungshandlungen für künftige Diensthandlungen von NATO-Soldaten, IStGH-Mitgliedern und Mitgliedern eines internationalen Gerichts erfasst sind. De lege ferenda sollten auch Dankeschön-Zahlungen strafrechtlich erfasst werden; in Bezug auf die Mitglieder internationaler Gerichte müsste darüber hinaus auch das Pflichtwidrigkeitserfordernis gestrichen werden. Nach jetziger Rechtslage bedeutet der Tatbestandszweck für die tatbestandliche Auslegung, dass die Bestimmung der erfassten Personengruppen nach Völkerrecht erfolgt. Für die Strafanwendung folgt aus dem Tatbestandszweck, dass gem. § 6 Nr. 9 StGB das Weltrechtsprinzip Anwendung findet, sodass ein besonderer Inlandsbezug gem. § 5 Nr. 15 StGB nicht erforderlich ist.

Tatbestandszweck der übrigen Auslandsbestechung ieS. ist in Bezug auf die Amtsträger von EU-Mitgliedstaaten der ausländische Institutionenschutz und hinsichtlich der Amtsträger von Drittstaaten der inländische Institutionenschutz.

Korruptionsfreiheit wäre ein verfassungswidriger Tatbestandszweck. Gleiches gilt für die Entwicklungshilfe, gegen die zudem auch moralisch-sozialanthropologische und rechtspraktische Erwägungen sprechen. Als Konglomerat unterschiedlichster Einzelzwecke konnten auch „Demokratie, Rechtsstaatlichkeit und Menschenrechte" von vornherein nicht Tatbestandszweck sein. Im Gegensatz dazu sprach grundsätzlich viel für den strafrechtlichen Schutz des Wettbewerbs, sowohl verstanden als individuelle Chancengleichheit als auch als sozio-institutionelle Einrichtung. Bei näherer Analyse, insbesondere der historischen Tatbestandsgenese, ist der Wettbewerbsschutz allerdings unmöglich Zweck von § 335a iVm. §§ 331 ff. StGB. Für die Zukunft erscheint es indes sinnvoll, einen wettbewerbsschützenden Tatbestand der Auslandsbestechung im Kernstrafrecht zu schaffen. Hierbei könnte man sich an der insofern überzeugenden Vorgängervorschrift Art. 2 § 1 IntBestG orientieren. Bei der Kriminalisierung sollte man sich auf die aktive Seite beschränken, Dankeschön-Zahlungen erfassen und auf das Pflichtwidrigkeitserfordernis verzichten. Für die jetzige Fassung der Auslandsbestechung ieS. kam ein ausländischer Institutionenschutz in Betracht, der sowohl im globalen Interesse als auch grundsätzlich im Interesse der Heimatstaaten der ausländischen Bediensteten iSd. § 335a Abs. 1 Nr. 1 Alt. 1, Nr. 2 lit. a, lit. c Alt. 1 StGB steht. Im Hinblick auf die EU-Mitgliedstaaten kann darüber hinaus das verfassungsrechtlich erforderliche inländische Interesse bejaht werden. Wegen der ausgeprägten transnationalen Verflechtungen von Wirtschaft und Verwaltung auf supranationaler Ebene erzeugt die Auslandsbestechung eines EU-ausländischen Amtsträgers immer inländische Rückkoppelungen. Der ausländische Institutionenschutz ist hier ein unmittelbar inländisches Anliegen. Dagegen ist außerhalb der EU (und daher „eingeschränkt"[1300]) der inländische Institutionenschutz Tatbestandszweck. Diese Interpretation bringt den in den Gesetzesmaterialien angedeuteten gesetzgeberischen Willen mit der Gesetzessystematik und dem Strafanwendungsrecht kohärent zusammen. Inländischen Institutionen können durch die Auslandsbestechung ieS. mittelbar, nämlich durch einen Dammbrucheffekt, gefährdet werden. Eine zusätzliche Vertrauenskomponente des Telos ist aus rechtspraktischen und rechtstheoretischen Gründen abzulehnen.

Für die konkrete Auslegung folgt aus dem Tatbestandszweck: Im Wege der teleologischen Reduktion sind solche Bestechungstaten aus dem tatbestandlichen Programm zu nehmen, bei denen eine abstrakte Gefährdung der jeweils geschützten Institutionen absolut ausgeschlossen ist. Die deutsche Verwaltung kann beispielsweise keinen Schaden nehmen, wenn ausländische Amtsträger völlig korrupter Staaten bestochen werden. Bei einer so krassen „Materialverschiedenheit" staatlicher Institutionen besteht keine Interdependenz der Ordnungen. Für das Strafanwendungsrecht muss hinsichtlich des Tatbestandszwecks beachtet werden, dass es weiterhin eines hinreichenden Anknüpfungspunkts bedarf und § 3 iVm. § 9 Abs. 1 Alt. 3 StGB deshalb keine Anwendung findet. Zudem konnte die umstrittene und praktisch bedeutsame Frage geklärt werden, nach welcher Rechtsordnung sich der ausländische Amtsträger iSv. § 335a Abs. 1 Nr. 2 lit. a StGB bestimmt. Sowohl die auslandsakzessorische als auch die selektive Auslegung wären verfassungswidrig. Dagegen ist die völkerrechtliche Begriffsbestimmung nach UNCAC und OECD-Übereinkommen die rechtspraktisch einfachste Auslegung, gegen die nunmehr auch keine völkerrechtlichen und teleologischen Bedenken erhoben werden können.

Die Pflichtwidrigkeit der Diensthandlung wird dagegen nach ausländischem Recht bestimmt, weil die Amtsträgerbestechung inner- oder außerhalb der EU zunächst die Missachtung des ausländischen Verwaltungsapparates voraussetzt (, die dann der inländischen Verwaltung schadet). In der EU findet die Bewertung streng nach dem ausländischen Pflichtenmaßstab statt. Außerhalb der EU ist dagegen keine detaillierte Rechtsprüfung notwendig; es genügt, die „rechtlichen Rahmenbedingungen des ausländischen Staates" heranzuziehen. Sodann werden die Wertungen des deutschen Rechts herangezogen. Folglich bedeutet der Verstoß gegen aus-

---

1300 BT-Drs. 18/4350, 27.

ländische Pflichtenregelungen, die nach deutschem Rechtsverständnis abwegig erscheinen, keine Pflichtwidrigkeit iSd. § 335a Abs. 1 Nr. 1 Alt. 1, Nr. 2 lit. a, lit. c Alt. 1 iVm. §§ 332, 334 StGB.

Aus dem Tatbestandszweck „inländischer Institutionenschutz" folgt außerdem, dass das Strafverfahren im Fall der Auslandsbestechung ieS. nur ausnahmsweise gem. § 153a StPO eingestellt werden kann. Wegen der Betroffenheit von staatlichen Institutionen und mit Blick auf die Besonderheiten der Korruptionsdelikte ieS. wird grundsätzlich ein erhöhtes öffentliches Interesse an der Strafverfolgung bestehen. Für eine Steuerung der Einstellungspraxis wird vorgeschlagen, künftig eine Regelung in der RiStBV zu § 153a StPO aufzunehmen, in der konkrete Einstellungskriterien für die Auslandsbestechung formuliert werden. Schließlich könnte das Strafanwendungsrecht in § 5 Nr. 15 lit. a StGB ergänzt werden um Angestellte eines Unternehmens mit Sitz in Deutschland bzw. einer Unterorganisation eines Unternehmens mit Sitz in Deutschland, um den die inländischen Institutionen umfassend vor den Schäden durch Auslandsbestechung zu schützen.

Literaturverzeichnis

Aaken, Anne v.: Genügt das deutsche Recht den Anforderungen der VN-Konvention gegen Korruption? Eine rechtsvergleichende Studie zur politischen Korruption unter besonderer Berücksichtigung der Rechtslage in Deutschland, in: ZaöRV 65 (2005), S. 407-446.

Acemoglu, Daron/Robinson, James A.: Why Nations Fail. The Origins of Power, Prosperity and Poverty, London 2013.

Achenbach, Hans: Zur Entwicklung des Wirtschaftsstrafrechts in Deutschland seit dem späten 19. Jahrhundert, in: Jura 2007, S. 342-348.

–/Ransiek, Andreas/Rönnau, Thomas (Hrsg.): Handbuch Wirtschaftsstrafrecht, 4. Aufl. Heidelberg 2015 (zitiert als HbW-*Bearbeiter*).

Adamski, Vivien: Die gesetzliche Konzeption der Bestechungsdelikte: Zugleich ein Vorschlag für eine künftige Fassung der §§ 331 ff. StGB, Frankfurt a.M. 2013.

Adeyeye, Adefolake: Foreign Bribery Gaps and Sealants: International Standards and Domestic Implementation, in: Business Law International 15 (3/2014), S. 169-182

Alexander, Larry: The Philosophy of Criminal Law, in: *Coleman, Jules L./Himma, Kenneth Einar/Shapiro, Scott J.* (Hrsg.), The Oxford Handbook of Jurisprudence and Philosophy of Law, Oxford 2004.

Alexy, Robert: Theorie der Grundrechte, Baden-Baden 1985.

–/Dreier, Ralf: Statutory Interpretation in the Federal Republic of Germany, in: *MacCormick, Neil/Summers, Robert* (Hrsg.), Interpreting Statutes. A Comparative Study, Aldershot 1991, S. 73-121.

Aliabasi, Navid: Die staatsgefährdende Gewalttat. Eine Analyse der §§ 89a, 89b und 91 StGB, Frankfurt a.M. 2017.

Altenburg, Johannes: Der Gesetzentwurf der Bundesregierung zur Bekämpfung der Korruption – Darstellung und Kritik, in: CB 5/2015, S. 143-147.

Ambos, Kai: Internationales Strafrecht. Strafanwendungsrecht – Völkerstrafrecht – Europäisches Strafrecht – Rechtshilfe, 5. Aufl. München 2018.

Amelung, Knut: Rechtsgüterschutz und Schutz der Gesellschaft. Untersuchungen zum Inhalt und zum Anwendungsbereich eines Strafrechtsprinzips auf dogmengeschichtlicher Grundlage. Zugleich ein Beitrag zur Lehre von der „Sozialschädlichkeit des Verbrechens", Frankfurt a.M. 1972.

–: Zur Kritik des kriminalpolitischen Strafrechtssystems von Roxin, in: *Schünemann, Bernd* (Hrsg.), Grundfragen des modernen Strafrechtssystems, Berlin 1984, S. 85-102.

Amin, Samir: Reflections on the International System, in: *Golding, Peter/Harris, Phil* (Hrsg.), Beyond Cultural Imperialism, Globalization, communication & the new international order, London 1997, S. 10-24.

293

Androulakis, Ioannis: Die Globalisierung der Korruptionsbekämpfung. Eine Untersuchung zur Entstehung, zum Inhalt und zu den Auswirkungen des internationalen Korruptionsstrafrechts unter Berücksichtigung des sozialökonomischen Hintergrundes, Baden-Baden 2007.

Androulakis, Nikolaos M.: Über den Primat der Strafe, in: ZStW 108 (1996), S. 300-332.

Angermund, Ralph: Corruption under German National Socialism, in: *Heidenheimer, Arnold J./Johnston, Michael* (Hrsg.), Political Corruption. Concepts & Contexts, 3. Aufl. New Brunswick 2009, S. 605-620.

Anschütz, Gerhard: Kommentar zur Weimarer Verfassung, 14. Aufl. 1933 (ND Bad Homburg vor der Höhe 1965).

AnwaltKommentar StGB. Leipold, Klaus/Tsambikakis, Michael/Zöller, Mark (Hrsg.) 2. Aufl. Heidelberg 2015 (zitiert als AnwK-*Bearbeiter*).

Appel, Ivo: Rechtsgüterschutz durch Strafrecht? Anmerkungen aus verfassungsrechtlicher Sicht, in: KritV 1999, S. 278-311.

–: Verfassung und Strafe. Zu den verfassungsrechtlichen Grenzen staatlichen Strafens, Berlin 1998.

Arnim, Hans Herbert v.: Das Europa-Komplott. Wie EU-Funktionäre unsere Demokratie verschärbeln, München 2006.

Arzt, Gunther: Wissenschaftsbedarf nach dem 6. StrRG, in: ZStW 111 (1999), S. 757-784.

Ast, Friedrich: Grundlinien der Grammatik, Hermeneutik und Kritik, Leipzig 1806.

Augsberg, Ino: Die Lesbarkeit des Rechts. Texttheoretische Lektionen für eine postmoderne juristische Methodologie, Weilerswist 2009.

Bacio Terracino, Julio: The International Legal Framework against Corruption. States' obligations to prevent and repress corruption, Cambridge 2012.

Badura, Peter: Staatsrecht. Systematische Erläuterung des Grundgesetzes, 7. Aufl. München 2018.

–: Wirtschaftsverfassung und Wirtschaftsverwaltung. Ein exemplarischer Leitfaden, 4. Aufl. Tübingen 2011.

Bannenberg, Britta/Schaupensteiner, Wolfgang: Korruption in Deutschland. Portrait einer Wachstumsbranche, München 2004.

Bantekas, Ilias: Corruption as an International Crime and Crime Against Humanity, in: Journal of International Criminal Justice 3/2006, S. 466-484.

Basedow, Jürgen: Kartellrecht im Land der Kartelle. Zur Entstehung und Entwicklung des Gesetzes gegen Wettbewerbs-beschränkungen, in: WuW 2008, S. 270-273.

Beaucamp, Guy/Treder, Lutz: Methoden und Technik der Rechtsanwendung, 3. Aufl. Heidelberg 2015.

Becker, Christian: Anmerkung zu BGH, Urt. v. 17.3.2015 – 2 StR 281/14. Abgeordnetenbestechung, in: NStZ 2015, S. 454-455.

Becker, Stefanie: Europäische Kommission läutet die nächste Runde ihres MwSt-Aktionsplans an. Eine kritische Zusammenfassung, in: MwStR 2017, S. 902-911.

Beitz, Charles: Human Rights as a Common Concern, in: American Political Science Review, 95 (2001), S. 269-282.

Bentham, Jeremy: An Introduction to the Principles of Morals and Legislation, NA Oxford 1907.

–: Force of a Law, NA, in: *Parekh, Bhikku* (Hrsg.), Bentham's Political Thought, Abingdon 1973, S. 167-174.

Berghoff, Hartmut: From the Watergate Scandal to the Compliance Revolution: The Fight against Corporate Corruption in the United States and Germany, 1972-2012, in: Bulletin of the German Historical Institute 53 (2013), S. 7-29.

Bernsmann, Klaus/Gatzweiler, Norbert: Verteidigung bei Korruptionsfällen, 2. Aufl. Heidelberg 2014.

Betti, Emilio: Allgemeine Auslegungslehre als Methodik der Geisteswissenschaften, Tübingen 1967.

–: Die Hermeneutik als allgemeine Methodik der Geisteswissenschaften, Tübingen 1962.

Bieber, Roland/Epiney, Astrid/Haag, Marcel (Hrsg.): Die Europäische Union, 11. Aufl. Baden-Baden 2015 (zitiert als BEH-EU-*Bearbeiter*).

Binding, Karl: Systematisches Handbuch der Deutschen Rechtswissenschaft. Siebente Abtheilung, erster Theil, erster Band. Handbuch des Strafrechts. Erster Band, Leipzig 1885.

–: Die Normen und ihre Übertretung. Eine Untersuchung über die rechtmäßige Handlung und die Arten des Delikts. Erster Band. Normen und Strafgesetze, Leipzig 1872.

Bitter, Albrecht v.: Das Strafrecht des Preußischen Allgemeinen Landrechts von 1794 vor dem ideengeschichtlichen Hintergrund seiner Zeit, Baden-Baden 2013.

Bix, Brian: Jurisprudence. Theory and Context. 7. Aufl. Durham 2015.

Bleckmann, Albert: Vom Sinn und Zweck des Demokratieprinzips. Ein Beitrag zur teleologischen Auslegung des Staatsorganisationsrechtes, Berlin 1998.

Bluntschi, Johann Caspar: Avis, in: Institut de Droit International. Annuaire 5 (1881/82), Bad Feilnbach 1994, S. 102-105.

Bobbitt, Philip: Constitutional Interpretation, Oxford 1991.

Böckenförde, Ernst-Wolfgang: Recht, Staat, Freiheit, Frankfurt a.M. 2006.

–: Mittelbare/repräsentative Demokratie als eigentliche Form der Demokratie. Bemerkungen zu Begriff und Verwirklichungsproblemen der Demokratie als Staats- und Regierungsform, in: *Müller, Georg* et al. (Hrsg.) Festschrift für Kurt Eichenberger zum 60. Geburtstag, Basel 1982, S. 301-328.

–: Gesetz und gesetzgebende Gewalt. Von den Anfängen der deutschen Staatsrechtslehre bis zur Höhe des staatsrechtlichen Positivismus, 2. Aufl. Berlin 1981.

Böse, Martin: Das Rechtsgut der Auslandsbestechung (§ 335a StGB), in: ZIS 4/2018, S. 119-129.

Boister, Neil: Transnational Criminal Law?, in: EJIL 14 (2003), S. 953-976.

Boles, Jeffrey R.: The Two Faces of Bribery. International Corruption Pathways Meet Conflicting Legislative Regimes, in: Michigan Journal of International Law 35 (2014), S. 673-713.

Bott, Ingo/Hiéramente, Mayeul: Ausschluss einer Korruptionsstrafbarkeit durch institutionalisierte Vorabbewilligungen?, in: NStZ 2015, S. 121-127.

Brandt, Karsten/Hoentzsch, Susanne/Maatz, Rico/Schulenburg, Johanna: 3. Sitzung, Kriminalisierung jenseits des Rechtsgutsdogmas, in: *Hefendehl, Roland/Hirsch, Andrew v./Wohlers, Wolfang* (Hrsg.), Die Rechtsgutstheorie. Legitimationsbasis des Strafrechts oder dogmatisches Glasperlenspiel?, Baden-Baden 2003, S. 303-308.

Bredt, Stephan: Die demokratische Legitimation unabhängiger Institutionen: Vom funktionalen zum politikfeldbezogenen Demokratieprinzip, Tübingen 2006.

Brennan, Geoffrey/Eriksson, Lina/Goodin, Robert E./Southwood, Nicholas, Explaining Norms, Oxford 2013.

Brettel, Hauke/Schneider, Hendrik: Wirtschaftsstrafrecht, 2. Aufl. Baden-Baden 2018.

Brockhaus, Matthias/Haak, Marius: Praxistaugliche Änderungen zur Bekämpfung der Auslandskorruption? Kritische Anmerkungen zum Regierungsentwurf vom 21.01.2015, in: HRRS 5/2015, S. 218-223.

Brodowski, Dominik: Die Europäische Staatsanwaltschaft – eine Einführung, in: StV 2017, S. 684-692.

–: Strafbare Entziehung elektrischer Energie durch Aufladen eines Mobiltelefons, in: ZJS 1/2010, S. 144-147.

Brownlie, Ian: Principles of Public Interational Law, 7. Aufl. Oxford 2008.

Brüggemann, Jürgen: Die richterliche Begründungspflicht. Verfassungsrechtliche Mindestanforderungen an die Begründung gerichtlicher Entscheidungen, Berlin 1971.

Brüning, Janique: Das Verhältnis des Strafrechts zum Disziplinarrecht. Unter besonderer Berücksichtigung der verfassungsrechtlichen Grenzen staatlichen Strafens, Baden-Baden 2017.

Bulmer, Simon/Burch, Martin: The ‚Europeanisation' of central government. The UK and Germany in historical institutionalist perspective, in: *Schneider, Gerald/Aspinwall, Mark* (Hrsg.), The rules of integration. Institutionalist approaches to the study of Europe, Manchester 2001, S. 73-96.

Burke, Kenneth: A Grammar of Motives, Berkeley 1969.

Busch, Anna Katharina: Ist die strafwürdige Beeinflussung und Beeinflussbarkeit von Bundestagsabgeordneten durch § 108e StGB hinreichend geregelt? Eine die Möglichkeiten des akzessorischen Strafrechts berücksichtigende Untersuchung, Münster 2016.

Bussmann, Kai/Niemeczek, Anja/Vockrodt, Marcel: Korruption und Unternehmenskultur – Forschungsergebnisse, in: *Hoven, Elisa/Kubiciel, Michael* (Hrsg.), Das Verbot der Auslandsbestechung, Baden-Baden 2016, S. 205-224.

Bydlinski, Franz: Juristische Methodenlehre und Rechtsbegriff, Wien 1982.

Calliess, Christian: Die Rolle des Grundgesetzes und des Bundesverfassungsgerichts, in: *Böttger, Katrin/Jopp, Mathias* (Hrsg.), Handbuch zur deutschen Europapolitik, Baden-Baden 2017, S. 149-170.

–/Ruffert, Matthias (Hrsg.): EUV/AEUV. Das Verfassungsrecht der Europäischen Union mit Europäischer Grundrechtscharta. Kommentar, 5. Aufl. München 2016 (zitiert als Calliess/Ruffert-*Bearbeiter*).

Carus, Paul: Ursache, Grund und Zweck. Eine philosophische Untersuchung zur Klärung der Begriffe, Dresden 1883.

Cassese, Antonio: International Law, 2. Aufl. Oxford 2005.

Cryer, Roger/Friman, Hakan/Robinson, Darryl/Wilmshurt, Elizabeth: An introduction to international criminal law and procedure, 3. Aufl. Cambridge 2014.

Dahs, Hans/Müssig, Bernd: Strafbarkeit kommunaler Mandatsträger als Amtsträger? – Eine Zwischenbilanz, in: NStZ 2006, S. 191-196.

Damler, Daniel: Konzern und Moderne. Die verbundene juristische Person in der visuellen Kultur 1880-1980, Frankfurt a.M. 2016.

Dann, Matthias: Die Bestechung ausländischer Amtsträger im Bannkreis des FCPA, in: *Hoven, Elisa/Kubiciel, Michael* (Hrsg.), Das Verbot der Auslandsbestechung, Baden-Baden 2016, S. 227-260.

–: Und immer ein Stück weiter – Die Reform des deutschen Korruptionsstrafrechts, in: NJW 2016, S. 203-206.

–: Korruption im Notstand – Zur Rechtfertigung von Schmiergeld- und Bestechungszahlungen, in: wistra 2011, S. 127-132.

–/Scholz, Karsten: Der Teufel steckt im Detail – Das neue Anti-Korruptionsgesetz für das Gesundheitswesen, in: NJW 2016, S. 2077-2080.

Dannecker, Gerhard: Die Verschärfung der strafrechtlichen und steuerrechtlichen Maßnahmen zur Bekämpfung der Korruption in Deutschland, in: *ders./Leitner, Roman* (Hrsg.), Schmiergelder. Strafbarkeit und steuerliche Abzugsverbote in Österreich und Deutschland, Wien 2002, S. 111-138

Danz, Christian: Systematische Theologie, Tübingen 2016.

Deflem, Mathieu: Bureaucratization and Social Control. Historical Foundations of International Police Cooperation, in: Law & Society Review, 34 (3/2000), S. 739-778.

Deiters, Mark: Das neue grenzüberschreitende Korruptionsrecht und die Notwendigkeit seiner prozessualen Begrenzung, in: *Herzog, Felix/Schlothauer, Reinhold/Wohlers, Wolfgang* (Hrsg.), Rechtsstaatlicher Strafprozess und Bürgerrechte. Gedächtnisschrift für Edda Weßlau, Berlin 2016, S. 51-66.

–: Zur Frage der Strafbarkeit von Gemeinderäten wegen Vorteilsannahme und Bestechlichkeit, in: NStZ 2003, S. 453-458.

Dejemeppe, Benoît: Corruption Cases and Their Consequences for Legislation and Judiciary in Belgium, in: *Fijnaut, Cyrille/Huberts, Leo* (Hrsg.), Corruption, Integrity and Law Enforcement, Den Haag 2002, S. 161-172.

Depenheuer, Otto: Sprache und Stil der Gesetze (§ 6), in: *Kluth, Winfried/Krings, Günter* (Hrsg.), Gesetzgebung. Rechtssetzung durch Parlamente und Verwaltungen sowie ihre gerichtliche Kontrolle, Heidelberg 2014.

Dias, Gabriel Nogueira: Rechtspositivismus und Rechtstheorie. Das Verhältnis beider im Werke Hans Kelsens, Tübingen 2005.

Dinter, Lasse: Der Pflichtwidrigkeitsvorsatz der Untreue. Zugleich ein Beitrag zur gesetzlichen Bestimmtheit des § 266 StGB, Heidelberg 2012.

Dixon, Martin: Textbook on International Law, 7. Aufl. Oxford 2013.

Dölling, Dieter: Handbuch der Korruptionsprävention für Wirtschaftsunternehmen und öffentliche Verwaltung, München 2007 (zitiert als Dölling-*Bearbeiter*).

–: Die Neuregelung der Strafvorschriften gegen Korruption, in: ZStW 112 (2002), S. 334-355.

–/*Duttge, Gunnar/König, Stefan/Rössner, Dieter* (Hrsg.), Gesamtes Strafrecht, 4. Aufl. Baden-Baden 2017 (zitiert als DDKR-*Bearbeiter*).

Dörrbecker; Alexander/Stammler, Philipp: OECD Anti-Korruptionskonvention: Folgerungen aus der Evaluierung Deutschlands - Auswirkungen auf die Compliance im Unternehmen, in: Der Betrieb 19/2011, S. 1093 – 1099.

Doig, Alan: From Lynskey to Nolan. The Corruption of British Poltics and Public Life?, in: Journal of Law and Society, 23 (1996), S. 36-56.

Dolata, Uwe: Compliance contra Wirtschaftskriminalität: Korruption im Wandel der Zeit, Hamburg 2014.

Dreher, Meinrad/Kulka, Michael: Wettbewerbs- und Kartellrecht. Eine systematische Darstellung des deutschen und europäischen Rechts, 10. Aufl. Heidelberg 2018.

Dreier, Horst: Hierarchische Verwaltung im demokratischen Staat. Genese, aktuelle Bedeutung und funktionelle Grenzen eines Bauprinzips der Exekutive, Tübingen 1991.

Dubber, Markus D.: Positive Generalprävention und Rechtsgutstheorie: Zwei zentrale Errungenschaften der deutschen Strafrechtswissenschaft aus amerikanischer Sicht, in: ZStW 2005, 117 (2005), S. 485-518.

–/*Hörnle, Tatjana:* Criminal Law. A Comparative Approach, Oxford 2014.

Dudziak, Mary L.: Toward A Geopolitics Of The History Of International Law In The Supreme Court, American Society of International Law Proceedings 105 (2011), S. 532-538.

Durkheim, Émile: Über soziale Arbeitsteilung. Studie über die Organisation höherer Gesellschaften (1893), mit Einl. *Luhmann*, 6. Aufl. Berlin 2012.

Duve, Thomas: Internationalisierung und Transnationalisierung der Rechtswissenschaft, in: *Grimm, Dieter/Kemmerer, Alexandra/Möllers. Christoph* (Hrsg.), Rechtswege. Kontextsensible Rechtswissenschaft vor den transnationalen Herausforderungen, Baden-Baden 2015, S. 167-196.

Dworkin, Ronald: Law's Empire, Cambridge (MA) 1986 (ND Oxford 2010)

Eigen, Peter: Das Nord-Süd-Gefälle der Korruption, in: *Enzensberger, Hans Magnus/Michel, Karl Markus/Spengler, Tilman* (Hrsg.), Kursbuch Korruption, Berlin 1995, S. 155-168.

Elster, Jon: Marxism, Marxism, functionalism, and game theory. A case for method-ological individualism, in: *Matravers, Derek* et al. (Hrsg.), Debates in contempo-rary political philosophy. An anthology, London 2003, S. 22-40.

Emmenegger, Sigrid: Gesetzgebungskunst. Gute Gesetzgebung als Gegenstand einer legislativen Methodenbewegung in der Rechtswissenschaft um 1900. Zur Ge-schichte der Gesetzgebungslehre, Tübingen 2006.

Engelhart, Marc: Development and Status of Economic Criminal Law in Germany, in: German Law Journal 15 (2014), S. 693-718.

–: Der britische Bribery Act 2010 in: ZStW 128 (2016), S. 882-930.

Engels, Jens Ivo: Die Geschichte der Korruption. Von der frühen Neuzeit bis ins 20. Jahrhundert, Frankfurt a.M. 2014.

Engisch, Karl: Einführung in das juristische Denken (herausgegeben und bearbeitet von *Würtenberger, Thomas/Otto, Dirk*), 9. Aufl. Köln 1997.

–: Wahrheit und Richtigkeit im juristischen Denken. Vortrag, gehalten beim 491. Stiftungsfest der Ludwig-Maximilian-Universität München am 6. Juli 1963, München 1963.

Enzyklopädie der Neuzeit. Band 12. Silber-Subsidien, *Jäger, Friedrich* (Hrsg.), Stutt-gart 2010 (zitiert als Enzyklopädie-*Bearbeiter*).

Eser, Albin: Preface, in: *Heine, Günter/Huber, Barbara/Rose, Thomas* (Hrsg.), Private Commercial Bribery. A Comparison of National and Supranational Legal Struc-tures, Freiburg (Br) 2003, S. 7.

–: Völkermord und deutsche Strafgewalt. Zum Spannungsverhältnis von Welt-rechtsprinzip und legitimierendem Inlandsbezug, in: *ders./Goydke, Jürgen* et al. (Hrsg.), Strafverfahrensrecht in Theorie und Praxis. Festschrift für Lutz Meyer-Goßner zum 65. Geburtstag, München 2001, S. 3-32.

Esser, Robert: Europäisches und Internationales Strafrecht, 2. Aufl. München 2018.

Eucken, Walter: Die Grundlagen der Nationalökonomie, 9. Aufl. Berlin 1989.

Farmer, Lindsay: Art. Definitions of crime, in: *Cane, Peter/Conaghan, Joanne* (Hrsg.), The New Oxford Companion of Law, Oxford 2008, S. 263-264.

Feinendegen, Markus: Vorteilsnahme ohne Folgen – Freibrief für kommunale Man-datsträger durch den BGH?, in: NJW 2006, S. 2014-2016.

Fischer, Thomas: Strafgesetzbuch, 65. Aufl. München 2018 (zitiert als *Fischer*).

–: Strafgesetzbuch, 61. Aufl. München 2014 (zitiert als *Fischer, 61. Aufl. 2014*).

Fischer, Thomas: Staat, Recht und Verfassung im Denken von Walter Eucken. Zu den staats- und rechtstheoretischen Grundlagen einer wirtschaftsordnungspoliti-schen Konzeption, Frankfurt a.M. 1993.

Fish, Stanley: Intention Is All There Is: A Critical Analysis of Aharon Barak's Purpo-sive Interpretation in Law, in: Cardozo Law Review 29 (2008), S. 1109-1146.

–: There Is No Textualist Position, in: San Diego Law Review 42 (2005), S. 1-22.

Fleischer, Holger: Rechtsvergleichende Beobachtungen zur Rolle der Gesetzesmate-rialien bei der Gesetzesauslegung, in: AcP 211 (2011), S. 317-351.

Fletcher, Maria/Lööf, Robin: EU Criminal Law and Justice, Cheltenham 2008.

Forlenza, Rosario: The Politics of the Abendland. Christian Democracy and the Idea of Europe after the Second World War. Forum: Visions of European Integration Across the Twentieth Century, in: Contemporary European History 26 (2017), S. 261–286.

Francuski, Ramona: Die Neuregelung der Abgeordnetenbestechung (§ 108e StGB), in: HRRS 15 (2014), S. 220-230.

Freund, Georg: Strafrecht Allgemeiner Teil. Personale Straftatlehre, 2. Aufl. Berlin 2009.

Fricke, Karl Wilhelm: Politik und Justiz in der DDR. Zur Geschichte der politischen Verfolgung 1945-1968. Bericht und Dokumentation, 2. Aufl. Köln 1990.

Friedhoff, Tobias: Die straflose Vorteilsannahme. Zu den Grenzen der Strafwürdigkeit in § 331 StGB – mit vergleichender Darstellung der entsprechenden Normen in Österreich und der Schweiz, Heidelberg 2012.

Friedrich, Carl J.: Pathologie der Politik. Die Funktion der Mißstände: Gewalt, Verrat, Korruption, Geheimhaltung, Propaganda, Frankfurt 1973.

Frisch, Wolfgang: Straftatsystem und Strafzumessung. Zugleich ein Beitrag zur Struktur der Strafzumessungsentscheidung, in: *Wolter, Jürgen* (Hrsg.), 140 Jahre Goltdammer's Archiv für Strafrecht. Eine Würdigung zum 70. Geburtstag von Paul-Günter Pötz, Heidelberg 1993, S. 1-38.

–: Tatbestandsmäßiges Verhalten und Zurechnung des Erfolgs, Heidelberg 1988.

–: Vorsatz und Risiko. Grundfragen des tatbestandsmäßigen Verhaltens und des Vorsatzes. Zugleich ein Beitrag zur Behandlung außertatbestandlicher Möglichkeitsvorstellungen, Köln 1983.

Frommel, Monika: Punitiver Populismus, in: *Herzog, Felix/Schlothauer, Reinhold/Wohlers, Wolfgang* (Hrsg.), Rechtsstaatlicher Strafprozess und Bürgerrechte. Gedächtnisschrift für Edda Weßlau, Berlin 2016, S. 495-505.

–: Die Rezeption der Hermeneutik bei Karl Larenz und Josef Esser, Ebelsbach 1981.

Fues, Thomas/Welter, Friederike: Exportförderung. Über die Beihilfe der Staaten zur Bestechung, in: *Enzensberger, Hans Magnus/Michel, Karl Markus/Spengler, Tilman* (Hrsg.), Kursbuch Korruption, Berlin 1995, S. 148-153.

Gadamer, Hans-Georg: Wahrheit und Methode, Tübingen 1960.

Gaede, Karsten: Gutachten zum Entwurf eines Gesetzes zur Bekämpfung der Korruption (BT-Drs. 18/4350), online verfügbar unter: https://www.bundestag.de/blob/377336/7b8bcea9200ac5bba925d7fb950785dd/gaede-data.pdf (zuletzt abgerufen am 8.11.2018).

Gänßle, Peter: Das Antikorruptionsstrafrecht - Balsam aus der Tube der symbolischen Gesetzgebung?, in: NStZ 1999, S. 543-547.

Gärditz, Klaus Ferdinand: Demokratizität des Strafrechts und Ultima Ratio-Grundsatz, in: JZ 2016, S. 641-650.

–: Strafbegründung und Demokratieprinzip, in: Der Staat 49 (2010), S. 331-367.

Gallwas, Hans-Ullrich: Strafnormen als Grundrechtsproblem, in: MDR 1969, S. 892-895.

Gantz, David A.: Globalizing Sanctions Against Foreign Bribery, in: Northwestern Journal of International Law and Business 18 (1998), S. 457-497.

Gardinier, John: Defining Corruption, in: *Punch, Maurice/Kolthoff, Emile/Vijver, Kees van der/Vliet, Bram van* (Hrsg.), Coping with Corruption in a Borderless World: Proceedings of the Fifth International Anti-Corruption Conference. Deventer 1993, S. 21-38.

Geiger, Willi: Gegenwartsprobleme der Verfassungsgerichtsbarkeit aus deutscher Sicht, in: *Berberich, Thomas* et al. (Hrsg.), Neue Entwicklungen im öffentlichen Recht, Stuttgart 1979, S. 131-142.

Geisler, Nicole: Korruptionsstrafrecht und Beteiligungslehre, Berlin 2013.

Gerats, Hans/Lekschas, John/Renneberg, Joachim: Lehrbuch des Strafrechts der Deutschen Demokratischen Republik. Allgemeiner Teil, 2. Aufl. Berlin 1959.

Gerber, David J.: Law and Competition in Twentieth Century Europe. Protecting Prometheus, Oxford 1998.

Gierke, Otto: Die soziale Aufgabe des Privatrechts. Vortrag, gehalten am 5. April 1889 in der juristischen Gesellschaft zu Wien, Berlin 1889, S. 13.

Giese, Friedrich: Einführung in die Rechtswissenschaft, Wiesbaden 1948.

Gleispach, Wenzeslaus Graf: Strafrechtsvergleichung in Deutschland und Oesterreich-Ungarn, in: Deutsche Strafrechts-Zeitung 3 (1916), Sp. 107-117.

Gössel, Karl Heinz/Dölling, Dieter: Strafrecht Besonderer Teil 1. Straftaten gegen Persönlichkeits- und Gemeinschaftswerte, 2. Aufl. Heidelberg 2004.

Gössel/Maurach/Zipf. Strafrecht Allgemeiner Teil. Teilband 2. Erscheinungsformen des Verbrechens und Rechtsfolgen der Tat (begründet von *Maurach, Reinhart*; fortgeführt von *Gössel, Karl Heinz/Zipf, Heinz/Dölling, Dieter* et al., 8. Aufl. München 2014 (zitierter GMZ-*Bearbeiter*).

Greco, Luís: Verfassungskonformes oder legitimes Strafrecht? Zu den Grenzen einer verfassungsrechtlichen Orientierung der Strafrechtswissenschaft, in: *Brunhöber, Beatrice/Höffler, Katrin/Kaspar, Johannes* et al. (Hrsg.), Strafrecht und Verfassung. 2. Symposium Junger Strafrechtlerinnen und Strafrechtler, Berlin 2013, S. 13-36.

Green, Stuart P.: Official and commercial bribery: should they be distinguished?, in: *Horder, Jeremy/Alldridge, Peter* (Hrsg.), Modern Bribery Law. Comparative Perspectives, Cambridge 2013, S. 39-65.

Grewe, Wilhelm: Epochen der Völkerrechtsgeschichte, Baden-Baden 1984.

Grieger, Jürgen: Einleitung: Korruption, Korruptionsbegriffe und Korruptionsforschung, in: *Graeff, Peter/Grieger, Jürgen* (Hrsg.), Was ist Korruption?, Baden-Baden 2012, S. 3-12.

Grimm, Dieter: Recht und Politik, in: JuS 1969, S. 501-510.

Grimm, Jacob/Grimm, Wilhelm: Deutsches Wörterbuch, Band VI Original = 12 DTV, 1885 (ND München 1984).

Gröpl, Christoph: Staatsrecht I. Staatsgrundlagen, Staatsorganisation, Verfassungsprozess, 9. Aufl. München 2012.

Grüne, Niels: Freundschaft, Privatheit und Korruption: Zur Disqualifizierung sozialer Nähe im Kräftefeld frühmoderner Staatlichkeit: in: *Descharmes, Bernadette* (Hrsg.): Varieties of Friendship. Interdisciplinary Perspectives on Social Relationships, Göttingen 2011, S. 287-307.

–: Und sie wissen nicht, was es ist. Ansätze und Blickpunkte historischer Korruptionsforschung, in: *ders.* et al. (Hrsg.), Korruption. Historische Annäherungen an eine Grundfigur politischer Kommunikation, Göttingen 2010, S. 11-35.

–/*Tölle, Tom:* Corruption in the Ancient Régieme: Systems-theoretical Considerations on Normative Plurality, in: Journal of Modern European History 11 (2013), S. 31-51.

Grützner, Thomas/Jakob, Alexander, Compliance von A-Z, München 2010.

Günther, Louis: Ueber die Hauptstadien der geschichtlichen Entwicklung des Verbrechens der Körperverletzung und seiner Bestrafung, Erlangen 1884.

Gupta, Akhil: Narrating The State of Corruption, in: *Haller, Dieter/Shore, Chris* (Hrsg.), Corruption – Anthropological Perspectives, London 2005, S. 173-193.

Haak, Marius: Die Strafbarkeit der Bestechung ausländischer Amtsträger nach der Neufassung der §§ 331ff. StGB durch das Korruptionsbekämpfungsgesetz 2015. Zur Reform der Amtsträgerbestechungsdelikte auf der Grundlage völkerrechtlicher Antikorruptionsabkommen, Berlin 2016.

Habermas, Jürgen: Faktizität und Geltung. Beiträge zur Diskurstheorie des Rechts und des demokratischen Rechtsstaats, Frankfurt a.M. 1992.

–: Strukturwandel der Öffentlichkeit. Untersuchungen zu einer Kategorie der bürgerlichen Gesellschaft, Frankfurt a.M. 1990.

Hackett, Helen: Introduction, in: *dies.* (Hrsg.), Early Modern Exchanges: Dialogues Between Nations and Cultures, 1550-1750, Surrey 2015, S. 1-24.

Haferkamp, Hans-Peter: Art. Georg Friedrich Puchta. In: *Anderheiden, Michael* et al. (Hrsg.), Enzyklopädie der Rechtsphilosophie, Erstpublikation 8.4.2011, online verfügbar unter http://www.enzyklopaedie-rechtsphilosophie.net/ inhaltsverzeichnis/ 19-beitraege/103-puchta (zuletzt abgerufen am 8.11.2018).

–: Georg Friedrich Puchta und die „Begriffsjurisprudenz", Frankfurt a.M. 2004.

Haft, Fritjof: Juristische Rhetorik, 8. Aufl. Freiburg (Br.) 2009.

Hansen, Valerie: The Silk Road. A New History, Oxford 2012.

Harrland, Harri: Gedanken zur gegenwärtigen Kriminalität in der DDR und in Westdeutschland und zur Perspektive der Überwindung der Kriminalität in der DDR, in: NJ 1960, S. 610-616.

Hassemer, Winfried: Die Basis des Wirtschaftsstrafrechts, in: wistra 5/2009, S. 169-174.

–: Darf es Straftaten geben, die ein strafrechtliches Rechtsgut nicht in Mitleidenschaft ziehen?, in: *Hefendehl, Roland/von Hirsch, Andrew/Wohlers, Wolfgang* (Hrsg.), Die Rechtsgutstheorie. Legitimationsbasis des Strafrechts oder dogmatisches Glasperlenspiel?, Baden-Baden 2003, S. 57-64.

–: Das Symbolische am symbolischen Strafrecht, in: *Bernd Schünemann* et al. (Hrsg.), Festschrift für Claus Roxin zum 70. Geburtstag am 15. Mai 2001, Berlin 2001, S. 1001-1020.

–: Theorie und Soziologie des Verbrechens. Ansätze zu einer praxisorientierten Rechtsgutslehre, Frankfurt a.M. 1973.

–: Tatbestand und Typus. Untersuchungen zur strafrechtlichen Hermeneutik, Köln 1967.

Hattenhauer, Hans (Hrsg.), Allgemeines Landrecht für die Preußischen Staaten von 1794, 3. Aufl. Neuwied 1996.

Hebeler, Timo: Ist der Gesetzgeber verfassungsrechtlich verpflichtet, Gesetze zu begründen? – Grundsätzliche Überlegungen anlässlich des Bundesverfassungsgerichtsurteils zur Leistungsgestaltung im SGB II, in: DÖV 2010, S. 754-762.

Heck, Philipp: Gesetzesauslegung und Interessenjurisprudenz, in: ACP 112 (1914), S. 1-318.

Hecker, Bernd: Europäisches Strafrecht, Heidelberg 2010.

Hefendehl, Roland: Eine soziale Rechtsgutstheorie, in: *Herzog, Felix/ Schlothauer, Reinhold/Wohlers, Wolfgang* (Hrsg.), Rechtsstaatlicher Strafprozess und Bürgerrechte. Gedächtnisschrift für Edda Weßlau, Berlin 2016, S. 577-592.

–: Mit langem Atem: Der Begriff des Rechtsguts. Oder: Was seit dem Erscheinen des Sammelbandes über die Rechtsgutstheorie geschah, in: GA 2007, S. 1-14.

–: Kollektive Rechtsgüter im Strafrecht, Köln 2002.

Heidegger, Martin: Sein und Zeit, 19. Aufl. Tübingen 2006.

–: Der Satz vom Grund, Pfullingen 1957.

Heidelberger Kommentar zur Strafprozessordnung. Gercke, Björn/Julius, Karl-Peter/ Temming, Dieter/Zöller, Mark A. (Hrsg.), 5. Aufl. Heidelberg 2012 (zitiert als HK-StPO-*Bearbeiter*).

Heinrich, Bernd: Anmerkung [zu BGHSt. 60, 260, portugisischer Honorarkonsul], in: JZ 2016, S. 265-268.

–: Der Amtsträgerbegriff im Strafrecht. Auslegungsrichtlinien unter besonderer Berücksichtigung des Rechtsguts der Amtsdelikte, Berlin 2001.

Heller, Kevin Jon: The Nuremberg Military Tribunals and the origins of international criminal law, Oxford 2011.

Heller-Roazen, Daniel: Der Fein alle. Der Pirat und das Recht, Frankfurt a.M. 2010.

Hesse, Konrad: Die verfassungsgerichtliche Kontrolle der Wahrnehmung grundrechtlicher Schutzpflichten des Gesetzgebers, in: *Däubler-Gmelin, Herta/Kinkel, Klaus* et al. (Hrsg.), Gegenrede. Aufklärung – Kritik – Öffentlichkeit. Festschrift für Ernst Gottfried Mahrenholz, Baden-Baden 1994, S. 541-559.

Hettinger, Michael: Das Strafrecht als Büttel? Fragmentarische Bemerkungen zum Entwurf eines Korruptionsbekämpfungsgesetzes des Bundesrats vom 3. 11. 1995, in: NJW 1996, S. 2263-2273.

Heuking, Christian/Coelln, Sibylle v., Die Neuregelung des § 299 StGB – Das Geschäftsherrenmodell als Mittel zur Bekämpfung der Korruption?, in: Betriebs-Berater 6/2016, S. 323-332.

Hillgruber, Christian: Grundrechtsschranken, in: *Isensee, Josef/Kirchhof, Paul* (Hrsg.), Handbuch des Staatsrechts der Bundesrepublik Deutschland, Band IX: Allgemeine Grundrechtslehren, 3. Aufl. Heidelberg 2011.

Hirsch, Ernst Eduard: Vorwort des Herausgebers, in: Winter, Gerd, Sozialer Wandel durch Rechtsnormen, Berlin 1969.

Hobbes, Thomas: Philosophical Rudiments Concerning Government and Society, in: Molesworth, William (Hrsg.), The English Work of Thomas Hobbes of Malmesbury; now firstly collected. Band 2, London 1841.

–: Leviathan or The Matter, Form, and Power of a Commonwealth. Ecclesiastical and Civil, in: *Molesworth, Willi*am (Hrsg.), The English Work of Thomas Hobbes of Malmesbury; now firstly collected. Band 3, London 1839.

Hodges, Christopher: Law and Corporate Behaviour. Integrating Theories of Regulation, Enforcement, Compliance and Ethics, Oxford 2015.

Höger, Hasso: Die Bedeutung von Zweckbestimmungen in der Gesetzgebung der Bunderepublik Deutschland, Köln 1976.

Hoffman, John: Beyond the State, Cambridge 1993.

Hombrecher, Lars: Grundzüge und praktische Fragen des Internationalen Strafrechts - Teil 1: Strafanwendungsrecht und Internationale Rechtshilfe, in: JA 2010, S. 637-645.

Hömig/Wolff. Handkommentar zum Grundgesetz für die Bundesrepublik Deutschland, *Wolff, Heinrich Amadeus* (Hrsg.), 12. Aufl. Baden-Baden 2018 (zitiert als HW-GG-*Bearbeiter*).

Horn, Norbert: Einführung in die Rechtswissenschaft und Rechtsphilosophie, 6. Aufl. Heidelberg 2016.

Hörnle, Tatjana: Zwecke und Rechtfertigung staatlicher Strafe, in: *Saliger, Frank* et al. (Hrsg.) Rechtsstaatliches Strafrecht. Festschrift für Ulfrid Neumann zum 70. Geburtstag, Heidelberg 2017, S. 593-605.

–: Theories of Criminalization, in: *Dubber, Markus D./dies.*, The Oxford Handbook of Criminal Law, Oxford 2014, S. 679.

–: Straftheorien, Tübingen 2011.

–: Grob anstößiges Verhalten. Strafrechtlicher Schutz von Moral, Gefühlen und Tabus, Frankfurt a.M. 2005.

Horrer, Philipp: Bestechung durch deutsche Unternehmen im Ausland. Strafrechtsentwicklung und Probleme, Frankfurt a.M. 2011.

Hoven, Elisa: Auslandsbestechung. Eine rechtsdogmatische und rechtstatsächliche Untersuchung, Baden-Baden 2018.

–: Was macht Straftatbestände entbehrlich? – Plädoyer für eine Entrümpelung des StGB, in: ZStW 129 (2017), S. 334-348.

–: Aktuelle rechtspolitische Entwicklungen im Korruptionsstrafrecht. Bemerkungen zu den neuen Strafvorschriften über Mandatsträgerbestechung und Bestechung im geschäftlichen Verkehr, in: NStZ 2015, S. 553-560.

–: Die Strafbarkeit der Abgeordnetenbestechung. Wege und Ziele einer Reformierung des § 108e StGB, in: ZIS 1/2013, S. 33-44.

–/*Kubiciel, Michael*: Stellungnahme zum Referentenentwurf eines Gesetzes zu dem Strafrechtsübereinkommen des Europarates vom 27. Januar 1999 über Korruption und dem Zusatzprotokoll vom 15. Mai 2003 zum Strafrechtsübereinkommen des Europarates über Korruption, in: KPKp 4/2016, S. 2-17.

Hoyer, Andreas: Strafrechtsdogmatik nach Armin Kaufmann. Lebendiges und Totes in Armin Kaufmanns Normentheorie, Berlin 1997.

Humphreys, Stephen: Das Theater des Rechtsstaates, in: Peripherie (32) 2012, S. 8-42.

Huntington, Samuel: The Third Wave. Democratization in the Late Twentieth Century, Norman 1991.

Isay, Hermann: Das Rechtsgut des Wettbewerbsrechtes. Zugleich ein Beitrag zur Lehre vom subjektiven Recht und von der Normenbildung, Berlin 1933.

Ipsen, Knut: Völkerrecht, 6. Aufl. München 2014.

Isfen, Osman: Zwischen Hybris und Symbolik – die neuen Regelungen zur Auslandskorruption, in: JZ 2016, S. 228-236.

Jäckle, Wolfgang: Sturzgeburt - "Hauruck"-Gesetzgebung bei der Mandatsträgerbestechung, in: ZRP 2014, S. 121-123.

Jäger, Hartwig: Das gemeine Wohl als Rechtsgut des Gesetzes gegen den unlauteren Wettbewerb, 1935.

Jahn, Matthias/Brodowski, Dominik: Das Ultima Ratio-Prinzip als strafverfassungsrechtliche Vorgabe zur Frage der Entbehrlichkeit von Straftatbeständen, in: ZStW 129 (2017), S. 363-381.

Jakobs, Günther: Rechtsgüterschutz? Zur Legitimation des Strafrechts, Paderborn 2012.

–: Strafrecht Allgemeiner Teil. Die Grundlagen und die Zurechnungslehre. Lehrbuch, 2. Aufl. Berlin 1991.

–: Studien zum fahrlässigen Erfolgsdelikt, Berlin 1972.

Jary, Kathrin: Anti-Korruption. Neue Gesetzesvorhaben zur Korruptionsbekämpfung im Gesundheitswesen und im internationalen Umfeld, in: PharmR 2015, S. 99-108.

Jellinek, Georg/Jellinek, Walter: Allgemeine Staatslehre, 3. Aufl. Kronberg 1921 (ND 1976).

Jescheck, Hans-Heinrich/Weigend, Thomas: Lehrbuch des Strafrechts. Allgemeiner Teil, 5. Aufl. 1996.

Jestaedt, Matthias: Perspektiven der Rechtswissenschaftstheorie, in: *Jestaedt, Matthias/Lepsius, Oliver* (Hrsg.), Rechtswissenschaftstheorie, Tübingen 2008, S. 185-205.

–: Grundrechtsentfaltung im Gesetz. Studien zur Interdependenz von Grundrechtsdogmatik und Rechtsgewinnungstheorie, Tübingen 1999.

Jhering, Rudolf von: Der Zweck im Recht. Erster Band, 6.-8. Aufl. Leipzig 1923.

Joerden, Jan C.: Logik im Recht. Grundlagen und Anwendungsbeispiele, 3. Aufl. Heidelberg 2018.

Jung, Heike: Pluralismus und Strafrecht – ein unauflösbarer Widerspruch?, in: JZ 2012, S. 926-932.

Kalin, Christian: Verhaltensnorm und Kollisionsrecht. Eine Studie zu den rechtsgeschäftlichen Auswirkungen der Korruption im internationalen Rechtsverkehr, Tübingen 2014.

Kant, Immanuel: Kritik der Urteilskraft, Berlin 1790, ND Wiesbaden 1998: Immanuel Kant, Werke in sechs Bänden. Band V: Kritik der Urteilskraft und Schriften zur Naturphilosophie, *Weischedel, Wilhelm* (Hrsg.).

Kappel, Jan/Junkers, Florian: Die Strafbarkeit der „Auslandsbestechung" nach der Einführung des Gesetzes zur Bekämpfung der Korruption vom 26.11.2015 – ein Überblick, in: NZWist 20/2016, S. 382-387.

Kargl, Walter: Handlung und Ordnung im Strafrecht. Grundlagen einer kognitiven Handlungs- und Straftheorie, Berlin 1991.

Kasolowsky, Boris/Voland, Thomas: Die OECD-Leitsätze für multinationale Unternehmen und ihre Durchsetzung im Wege von Beschwerdeverfahren vor der Nationalen Kontaktstelle, in: NZG 2014, 1288-1292.

Kaspar, Johannes: Strafrecht Allgemeiner Teil. Eine Einführung, 2. Aufl. Baden-Baden 2017.

–: Redundante Tatbestände, in: ZStW 129 (2017), S. 401-414.

–: Verhältnismäßigkeit und Grundrechtsschutz im Präventionsstrafrecht, Baden-Baden 2014.

Kaufmann, Armin: Lebendiges und Totes in Bindings Normentheorie. Normlogik und moderne Strafrechtsdogmatik, Göttingen 1954.

Kaufmann, Arthur: Rezension von Karl Larenz, Methodenlehre der Rechtswissenschaft, 6. Aufl. 1991, in: JZ 47 (1992), S. 191-192

Keating, Michael: Sovereignty and Plurinational Democracy: Problems in Political Science, in: *Walker, Neil* (Hrsg.), Sovereignty in transition, Oxford 2006, S. 191-208.

Keeney, Ralph L./Raiffa, Howard: Decisions with Multiple Objectives. Preferences and Value Tradeoffs, Cambridge 1993.

Kelsen, Hans: Reine Rechtslehre, 2. Aufl. Wien 1960.

–: Hauptprobleme der Staatsrechtslehre, entwickelt aus der Lehre des Rechtssatzes, 2. Aufl. Aalen 1960.

Killias, Martin: Korruption: Vive La Repression! – Oder was sonst? Zur Blindheit der Kriminalpolitik für Ursachen und Nuancen, in: *Schwind, Hans-Dieter* et al. (Hrsg.), Festschrift für Hans Joachim Schneider zum 70. Geburtstag am 14. November 1998, Berlin 1998, S. 239-254.

Kindhäuser, Urs: Strafrecht Allgemeiner Teil, 8. Aufl. Baden-Baden 2017.

–: Strafrecht Besonderer Teil I. Straftaten gegen Persönlichkeitsrechte, Staat und Gesellschaft, 8. Aufl. Baden-Baden 2017.

–: Voraussetzungen strafbarer Korruption in Staat, Wirtschaft und Gesellschaft, in: ZIS 6/2011, S. 461-469.

–: Gefährdung als Straftat. Rechtstheoretische Untersuchungen zur Dogmatik der abstrakten und konkreten Gefährdungsdelikte, Frankfurt a.M. 1989.

Kipper, Eberhard: Johann Paul Anselm Feuerbach. Sein Leben als Denker, Gesetzgeber und Richter, Köln 1969.

Kirchner, Christian: Zur konsequentialistischen Interpretationsmethode. Der Beitrag der Rechtswissenschaft zur reziproken methodischen Annäherung von Ökonomik und Rechtswissenschaft, in: *Eger, Thomas/Ott, Claus* et al. (Hrsg.), Internationalisierung des Rechts und seine ökonomische Analyse. Festschrift für Hans-Bernd Schäfer zum 65. Geburtstag, Wiesbaden 2008, S. 37-49.

Kischel, Uwe: Die Begründung. Zur Erläuterung staatlicher Entscheidungen gegenüber dem Bürger, Tübingen 2003.

Kling Michael/Thomas, Stefan: Kartellrecht, 2. Aufl. München 2016.

Kloepfer, Michael: Verfassungsrecht, Band I: Grundlagen, Staatsorganisationsrecht, Bezüge zum Völker- und Europarecht, München 2011.

Kohlrausch, Eduard: Das „Gesetz betreffend die Bestrafung der Entziehung elektrischer Energie" und seine Vorgeschichte, in: ZStW 20 (1900), 459-510.

Konzelmann, Christina Ulrike: Zur Fremdrechtsanwendung im Wirtschaftsstrafrecht. Am Beispiel der spanischen Sociedad de Responsabilidad Limitada (SL), Heidelberg 2017.

Korte, Matthias: Kumulativ, alternativ, selektiv? Autonom! Ein Beitrag zur Auslegung des § 335a Abs. 1 Nr. 2 Buchst. a StGB, in: *Barton, Stephan/ Eschelbach, Ralf* et al. (Hrsg.), Festschrift für Thomas Fischer, München 2018, S. 401-414.

–: Straftatbestände gegen internationale Bestechung, in: *ders./Hoven, Elisa* (Hrsg.), Das Verbot der Auslandsbestechung, Baden-Baden 2016, S. 63-76.

–: Der Einsatz des Strafrechts zur Bekämpfung der internationalen Korruption, in: wistra 1999, S. 81-88.

Koselleck, Reinhart: Einleitung, in: *Brunner, Otto/Conze, Werner/Koselleck, Reinhart* (Hrsg. im Auftrag des Arbeitskreises für Moderne Sozialgeschichte e.V.), Geschichtliche Grundbegriffe. Historisches Lexikon zur politisch-sozialen Sprache in Deutschland. Band 1, Stuttgart 1972 (ND 2004), S. XIII-XXVII.

Kovásc, Christian: Der Generalanwalt am Gerichtshof der Europäischen Union, in: JA 2010, S. 625-630.

Krack, Ralf: Sportwettbetrug und Manipulation von berufssportlichen Wettbewerben Regierungsentwurf zu §§ 265c, 265d StGB, in: ZIS 8/2016, S. 540-551.

–: Die Kleiderordnung als Schutzobjekt des § 299 StGB? Zur geplanten Einbeziehung von Pflichtverletzungen gegenüber dem Unternehmen, in: *Joecks, Wolfgang* et al. (Hrsg.) Recht – Wirtschaft – Strafe. Festschrift für Erich Samson zum 70. Geburtstag, Heidelberg 2010, S. 377-388.

Krajewski, Markus: Völkerrecht, Baden-Baden 2017.

Krastev, Ivan: Europadämmerung. Ein Essay, Berlin 2017.

Krause, Jens-Uwe: Kriminalisierungsgeschichte der Antike, 2004

Krawietz, Werner: Das positive Recht und seine Funktion. Kategoriale und methodologische Überlegungen zu einer funktionalen Rechtstheorie, Berlin 1967.

Krehl, Christoph: Die Begründung des Revisionsverwerfungsbeschlusses nach § 349 Abs. 2 StPO, in: GA 1987, S. 162-177.

Kreß, Claus: Völkerstrafrecht und Weltrechtspflegeprinzip im Blickfeld des Internationalen Gerichtshofs. Zum Votenstreit der Richter des IGH im Haftbefehlsfall, in: ZStW 114 (2002), S. 818-849.

Krey, Volker: Keine Strafe ohne Gesetz. Einführung in die Dogmengeschichte des Satzes „nullum crimen, nulla poena sine lege", Berlin 1983.

Kroker, Patrick: Menschenrechte in der Compliance, in: CCZ 2015, 120-127.

Krüger, Herbert: Allgemeine Staatslehre, 2. Aufl. Stuttgart 1966.

Kubiciel, Michael: Die Flexibilisierung des Strafrechts, in: *Hilgendorf, Eric/Kudlich, Hans/Valerius, Brian* (Hrsg.), Handbuch des Strafrechts. Bd. 1: Grundlagen des Strafrechts, Heidelberg 2019, S. 1083-1128.

–: Franz v. Liszt und das Europäische Strafrecht, in: *Koch, Arnd/Löhnig Martin* (Hrsg.), Die Schule Franz von Liszts, Tübingen 2016, S. 229-246.

–: Auslandsbestechung und Institutionenschutz, in: *ders./Hoven, Elisa* (Hrsg.), Das Verbot der Auslandsbestechung, Baden-Baden 2016, S. 45-60.

–: Die deutschen Unternehmensgeldbußen: Ein nicht wettbewerbsfähiges Modell und seine Alternativen, in: NZWiSt 2016, S. 178-180.

–: Menschenrechte und Unternehmensstrafrecht. Eine europäische Herausforderung, in: KPKP 5/2016, S. 1-15.

–: Facilitation Payments – A Crime?, in: ZIS 2015, S. 473-476.

–: Fahrverbot oder gemeinnützige Arbeit für Steuersünder, in: RuP 3/2014, 159-162.

–: Die Wissenschaft vom Besonderen Teil. Ihre Aufgaben, ihre Methoden, Frankfurt a.M. 2013.

–: Der EU-Anti-Corruption Report: Ein neuer Weg zu einer kohärenten Präventionspolitik, in: HRRS 14 (6/2013), S. 213-219.

–: Ausnahmezustand und Finanzkrise, in: Nomos – Kansai Law Journal 2013, S. 21-36.

–: International Legal Development and National Legal Change in the Fight against Corruption, in: *Linnan, David K.* (Hrsg.), Legitimacy, Legal Development and Change. Law and Modernization Reconsidered, Farnham 2012, S. 419-436.

–: Vergeltung, Sittenbildung oder Resozialisierung? Die straftheoretische Diskussion um die Große Strafrechtsreform, in: *Löhnig, Martin/Preisner, Mareike/Schlemmer, Thomas* (Hrsg.), Reform und Revolte. Eine Rechtsgeschichte der 1960er und 1970er Jahre, Tübingen 2012, S. 217-229.

–: Das „Lissabon"-Urteil und seine Folgen für das Europäische Strafrecht, in: GA 2010, S. 99-114.

–: Strafrechtswissenschaft und europäische Kriminalpolitik, in: ZIS 12/2010, S. 742-748.

–: Korruptionsbekämpfung – Internationale Rechtsentwicklung und Rechtswandel in Transitionsstaaten, in: ZStW 120 (2008), S. 429-446.

–: Rezension: Frank Meyer. Strafrechtsgenese in internationalen Organisationen, in: GA 2005, S. 61-64.

–/*Hoven, Elisa* (Hrsg.): Korruption im Gesundheitswesen, Baden-Baden 2016.

–/–:Bestechung und Bestechlichkeit von Mandatsträgern nach § 108e StGB, Neue Kriminalpolitik 2014, S. 339-358.

–/*Spörl, Cornelia* (z.T. veröffentlicht unter *Rink*): The United Nations Convention Against Corruption and its Criminal Law Provisions, in: *Hauck, Peter/Peterke, Sven* (Hrsg.), International Law and Transnational Organized Crime, Oxford 2016, S. 219-241.

–/–: Gesetz zur Bekämpfung der Korruption. Stellungnahme zum Referentenentwurf des Bundesministeriums für Justiz und für Verbraucherschutz, in: Kölner Papiere zur Kriminalpolitik 4/2014, S. 2-30.

–/–: The EU Anti-Corruption Report. A New Benchmark in the Fight against Corruption, in: Business Compliance 02/2014, S. 5-14.

Kudlich, Hans/ Oglakcioglu, Mustafa Temmuz: Wirtschaftsstrafrecht, 2. Aufl. Heidelberg 2014.

Kühl, Kristian: Von der gerechten Strafe zum legitimen Bereich des Strafbaren. Eine Wegbeschreibung aus Anlass neuer Entscheidungen des Bundesverfassungsgerichts, in: *Bloy, René/Böse, Martin/Hillenkamp, Thomas* et al. (Hrsg.), Gerechte Strafe und legitimes Strafrecht. Festschrift für Manfred Maiwald zum 75. Geburtstag, Berlin 2010, S. 433-450.

Kuhlen, Lothar: Zu den Tathandlungen bei Vorteilsannahme und Bestechlichkeit. Zugleich eine Besprechung von BGH - 4 StR 554/87, in: NStZ 1988, S. 433-441.

Kuhli, Annett: Grenzüberschreitende Korruption: strafrechtliche und steuerrechtliche Implikationen. Zugleich ein Beitrag zu § 4 Abs. 5 S. 1 Nr. 10 EStG, Osnabrück 2001.

Kutschera, Franz v.: Einführung in die Logik der Normen, Werte und Entscheidungen, München 1973.

Lackner, Karl: Zum Stellenwert der Gesetzestechnik. Dargestellt an einem Beispiel aus dem Zweiten Gesetz zur Bekämpfung der Wirtschaftskriminalität, in: *Jescheck, Hans-Heinrich* et al. (Hrsg.), Festschrift für Herbert Tröndle zum 70. Geburtstag am 24. August 1989, Berlin 1989, S. 41-60.

Lackner/Kühl, Strafgesetzbuch, bearbeitet von *Kühl, Kristian/Heger, Martin,* 29. Aufl. 2018.

Lagodny, Otto: Das materielle Strafrecht als Prüfstein der Verfassungsdogmatik, in: *Hefendehl, Roland/von Hirsch, Andrew/Wohlers, Wolfgang* (Hrsg.), Die Rechtsguttheorie. Legitimationsbasis des Strafrechts oder dogmatisches Glasperlenspiel?, Baden-Baden 2003, S. 83-88.

–: Strafrecht vor den Schranken der Grundrechte. Die Ermächtigung zum strafrechtlichen Vorwurf im Lichte der Grundrechtsdogmatik dargestellt am Beispiel der Vorfeldkriminalisierung, Tübingen 1996.

Lakoff, George/Johnsen, Mark: Metaphors we live by, Chicago 2003.

Landsberg, Ernst: Geschichte der Deutschen Rechtswissenschaft, Band III.1, München 1898.

–: Geschichte der Deutschen Rechtswissenschaft, Band III.2, München 1910.

Larenz, Karl: Methodenlehre der Rechtswissenschaft, 6. Aufl. Berlin 1991.

–: Richtiges Recht. Grundzüge einer Rechtsethik, München 1979.

Larmore, Charles: Public Reason, in: *Freeman, Samuel* (Hrsg.), The Cambridge Companion to Rawls, Cambridge 2002, S. 386-393.

Latour, Bruno: Reassembling the Social. An Introduction to the Actor-Network-Theory, Oxford 2005.

Lekschas, John/Renneberg, Joachim: Lehren des XXII. Parteitages der KPdSU für die Entwicklung des sozialistischen Strafrechts der DDR, in: NJ 1961, S. 76-91.

Leimbrock, Claus Nils: Strafrechtliche Amtsträger. Eine Analyse der Legaldefinition in § 11 Abs. 1 Nr. 2 StGB, Tübingen 2009.

Leipziger Kommentar zum Strafgesetzbuch. 1. Band §§ 1-31 und 13. Band §§ 331-358, *Laufhütte, Heinrich Wilhelm/Rissing-van Saan, Ruth/Tiedemann, Klaus* (Hrsg.), 12. Aufl. Berlin 2007 und 2009 (zitiert als LK-*Bearbeiter*).

Leitner, Werner/Rosenau, Henning (Hrsg.), Wirtschafts- und Steuerstrafrecht, Baden-Baden 2017 (zitiert als *Leitner/Rosenau*-Bearbeiter).

Lencker, Theodor: Privatisierung der Verwaltung und „Abwahl des Strafrechts"? Zur Frage der strafrechtlichen Amtsträgereigenschaft am Beispiel der für die Bauverwaltung tätigen privaten Planungsbüros, in: ZStW 106 (1994), S. 502-546.

Lepsius, Oliver: Relationen. Plädoyer für eine bessere Rechtswissenschaft, Tübingen 2016.

–: Rechtswissenschaft in der Demokratie, in: Der Staat 52 (2013), S. 157-186.

–: Themen einer Rechtswissenschaftstheorie, in: *Jestaedt, Matthias/Lepsius, Oliver* (Hrsg.), Rechtswissenschaftstheorie, Tübingen 2008, S. 1-49.

Lesch, Heiko Hartmut: Der Verbrechensbegriff. Grundlinien einer funktionalen Revision, Köln 1999.

Lessig, Lawrence: Republic, Lost. How Money Corrupts Congress – and A Plan to Stop It, New York 2011.

Letzgus, Klaus: Der Begriff der Diensthandlung und des Vorteils bei der Bestechlichkeit sowie die Konkurrenz zwischen Bestechlichkeit und "strafbarer" Diensthandlung. Anmerkung zum Urteil des BGH vom 28.10.1986 - 5 StR 244/86, in: NStZ 1987, S. 309-311.

Letzien, Claudia: Internationale Korruption und Jurisdiktionskonflikte. Die Sanktionierung von Unternehmen im Fall der Bestechung ausländischer Amtsträger, Wiesbaden 2018.

Lieser, Karl-Theodor: Sowjetzonales Strafrecht und Ordre Public, Frankfurt a.M. 1962.

Lindner, Josef Franz: Theorie der Grundrechtsdogmatik, Tübingen 2005.

Liszt, Franz v.: Einheitliches mitteleuropäisches Strafrecht, in: ZStW 38 (1917), S. 1-20.

–: Ein mitteleuropäischer Staatenverband als nächstes Ziel der deutschen auswärtigen Politik, Leipzig 1914.

–: Das Völkerrecht, systematisch dargestellt, Berlin 1898.

–: Rechtsgut und Handlungsbegriff im Bindingschen Handbuche. Ein kritischer Beitrag zur juristischen Methodenlehre, in: ZStW 6 (1886), S. 663-698.

–: Der Zweckgedanke im Strafrecht, in: ZStW 3 (1883), S. 1 – 47.

–: Sind gleiche Grundsätze des internationalen Strafrechts für die europäischen Staaten anzustreben? und eventuell welche?. Gutachten, im Auftrage der ständigen Deputation des deutschen Juristentages, in: ZStW 2 (1882), S. 50-81.

Locke, John: Zwei Abhandlungen über die Regierung, London 1689.

Loos, Fritz: Zum "Rechtsgut" der Bestechungsdelikte, in: *Stratenwerth, Günter/Kaufmann, Arthur* et al. (Hrsg.), Festschrift für Hans Welzel zum 70. Geburtstag am 25. März 1974, Berlin 1974, S. 879-895.

Lorenz, Stephan: BGH: Richtlinienkonforme Rechtsfortbildung gegen den Gesetzeswortlaut, in: LMK 2009, 273611.

–: Die Reichweite der kaufrechtlichen Nacherfüllungspflicht durch Neulieferung, in: NJW 2009, S. 1633-1637.

Loughman, Brian/Sibery, Richard, Bribery and Corruption – Navigating the Global Risks, Hoboken 2012.

Lübbe-Wolff, Gertrude: Bericht. Zweiter Beratungsgegenstand: Europäisches und nationales Verfassungsrecht, in: *Ipsen, Jörn* (Red.), Veröffentlichungen der Vereinigung der Deutschen Staatsrechtslehrer 60 (2001), S. 246-287.

Lüderssen, Klaus: Die Symbiose aus Markt und Staat – auseinanderdividiert durch Strafrecht?, in: StV 1996, S. 318-323.

Luhmann, Niklas: Vertrauen. Ein Mechanismus der Reduktion sozialer Komplexität, 5. Aufl. 2014.

–: Rechtssoziologie, 2. Aufl. Opladen 1983.

–: Positivität des Rechts als Voraussetzung einer modernen Gesellschaft, in: *Fechner, Erich/Kaufmann, Arthur* et al. (Hrsg.), Jahrbuch für Rechtssoziologie und Rechtstheorie, Band 1, Bielefeld 1970, S. 175-202.

Lutterbeck, Bernd/Wilhelm, Rudolf: Rechtsgüterschutz in der Informationsgesellschaft, Berlin 1993.

Maas, Heiko: Wann darf der Staat strafen?, in: NStZ 2015, S. 305-310.

Mahlmann, Christian: Die Strafrechtswissenschaft der DDR. Klassenkampftheorie und Verbrechenslehre, Frankfurt a.M. 2002.

Manegold, Jutta: Methode und Zivilrecht bei Philipp Heck (1858-1943), in: *Rückert, Joachim/Seinecke, Ralf* (Hrsg.), Methodik des Zivilrechts – von Savigny bis Teubner, 3. Aufl. Baden-Baden 2017, S. 177-202.

v. Mangoldt/Klein/Starck Kommentar zum GG. Band 2. Art. 20-82, 6. Aufl. München 2010 (zitiert als MKS-*Bearbeiter*).

Mansdörfer, Marco: Das europäische Strafrecht nach dem Vertrag von Lissabon – oder: Europäisierung des Strafrechts unter nationalstaatlicher Mitverantwortung, in: HRRS 11 (1/2010), S. 11-23.

Martin, A. Timothy: The Development of International Bribery Law, in: Natural Resources & Environment 14 (1999), S. 95-102.

Marauhn, Thilo/Simon, Sven: Die völkerrechtlichen Voraussetzungen der Strafgewalt in transnationalen Fallgestaltungen, in: *Sinn, Arndt* (Hrsg.) Jurisdiktionskonflikte bei grenzüberschreitender Kriminalität. Ein Rechtsvergleich zum internationalen Strafrecht, Göttingen 2012, S. 21-40.

Martin, A. Timothy: The Development of International Bribery Law, in: Natural Resources & Environment 14 (1999), S. 95-102.

Matt, Holger/Renzikowski, Joachim (Hrsg.), Kommentar zum Strafgesetzbuch, München 2013 (zitiert als Matt/Renzikowski-*Bearbeiter*).

Maunz/Dürig Grundgesetz Kommentar. Herzog, Roman/Herdegen, Matthias et al. (Hrsg.). (zitiert als MaunzDürig-*Bearbeiter* unter Angabe der Ergänzungslieferung).

Mayer, Max Ernst: Rechtsnormen und Kulturnormen, Breslau 1903.

Meinecke, Friedrich: Weltbürgertum und Nationalstaat, München 1908.

Meißner, Markus: Der »ausländische Bedienstete« i.S.d. § 335a Abs. 1 Nr. 2a StGB - Anwendungsprobleme und Versuch einer Begriffsbestimmung, in: StV 2007, S. 128-132.

Melin, Patrick: Gesetzesauslegung in den USA und in Deutschland. Historische Entwicklung, moderne Methodendiskussion und die Auswirkung von Divergenzen für das internationale Einheitskaufrecht (CISG), Tübingen 2005.

Melissaris, Emmanuel: Theories of Crime and Punishment, in: *Dubber, Markus D./ Hörnle, Tatjana* (Hrsg.), The Oxford Handbook of Criminal Law, Oxford 2014, S. 355.

Melzer, Helmut/Klotsch, Helmut: Zu einigen Grundfragen des sozialistischen Strafrechts und der Strafrechtswissenschaft, in: NJ 1962, S. 208-217.

Menke, Christoph: Recht und Gewalt, Berlin 2. Aufl. 2012.

Meurer, Dieter: Beweiswürdigung und Strafurteil, in: *Dietz, Wolfgang/Pannier, Dietrich* (Hrsg.), Festschrift für Hildebert Kirchner zum 65. Geburtstag, München 1985, S. 249-263.

Meyer, Frank: Strafrechtsgenese in internationalen Organisationen. Eine Untersuchung der Strukturen und Legitimationsvoraussetzungen strafrechtlicher Normbildungsprozesse in Mehrebenensystemen, Baden-Baden 2012.

Michaels, Ralf: Does Brexit Spell the Death of Transnational Law?, in: German Law Journal 17/2016, S. 51-62.

Mill, John Stuart: On Liberty, 2. Aufl. London 1859.

Mitsilegas, Valsamis: The aims and limits of European Union anti-corruption law, in: *Horder, Jeremy/Alldridge, Peter* (Hrsg.), Modern Bribery Law. Comparative Perspectives, Cambridge 2013, S. 160-195.

Möhrenschlager, Manfred: Strafrechtliche Vorhaben zur Bekämpfung der Korruption auf nationaler und internationaler Ebene, in: JZ 1996, S. 822-831.

–: Erweiterung des strafrechtlichen Schutzes von Wehrdienstgeheimnissen, in: NZWehrR 1980, S. 81-84.

Mölders, Simone: Bestechung und Bestechlichkeit im internationalen geschäftlichen Verkehr. Zur Anwendbarkeit des § 299 StGB auf Sachverhalte mit Auslandsbezug, Frankfurt a.M. 2009.

Möllers, Christoph: Die Möglichkeit der Normen. Über die Praxis jenseits von Moralität und Kausalität, Berlin 2015.

–: Nachvollzug ohne Maßstabbildung: richterliche Rechtsfortbildung in der Rechtsprechung des Bundesverfassungsgerichts, in: JZ 2009, S. 668-673.

Montesquieu, Charles de Secondat: De l'esprit de lois, in: *A. Belin* (Hrsg.), OEuvres complètes de Montesquieu. Tome Premier, 1re Partie, Paris 1817.

Mosiek, Marcus: Fremdrechtsanwendung – quo vadis? Zur Anwendung ausländischen Rechts im deutschen Wirtschaftsstrafrecht, in: StV 2008, S. 94-100.

Motta, Massimo: Competition Policy. Theory and Practice, Cambridge 2004.

Mülbert, Peter: Das inexistente Anwartschaftsrecht und seine Alternativen, in: AcP 202 (2002), S. 912-950

Müller, Friedrich: Normstruktur und Normativität. Zum Verhältnis von Recht und Wirklichkeit in der juristischen Hermeneutik, entwickelt an Fragen der Verfassungsinterpretation, Berlin 1966.

–/*Christensen, Ralph:* Juristische Methodik, Band 1: Grundlegung für die Arbeitsmethoden der Rechtspraxis, 11. Aufl. Berlin 2013.

Müller-Dietz, Heinz: Verfassungsrechtliche Schutz- und Pönalisierungspflichten, in: *Gössel, Karl Heinz/Triffterer, Otto* (Hrsg.), Gedächtnisschrift für Heinz Zipf, Heidelberg 1999, S. 123-134.

–: Strafe und Staat, Frankfurt a.M. 1973.

Münch, Ingo v.: Die deutsche Staatsangehörigkeit: Vergangenheit – Gegenwart – Zukunft, Berlin 2007.

Münchener Handbuch des Gesellschaftsrechts. Band 4: Aktiengesellschaft, 4. Aufl. München 2015 (zitiert als HbGes-*Bearbeiter*).

Münchener Kommentar zum Strafgesetzbuch. Band 1. §§ 1-37 StGB, Band 2. §§ 38-79b StGB, Band 3. §§ 80–184j, *Joecks, Wolfgang/Miebach, Klaus* (Hrsg.), 3. Aufl. München 2016-2017; Band 5. §§ 263-358 StGB, *Joecks, Wolfgang/Miebach, Klaus* (Hrsg.), 2. Aufl. München 2014 (zitiert als MüKo-*Bearbeiter*) bzw. 3. Aufl. 2019 (zitiert als MüKo-*Bearbeiter*, 3. Aufl. 2019)

Münchener Kommentar zum Strafgesetzbuch. Band 4. §§ 263-358 StGB, §§ 1-8, 105, 106 JGG, *Joecks, Wolfgang/Miebach, Klaus* (Hrsg.), München 2006 (zitiert als MüKo-*Bearbeiter*, 1. Aufl. 2006).

Münchener Kommentar zur Strafprozessordnung, Band 2, §§ 151-332. München 2016 (zitiert als MüKo-StPO-*Bearbeiter*).

Mungiu-Pippidi, Alina: The Quest for Good Governance. How Societies Develop Control of Corruption, Cambridge 2015.

Münkel, Sebastian: Bestechung und Bestechlichkeit ausländischer Amtsträger. De lege lata und de lege ferenda, Baden-Baden 2013.

Münkler, Laura: Metaphern im Recht. Zur Bedeutung organischer Vorstellungen von Staat und Recht, in: Der Staat 55 (2016), S. 181-211.

Nagel, Simone: Entwicklung und Effektivität internationaler Maßnahmen zur Korruptionsbekämpfung, Baden-Baden 2007.

Naucke, Wolfgang: Die Aushöhlung der strafrechtlichen Gesetzlichkeit durch den relativistischen, politisch aufgeladenen strafrechtlichen Positivismus, in: *Institut für Kriminalwissenschaften Frankfurt a.M.* (Hrsg.), Vom unmöglichen Zustand des Strafrechts, Frankfurt a.M. 1996, S. 483-489.

–: Schwerpunktverlagerungen im Strafrecht, in: KritV1993, S. 135-162.

–: Über die Zerbrechlichkeit des rechtsstaatlichen Strafrechts, in: KritV1990, S. 244-259.

Nestler, Cornelius: Amtsträgerkorruption gemäß § 335a (Entwurf) StGB, in: StV 2009, S. 313-320.

Nichols, Philip M.: The Myth of Anti-Bribery Laws as Transnational Intrusion, in: Cornell International Law Journal 33 (2000), S. 627-655.

Niehaus, Holger: Annäherungen an einen Korruptionsbegriff des (deutschen) Strafrechts, in: *Graeff, Peter/Grieger, Jürgen* (Hrsg.), Was ist Korruption?, Baden-Baden 2012, S. 55-66.

–: Strafrechtliche Folgen der "Bestechung" im vermeintlichen Unternehmensinteresse, in: *Graeff, Peter/Schröder, Karenina/Wolf, Sebastian.* (Hrsg.), Der Korruptionsfall Siemens, Baden-Baden 2009, S. 21-46.

Niehaus, Michael: Die Entscheidung vorbereiten, in: *Vismann, Cornelia/Weitin, Thomas* (Hrsg.), Urteilen – Entscheiden, München 2006, S. 17–37.

Noerr, Knut Wolfgang: Zwischen den Mühlsteinen, Tübingen 1988.

Nomos-Kommentar zum Strafgesetzbuch, Band 1: §§ 1-79b, Band 2: §§ 80-231, Band 3: §§ 232-358, *Kindhäuser, Urs/Neumann, Ulfrid/Paeffgen, Hans-Ullrich* (Hrsg.), 5. Aufl. Baden-Baden 2017 (zitiert als NK-*Bearbeiter*).

Nussbaum, Martha C.: Politische Emotionen. Warum Liebe für Gerechtigkeit wichtig ist, Berlin 2016.

Nye, Joseph: Soft Power. The Means to Success in World Politics, New York 2004.

–: Introduction. The Decline of Confidence in Government, in: *ders./Zelikow, Philip/King, David* (Hrsg.), Why People Don't Trust Government, Cambridge (MA) 1997, S. 1-18.

–: Preface und The Domestic Roots of American Policy, in: *ders.* (Hrsg.), The Making of America's Soviet Policy, New Haven 1984, S. vii-viii und S. 1-8.

–: Corruption and Political Development. A Cost Benefit Analysis, in: American Political Science Review 1967, S. 412-427.

–/*Biedenkopf, Kurt/Shiina, Motoo:* Globale Kooperation nach dem Ende des Kalten Krieges: eine Neueinschätzung des Trilateralismus. Ein Task-Force-Bericht an die Trilaterale Kommission, Bonn 1992.

Oehler, Dietrich: Internationales Strafrecht, 2. Aufl. Köln 1983.

Ostendorf, Heribert: Die Bekämpfung als rechtliches Problem oder zunächst moralisches Problem?, in: NJW 1999, S. 615-618.

Papathanasiou, Konstantina: Amtsträgerkorruption unter Beteiligung ausländischer und internationaler Bedienstete, in: wistra 2016, S. 175-179.

Papst Franziskus: Korruption und Sünde. Eine Einladung zur Aufrichtigkeit, Freiburg (Br.) 2014.

Patterson, Dennis: Law and Truth, Oxford 1996.

Paulduro, Aurelia: Die Verfassungsgemäßheit von Strafrechtsnormen, insbesondere der Normen des Strafgesetzbuches im Lichte der Rechtsprechung des Bundesverfassungsgerichts, München 1992.

Pawlik, Michael: Strafrechtswissenschaftstheorie, in: *Pawlik, Michael/Zaczyk, Rainer* (Hrsg.), Festschrift für Günther Jakobs zum 70. Geburtstag am 26. Juli 2007, München 2007, S. 469-495.

–: Person, Subjekt, Bürger. Zur Legitimation von Strafe, Berlin 2004.

Pawlowski, Hans-Martin: Einführung in die Juristische Methodenlehre. Ein Studienbuch zu den Grundlagenfächern Rechtsphilosophie und Rechtstheorie, Heidelberg 1986.

Pestalozza, Christian: Gesetzgebung im Rechtsstaat, in: NJW 1981, S. 2081-2087.

Peters, Anne: Korruption und Menschenrechte, in: JZ 2016, S. 217-227.

–: Jenseits der Menschenrechte. Die Rechtsstellung des Individuums im Völkerrecht, Tübingen 2004.

–/*Peter, Simone:* International Organizations: Between Technocracy and Democracy, in: Fassbender, Bardo/Peters, Anne (Hrsg.), The Oxford Handbook of International Law, Oxford 2012, S. 170-197.

Pfaffendorf, Rüdiger: Zum Erfordernis der Unrechtsvereinbarung in § 299 StGB, in: NZWiSt 2016, S. 8-15.

Pfeiffer, Gerd: Das strafrechtliche Schmiergeldverbot nach § 12 UWG, in: *Erdmann, Willi* et al. (Hrsg.), Festschrift für Otto-Friedrich Frhr. v. Gamm, Köln 1990, S. 129-146.

Pfeiffer, Thomas: Richtlinienkonforme Auslegung gegen den Wortlaut des nationalen Gesetzes – Die Quelle-Folgenentscheidung des BGH, in: NJW 2009, S. 412-413.

Pieth, Mark: Realitäten der Auslandsbestechung. Die Verfolgung von Auslandsbestechung aus Sicht der OECD, in: *Kubiciel, Michael/Hoven, Elisa* (Hrsg.), Das Verbot der Auslandsbestechung, Baden-Baden 2016, S. 191-204.

–: Introduction, in: *ders./Low, Lucinda/Bonucci, Nicola* (Hrsg.), The OECD Convention on Bribery, 2. Aufl. Cambridge 2014.

–: Das Bestechungsübereinkommen der OECD, in: *Dannecker, Gerhard/Leitner, Roman* (Hrsg.), Schmiergelder. Strafbarkeit und steuerliche Abzugsverbote in Österreich und Deutschland, Wien 2002, S. 11-28.

–: Internationale Harmonisierung des Strafrechts als Antwort auf transnationale Wirtschaftskriminalität, in: ZStW 109 (1997), S. 756-776.

–/*Zerbes, Ingeborg:* Sportverbände und Bestechung: Sachgerechte Grenzen des Korruptionsstrafrechts?, in: ZIS 9/2016, S. 619-625.

Piketty, Thomas: Capital in the Twenty-First Century, Cambridge (MA) 2014.

Pogge, Thomas: World Poverty and Human Rights. Cosmopolitan Responsibilities and Reforms, 2. Aufl. Cambridge 2008.

–: Recognized and Violated by International Law: The Human Rights of the Global Poor, in: Leiden Journal of International Law 18 (2005), S. 717–745.

Polanyi, Karl: The Great Transformation. The Political and Economic Origins of Our Time, New York 1944 (ND 2. Aufl. Boston 2001 mit Vorwort *Stiglitz* und Einleitung *Block*).

Pragal, Oliver: § 299 StGB – Keine Straftat gegen den Wettbewerb!, in: ZIS 2/2006, S. 63-81.

Puppe, Ingeborg: Kleine Schule des juristischen Denkens, 3. Aufl. Göttingen 2014.

–: Strafrecht als Kommunikation. Leistung und Gefahren eines neuen Paradigmas in der Strafrechtsdogmatik, in: *Samson, Erich* (Hrsg.), Festschrift für Gerald Grünwald zum 70. Geburtstag, Baden-Baden 1999, S. 469-494.

Puschke, Jens: Legitimation, Grenzen und Dogmatik von Vorbereitungstatbeständen, Tübingen 2017.

Radbruch, Gustav: Rechtsphilosophie, 8. Aufl. Stuttgart 1974 [*E. Wolf/H-P Schneider* (Hrsg.)].

–: Gesetzliches Unrecht und Übergesetzliches Recht, in: Süddeutsche Juristenzeitung 1946, S. 105-108.

–: Vorwort, in: *Kempner, Robert* (Hrsg.), Staat und Moral. Zum Werden eines neuen Völkerrechts. Die drei Anklagereden von R.H. Jackson, München 1946, S. 5-6.

–/*Zweigert, Konrad:* Einführung in die Rechtswissenschaft, 13. Aufl. 1980.

Radtke, Henning: Der Grundsatz „Ne bis in idem" und Jurisdiktionskonflikte (§ 12), in: *Böse, Martin* (Hrsg.), Europäisches Strafrecht, Enzyklopädie Europarecht, Bd. 9, Baden-Baden 2013.

Radtke, Henning/Hohmann, Olaf (Hrsg.), Kommentar zur Strafprozessordnung, München 2011 (zitiert als RH-*Bearbeiter*).

Ransiek, Andreas: Strafrecht und Korruption. Zum Gutachten C für den 61. Deutschen Juristentag, in: StV 1996, S. 446-453.

Raschka, Johannes: Justizpolitik im SED-Staat. Anpassung und Wandel des Strafrechts während der Amtszeit Honeckers, Köln 2000.

Rawls, John: A Theory of Justice, 6. Aufl. Cambridge (MA) 2003 (1971).

–: Political Liberalism, 3. Aufl. New York 2005 (1993).

Reimer, Franz: Juristische Methodenlehre, 2016.

Reinhard, Wolfgang: Geschichte der Staatsgewalt. Eine vergleichende Verfassungsgeschichte Europas von den Anfängen bis zur Gegenwart, 2. Aufl. München 2000.

Reinhold, Philipp: Amtsträgerbestechung. Unrechtsgehalt und Grenzen der §§ 331ff. StGB, Frankfurt a.M. 2011.

Rengier, Rudolf: Strafrecht Besonderer Teil II: Delikte gegen die Person und die Allgemeinheit, 19. Aufl. München 2018.

Renneberg, Joachim: Die Grundsätze des sozialistischen Strafrechts der DDR, in: NJ 1967, S. 105-109.

Renzikowski, Joachim: Die Unterscheidung von primären Verhaltens- und sekundären Sanktionsnormen in der analytischen Rechtstheorie, in: *Dölling, Dieter/Erb, Volker* (Hrsg.), Festschrift für Karl Heinz Gössel zum 70. Geburtstag am 16. Oktober 2002, Heidelberg 2002, S. 3-13.

–: Normentheorie als Brücke zwischen Strafrechtsdogmatik und Allgemeiner Rechtslehre. Zugleich eine Auseinandersetzung mit Andreas Hoyer: Strafrechtsdogmatik nach Armin Kaufmann, in: ARSP 87 (2001), S. 110-125.

Repgen, Tilman: Was war und wo blieb das soziale Öl?, in: ZNR 22 (2000), S. 406-424.

Richter, Emanuel: Demokratischer Symbolismus. Eine Theorie der Demokratie, Berlin 2016.

Rink, Anna Cornelia – Namensänderung, s. *Spörl, Cornelia*

Robbers, Gerhard: Sicherheit als Menschenrecht. Aspekte der Geschichte, Begründung und Wirkung einer Grundrechtsfunktion, Baden-Baden 1987.

Robinson, Matthew/Murphy, Daniel: Greed is Good. Maximization and Elite Deviance in America, Lanham 2009.

Robinson, Paul H./Darley, John M.: Does Criminal Law Deter? A Behavioural Science Investigation, in: Oxford Journal of Legal Studies, 24 (2/2004), S. 173–205.

Röder, Karl: Die herrschenden Grundlehren von Verbrechen und Strafe in ihren inneren Widersprüchen, Wiesbaden 1867.

Röhl, Hans-Christian: Legislator's Intent. Limits of a Concept, in: *Gollwitzer, Peter M./Seebass, Gottfried/Schmitz, Michael* (Hrsg.), Acting Intentionally and Its Limits: Individuals, Groups, Institutions. Interdisciplinary Approaches, Berlin 2013, S. 121-132.

Röhl, Klaus F.: Praktische Rechtstheorie: Die deontischen Modalitäten, in: JA 7/1999, S. 600-605.

–/*Röhl, Hans Christian*: Allgemeine Rechtslehre, 3. Aufl. Köln 2008.

Rönnau, Thomas/Golombek, Tine: Die Aufnahme des „Geschäftsherrenmodells" in den Tatbestand des § 299 – ein Systembruch im deutschen StGB, in: ZRP 2007, S. 193-195.

Rohlff, Anne: Die Täter der "Amtsdelikte". Amtsträger und für den öffentlichen Dienst besonders Verpflichtete, die Gesetzesdefinition des § 11 Absatz 1 Nr. 2 bis 4 StGB, Berlin 1995.

Rose, Cicily: International Anti-Corruption Norms. Their Creation and Influence on Domestic Legal Systems, Oxford 2015.

–: The UK Bribery Act 2010 and Accompanying Guidance: Belated Implementation of the OECD Anti-Bribery Convention, in: The International and Comparative Law Quarterly, 61 (2/2012), S. 485-499.

Rose-Ackerman, Susan: When is Corruption Harmful?, in: *Heideheimer, Arnold J./Johnston, Michael* (Hrsg.), Political Corruption. Concepts and Contexts, 3. Aufl. New Brunswick 2009, S. 353-371.

–/*Palifka, Bonnie J.:* Corruption and Government. Causes, Consequences and Reform, 2. Aufl. Cambridge 2016.

Rosenthal, Walther: Das neue politische Strafrecht der „DDR", Frankfurt a.M. 1968.

Roth, Andreas: Die Rezeption des bayerischen StGB durch Legislative und Wissenschaft. Vollendung der Aufklärung oder Aufbruch in die Moderne?, in: *Koch, Arnd/Kubiciel, Michael/Löhnig, Martin/Pawlik, Michael* (Hrsg.), Feuerbachs Bayerisches Strafgesetzbuch. Die Geburt liberalen, modernen und rationalen Strafrechts, Tübingen 2014, S. 525-544.

Rousseau, Jean-Jacque: Vom Gesellschaftsvertrag oder Prinzipien des Staatsrechts, Amsterdam 1762.

Roxin, Claus: Der gesetzgeberische Rechtsgutsbegriff auf dem Prüfstand, in: GA 2013, S. 433-453.

–: Strafrecht Allgemeiner Teil. Band I: Grundlagen. Der Aufbau der Verbrechenslehre, 4. Aufl. München 2006.

–/*Schünemann, Bernd*: Strafverfahrensrecht, 29. Aufl. München 2017

Rudolphi, Hans-Joachim: Der Zweck staatlichen Strafrechts und die strafrechtlichen Zurechnungsformen, in: *Schünemann, Bernd* (Hrsg.), Grundfragen des modernen Strafrechtssystems, Berlin 1984, S. 69-84.

–: Die verschiedenen Aspekte des Rechtsgutsbegriffs, in: *Juristische Fakultät der Georg-August-Universität Göttingen* (Hrsg.), Festschrift für Richard Honig. Zum 80. Geburtstag, 3. Januar 1970, Göttingen 1970, S. 151-167.

Rübenstahl, Markus: Steuer(-straf-)rechtliche Aspekte der Auslandsbestechung, in: *Hoven, Elisa/Kubiciel, Michael* (Hrsg.), Das Verbot der Auslandsbestechung, Baden-Baden 2016, S. 77-108.

–: Die Angehörigen kommunaler „Parlamente" als Amtsträger (§ 11 Abs. 1 Nr. 2b StGB) und ihre Strafbarkeit nach den Bestechungsdelikten (§§ 331 ff. StGB), in: HRRS 7 (2006), S. 23-35.

Rückert, Joachim: Das Bürgerliche Gesetzbuch - ein Gesetzbuch ohne Chance?, in: JZ 58 (2003), S. 749-760.

–: Savignys Hermeneutik – Kernstück einer Jurisprudenz ohne Pathologie, in: *Schröder, Jan* (Hrsg.), Entwicklungen der Methodenlehre in Rechtswissenschaft und Philosophie vom 16. bis zum 18. Jahrhundert, Stuttgart 1998, S. 287-327.

Rüdiger, Christiane: Schutzinteresse und Deliktsstruktur der „Bestechungsdelikte" (§§ 331 ff. StGB), Frankfurt a.M. 2007.

Saage, Richard: Demokratietheorien. Historischer Prozess, theoretische Entwicklung, soziotechnische Bedingungen, Wiesbaden 2005.

Sachs Grundgesetz Kommentar, 8. Aufl. München 2018 (zitiert als Sachs-*Bearbeiter*).

Saliger, Frank: Das Unrecht der Korruption, in: *Albrecht, Peter-Alexis/Kirsch, Stefan/Neumann, Ulfrid/Sinner, Stefan* (Hrsg.), Festschrift für Walter Kargl zum 70. Geburtstag, Berlin 2015, S. 493-506.

–/*Gaede, Karsten*: Rückwirkende Ächtung der Auslandskorruption und Untreue als Korruptionsdelikt – Der Fall Siemens als Startschuss in ein entgrenztes internationalisiertes Wirtschaftsstrafrecht?, in: HRRS 2/2008, S. 57-76.

Sangenstedt, Hans Rudolf: Strafzwecke nach dem Recht der DDR. Eine kritische Darstellung, Göttingen 1977.

Satzger/Schluckebier/Widmaier Kommentar zum Strafgesetzbuch, 3. Aufl. Köln 2016 (zitiert als SSW-*Bearbeiter*).

Savigny, Friedrich Carl v.: in: *Mazzacane, Aldo* (Hrsg.), Vorlesungen über juristische Methodologie, Frankfurt a.M. 1993.

Savigny, Eike v.: Die Überprüfbarkeit der Strafrechtssätze. Eine Untersuchung wissenschaftlichen Argumentierens, Freiburg 1967.

Schapp, Jan: Methodenlehre und System des Rechts. Aufsätze 1992-2007, Tübingen 2009.

Schejnin, Lew: Kriminalität und Gesellschaft, in: NJ 1960, S. 220-227.

Schlösser, Jan/Nagel, Michael: Werbung oder Korruption? – Über die Voraussetzungen der Unrechtsvereinbarung im Rahmen der Vorteilsannahme (§ 331 StGB) und Vorteilsgewährung (§ 333 StGB), in: wistra 2007, 211-214.

Schmid, Evelyne: Taking Economic, Social and Cultural Rights Seriously in International Criminal Law, Cambridge 2015.

Schmitt, Carl: Die geistesgeschichtliche Lage des Parlamentarismus, 8. Aufl. Berlin 1996 (1923).

–: Politische Theologie. Vier Kapitel zur Lehre von der Souveränität, 8. Aufl. Berlin 2004 (1922).

–: Gesetz und Urteil. Eine Untersuchung zum Problem der Rechtspraxis, 2. Aufl. München 1969 (1912).

Schmitt, Manfred G.: Demokratietheorien. Eine Einführung, Bonn 2010.

Schmoeckel, Mathias: Das Recht der Reformation. Die epistemologische Revolution der Wissenschaft und die Spaltung der Rechtsordnung in der Frühen Neuzeit, Tübingen 2014.

Schneider, Anne: Die Verhaltensnorm im internationalen Strafrecht, Berlin 2011.

Schneider, Hendrik: Das Unternehmen in der Schildkröten-Formation. Der Schutzbereich des Anwaltsprivilegs im deutschen und US-Strafrecht, in: ZIS 9/2016, S. 626-635.

Schoch, Friedrich: Die Rolle der Rechtsdogmatik bei der Privatisierung staatlicher Aufgaben, in: *Stürner, Bernd* (Hrsg.), Die Bedeutung der Rechtsdogmatik für die Rechtsentwicklung. Ein japanisch-deutsches Symposium, Tübingen 2010, S. 91-112.

Schönke/Schröder, Kommentar zum Strafgesetzbuch, *Schröder, Horst/Lenckner, Theodor/Eser, Albin* (Hrsg.), 29. Aufl. München 2014 (zitiert als SchSch-*Bearbeiter*).

Schröder, Jan: Entwicklungstendenzen der juristischen Interpretationstheorie von 1500 bis 1850, in: *Schönert, Jörg/Vollhardt, Friedrich* (Hrsg.), Geschichte der Hermeneutik und die Methodik der textinterpretierenden Disziplinen, Berlin 2005, S. 203-220.

–: Art. Begriffsjurisprudenz, in: *Cordes, Albrecht/Haferkamp, Hans-Peter* et al. (Hrsg.), Handwörterbuch der Deutschen Rechtsgeschichte, Band 1, 2. Aufl. Berlin 2004, S. 500-502.

Schröder, Kathie: Passive Bestechung im geschäftlichen Verkehr ist auch gegenüber Vertragsärzten möglich, wenn der Nachweis einer Unrechtsvereinbarung gelingt (Anmerkung zu OLG Braunschweig, Beschluss vom 23.2.2010, Ws 17/10), in: FD-StrafR 2010, 301355 (beck-online).

Schroeder, Friedrich-Christian: Begriff und Rechtsgut der „Körperverletzung", in: *Weigend, Thomas/Küpper, Georg* (Hrsg.), Festschrift für Hans Joachim Hirsch zum 70. Geburtstag am 11. April 1999, Berlin 1999, S. 725.

Schünemann, Bernd: Die Bestrafung der Auslandsbestechung – eine strafrechtsimperialistische Torheit?, in: *Hoven, Elisa/Kubiciel, Michael* (Hrsg.), Das Verbot der Auslandsbestechung. Tagungen und Kolloquien, Baden-Baden 2016, S. 25-43.

–: Vom schwindenden Beruf der Rechtswissenschaft unserer Zeit, speziell der Strafrechtswissenschaft, in: *Hilgendorf, Eric/Schulze-Fielitz, Helmuth* (Hrsg.), Selbstreflexion der Rechtswissenschaft, Tübingen 2015, S. 223-242.

–: Der Gesetzentwurf zur Bekämpfung der Korruption – überflüssige Etappe auf dem Niedergang der Strafrechtskultur, in: ZRP 2015, S. 68-71.

–: Die Unrechtsvereinbarung als Kern der Bestechungsdelikte nach dem KorrBekG, in: *Dannecker, Gerhard* et al. (Hrsg.), Festschrift für Harro Otto zum 70. Geburtstag am 1. April 2007, Köln 2007, S. 777-798.

–: Das Strafrecht im Zeichen der Globalisierung, in: GA 2003, S. 299-313.

–: Das Rechtsgüterschutzprinzip als Fluchtpunkt der verfassungsrechtlichen Grenzen der Straftatbestände und ihrer Interpretation, in: *Hefendehl, Roland/von Hirsch, Andrew/Wohlers, Wolfgang* (Hrsg.), Die Rechtsgutstheorie. Legitimationsbasis des Strafrechts oder dogmatisches Glasperlenspiel?, Baden-Baden 2003, S. 133-154.

–: Strafrechtsdogmatik als Wissenschaft, in: *ders. et al.* (Hrsg.), Festschrift für Claus Roxin zum 70. Geburtstag am 15. Mai 2001, Berlin 2001, S. 1-32.

–: Nulla poena sine lege? Rechtstheoretische und verfassungsrechtliche Implikationen der Rechtsgewinnung im Strafrecht, Berlin 1978.

Schulze-Fielitz, Helmuth: Theorie und Praxis parlamentarischer Gesetzgebung, besonders des 9. Deutschen Bundestages (1980-1983), Berlin 1988.

Schuster, Frank Peter/Rübenstahl, Markus: Praxisrelevante Probleme des internationalen Korruptionsstrafrechts, in: wistra 2008, S. 201-208.

Schwarz, Kyrill-A.: Vertrauensschutz als Verfassungsprinzip. Eine Analyse des nationalen Rechts, des Gemeinschaftsrechts und der Beziehung zwischen den beiden Rechtskreisen, Baden-Baden 2002.

Schweitzer, Michael/Dederer, Hans-Georg: Staatsrecht III. Staatsrecht, Völkerrecht, Europarecht, 11. Aufl. München 2016.

Seelmann, Kurt: Ideengeschichte des Solidaritätsbegriffs im Strafrecht, in: *Hirsch, Andreas/Neumann, Ulfrid/ders.* (Hrsg.), Solidarität im Strafrecht. Zur Funktion und Legitimation strafrechtlicher Solidaritätspflichten, Baden-Baden 2013, S. 35-48.

Seiler, Christian: Der souveräne Verfassungsstaat zwischen demokratischer Rückbindung und überstaatlicher Einbindung, Tübingen 2005.

Sen, Amartya: Die Idee der Gerechtigkeit, München 2010.

Shapiro, Scott: Legality, Cambridge (MA) 2011.

Shepsle, Kenneth A.: Congress Is a „They," Not an „It": Legislative Intent as Oxymoron, in: International Review of Law and Economics 12 (1992), S. 239-256.

Shleifer, Andrei/Vishny, Robert: Corruption, in: The Quarterly Journal of Economics, 108 (3/1993), S. 599-617.

Sieber, Ulrich/Satzger, Helmut/v. Heintschel-Heinegg, Bernd (Hrsg.), Europäisches Strafrecht, 2. Aufl. Baden-Baden 2014 (zitiert als SSH-EU-*Bearbeiter*).

Silva Sánchez, Jesús-María: Gesetzesauslegung und strafrechtliche Interpretationskultur, in: *Kudlich, Hans/Montiel, Joan Pablo/Schuhr, Jan C.* (Hrsg.), Gesetzlichkeit und Strafrecht, Berlin 2012, S. 55-68.

Simon, Eric: Gesetzesauslegung im Strafrecht. Eine Analyse der höchstrichterlichen Rechtsprechung, Berlin 2005.

Simons, Walter: Ansprache, in: *Vereinigung der Deutschen Staatsrechtslehrer* (Hrsg.), Der Schutz des öffentlichen Rechts. Verhandlungen der Tagung der deutschen Staatsrechtslehrer zu Leipzig am 10. und 11. März 1925, Leipzig 1925, S. 5-7.

Simpson, Gerry: The conscience of civilisation, and ist discontents: a ounter history of international criminal law, in: *Kastner, Philipp* (Hrsg.), International Criminal Law in Context, Abingdon 2018, S. 11-27.

Sina, Peter: Die Dogmengeschichte des strafrechtlichen Begriffs „Rechtsgut", Basel 1962.

Smith, Adam: An Inquiry into the Nature and Causes of the Wealth of Nations, London 1776.

Sommer, Ulrich: Korruptionsstrafrecht, Münster 2010.

-/*Schmitz, Christian:* Praxiswissen Korruptionsstrafrecht, 2. Aufl. Bonn 2014.

Sowada, Christoph: Kettentheorie versus Lagertheorie. Die Teilnahmestrafbarkeit bei Tatbeständen mit spiegelbildlicher Deliktsstruktur (insbesondere im Korruptionsstrafrecht), in: *Sieber, Ulrich* (Hrsg.), Strafrecht und Wirtschaftsstrafrecht: Dogmatik, Rechtsvergleich, Rechtstatsachen. Festschrift für Klaus Tiedemann zum 70. Geburtstag, Köln 2008, S. 273-298.

Spalding, Andrew Brady: Unwitting Sanctions: Understanding Anti-Bribery Legislation as Economic Sanctions against Emerging Markets, in: Florida Law Review 62 (2010), S. 351-427.

Spörl, Cornelia (veröffentlicht unter *Rink*): Leges Sine Moribus Vanae?: On the Relationship Between Social Morality and Law in the Field of Foreign Bribery, in: German Law Journal 1/17 (2016), S. 19-40.

-/*Prömper, Juliane:* Tagungsbericht: Das Verbot der Auslandsbestechung – Strafgrund, Durchsetzung, Prävention. 6./7. Februar 2015 in Schloss Wahn bei Köln, in: ZIS 6/2015, S. 358-360.

Stächelin, Gregor: Strafgesetzgebung im Verfassungsstaat. Normative und empirische materielle und prozedurale Aspekte der Legitimation unter Berücksichtigung neuerer Strafgesetzgebungspraxis, Berlin 1998.

–: Läßt sich das Untermaßverbot mit einem liberalen Strafrechtskonzept vereinbaren?, in: *Institut für Kriminalwissenschaften Frankfurt a.M.* (Hrsg.), Vom unmöglichen Zustand des Strafrechts, Frankfurt a.M. 1995, S. 267-280.

Stammler, Rudolf: Die Lehre vom richtigen Rechte, Halle (Saale) 1929 (unveränderter ND Darmstadt 1964).

Stenke, Wolfgang: Staatsdiener. Über die Entstehung der Beamtenmoral, in: *Enzensberger, Hans Magnus/Michel, Karl Markus/Spengler, Tilman* (Hrsg.), Kursbuch Korruption, Berlin 1995, S. 29-35.

Stephan, Paul B.: The Impact of the Cold War on Soviet and US Law: Reconsidering the Legacy, in: *Borisova, Tatiana/Simons, William* (Hrsg.), The Legal Dimension on Cold-War Interactions: Some Notes from the Field, Leiden 2012, S. 141-158.

Stern, Klaus: Das Staatsrecht der Bundesrepublik Deutschland. Band I: Grundbegriffe und Grundlagen des Staatsrechts, Strukturprinzipien der Verfassung, München 1977.

Sternberg-Lieben, Detlev: Rechtsgut, Verhältnismäßigkeit und die Freiheit des Strafgesetzgebers, in: *Hefendehl, Roland/Hirsch, Andrew v./Wohlers, Wolfang* (Hrsg.), Die Rechtsgutstheorie. Legitimationsbasis des Strafrechts oder dogmatisches Glasperlenspiel?, Baden-Baden 2003, S. 60-82.

Stock, Ulrich: Entwicklung und Wesen der Amtsverbrechen, Leipzig 1932.

Stohrer, Klaus: Informationspflichten Privater gegenüber dem Staat in Zeiten von Privatisierung, Liberalisierung und Deregulierung, Berlin 2007.

Stolleis, Michael: Geschichte des öffentlichen Rechts in Deutschland. Weimarer Republik und Nationalsozialismus, München 2002.

–: Geschichte des öffentlichen Rechts in Deutschland. Band 2: Staatsrechtslehre und Verwaltungswissenschaft. 1800-1914, München 1992.

Strate, Gerhard: „Zur Beantwortung der Frage: Was ist Aufklärung?“ Zur Aktualität einer kleinen Schrift Kants aus dem Jahr 1784, in: *Herzog, Felix/ Schlothauer, Reinhold/Wohlers, Wolfgang* (Hrsg.), Rechtsstaatlicher Strafprozess und Bürgerrechte. Gedächtnisschrift für Edda Weßlau, Berlin 2016, S. 33-38.

Stuckenberg, Carl-Friedrich: Rechtsgüterschutz als Grundvoraussetzung von Strafbarkeit, in: ZStW 129 (2017), 349-362.

–: Grundrechtsdogmatik statt Rechtsgutslehre. Bemerkungen zum Verhältnis von Staat und Strafe, in: GA 2011, S. 653-674.

Sullivan, Bob: Reformulating bribery: a legal critique of the Bribery Act 2010, in: *Horder, Jeremy/Alldridge, Peter* (Hrsg.), Modern Bribery Law. Comparative Perspectives, Cambridge 2013, S. 13-38.

Suskind, Ron: The One Percent Doctrine. Deep Inside America's Pursuit of Its Enemies Since 9/11, New York 2007.

Systematischer Kommentar zum Strafgesetzbuch, Band VI. §§ 303-358 StGB, *Wolter, Jürgen* (Hrsg.), 9. Aufl. Köln 2016 (zitiert als SK-*Bearbeiter*).

Systematischer Kommentar zur Strafprozessordnung. Mit GVG und EMRK, Band III. §§ 137-197 StPO, *Wolter, Jürgen* (Hrsg.), 5. Aufl. Köln 2016.

Talbott, Strobe: Social Issues, in: *Nye, Joseph S.* (Hrsg.), The Making of America's Soviet Policy, New Haven 1984, S. 183-208.

Taschke, Jürgen: Zur Entwicklung der Verfolgung von Wirtschaftsstrafsachen in der Bundesrepublik Deutschland – Bemerkungen aus der Praxis, in: NZWiSt 2012, S. 9-11.

Temme, Jodocus: Critik des Entwurfs des Strafgesetzbuchs für die Preußischen Staaten, Band II, Berlin 1843.

Terstegen, W.: Die sog. „Weiße-Kragen-Kriminalität" unter besonderer Berücksichtigung des Entwurfs, in: *BKA* (Hrsg.), Strafrechtspflege und Strafrechtsreform, Wiesbaden 1961, S. 81-119.

Thierse, Wolfgang: Wege zur besseren Gesetzgebung – sachverständige Beratung, Begründung, Folgeabschätzung und Wirkungskontrolle, NVwZ 2005, S. 153-157.

Thomas, Sven: Soziale Adäquanz und Bestechungsdelikte, in: *Müller-Dietz, Heinz* et al. (Hrsg.), Festschrift für Heike Jung, Baden-Baden 2007, S. 973-986.

Tiedemann, Klaus: Verfassungsrecht und Strafrecht, Heidelberg 1991.

–: Die Bekämpfung der Wirtschaftskriminalität durch den Gesetzgeber. Ein Überblick aus Anlaß des Inkrafttretens des 2. WiKG am 1.8.1986, in: JZ 41 (1986), S. 865-874.

–: Wettbewerb und Strafrecht, Heidelberg 1976.

–: Zur Reform der Vermögens- und Wirtschaftsstraftatbestände. Das Anwachsen der Wirtschaftskriminalität und das Fortschreiten der Strafrechtsreform im Bereich des Besonderen, in: ZRP 1970, S. 256-261.

–: Tatbestandsfunktionen im Nebenstrafrecht. Untersuchungen zu einem rechtsstaatlichen Tatbestandsbegriff, entwickelt am Problem des Wirtschaftsstrafrechts, Tübingen 1969.

Tinkl, Cristina: Strafbarkeit nach dem EUBestG und dem IntBestG, in: wistra 4/2006, S. 126-131.

Toepfer, Georg: Zweckbegriff und Organismus. Über die teleologische Beurteilung biologischer Systeme, Würzburg 2004.

Tomassini, Luciano: Eine postmoderne Sicht der internationalen Beziehungen, in: *Krämer, Raimund* (Hrsg.), Internationale Beziehungen in Debatte, Potsdam 2006, S. 147-164.

Trechsel, Stefan: Der Strafgrund der Teilnahme, Bern 1967.

Treiber, Hubert: Moderner Staat und moderne Bürokratie bei Max Weber, in: *Andreas Anter/Stefan Breuer* (Hrsg.), Max Webers Staatssoziologie. Positionen und Perspektiven, 2. Aufl. 2016, S. 121-157.

Tyler, Tom R.: Public Trust and Confidence in Legal Authorities: What Do Majority and Minority Group Members Want from the Law and Legal Institutions?, in: Behavioral Sciences and the Law 19 (2001), S. 215-235.

Überhofen, Michael: Korruption und Bestechungsdelikte im staatlichen Bereich. Ein Rechtsvergleich und Reformüberlegungen zum deutschen Recht, Freiburg (Br) 1999.

Ullmann-Margalit, Edna: The Emergence of Norms, Oxford 1977 (ND 2015).

The United Nations Convention Against Corruption. A Commentary. Oxford Commentaries on International Law, Rose, Cecily/Kubiciel, Michael/Landwehr, Oliver (Hrsg.), Oxford 2019 (zitiert als UNCAC-*Bearbeiter*).

Valerius, Brian: Kultur und Strafrecht. Die Berücksichtigung kultureller Wertvorstellungen in der deutschen Strafrechtsdogmatik, Berlin 2011.

Vesting, Thomas: Rechtstheorie, München 2007.

Vogel, Joachim: Strafrecht und Strafrechtswissenschaft im internationalen und europäischen Rechtsraum, in: JZ 2012, S. 25-31.

–: Geldwäsche – ein europaweit harmonisierter Straftatbestand?, in: ZStW 109 (1997), S. 335-356.

–: Strafrechtsgüter und Rechtsgüterschutz durch Strafrecht im Spiegel der Rechtsprechung des Bundesverfassungsgerichts, in: StV 1996, S. 110-115.

–: Norm und Pflicht bei den unechten Unterlassungsdelikten, Berlin 1993.

Vogler, Theo: Zur Tätigkeit des Europarates auf dem Gebiet des Strafrechts, in: ZStW 79 (1967), S. 371-390.

Volk, Klaus: Die Merkmale der Korruption und die Fehler bei ihrer Bekämpfung, in: *Gössel/Karl Heinz* et al. (Hrsg.), Gedächtnisschrift für Heinz Zipf, Heidelberg 1999, S. 419-434.

Vormbaum, Moritz: Das Strafrecht der Deutschen Demokratischen Republik, Tübingen 2015.

–/*Welp, Jürgen* (Hrsg.): Das Strafgesetzbuch. Sammlung der Änderungsgesetze und Neubekanntmachungen. Supplementband: Das Strafgesetzbuch der DDR, Berlin 2006.

Voßkuhle, Andreas/Wischmeyer, Thomas: Grundwissen – Öffentliches Recht: Das Sozialstaatsprinzip, in: JuS 8/2015, S. 693-695.

Wabnitz, Heinz-Bernd/Janovsky, Thomas (Hrsg.): Handbuch des Wirtschafts- und Steuerstrafrechts, 4. Aufl. München 2014 (zitiert als HbWS-*Bearbeiter*).

Wagner, Heinz: Die Beweiswürdigungspflicht im tatrichterlichen Urteil im Falle der Verurteilung, in: ZStW 106 (1994), S. 259.

Wagner, Markus: Die Akzessorietät des Wirtschaftsstrafrechts. Zugleich ein Beitrag zu Begriff und Wesen des Wirtschaftsstrafrechts, Heidelberg 2016.

Waldhoff, Christian: Gesetzesmaterialien aus verfassungsrechtlicher Perspektive. Vortrag am 29.3.2012 im MPI Hamburg, online verfügbar unter: https://waldhoff.rewi.hu-berlin.de/doc/lehre2012ws/rsr/gesetzesmaterialien.pdf (zuletzt abgerufen am 29.9.2017).

–: „Der Gesetzgeber schuldet nichts als das Gesetz". Zu alten und neuen Begründungspflichten des parlamentarischen Gesetzgebers, in: *Depenheuer, Otto/Heintzen, Markus* et al. (Hrsg.), Staat im Wort. Festschrift für Josef Isensee, Heidelberg 2007, S. 325-343.

Walter, Tonio: Kleine Rhetorikschule für Juristen, München 2009.

–: Der Kern des Strafrechts. Die allgemeine Lehre vom Verbrechen und die Lehre vom Irrtum, Tübingen 2006.

Walther, Felix: Auf ein Neues. Der Entwurf eines Gesetzes zur Bekämpfung der Korruption, in: WiJ 2015, S. 152-159.

–: Das Korruptionsstrafrecht des StGB, in: Jura 2010, S. 511-520.

Weber, Max: Wirtschaft und Gesellschaft, 5. Aufl. Tübingen 1972 (Ausgabe Winckelmann).

–: Staatssoziologie, Berlin 1956 (Ausgabe Winckelmann).

Westad, Odd Arne: The Cold War and the international history of the twentieth century, in: *Leffler, Melvyn P./ders.* (Hrsg.), The Cambridge History of the Cold War. Band 1: Origins, Cambridge 2010.

Wehler, Hans-Ulrich: Deutsche Gesellschaftsgeschichte, Band IV. 1914–1949, 2. Aufl. München 2003.

Weigend, Thomas: Mehr Strafrecht – und alles wird gut?, in: StV 10/2016, S. 1.

–: Verfahrenseinstellung nach § 153a StPO: praktikabel, aber nicht legitim, in: *Herzog, Felix/ Schlothauer, Reinhold/Wohlers, Wolfgang* (Hrsg.), Rechtsstaatlicher Strafprozess und Bürgerrechte. Gedächtnisschrift für Edda Weßlau, Berlin 2016, S. 413-425.

–: Internationale Korruptionsbekämpfung – Lösung ohne Problem?, in: *Pawlik, Michael/Zaczyk, Rainer* (Hrsg.), Festschrift für Günther Jakobs zum 70. Geburtstag am 26. Juli 2007, Köln 2007, S. 747-766.

–: Grund und Grenzen universaler Gerichtsbarkeit, in: *Arnold, Jörg/Burkhardt, Björn* et al. (Hrsg.) Menschengerechtes Strafrecht. Festschrift für Albin Eser zum 70. Geburtstag, München 2005, S. 955-976.

–: Der Grundsatz der Verhältnismäßigkeit als Grenze staatlicher Strafgewalt, in: *ders./Küpper, Georg* (Hrsg.), Festschrift für Hans Joachim Hirsch zum 70. Geburtstag am 11. April 1999, Berlin 1999, S. 917-938.

–: Über die Begründung der Straflosigkeit bei Einwilligung des Betroffenen, in: ZStW 98 (1986), 44-72.

Weinberger, Ota: Norm und Institution. Eine Einführung in die Theorie des Rechts, Wien 1988.

–: Normentheorie als Grundlage der Jurisprudenz und Ethik. Eine Auseinandersetzung mit Hand Kelsens Theorie der Normen, Berlin 1981.

Welp, Jürgen: Der Amtsträgerbegriff, in: *Küper, Wilfried* (Hrsg.), Festschrift für Karl Lackner zum 70. Geburtstag am 18. Februar 1987, Berlin 1987, S. 781-786.

Welzel, Hans: Die Naturrechtslehre Samuel Pufendorfs. Ein Beitrag zur Ideengeschichte des 17. und 18. Jahrhunderts, Berlin 1958.

–: Das Deutsche Strafrecht. Eine systematische Darstellung, 3. Aufl. Berlin 1954.

Wentzell, Stefanie: Die Tatbestandsproblematik der §§ 331, 332 StGB unter besonderer Berücksichtigung des Drittvorteils, Berlin 2004.

Werle, Gerhard/Jeßberger, Florian: Völkerstrafrecht, 4. Aufl. Tübingen 2016.

Wernsmann, Rainer: Verhaltenslenkung in einem rationalen Steuersystem, Tübingen 2005.

Wessels, Johannes/Hettinger, Michael/Engländer, Armin: Strafrecht Besonderer Teil 1. Straftaten gegen Persönlichkeits- und Gemeinschaftswerte, 42. Aufl. Heidelberg 2018.

Wetzell, Richard F.: Franz v. Liszt und die internationale Strafrechtsreformbewegung, in: *Koch, Arnd/Löhnig Martin* (Hrsg.), Die Schule Franz von Liszts, Tübingen 2016, S. 207-228.

White, Hayden: Metahistory. The Historical Imagination in Ninetenth-Century Europe, Baltimore 1975.

White, Simone: Protection of the Financial Interests of the European Communities: The Fight against Fraud and Corruption, Den Haag 1998.

Wieacker, Franz: Privatrechtsgeschichte der Neuzeit. Unter besonderer Berücksichtigung der deutschen Entwicklung, 2. Aufl. Göttingen 1967 (ND 2016).

–: Zur rechtstheoretischen Präzisierung des § 242 BGB, Tübingen 1956.

–: Das Sozialmodell der klassischen Privatrechtsgesetzbücher und die Entwicklung der modernen Gesellschaft, Karlsruhe 1953.

Wilfert, Marei Verena: Strafe und Strafgesetzgebung im demokratischen Verfassungsstaat. Der Einfluss des grundgesetzlichen Demokratieprinzips auf Straftheorie und Strafgesetzgebung am Beispiel ausgewählter Staatsschutzdelikte, Tübingen 2017.

Willoweit, Dietmar: Deutsche Verfassungsgeschichte, 7. Aufl. München 2013.

Windscheid, Bernhard: Lehrbuch des Pandektenrechts, Bd. 1, Stuttgart 1873.

Winter, Gerd: Sozialer Wandel durch Rechtsnormen, Berlin 1969.

Winter, Steven L.: A Clearing in the Forest. Law, Life, and Mind, Chicago 2001.

Wischmeyer, Thomas: Generating Trust Through Law? Judicial Cooperation in the European Union and the "Principle of Mutual Trust", in: German Law Journal 3/17 (2016), S. 339-382.

–: Zwecke im Recht des Verfassungsstaates. Geschichte und Theorie einer juristischen Denkfigur, Tübingen 2015.

–: Der „Wille des Gesetzgebers". Zur Rolle der Gesetzesmaterialien in der Rechtsanwendung, in: JZ 2015, S. 957-966.

Wittgenstein, Ludwig: Logisch-philosophische Abhandlung. Philosophische Untersuchungen, Werkausgabe Band 1, Frankfurt a.M. 1984.

Wohlers, Wolfgang: Die strafrechtliche Bewältigung der Finanzkrise am Beispiel der Strafbarkeit wegen Untreue, in: ZStW 123 (2011), S. 791-815.

Wolf, Erik: Große Rechtsdenker der deutschen Geistesgeschichte. Ein Entwicklungsbild unserer Rechtsanschauung, Tübingen 1939.

–: Die Typen der Tatbestandsmässigkeit. Vorstudien zur allgemeinen Lehre vom besonderen Teil des Strafrechts, Breslau 1931.

–: Die Stellung der Verwaltungsdelikte im Strafrechtssystem, in: *Hegler, August* (Hrsg.), Festgabe für Reinhard von Frank zum 70. Geburtstag, 16. August 1930, Beiträge zur Strafrechtswissenschaft, Band 2, Tübingen 1930, S. 516-588.

–: Strafrechtliche Schuldlehre. Erster Teil: Die gegenwärtiger Lage, die theoretischen Voraussetzungen und die methodologische Struktur der strafrechtlichen Schuldlehre, Mannheim 1928.

Wolf, Sebastian: Die Siemens-Korruptionsaffäre – ein Überblick, in: *Graeff, Peter/ Schröder, Karenina/ders.* (Hrsg.), Der Korruptionsfall Siemens, Baden-Baden 2009, S. 9-20.

–: Internationalisierung des Antikorruptionsstrafrechts: Kritische Analyse zum Zweiten Korruptionsbekämpfungsgesetz, in: ZRP 2007, S. 44-46.

–: Der Beitrag internationaler und supranationaler Organisation zur Korruptionsbekämpfung in den Mitgliedsstaaten, Speyer 2007.

Wouters, Jan/Ryngaert, Cedric/Cloots, Ann Sofie: The International Legal Framework against Corruption: Achievements and Challenges, in: Melbourne Journal of International Law 14 (2013), S. 1-76.

Wrage, Alexandra Addison: Bribery and Extortion. Undermining Business, Governments, and Security, Westport 2007.

Wrase, Michael: Zwischen Norm und sozialer Wirklichkeit. Zur Methode und Dogmatik der Konkretisierung materialer Grundrechtsgehalte, Berlin 2016.

Yankelowich, Daniel: Farewell to ‚President Knows Best', in: Foreign Policy 57 (1979), No. 3 (Special Issue: America and the World 1978), Essay 12.

Zabel, Benno: Art. Philosophie der Rechtswissenschaft, in: *Lohse, Simon/Reydon, Thomas* (Hrsg.), Vom Grundriss Wissenschaftsphilosophie. Die Philosophien der Einzelwissenschaften, Hamburg 2017, S. 167-190.

–: Strafgesetzgebung und Strafgerechtigkeit. Aktuelle Herausforderungen für Kriminalpolitik, Wissenschaft und Rechtsprechung, in: ZRP 2016, S. 202-205.

Zaczyk, Rainer: Kritische Bemerkungen zum Begriff der Verhaltensnorm, in: GA 2014, S. 73-90.

–: Demokratieprinzip und Strafbegründung. Eine Erwiderung auf Klaus Ferdinand Gärditz, in: Der Staat 50 (2011), S. 295-301.

Zerbes, Ingeborg: Article 1. The Offence of Bribery of Foreign Public Officials, in: *Pieth, Mark/Low, Lucinda A./Bonucci, Nicola* (Hrsg.), The OECD Convention on Bribery, 2. Aufl. Cambridge 2014, S. 58-211.

Ziegler, Karl-Heinz: Völkerrechtsgeschichte. Ein Studienbuch, 2. Aufl. München 2007.

Zimmermann, Till: Das Unrecht der Korruption. Eine strafrechtliche Theorie, Baden-Baden 2018.

Zippelius, Reinhold: Über die rationale Strukturierung rechtlicher Erwägungen, in: JZ 1999, S. 112-116.

Zischang, Frank: Das EU-Bestechungsgesetz und das Gesetz zur Bekämpfung der internationalen Bestechung, in: NJW 1999, S. 105-107.

Zöller, Mark: Abschied vom Wettbewerbsmodell bei der Verfolgung der Wirtschaftskorruption? Überlegungen zur Reform des § 299 StGB, in: GA 2009, S. 137-149.

Zucman, Gabriel: The Hidden Wealth of Nations. The Scourge of Tax Havens, Chicago 2015.